LA
GUERRE FRANCO-ALLEMANDE
DE
1870-71

Châteauroux. — Typ. et Stéréotyp. A. Majesté et L. Bouchardeau.

LA
GUERRE FRANCO-ALLEMANDE
DE
1870-71

HISTOIRE POLITIQUE, DIPLOMATIQUE ET MILITAIRE

PAR

A. WACHTER

ÉDITION REMANIÉE ET AUGMENTÉE

TOME II

DE LA CHUTE DE L'EMPIRE A L'ARMISTICE DU 28 JANVIER

La vérité, rien que la vérité!

PARIS

IMPRIMERIE ET LIBRAIRIE MILITAIRES DE L. BAUDOIN

SUCCESSEUR DE J. DUMAINE. MAISON FONDÉE EN 1685

30, RUE ET PASSAGE DAUPHINE, 30

1895

CHAPITRE XXVII

Franche déclaration du général Trochu. — Distribution des ministères. M. Gambetta au ministère de l'intérieur; M. Jules Favre aux affaires étrangères. — Modération de M. J. Favre. — Sa funeste circulaire du 6 septembre à nos agents à l'étranger. — Effet déplorable de ce document. — Les Etats-Unis, la Suisse, l'Espagne et l'Italie reconnaissent la République. — Abstention de l'Angleterre, de l'Autriche-Hongrie et de la Russie. — Le 6 septembre, M. Nigra demande officiellement la dénonciation du traité de 1864 et l'occupation de Rome par l'armée italienne. — Le 8 septembre, les élections générales sont fixées au 16 octobre. — Le gouvernement décide de rester à Paris et d'envoyer une délégation à Tours. — MM. Crémieux et Glais-Bizoin sont délégués en province. — L'Autriche adhère à la ligue des neutres. — Mission de M. Thiers. — M. J. Favre projette de s'entretenir directement avec le comte de Bismarck. — Le 12 septembre, M. Thiers part pour Londres. — Réponses ambiguës du chancelier aux ouvertures de M. J. Favre. — Le 15 septembre, il accepte une entrevue. — 17 septembre, les ambassadeurs étrangers partent pour Tours. — 18 septembre, départ du comte de Chaudordy pour Tours et de M. J. Favre pour Ferrières.

Dès la première réunion des membres du gouvernement, le général Trochu leur exposa avec une courageuse franchise les dangers de la situation et leur dit sans réticence que la continuation de la guerre était « une héroïque folie ». Ils n'en persistèrent pas moins dans leurs projets de lutte et se mirent sur-le-champ à l'œuvre pour se partager le travail et faire reconnaître leur autorité dans les départements.

Le général Trochu fut maintenu à la présidence du gouvernement avec pleins pouvoirs militaires et le ministère fut ainsi composé : MM. Jules Favre, vice-président du gouvernement, aux affaires étrangères ; Gambetta, à l'intérieur ; Picard, aux finances ; Crémieux, à la justice ; Jules Simon, à l'instruction publique ; Le Flô, à la guerre ; Dorian, aux travaux publics ; Magnin, au commerce. La lutte avait été vive entre MM. Gambetta et Picard qui, tous deux, briguaient le ministère de l'intérieur ; mais le premier l'emporta au scrutin à une voix de majorité sur son collègue, jugé, sans doute, trop modéré et trop prudent. Les moyens révolutionnaires paraissaient de circonstance et certes nul n'était plus apte à jouer de cet instrument dangereux que l'éloquent tribun ; n'avait-il pas la jeunesse, le patriotisme ardent et l'inexpérience indispensables pour oser recourir sans hésiter aux mesures les plus violentes et pour conserver l'espoir du succès après les revers les plus accablants ?

Le premier acte de M. Gambetta fut naturellement la révocation des quatre-vingt-douze préfets de France et d'Algérie, celle de tous les sous-préfets et leur remplacement par des hommes dont le principal titre était la haine du gouvernement tombé. Point n'était besoin d'administrateurs pour opérer la levée en masse à l'aide de mesures draconiennes et pour dépenser l'argent sans compter ; les mameluks de l'empire ayant déclaré les ressources de la France inépuisables, il suffisait de savoir les exploiter. M. Laurier, avocat, fut nommé chef du cabinet et directeur général du personnel.

M. Jules Favre, plus calme que son fougueux collègue, prit possession du ministère des affaires étrangères « avec une convenance et une modestie auxquelles tout le monde rendit hommage, et qui contrastaient avec les allures bruyantes de plusieurs autres membres du gouvernement ». C'est ainsi que s'exprime M. J. Valfrey dans sa très véridique *Histoire de la diplomatie du gouvernement de la défense nationale*. Il maintint en fonctions M. le comte de Chaudordy en qualité de chef de cabinet, et témoigna le désir de se mettre en rapport avec son prédécesseur, M. le prince de la Tour d'Auvergne, qui se rendit à cette invitation avec un patriotique empressement. Aucun directeur ne fut déplacé et le ministre se contenta d'accepter les démissions des ambassadeurs qui représentent directement la personne même du souverain. Ils furent remplacés par des ministres plénipotentiaires que la guerre avait privés de leurs postes. Les seules nominations diplomatiques personnelles à M. Jules Favre furent celles de M. Tachard, à Bruxelles, et de M. Senard, à Florence. Cette mansuétude rendit l'ancien chef de la gauche suspect au parti avancé, avide de places et qui ne comprenait pas qu'un des leurs se refusât à accréditer auprès des cours étrangères des individus ignorants, mal élevés et par cela même prétentieux, comme l'étaient beaucoup des fonctionnaires du ministère de l'intérieur.

Malheureusement pour M. Favre, et surtout pour la France, le premier acte diplomatique du nouveau gouvernement fut la circulaire du 6 septembre dans laquelle se trouvaient les fameuses phrases qui, tout en répondant aux vœux du sentiment public, n'en constituaient pas moins une lourde faute. Un avocat, étranger à la conduite d'une guerre, confiant dans la menteuse tradition de 1792, était seul capable d'écrire au lendemain de Sedan, un mois après Wœrth et Spïckeren :

« *Nous ne céderons ni un pouce de notre territoire, ni une pierre de nos forteresses.* »

Ce passage est resté célèbre, mais ne donne qu'une idée imparfaite de la contexture de ce singulier document qui, on rougit de le dire, reçut l'approbation de tous les membres du gouvernement, M. Picard excepté. Le voici en entier :

Les événements qui viennent de s'accomplir à Paris s'expliquent si bien par la logique inexorable des faits, qu'il est inutile d'insister longuement sur leur sens et leur portée.

En cédant à un élan irrésistible trop longtemps contenu, la population de Paris a obéi à une nécessité supérieure, celle de son propre salut.

Elle n'a pas voulu périr avec le pouvoir criminel qui conduisait la France à sa perte.

Elle n'a pas prononcé la déchéance de Napoléon III et de sa dynastie : elle l'a enregistrée au nom du droit, de la justice et du salut public.

Et cette sentence était si bien ratifiée à l'avance par la conscience de tous, que nul parmi les défenseurs les plus bruyants du pouvoir qui tombait, ne s'est levé pour le soutenir.

Il s'est effondré de lui-même sous le poids de ses fautes, aux acclamations d'un peuple immense, sans qu'une goutte de sang ait été versée, sans qu'une personne ait été privée de sa liberté.

Et l'on a pu voir, chose inouïe dans l'histoire, les citoyens auxquels le cri du peuple conférait le mandat périlleux de combattre et de vaincre, ne pas songer un instant aux adversaires qui la veille les menaçaient d'exécutions militaires. C'est en leur refusant l'honneur d'une répression quelconque, qu'ils ont constaté leur aveuglement et leur impuissance.

L'ordre n'a pas été troublé un seul moment ; notre confiance dans la sagesse et le patriotisme de la garde nationale et de la population tout entière, nous permet d'affirmer qu'il ne le sera pas.

Délivré de la honte et du péril d'un gouvernement traître à tous ses devoirs, chacun comprend que le premier acte de cette souveraineté nationale, enfin reconquise, est de se commander à soi-même, et de chercher sa force dans le respect du droit.

D'ailleurs le temps presse : l'ennemi est à nos portes ; nous n'avons qu'une pensée, le repousser hors de notre territoire.

Mais, cette obligation que nous acceptons résolument, ce n'est pas nous qui l'avons imposée à la France ; elle ne la subirait pas si notre voix avait été écoutée.

Nous avons défendu énergiquement, au prix même de notre popularité, la politique de la paix. Nous y persévérerons avec une conviction de plus en plus profonde.

Notre cœur se brise au spectacle de ces massacres humains dans lesquels disparaît la fleur des deux nations, qu'avec un peu de bon sens et beaucoup de liberté, on aurait préservées de ces effroyables catastrophes.

Nous n'avons pas d'expression qui puisse peindre notre admiration pour notre héroïque armée, sacrifiée par l'impéritie du commandement suprême, et cependant plus grande par ses défaites que par les plus brillantes victoires.

Car, malgré la connaissance des fautes qui la compromettaient, elle s'est immolée, sublime, devant une mort certaine, et rachetant l'honneur de la France des souillures de son gouvernement.

Honneur à elle! La nation lui ouvre ses bras! Le pouvoir impérial a voulu les diviser, les malheurs et le devoir les confondent dans une solennelle étreinte. Scellée par le patriotisme et la liberté, cette alliance nous fait invincibles.

Prêts à tout, nous envisageons avec calme la situation qui nous est faite.

Cette situation, je la précise en quelques mots, je la soumets au jugement de mon pays et de l'Europe.

Nous avons hautement condamné la guerre, et protestant de notre respect pour le droit des peuples, nous avons demandé qu'on laissât l'Allemagne maîtresse de ses destinées.

Nous voulions que la liberté fût à la fois notre bien commun et notre commun bouclier; nous étions convaincus que ces forces morales assuraient à jamais le maintien de la paix. Mais, comme sanction, nous réclamions une arme pour chaque citoyen, une organisation civique, des chefs élus; alors, nous demeurions inexpugnables sur notre sol.

Le gouvernement impérial, qui avait depuis longtemps séparé ses intérêts de ceux du pays, a repoussé cette politique. Nous la reprenons, avec l'espoir qu'instruite par l'expérience, la France aura la sagesse de la pratiquer.

De son côté, le roi de Prusse a déclaré qu'il faisait la guerre, non à la France, mais à la dynastie impériale.

La dynastie est à terre, la France libre se lève.

Le roi de Prusse veut-il continuer une lutte impie qui lui sera au moins aussi fatale qu'à nous?

Veut-il donner au monde du dix-neuvième siècle ce cruel spectacle de deux nations qui s'entre-détruisent, et qui, oublieuses de l'humanité, de la raison, de la science, accumulent les ruines et les cadavres?

Libre à lui; qu'il assume cette responsabilité devant le monde et devant l'histoire.

Si c'est un défi, nous l'acceptons.

Nous ne céderons ni un pouce de notre territoire, ni une pierre de nos forteresses.

Une paix honteuse serait une guerre d'extermination à courte échéance.

Nous ne traiterons que pour une paix durable.

Ici, notre intérêt est celui de l'Europe entière, et nous avons lieu d'espérer que, dégagée de toute préoccupation dynastique, la question se posera ainsi dans les chancelleries.

Mais, fussions-nous seuls, nous ne faiblirons pas.

Nous avons une armée résolue, des forts bien pourvus, une enceinte bien établie, mais surtout les poitrines de trois cent mille combattants décidés à tenir jusqu'au dernier.

Quand ils vont pieusement déposer des couronnes aux pieds de la statue de Strasbourg, ils n'obéissent pas seulement à un sentiment d'admiration enthousiaste, ils prennent leur héroïque mot d'ordre, ils jurent d'être dignes de leurs frères d'Alsace, et de mourir comme eux.

Après les forts, les remparts; après les remparts, les barricades. Paris peut tenir trois mois et vaincre; s'il succombait, la France, debout à son appel, le vengerait; elle continuerait la lutte, et l'agresseur y périrait.

Voilà, Monsieur, ce que l'Europe doit savoir. Nous n'avons pas accepté le pouvoir dans un autre but. Nous ne le conserverions pas une minute, si nous ne trouvions pas la population de Paris et la France entière décidées à partager nos résolutions.

Je les résume d'un mot devant Dieu qui nous entend, devant la postérité qui nous jugera : nous ne voulons que la paix. Mais, si l'on continue contre nous une guerre funeste que nous avons condamnée, nous ferons notre devoir jusqu'au bout, et j'ai la ferme confiance que notre cause, qui est celle du droit et de la justice, finira par triompher.

C'est en ce sens que je vous ai invité à expliquer la situation à M. le ministre de la cour près de laquelle vous êtes accrédité, et entre les mains duquel vous laisserez copie de ce document.

Agréez, Monsieur, l'expression de ma haute considération.

Le ministre des affaires étrangères,
Jules Favre.

On est en droit de reprocher à deux militaires expérimentés comme les généraux Trochu et Le Flô de n'avoir pas protesté contre la forme inaccoutumée de ce document diplomatique et exigé une rédaction plus simple et plus conforme aux règles du bon sens et des relations entre les puissances. Ils ont manqué à leurs devoirs envers la France en suivant docilement le courant révolutionnaire qui entraînait le gouvernement et avec lui la nation tout entière. Les avocats, leurs collègues du moment, avaient pris, dans l'opposition, l'habitude de prononcer leurs discours parlementaires, non pour le Corps législatif, mais pour le peuple qui les lisait le lendemain au *Journal officiel*. M. Favre restait dans ces errements en adressant aux gouvernements étrangers une circulaire bonne à exciter l'enthousiasme de la population remuante des grands centres, mais absolument déplacée au point de vue des relations extérieures. A quoi pouvaient aboutir ce tissu de lieux communs, ces vantardises ridicules, ces déclamations théâtrales? A rien.

L'effet de la circulaire fut déplorable et les grands Etats se montrèrent peu soucieux d'entretenir des relations suivies avec un gouvernement qui, de prime abord et sans avoir consulté le pays, se fermait toute issue pour une négociation sérieuse, puisque toutes les chancelleries savaient la Prusse décidée, depuis le lendemain de la bataille de Saint-Privat, à imposer à la France une importante cession de territoire.

Dès le 5 septembre, M. Jules Favre avait notifié son entrée aux affaires aux membres du corps diplomatique. Les Etats-Unis, fidèles à leur programme républicain, s'empressèrent de reconnaître le gouvernement de la défense nationale et d'autoriser M. Washburne à entrer en relations avec lui. La Suisse, l'Espagne et l'Italie firent de même. Mais l'Angleterre, l'Autriche-Hongrie, la Russie et la Turquie restèrent sur la réserve et se bornèrent à autoriser leurs ambassadeurs à entretenir des rapports officieux avec le nouveau ministre.

Lord Lyons, le prince de Metternich et M. Okounew, chargé d'affaires de Russie, firent le jour même visite à M. Jules Favre qui put se convaincre, dans ces courtes entrevues, à quel point la France était isolée en Europe. Il lui restait cependant une illusion: défenseur systématique de l'unité italienne, il s'imaginait que M. Nigra, ambassadeur d'Italie, lui apporterait quelque promesse de concours. Sa déception fut extrême quand le 6 septembre, le jour même où il expédiait sa fabuleuse circulaire, M. Nigra vint lui signifier officiellement l'intention de son gouvernement de profiter des malheurs de la France pour dénoncer la convention du 15 septembre 1864 et s'emparer de Rome.

Je suis chargé *officiellement*, dit l'ambassadeur, de vous faire savoir que mon gouvernement ne peut plus supporter le *statu quo*, en ce qui concerne Rome. Il a envoyé au Saint-Père M. Ponza di San Martino, avec mission d'obtenir un arrangement amiable. Si, comme tout le fait craindre, ces propositions échouent, nous serons dans la nécessité d'occuper Rome...

Puis, abusant de la naïveté et de l'inexpérience de notre ministre, M. Nigra ajoutait ironiquement :

Nous sommes, du reste, heureux dans cette crise d'avoir pour nous l'appui moral du nouveau gouvernement que la France s'est donné. Mais pourquoi ne feriez-vous pas un pas de plus? Pourquoi ne dénonceriez-vous pas la convention du 15 septembre 1864? Vous l'avez constamment attaquée ; elle est anéantie de fait. Joignez à la condamnation prononcée contre elle par la fortune, une conséquence de votre autorité. Cet acte sera le couronnement de votre carrière, et l'Italie vous en sera reconnaissante.

Après ce pénible rappel au souvenir de son passé d'opposant de parti pris, M. Jules Favre était fixé sur les sympathies de l'Italie, toujours prête à exploiter les événements à son profit sans s'inquiéter si sa conduite n'est pas entachée d'ingratitude et de déloyauté. La France était seule, bien seule, au milieu de nations pour la plupart désireuses de la voir accablée par la Prusse; en outre, les représentants des puissances donnaient à entendre à M. Favre qu'il leur était difficile d'entrer en négociation avec un gouvernement qui n'était même pas reconnu par les Français.

La situation diplomatique était donc franchement mauvaise, la situation militaire considérée comme désespérée par les officiers expérimentés, en tête desquels figurait toujours le général Trochu, dont la conduite pleine de contradictions restera une énigme pour la postérité. Afin de négocier avec chance d'aboutir, il était indispensable de faire ratifier par des élections générales les pouvoirs que s'était adjugés le gouvernement du 4 septembre. D'autre part, les deux armées du prince royal et du prince de Saxe marchant de

Sedan sur Paris, il n'y avait pas de temps à perdre pour certaines mesures en vue d'un investissement.

Deux questions de la dernière importance s'imposaient à un examen immédiat du gouvernement : celle des élections, celle de savoir si le siège du gouvernement resterait à Paris ou serait transporté en province loin des armées allemandes.

La discussion sur les élections fit nettement ressortir les tendances révolutionnaires de la majorité et l'esprit autoritaire et dictatorial de son membre le plus influent, M. Gambetta. En même temps que la majorité considérait la convocation d'une assemblée comme une abdication du gouvernement, M. Gambetta affirmait que « le gouvernement n'avait pas une mission politique, mais une mission de défense ; que c'était un mandataire qui ne pouvait déserter son mandat ». En d'autres termes, c'était l'application du proverbe « ce qui est bon à prendre est bon à garder », les membres du gouvernement de la défense nationale s'étant décerné eux-mêmes leur mandat. Bref, après un débat, les élections d'une Assemblée constituante furent fixées au 16 octobre, ce qui, dans les circonstances actuelles, équivalait à un ajournement indéfini. Au point de vue de la défense et des efforts immenses qu'elle nécessitait, la dictature s'imposait et l'on peut regretter que le général Trochu n'ait pas su imposer à Paris les mesures auxquelles Gambetta eut le courage et l'énergie de soumettre la province. Une assemblée nommée à la fin du mois de septembre n'aurait jamais osé consentir la cession de l'Alsace-Lorraine déjà exigée par le roi de Prusse ; la guerre devait fatalement continuer et, dans ce cas, la réunion de quelques centaines de députés ne pouvait qu'être une cause de faiblesse. Deux écrivains distingués, MM. Valfrey et Sorel, ont avec raison critiqué l'ajournement des élections au point de vue diplomatique. Mais les hommes vivant à cette époque tourmentée étaient d'accord pour reconnaître la nécessité de maintenir la dictature militaire et nul doute qu'une Chambre réunie dès la fin de septembre se fût rangée à cet avis et eût confirmé les pouvoirs du général Trochu, pour se séparer ensuite en attendant les événements. Cette confirmation aurait donné une situation régulière au président du gouvernement de la défense nationale et lui aurait permis de se soustraire à la pression des révolutionnaires parisiens et d'imposer son autorité au trop fougueux Gambetta. Plus tard, après les grands désastres militaires de Champigny et d'Orléans, un gouvernement régulier aurait pu déclarer l'honneur satisfait, conclure un armistice, réunir les députés et les inviter à traiter de la paix.

Gambetta comprit qu'une Chambre quelconque mettrait promptement fin à l'omnipotence qu'il put exercer pendant cinq mois avec l'appui des agitateurs de profession, et ne lui aurait jamais permis de continuer, pendant les mois de décembre et de janvier, « *la politique de fou furieux* » que lui a reprochée M. Thiers en termes si vrais et si énergiques. Il combattit la convocation des électeurs et n'eut pas de peine à l'emporter sur le général Trochu, ce rhéteur sans conviction et d'une déplorable faiblesse de caractère.

La seconde question était également délicate. Les membres du corps diplomatique avaient fait observer à M. Jules Favre qu'il leur serait difficile de rester dans une ville menacée d'un investissement. L'observation était juste, mais un sentiment des plus honorables empêcha le ministre des affaires étrangères et ses collègues de se transporter à Tours où ils eussent pu rester en relations avec l'Europe et gouverner la France. Menacés de troubles quotidiens, d'émeutes, de colères redoutables, quitter Paris leur paraissait une désertion; ils résolurent en conséquence de déléguer en province leurs deux collègues les plus âgés, MM. Crémieux et Glais-Bizoin, pendant que le gouvernement central resterait dans la capitale investie. M. Jules Favre envoya à Tours, en qualité de représentant du ministère des affaires étrangères, M. de Geoffroy, ministre nommé en Chine, qui fut rejoint quelques jours après par M. le comte de Chaudordy auquel fut confiée la direction supérieure de nos relations extérieures.

La circulaire du 6 septembre et les proclamations déclamatoires adressées par le gouvernement au peuple de Paris et de la province, n'avaient pas tardé à produire leur effet à l'étranger et à achever de nous aliéner toutes les puissances. L'Autriche, qui avait fait quelque difficulté à entrer dans la ligue des neutres, fit savoir à lord Granville qu'elle en acceptait la formule sans restriction ; le désastre de Sedan, la crainte de la Russie et surtout la révolution du 4 septembre avaient dissipé les derniers scrupules du cabinet de Vienne.

M. Jules Favre, dont l'exaltation s'était calmée sous la douche froide de ses conversations avec les diplomates étrangers, comprit, mais un peu tard, que les circulaires et les proclamations renouvelées de 92 manquaient d'efficacité, et qu'il était urgent de faire expliquer aux chancelleries européennes, par un personnage autorisé, que le gouvernement de la défense nationale était composé d'honnêtes gens dont les sentiments modérés étaient fort éloignés de ceux exprimés dans leurs écrits, destinés à flatter et à contenir une multitude exaspérée par la défaite et fanatisée par quelques énergumènes.

Nul n'était plus désigné pour une pareille mission que M. Thiers, dont l'autorité personnelle, très considérable depuis de longues années, avait encore grandi à la suite de la séance du 15 juillet. M. Favre alla le voir le 9 et M. Thiers, ayant demandé vingt-quatre heures de réflexion, fit connaître son acceptation dès le lendemain. La tâche n'était pas facile, l'ajournement des élections au 16 octobre ayant encore accentué le caractère ultra-révolutionnaire du gouvernement, mais le ministre des affaires étrangères crut tourner la difficulté en faisant observer que les élections ne pouvaient se faire sans un armistice dont la conclusion nécessitait un certain délai.

Une autre mission d'un caractère plus grave préoccupait M. Jules Favre. Il croyait de son devoir de se présenter au quartier général prussien et d'y demander la paix et l'oubli, au nom de la République, moyennant le paiement d'une indemnité. M. Thiers, consulté sur ce projet ainsi que sur l'intention du ministre de rester à Paris au lieu de se rendre à Tours avec les ambassades et les légations étrangères, l'approuva doublement. Cette approbation est diversement appréciée par les écrivains qui se sont occupés spécialement de la diplomatie de la guerre franco-allemande ; en général, ils admettent l'opportunité d'une démarche de notre ministre au quartier général prussien et le blâment d'être resté dans Paris investi. Ces appréciations ont lieu d'étonner, car il était clair qu'une démarche personnelle de M. Jules Favre auprès du comte de Bismarck l'exposait, fort inutilement, à une humiliation gratuite et compromettante pour le gouvernement. Quant au séjour du ministre à Paris, alors qu'il était remplacé à Tours par M. de Chaudordy, diplomate d'expérience et d'un jugement sûr, on doit plutôt s'en féliciter. Après les nombreuses preuves d'incapacité et de naïveté données par M. Jules Favre pendant son passage au ministère, il n'est pas à regretter qu'il se soit réduit, en restant à Paris, au rôle de ministre *in partibus*, et c'était peut-être la pensée de M. Thiers quand il l'approuvait de ne pas se séparer de ses collègues et de se condamner au singulier rôle de ministre des affaires étrangères sans relations avec l'extérieur.

La mission de M. Thiers fut annoncée dans le *Journal officiel* du 12 septembre. Le soir même, le futur président de la République partait pour Londres où il était chargé, avant toute chose, d'obtenir une entrevue de M. Jules Favre avec M. de Bismarck. Celui-ci avait fait part à ses collègues du gouvernement de son intention de se rendre au quartier général prussien ; après une longue discussion, l'idée de la démarche avait été écartée ; la circulaire du 6 septembre et les fières proclamations du gouvernement ne permettaient pas au Conseil d'acquiescer à une demande d'entrevue qui avait toutes les apparences d'un aveu de faiblesse. M. Thiers, partisan de la démarche, se mit sur-le-champ à l'œuvre et dès le lendemain, 13 septembre, le comte de Granville lui communiqua la réponse que M. de Bismarck avait adressée au comte de Bernstorff, ambassadeur de Prusse à Londres, avec un empressement de mauvais augure.

J'ai dit récemment, télégraphiait le chancelier, et par prévision, dans mon dernier télégramme, que vous pouviez accueillir toute espèce d'ouvertures de la part de la reine d'Angleterre, mais que vous ne pouvez attacher à de semblables ouvertures, venant du Gouvernement actuellement existant à Paris, l'importance qu'aurait une ouverture faite par le Gouvernement de la France : le Gouvernement de Paris n'a pas été reconnu par la nation, et l'empereur Napoléon est encore, pour les puissances étrangères, le seul dépositaire de la souveraineté. Je demande, par contre-question : quelle garantie le Gouvernement actuel *ou tout* autre qui lui succédera dans Paris donnera-t-il que les conventions conclues avec lui seraient reconnues par la France ou même immédiatement par les troupes de Strasbourg ou de Metz ?

La réponse était habile et prouvait que le comte de Bismarck se réservait de jouer à la fois de l'empire et de la république dans l'unique but d'imposer les conditions de paix les plus avantageuses. Il pensait que M. Thiers, ennemi déclaré de l'empire, et le gouvernement de la défense nationale, composé en majorité de républicains fanatiques, seraient disposés à de sérieuses concessions pour éviter le retour d'un régime abhorré. En même temps, il se réservait de négocier avec Napoléon III ou avec l'impératrice, dans le cas où il ne s'entendrait pas avec le conseil de l'Hôtel de Ville.

M. Thiers transmit, le 13 au soir, le télégramme de M. de Bismarck à M. Jules Favre qui répondit aussitôt que « les garanties justement réclamées par M. le comte de Bismarck pouvaient être fournies à un double point de vue politique et militaire » par le gouvernement de la défense nationale. Le comte de Bismarck, dont le siège était fait, ne répondit pas directement à lord Granville et se contenta d'adresser à lord Lyons un court billet, daté de Meaux, le 15 septembre. Dans ce billet, apporté à Paris par M. Mallet, attaché à l'ambassade anglaise et qui avait été envoyé au chancelier par lord Lyons sur la demande de M. Favre, M. de Bismarck s'en référait simplement à ses télégrammes antérieurs. Mais il terminait par ces mots significatifs : « Confidentiellement, j'ai l'honneur de faire connaître à Votre Excellence que nous serons toujours prêts à entrer en négociations pour la paix et non pour un armistice. » M. Mallet répéta les paroles mêmes de M. de Bismarck : « Si le gouvernement français désire traiter, qu'il envoie quelqu'un pour le faire, nous traiterons avec quiconque il enverra. »

M. J. Favre comprit que le chancelier s'en tiendrait à cette réponse officieuse et se décida à partir secrètement, le 18 au matin, pour la célèbre entrevue de Ferrières, dont le récit devait tant émouvoir le public français toujours enclin à la sensiblerie dans les questions de politique et de patriotisme qui doivent être envisagées avec une stoïque virilité. Avant de partir, il s'était enfin décidé à envoyer à Tours le comte de Chaudordy, qui se mit en route le 18 au soir, par le dernier train sorti de Paris avant l'investissement. La veille, un train spécial avait conduit à Tours lord Lyons, le prince de Metternich, M. Okounew, M. Nigra, Djémil pacha et d'autres diplomates. Le 19, l'investissement de la capitale par l'ennemi était terminé et Paris isolé du reste du monde.

CHAPITRE XXVIII

Siège de Strasbourg. — Les fuyards de Wœrth annoncent la défaite de Mac-Mahon. — Fautes du comité des fortifications. — Description de la forteresse. — Coupable négligence du ministère de la guerre. — Le général Uhrich et ses principaux lieutenants. — Composition de la garnison. — Armement et approvisionnement de la place. — Arrivée de la division badoise. — Commencement du siège. — Les Allemands reçoivent des renforts et le général de Werder est nommé commandant en chef. — Bombardement, ses ravages, son inutile barbarie. — Le 29 août, les Allemands commencent le siège régulier. — Le 1er septembre, le général Uhrich reçoit une singulière dépêche du comte de Palikao. — Arrivée d'une députation suisse. — Proclamation de la république. — Détresse des assiégés. — Le 28 septembre, le général Uhrich fait arborer le drapeau blanc. — Défilé de la garnison devant les troupes allemandes. — Siège de Toul. — Description de la forteresse. — Belle attitude du commandant de la place, le major Huck. — La ville essuie trois bombardements. — Faiblesse du conseil municipal. — Toul capitule le 23 septembre. — Clause ajoutée au protocole de la capitulation par le grand-duc de Mecklembourg-Schwerin.

Déjà, le 6 août au soir, les fuyards de Wœrth commençaient à rentrer dans Strasbourg, que tous avaient quitté pleins de confiance dans le succès. Ce fut un triste spectacle, celui de cette foule de soldats débandés, fantassins, cavaliers, turcos, zouaves, artilleurs, marchant pêle-mêle, hâves, poussiéreux, exténués par une traite de dix lieues succédant à un combat acharné. L'ancienne capitale de l'Alsace, avertie du désastre de l'armée qui devait la protéger, pressentit le sort qui lui était réservé, parce que ses habitants, bien mieux que leurs compatriotes des bords de la Seine et de la Loire, savaient les promesses d'annexion faites au peuple allemand en cas de victoire. Cependant, nul ne s'attendait à voir traiter avec une barbare cruauté la ville-sœur *(die Schwester-Stadt)*, dont les gazettes d'outre-Rhin affectaient de toujours parler avec attendrissement.

Cette grande cité de 84.000 âmes, qui contenait de magnifiques établissements militaires parmi lesquels un des plus beaux arsenaux de la France, des casernes pour trois régiments d'artillerie et trois d'infanterie, n'avait été l'objet d'aucun soin de la part du ministère de la guerre, malgré les instances réitérées de plusieurs officiers d'un grand mérite. Depuis longtemps, il s'était créé dans les armes spéciales une école progressiste qui condamnait les fortifications jadis si efficaces de Vauban, aujourd'hui incapables de résister à l'artillerie rayée. Le comité des fortifications, ancré dans sa routine séculaire, combattit à outrance les promoteurs du système dit polygonal qui permet de placer sur les remparts une artillerie nombreuse et qui rejette au second plan la défense passive, base de l'ancien art de la fortification. Cette défense était constituée par d'innombrables ouvrages extérieurs et une enceinte formant une série de lignes ingénieusement brisées qui s'enchevêtrent dans tous les sens afin d'égarer les assaillants dans une infinité d'impasses et de petits couloirs battus par le canon ou par la mousqueterie. Le comité et le ministère de la guerre commettaient une faute plus grave encore, en laissant une ville riche et populeuse, la mieux dotée avec Metz sous le rapport militaire, sans forts détachés, en dépit des sages observations du général Ducrot qui, deux ans avant la guerre, avait signalé les dangers d'un inévitable bombardement. Ce coupable entêtement et cette aveugle négation de tout progrès devaient malheureusement amener une terrible catastrophe.

La grande forteresse alsacienne est située sur la rive gauche du Rhin, à moins de quatre kilomètres du fleuve, au milieu d'une immense plaine admirablement cultivée, couverte de beaux arbres et arrosée par une multitude de cours d'eau. Son enceinte forme un vaste triangle rectangle dont les deux côtés à angle droit sont orientés suivant une méridienne et un parallèle ; l'hypoténuse suit, en décrivant quelques sinuosités, une ligne sud-ouest nord-est. La citadelle se trouve au sommet de l'angle oriental, le plus rapproché du Rhin. La ville est traversée du sud au nord par la rivière l'Ill qui, dans l'intérieur des fortifications, forme une grande île où se trouvent la plupart des monuments et les quartiers les plus riches. A l'est, se trouve l'île des Epis, formée par un bras du fleuve appelé le petit Rhin ; à 1.200 mètres en aval des remparts, il est réuni à l'Ill par le canal de l'Ill au Rhin, qui se prolonge jusqu'à la Marne ; l'espace compris entre l'Ill, le petit Rhin, le canal et les fortifications, est occupé par la promenade de la Robertsau, une des plus belles et des plus ombreuses qui se puissent imaginer. Un peu plus à l'ouest, une nouvelle bifurcation de l'Ill forme une deuxième île appelée Wacken. Rien de charmant comme les environs de Strasbourg, avec leur végétation luxuriante entretenue par les ruisseaux à l'eau limpide qui viennent des Vosges arroser une des plaines les plus fertiles et les mieux cultivées de l'Europe.

Strasbourg avait été fortifié à la moderne par Daniel Speckle, ingénieur militaire né dans la ville même, et que les Allemands affectent de considérer comme un précurseur de Vauban, peut-être dans le but de flatter l'amour-propre de ses compatriotes et de conquérir ainsi leurs sympathies, fort peu développées jusqu'à ce jour. En tout cas, c'est l'illustre maréchal de Louis XIV qui, en 1681, a créé l'enceinte telle qu'elle existait en 1870 et que le gouvernement impérial avait commis la faute insigne de ne pas modifier pour la mettre en rapport avec les progrès de l'art de détruire. La seule construction récente était la lunette 44, qui masquait la brèche ouverte dans les murailles par le passage du chemin de fer. L'enceinte se composait de 17 bastions numérotés de 1 à 17 et dont les courtines étaient presque toutes couvertes par des demi-lunes; la citadelle, réunie à la place par des lignes de défense, formait un pentagone régulier à courtines protégées par de doubles tenailles et à bastions doublés de contregardes, ce qui constituait en quelque sorte une seconde enceinte extérieure, mais non continue comme celle de l'intérieur. A l'est et au nord de la citadelle se trouvaient deux grands ouvrages à cornes et plusieurs lunettes couvrant le terrain jusqu'au petit Rhin; les premiers étaient des fronts bastionnés à longues branches latérales, les secondes des fortins triangulaires; tous ouverts à la gorge et difficiles à défendre avec leurs angles aigus qui gênaient le placement des pièces de canon et empêchaient de les bien abriter contre les feux de l'ennemi. A l'ouest, l'enceinte était protégée par deux grands ouvrages à cornes, et au nord-ouest par un troisième de ces ouvrages appelé Finckmatt qui servait de gymnase à la garnison.

Le sud, l'est et le nord de la place pouvaient être inondés à une grande distance, aussi n'étaient-ils protégés que par des ouvrages extérieurs insignifiants ; mais à l'ouest et surtout au sommet de l'angle droit où le terrain légèrement montant s'opposait à l'inondation et permettait à l'assaillant d'exécuter des travaux d'approche, le génie avait multiplié les obstacles. Les bastions 11 et 12, la demi-lune 50 et l'ouvrage de la Finckmatt étaient enveloppés d'une énorme contre-garde en terre qui se prolongeait, sur une longueur d'environ mille mètres, sous forme d'une digue organisée défensivement, jusqu'à un bras de l'Ill dont les eaux remplissaient les larges fossés qui défendaient les approches de ces ouvrages. La partie de la digue la plus rapprochée de l'angle droit était couverte par quatre lunettes portant les numéros 54, 55, 56 et 57 ; plus à gauche, de l'autre côté de l'angle, à 400 mètres en avant de l'enceinte, le génie avait construit les lunettes avancées 52 et 53, et plus au sud encore, près de la voie ferrée, la grande lunette 44 citée plus haut et pourvue d'un réduit casematé. Ces ouvrages avaient le grave inconvénient de manquer d'abris blindés, et la disposition de leurs profils, c'est-à-dire des murailles et des parapets, permettait à l'ennemi de faire usage du tir plongeant ou feu courbe aux grandes distances.

En dépit de cette multitude d'ouvrages démodés, l'angle droit formé par l'enceinte au nord-ouest de la place n'en restait pas moins le point faible et par suite nettement indiqué pour l'attaque. Le terrain en avant monte doucement vers l'ouest jusqu'aux hauteurs sur les pentes desquelles s'élèvent les villages d'Ober-Mittel-et Niederhausbergen, situés tous les trois à environ quatre kilomètres des portes de Strasbourg. Le léger relief du terrain, outre qu'il empêchait l'inondation et facilitait les travaux d'approche, permettait à l'assiégeant d'établir des batteries d'enfilade contre les ouvrages nord dont l'occupation devenait ainsi difficile et meurtrière pour l'assiégé.

L'administration de la guerre aurait du moins pu donner en temps utile les instructions nécessaires pour armer une place dans laquelle étaient accumulées tant de richesses ; mais l'incurable négligence du maréchal Le Bœuf et sa folle présomption lui avaient, là comme ailleurs, fait laisser tous les services dans le plus complet désarroi. Au lieu de donner ses premiers soins à la défense du sol national, il expédiait à Strasbourg des chaloupes canonnières et d'excellents canons de 24 court destinés au siège de Mayence. Quand, le 21 juillet, le général Uhrich, nommé commandant de la 6e division militaire et de la place de Strasbourg, fut arrivé à son poste, il prévint le ministre qu'il allait sur-le-champ exécuter les règlements en faisant raser les constructions et les nombreuses plantations élevées pendant une paix de cinquante-cinq ans dans la zone des servitudes militaires. Le maréchal Le Bœuf lui défendit, par le retour du courrier, « de rien faire abattre, si ce n'était à la dernière extrémité, *et après s'être entendu avec les autorités civiles* ». Les remparts n'avaient pas l'armement de sûreté, bien que Strasbourg fût place de premier ordre et de première ligne, et cela malgré les demandes pressantes du général Ducrot, prédécesseur du général Uhrich. Le matériel de défense comprenait de 240 à 250 bouches à feu de calibres différents, depuis le petit obusier de montagne jusqu'à la pièce de 24, plus quelques mortiers.

Le siège de Strasbourg étant, après le blocus de Metz, le principal et le plus douloureux épisode de la guerre, autant par l'immensité du désastre que par les devoirs imposés à la France par la perte de cette malheureuse cité et par les regrets qu'elle lui inspire, nous croyons juste de faire connaître les principaux acteurs de ce grand drame. L'impartialité étant de toute rigueur dans une circonstance aussi grave, le mieux est de donner les appréciations d'un juge désintéressé. Voici celles du savant capitaine du génie autrichien Moritz Brunner, entré à Strasbourg peu de jours après la reddition et qui a publié sur ce siège mémorable une brochure intitulée : *Die Vertheidigung von Strassburg im Iahre* 1870, et dont l'exactitude n'a jamais été contestée :

Le commandant supérieur de la place, général de division Uhrich, âgé de 68 ans, était depuis trois ans au cadre de réserve quand il fut rappelé à l'activité. Sa conduite a été l'objet des appréciations les plus contradictoires. Pendant le siège, on donna son nom à une des principales avenues de Paris (l'Avenue de l'Impératrice, aujourd'hui du Bois de Boulogne) et la municipalité de Strasbourg lui décerna le diplôme de citoyen honoraire, tellement on était satisfait de ses services. Mais, après la capitulation de la place qu'il avait juré de défendre jusqu'à son dernier homme et à son dernier biscuit, il y eut un revirement subit et l'on alla jusqu'à l'accuser de lâcheté et de trahison. On lui reprocha d'être un ardent bonapartiste et d'avoir sacrifié Strasbourg à ses opinions politiques.

Nous ne voulons pas anticiper sur le jugement du Conseil d'enquête (la brochure date de janvier 1871), mais à notre avis, basé sur les écrits mêmes du général, il n'avait ni les connaissances, ni l'instructiou technique nécessaires pour défendre convenablement une importante forteresse ; — il lui manquait l'énergie et la fermeté indispensables pour tenir en bride les bandes indisciplinées qui faisaient partie de la garnison ; — il manquait également de cet enthousiasme qui entraîne les masses, et sous ce rapport Strasbourg présentait des éléments excellents ; — sans talent d'organisation pour mettre de l'ordre dans les forces hétérogènes placées sous son commandement et tirer parti de leurs qualités, il n'avait pas davantage la vigueur et l'invention de l'homme qui trouve de nouveaux moyens de défense quand on les croit tous épuisés, et dont la pensée toujours en éveil ne se repose jamais. On ne saurait reprocher au général Uhrich de ne pas avoir possédé ces qualités natives, dont doit cependant être doué tout homme chargé d'accomplir une tâche difficile avec des moyens insuffisants.

L'opinion générale désigne comme ayant été l'âme de la défense le contre-amiral Exelmans, qui devait commander la flottille du Rhin, une nature intrépide, énergique et sympathique. Chargé de défendre la zone du Contades, il mérita, ainsi que son adjoint le capitaine de vaisseau Du Petit-Thouars, d'être toujours cité avec éloges. L'officier qui aurait dû jouer le rôle le plus important après le commandant supérieur était le directeur du génie, colonel Sabatier ; mais son tempérament maladif et une douleur au genou l'empêchaient de déployer la moindre activité et l'obligèrent à se faire suppléer par le lieutenant-colonel Maritz, chef du génie de la place. Le chef de bataillon du génie Ducrot, frère du général de ce nom, doit être considéré comme l'âme de la défense de la citadelle ; on ne parle de ses services qu'avec une profonde admiration.

Malheureusement, cet intrépide officier fut tué par un éclat de bombe le 20 septembre, pendant qu'il dirigeait les travailleurs. L'état-major des ingénieurs comprenait en outre : 5 capitaines, 1 élève de l'Ecole polytechnique, blessé presque au début dans la citadelle, enfin 5 gardes. Des personnes dignes de foi nous ont assuré que Maritz et les autres officiers du génie avaient pleinement fait leur devoir ; s'ils n'ont pu parer à toutes les éventualités, la faute en est à leur effectif dérisoire, au manque de moyens matériels et surtout à celui de soldats du génie. Il est indéniable que la mission leur incombant était absolument disproportionnée avec leurs forces physiques, d'autant plus qu'ils avaient à lutter contre des difficultés à peu près insurmontables.

L'état-major de l'artillerie se composait du général Barral, qui, déguisé en paysan, pénétra dans la place après l'investissement — les avis sont partagés sur cet officier que l'on représente parfois comme l'émule de l'amiral Exelmans — des colonels Bélu et Petitpied ; du lieutenant-colonel Mengin ; du chef d'escadron Bergère et de 6 autres officiers supérieurs. Le colonel Ducasse, ancien officier d'artillerie, exerçait les fonctions de commandant de place.

Si le hasard n'avait fait retenir à Strasbourg quelques bonnes troupes, il n'y serait resté que les dépôts des 18e et 96e de ligne, 10e et 16e bataillons de chasseurs à pied, 5e et 10e régiments d'artillerie, du régiment des pontonniers et deux escadrons de lanciers, en tout : 1800 fantassins, 1200 artilleurs, 600 pontonniers, 250 lanciers, plus *huit sapeurs du génie.*

Le 4 août, le maréchal de Mac-Mahon, avant de partir pour Wœrth, fit appeler le général Uhrich afin de lui donner ses instructions et de lui annoncer que la faiblesse numérique de son armée ne lui permettait pas d'en distraire plus d'un régiment pour la défense de Strasbourg. Il désigna le 87e de ligne de la division Lartigue, un beau régiment de 2.400 hommes.

Cette garnison fut renforcée par : 4 compagnies de pontonniers, fortes ensemble de 500 hommes, que le manque d'attelages avait empêchés de rejoindre l'armée active ; 120 marins de la flottille du Rhin ; 4.400 gardes nationaux mobiles, dont 800 artilleurs ; 3.600 gardes nationaux sédentaires, dont 300 artilleurs ; environ 800 douaniers et francs-tireurs ; un bataillon du 21e de ligne de la division Conseil-Dumesnil qui n'avait pu dépasser Haguenau ; enfin 5.000 échappés de Wœrth, parmi lesquels se trouvaient des sapeurs du génie qui portèrent l'effectif de cette arme à 4 mineurs et 16 sapeurs, un peu moins d'un homme par bastion ! Une mention spéciale est due au petit bataillon de 240 pompiers qui, sous les ordres du commandant Gœrner, firent preuve du plus héroïque dévouement et éprouvèrent des pertes cruelles.

L'effectif total de la garnison s'élevait ainsi à 20.660 hommes dont la moitié à peine était en état de rendre immédiatement de bons services. Seul, le 87e de ligne avait une solide organisation en rapport avec les nécessités de la situation ; les dépôts, composés en grande partie d'ouvriers, de recrues et de vieux cadres, manquaient de cohésion ; les pontonniers et les marins, quoique d'une solidité à toute épreuve, étaient plus habitués à la manœuvre des chaloupes et des bateaux qu'à celle du canon ; la garde mobile, réunie pour la première fois le 30 juillet, recevait le 8 août seulement des chassepots dont le maniement lui était inconnu ainsi qu'à ses officiers, auxquels leur attachement à la dynastie impériale tenait, aux yeux des autorités, lieu de savoir et d'expérience ; on peut en dire autant des gardes nationaux sédentaires hâtivement organisés par le préfet, le baron Pron, et recrutés exclusivement parmi les éléments les moins hostiles à l'Empire qui comptait peu d'adhérents à Strasbourg. Les autres citoyens furent bien inscrits sur les contrôles, mais jamais on ne voulut leur donner un des fusils à tabatière dont on fit la distribution le 9 août. Cependant, pour quiconque connaissait les sentiments de patriotisme et d'énergie de la population alsacienne, les deux gardes nationales renfermaient en grand nombre des hommes de cœur dont on eût pu tirer un meilleur parti. A l'exemple du comte de Palikao, M. Pron se préoccupait plus des opinions politiques que des qualités militaires. La destinée des pays divisés est fatale : pour arriver au premier rang, il faut être ou intrigant ou attaché au parti dominant ; les hommes capables et modestes refusent de se mêler aux agitations stériles des partis et n'ont que dédain et aversion instinctive pour ces formations hâtives de troupes faites sous l'empire de la passion politique.

Les approvisionnements en armes, munitions de guerre et de bouche étaient abondants, à l'exception des fusées percutantes en laiton pour obus dont 35.000 furent détruites dans un incendie de l'arsenal et 25.000 saisies au passage par l'ennemi au moment où l'on allait les introduire dans la ville. Il y avait de la viande fraîche pour plusieurs mois ; le lait seul fit défaut dans les derniers jours du siège.

La nouvelle de la défaite de Wœrth, apportée par les fuyards dans la soirée même du 6 août, fut confirmée dans la nuit par un télégramme adressé de Saverne par Mac-Mahon au général Uhrich. Le lendemain matin, la place était déclarée en état de siège, le conseil de défense réuni, et le commandant supérieur s'occupait avec une louable activité de réparer le temps perdu par la faute du ministre de la guerre. On éloigna les bouches inutiles et l'on expulsa les gens suspects, dont la liste avait été dressée à l'avance; l'approche de l'ennemi stimulait du reste le zèle de tous.

Dès le 7 août, le prince royal avait dirigé sur Strasbourg la division badoise dont la brigade de cavalerie, de la Roche, enlevait le même jour et sans coup férir la petite ville de Haguenau avec une centaine d'hommes, 80 chevaux et 2.000 blessés abandonnés faute de moyens de transport. Le lendemain 8, un fort détachement occupait Brumath et y coupait le chemin de fer de Paris et, par suite, les communications avec l'armée de Mac-Mahon en retraite sur Sarrebourg; une avant-garde de cavalerie s'avançait jusqu'aux glacis de Strasbourg et un officier sommait la place de capituler. Les Badois continuèrent leur mouvement pendant les journées du 9 et du 10 ; le 11 ils occupaient les hauteurs d'Eckbolsheim, de Hausbergen et de Suffelweyersheim, investissant la ville au nord et à l'ouest, tandis que les trois régiments de dragons de la brigade la Roche s'étendaient au sud pour couper les communications avec la Haute-Alsace.

Les Allemands, pour se faire pardonner la façon cruelle dont ils ont traité la ville-sœur, prétendent que, le lendemain de Wœrth, leur intention était d'établir un simple blocus, mais que la retraite précipitée de Mac-Mahon les avait obligés à faire le siège de cette place dont la possession devenait indispensable à la sécurité de leur ligne d'opérations. Celle-ci allait s'allonger rapidement par suite du mouvement de recul exécuté simultanément par les corps Mac-Mahon, de Failly et Douay. Le général de Werder, qui, à Wœrth, commandait le corps badois-wurtembergeois, reçut du roi la mission de diriger en chef les opérations du siège. Il conserva son ancien chef d'état-major, le lieutenant-colonel Leczinski ; le lieutenant général Decker reçut le commandement de l'artillerie, et le général-major de Mertens, qui, en 1864, avait dirigé l'attaque des ouvrages de Düppel, fut mis à la tête du génie. On fit venir d'Allemagne la division d'infanterie de landwehr de la garde, lieutenant général baron de Loen ; la 1re division de réserve, général-major de Treskow ; le 30e d'infanterie de Rastatt et le 34e fusiliers de Mayence formèrent une brigade combinée sous les ordres du général-major Boswell ; le 2e dragons de réserve et le 2e hussards de réserve furent également réunis en une brigade combinée sous le commandement du général-major Krug de Nidda ; total du corps de siège : 46 bataillons, 24 escadrons et 108 canons de campagne, auxquels il faut ajouter : 33 compagnies d'artillerie de forteresse, réunies en un régiment provisoire subdivisé en 8 divisions, avec 260 canons rayés de siège et 99 mortiers lisses ; 14 compagnies de pionniers dont une affectée spécialement aux ponts, formant trois bataillons provisoires : en tout au moins 60.000 hommes. Le matériel put arriver facilement, parce que le gros de l'armée de siège était installé au nord de la place, à cheval sur le chemin de fer de Wissembourg qui communique directement avec l'Allemagne. Le quartier général fut établi à Mundolsheim ; le grand parc de siège à Vendenheim, à la jonction des chemins de Paris et de Wissembourg ; un parc accessoire fut organisé à Kork, sur la rive droite du Rhin.

Jusqu'au 18 août, la division badoise resta seule devant la place dont elle avait achevé l'investissement dans la nuit du 14 au 15. A ce propos, on reproche au général Uhrich de n'avoir fait aucune tentative sérieuse pour gêner les mouvements de l'ennemi. Ce reproche n'est pas fondé, puisque le commandant supérieur, ayant organisé les fuyards de Wœrth en un régiment de marche d'infanterie à 5 bataillons et un de cavalerie de 700 chevaux, tenta plusieurs sorties dont la plus importante, exécutée le 16 août, amena un désordre qui prouvait l'impossibilité de faire la moindre opération en rase campagne avec des troupes inexpérimentées ou démoralisées. Les trois bataillons du 87e étaient chargés du pénible service du front d'attaque et il eût été plus qu'imprudent de les exposer à un désastre en dehors des fortifications.

Dans l'après-midi du 16, le général Uhrich envoya au sud de la place, vers le village de Neuhof, une reconnaissance de deux bataillons (800 hommes) des régiments de marche avec deux escadrons et quatre pièces de canon, sous le commandement du colonel Fiévet des pontonniers. Cette reconnaissance ayant rencontré l'ennemi, le colonel fit charger sa cavalerie qui, ramenée, se replia au galop. Aussitôt la panique s'empara des deux bataillons qui s'enfuirent en désordre, laissant trois canons au pouvoir de l'ennemi. Le brave Fiévet fut grièvement blessé en essayant de ramener au feu ses troupes débandées et mourut peu de jours après. Dans la nuit, une autre reconnaissance fut dirigée sur la Robertsau où eut lieu un engagement assez vif, à la suite duquel les assiégés détruisirent le couvent du Bon-Pasteur, situé près de l'Orangerie et qui servait d'abri aux tirailleurs badois. L'artillerie de campagne de ces derniers ne restait pas inactive ; en attendant les pièces de siège, elle lançait à toute volée des obus sur la ville. Le premier projectile qui éclata dans l'enceinte fut envoyé le 13 août et un bombardement intermittent se prolongea pendant les journées du 14 et du 15 ; comme pour insulter au malheur des habitants, le jour de la fête de l'empereur, à l'heure habituelle du feu d'artifice, toutes les pièces badoises tirèrent par salves vers le centre de la ville, y causèrent de nombreux dégâts et blessèrent plusieurs personnes.

Le 18 eut lieu un bombardement plus sérieux que les précédents. Les Badois avaient fait venir de Rastatt 40 pièces de 12 et de 24, plus quelques mortiers, qu'ils mirent en batterie derrière des épaulements construits à proximité de la petite ville de Kehl, sur la rive allemande du Rhin. A un signal donné, ces pièces, secondées par les canons de campagne, accablèrent Strasbourg d'une nuée de projectiles. A titre de représailles, le général Uhrich fit canonner Kehl par les batteries de la citadelle et plusieurs maisons furent réduites en cendres. Avec une mauvaise foi insigne, le général de Werder osa se plaindre officiellement qu'on eût tiré sur une ville ouverte. Sa lettre mérite d'être reproduite, car elle donne une idée de l'esprit mercantile qui présidait à la conduite de la guerre sous l'hégémonie prussienne.

« Mundolsheim, 19 août 1870.

» Monsieur, — contre toute espèce du droit des gens, et sans avertissement préalable, vous avez mis en feu, avec vos canons, la ville de Kehl, qui est *ouverte* et qui n'est pas fortifiée.

» Une pareille manière de faire la guerre, qui est inouïe chez une nation civilisée, me force de vous rendre personnellement responsable des suites de cet acte. En outre, je fais estimer les dégâts causés et en chercher une *indemnité par des contributions frappées en Alsace*. . . . .

» Le général commandant le corps de siège,

» V. WERDER. »

Le général Uhrich répondit aussitôt à M. de Werder que « si Kehl n'était pas une place forte, il était, tout au moins, un poste militaire entouré de deux forts et soumis, conséquemment, à tous les dangers résultant de la guerre ».

L'incident se trouva clos ; il n'était au fond qu'un prétexte pour frapper d'une grosse contribution la malheureuse Alsace. Le général de Werder, dans une seconde lettre, profitait de l'occasion fournie par l'envoi de quelques sauf-conduits pour annoncer au commandant de Strasbourg le résultat de la bataille de Saint-Privat et lui dire, en exagérant ses effectifs, qu'il était assiégé par une armée de 65.000 hommes avec 320 pièces. Cette dépêche portait la date du 20 ; cependant l'ouvrage du grand état-major de Berlin fait connaître que, le lendemain seulement, commençaient à arriver les deux divisions de landwehr et le matériel du siège.

Dans l'espoir de brusquer la situation en effrayant les

habitants et pour obéir aux instructions du quartier royal, le général de Werder résolut de recourir à un bombardement en règle et avertit le général Uhrich de son intention en l'invitant à capituler. Cette offre ayant été déclinée comme la première, le bombardement commença le 23 août au soir et dura sans la moindre interruption jusqu'au 25, jour où le respectable évêque de la ville tenta une démarche auprès du grand-duc de Bade, alors au milieu de sa division, pour le prier de mettre fin à des cruautés déshonorantes pour la nation allemande. Sa prière ne fut pas écoutée et le bombardement reprit avec un redoublement d'intensité, les supplications de l'évêque ayant fait supposer que le moral de la population était profondément ébranlé. L'Aubette, renfermant le musée de peinture, le Temple-Neuf et sa magnifique bibliothèque, un grand nombre de maisons particulières étaient incendiées ; dès la seconde nuit, la ville présentait l'aspect d'une mer de flammes, des milliers d'habitants étaient sans abri et, de l'aveu même des Allemands, le feu de l'artillerie était surtout dirigé vers les grands foyers d'incendie, pour empêcher les pompiers d'en approcher. Et c'est ainsi que l'on traitait « la ville-sœur » ! aussi ne saurait-on s'imaginer le ton contrit et l'air de sympathie avec lesquels les historiens d'outre-Rhin font le récit de ces horreurs dignes de la guerre de Trente ans ; ils veulent à toute force prouver que les artilleurs allemands avaient le cœur navré en détruisant la vieille capitale de l'Alsace.

La garnison, comme les habitants, manquait d'abris blindés et subissait des pertes sensibles. Bientôt le toit de la grande nef de la cathédrale prenait feu à son tour ; le lendemain brûlaient le Palais de justice, le moulin militaire de la porte des Pêcheurs ; les faubourgs de Pierres et National étaient ruinés de fond en comble, et leurs habitants cherchaient un refuge sous les ponts, au théâtre, dans la cathédrale que l'évêque s'était empressé de mettre à la disposition des malheureux sans asile. Au milieu de cette effroyable catastrophe, la mâle et patriotique énergie de la population ne se démentit pas un instant, et le commandant supérieur exprimait le sentiment général en repoussant les sommations plusieurs fois répétées de M. de Werder. Le général prussien se décida alors à commencer le siège régulier, en prescrivant toutefois de continuer le bombardement, malgré l'énorme consommation de projectiles qu'il nécessitait. Par un raffinement de cruauté, franchement avoué dans l'ouvrage du grand état-major, il était recommandé au général Decker, commandant l'artillerie, d'entretenir de jour le feu contre les fortifications et de consacrer les nuits au bombardement à outrance des habitations.

Le front d'attaque étant tout indiqué, il ne s'agissait que de prendre les mesures nécessaires pour l'ouverture de la première parallèle. Elle fut creusée dans la nuit du 29 au 30 août, en forme d'un vaste demi-cercle de cinq kilomètres de longueur, s'appuyant à gauche au canal du Rhin à la Marne près de Schiltigheim et de l'autre côté au village de Kœnigshoffen ; la distance moyenne de la ligne de circonvallation aux fortifications était de 700 à 800 mètres. Ce travail fut exécuté sans pertes, les défenseurs de la place n'ayant cherché ni à l'inquiéter ni à se rendre compte de son importance, puisqu'aucun artifice éclairant ne fut lancé en avant du front d'attaque. Le général Decker appuya la parallèle de onze batteries nouvelles qui, jointes aux dix batteries déjà construites, formaient un total de vingt et un ouvrages armés de 88 canons de gros calibre ; chaque pièce était approvisionnée à soixante coups par jour.

Dans la nuit du 1er au 2 septembre, le général de Mertens fit construire une deuxième parallèle de 1.600 mètres seulement de longueur et distante de moins de 400 mètres des saillants des lunettes 44, 52 et 53. Le 2 au matin, le 87e de ligne, sous les ordres de son colonel, fit une sortie vigoureuse qui néanmoins n'amena aucun résultat utile parce que, d'après le général Uhrich, l'ennemi avait dû être prévenu de l'attaque par des espions. Cette affaire coûta aux assiégés 144 tués ou blessés et aux Allemands 150.

Les ingénieurs allemands, dans leur hâte de s'emparer d'une place si convoitée, poussaient les travaux d'approche avec la dernière activité ; chaque nuit ils établissaient de nouvelles batteries qui tiraient à ricochet sur les remparts ou de plein fouet pour démonter les pièces françaises. Avec la terrible justesse du canon Krupp, ils n'y réussissaient que trop facilement ; ils firent surtout un mal énorme avec deux mortiers rayés de 21 centimètres, engins d'invention récente, du poids de 15.000 kilogrammes, qui furent installés dans la batterie portant le numéro 35. Dès le 9 septembre, toute pièce qui se montrait aux remparts était aussitôt démontée par le feu convergent de l'assaillant ; en revanche, le bombardement devint moins violent.

Pendant toute la durée du siège, le général Uhrich put communiquer avec l'extérieur et entretint en outre une correspondance des plus suivies, trop suivie peut-être, avec le général de Werder. Le 1er septembre, il reçut par l'entremise du sous-préfet de Schlestadt le télégramme suivant du comte de Palikao : « Tenez le plus longtemps possible. Bataille vers Metz est imminente et l'on a tout lieu d'espérer un bon résultat. Comme dernière ressource, que la garnison doit exécuter peut-être dans la nuit, franchir le Rhin, se jeter dans le pays de Bade, où il ne se trouve que fort peu d'ennemis, et repasser le Rhin plus haut. Faites le possible et promptement. » Cet ordre étrange surprit le général Uhrich à un point extrême, c'est lui-même qui le dit dans sa relation du siège et on le croit sans peine. Le vainqueur de Pékin continuait à faire preuve d'une méconnaissance complète des ressources de l'ennemi, de l'état de l'armée française, de la faiblesse de la garnison de Strasbourg et des conditions d'une guerre européenne.

Le général de Werder s'empressait de transmettre à son adversaire les nouvelles, mauvaises pour les armées impériales, qu'il recevait du grand quartier général. C'est par cette voie que le général Uhrich apprit presque aussitôt le désastre de Sedan, l'insuccès de la sortie tentée le 31 août par Bazaine et la proclamation de la république. Aucun détail n'était omis ; on faisait connaître jusqu'au lieu d'internement de Napoléon III. Sa résolution de tenir ferme ne fut pas ébranlée ; toutefois, il jugea prudent de laisser ignorer ces renseignements, profondément décourageants, tant à la garnison qu'à la population qui apprit beaucoup plus tard, le 11 septembre, lors de l'arrivée d'une députation de l'association internationale de Genève, toute l'étendue des malheurs dont la France était accablée.

Le 10 septembre surgit un incident qui calma un peu les angoisses des infortunés habitants réfugiés dans les caves depuis près d'un mois et constamment exposés à périr sous les projectiles ou sous leurs maisons écroulées. Le général Uhrich fut informé par le commandant en chef prussien qu'une délégation suisse, munie des pouvoirs du Conseil fédéral, demandait à entrer dans la ville assiégée pour sauver des horreurs du bombardement les vieillards, les femmes et les enfants de l'ancienne amie et alliée dont les contingents s'étaient battus contre Charles le Téméraire à Granson et à Morat. Cette preuve si touchante de sympathie causa par toute la ville une émotion indicible ; le lendemain matin, une foule énorme se rendit par les faubourgs ruinés à la porte Nationale pour recevoir les envoyés de la république helvétique. Grand fut l'étonnement de ceux-ci en apprenant que les habitants ne savaient rien des scènes du 4 septembre et de la proclamation du gouvernement de la défense nationale.

Les circonstances étaient trop graves pour que ces nouvelles produisissent une explosion pareille à celle de Paris et des autres villes éloignées des troupes allemandes ; cependant quelques exaltés, républicains de la veille, nourris des légendes de 92, se livrèrent à des transports d'allégresse, s'imaginant naïvement que le seul mot de république allait terrifier les Prussiens et enfanter des prodiges.

Les autorités militaires continuèrent à remplir leur devoir sans s'inquiéter des nouvelles politiques ; l'administration préfectorale et la municipalité furent modifiées dans le sens républicain. Le préfet, M. Pron, dut donner sa démission et céder la place à M. Bœrsch, conseiller général, docteur en médecine et rédacteur en chef depuis plus de vingt ans du journal le *Courrier du Bas-Rhin.* Ce choix était excellent, « le délégué pour l'administration du département » remplissant toutes les conditions désirables sous le rapport du savoir, de l'intelligence et de la modération. Le 19 août, il était à son tour remplacé par M. Valentin, ex-sous-lieutenant de chasseurs à pied, ancien représentant du peuple ayant siégé sur les bancs de la Montagne de 1849 à 1851, proscrit de Décembre, à qui ses opinions avancées tenaient lieu de titres administratifs auprès de M. Gambetta. Ce fonctionnaire, d'une bravoure à toute épreuve, se jeta en enfant perdu au milieu des lignes ennemies et, profitant du moment de la distribution des vivres, il franchit les parallèles des assiégeants et gagna la lunette 56 à la nage sous le feu des avant-postes allemands et français. Plus tard, M. Valentin sut faire preuve d'un tact et d'une convenance qu'on ne pouvait lui supposer après les excentricités et les violences auxquelles il s'était livré vingt ans auparavant. Le maire, M. Humann, remit la direction des affaires à une commission provisoire. Le 15 septembre, à dix heures du matin, commença l'émigration pour la Suisse ; ce premier convoi se composait de plus de deux mille personnes.

L'artillerie et le génie allemands continuaient à pousser les travaux d'approche avec une fiévreuse activité, sans cesser un instant d'accabler de projectiles les parties centrales de la ville ; la citadelle était entièrement ruinée ; les Badois avaient pu s'installer tout près, dans l'île des Epis ; enfin, dans la nuit du 11 au 12 septembre, le général de Mertens fit ouvrir une troisième parallèle, d'une longueur de 500 mètres, en avant des lunettes 52 et 53. Pour se rapprocher encore davantage de ces ouvrages, l'ennemi établit, à 40 mètres plus en avant, une demi-parallèle ; en même temps le général de Decker disposait des batteries de façon à faire brèche à la lunette 53 au moyen du tir plongeant. Bientôt la face droite du bastion 11 fut également battue en brèche par tir indirect et, le 15 septembre, le génie couronnait à la sape volante le chemin couvert de la lunette 53 ; le 18, la même opération fut faite avec succès autour de la lunette 52 et les Allemands purent commencer les préparatifs de la descente et du passage du fossé pour donner ensuite l'assaut à la brèche de la lunette 53. Le général Uhrich, informé que ces ouvrages avancés étaient devenus intenables, les avait fait évacuer, de sorte que l'assiégeant put les occuper sans combat dès le 22 ; le 23 il débouchait à la sape de la lunette 52 vers le glacis du corps de place et commençait le couronnement du chemin couvert. Le 26, cette opération était achevée en face de la contre-garde du bastion 11 et les pionniers allemands purent même s'établir en face de l'ouvrage 54 qui protégeait le bastion 12. Enfin la sape était ouverte en capitale de la demi-lune 50 qui couvrait la porte de Pierres. Sur un total de 68 batteries construites, l'assaillant pouvait en faire agir 40 ; 119 canons rayés, 42 gros mortiers, 40 petits mortiers étaient en mesure de lancer 60.000 projectiles explosibles par vingt-quatre heures ; tous les ouvrages du front d'attaque étaient complètement ruinés, les défenseurs n'avaient plus le moindre abri ; le théâtre, la préfecture et d'autres maisons étaient devenus la proie de l'incendie ; encore quelques coups de canon et la brèche du bastion 11 était entièrement praticable. La supériorité écrasante de l'artillerie allemande lui permettait de rendre impossible la réunion des colonnes destinées à repousser l'assaut ; en outre, la supériorité numérique de l'armée de siège ne laissait aucun doute sur le succès certain d'une tentative de vive force.

Le 27, à deux heures de l'après-midi, le colonel Sabatier et le lieutenant-colonel Maritz, les deux chefs du génie, vinrent prévenir le général Uhrich que la brèche du bastion 11 était praticable, que l'assaut pouvait être donné dès le 28 au matin. Aussitôt le conseil de défense fut réuni et décida à l'unanimité qu'il y avait lieu d'entrer en négociation avec l'ennemi.

La déclaration des colonels Sabatier et Maritz a été formellement contredite par le Conseil d'enquête, présidé par le maréchal Baraguay-d'Hilliers, dans sa séance du 8 janvier 1872. Le Conseil émit l'avis « qu'à cette époque, 27 septembre, les brèches faites aux bastions 11 et 12 n'étaient pas praticables et étaient, en outre, défendues par un fossé très large, très profond, plein d'eau ; qu'elles étaient couvertes et défendues par des contre-gardes encore intactes, précédées également de fossés pleins d'eau ». Le général Uhrich protesta vivement contre cette assertion dans son mémoire justificatif ; malheureusement pour les chefs du génie de Strasbourg, l'historien impartial doit reconnaître que le grand état-major de Berlin a confirmé en termes explicites l'avis du Conseil d'enquête. « Toutefois, dit-il, les brèches étaient encore protégées par deux profonds fossés pleins d'eau contre un assaut immédiat de l'assiégeant ; cependant, selon toute probabilité, ce dernier aurait enlevé la place de vive force peu de jours après. »

Le Conseil d'enquête a donc justement blâmé la résolution du commandant supérieur de capituler dès le 27. La convention fut conclue dans la nuit du 27 au 28, à deux heures du matin, entre le colonel Ducasse et le lieutenant-colonel Mengin pour le général Uhrich, le lieutenant-colonel Leczinski et le capitaine Henckel de Donnersmark pour le général de Werder. Les conditions de la capitulation étaient les mêmes qu'à Sedan ; les principaux généraux de la garnison, MM. Uhrich et Barral, ainsi que beaucoup d'officiers commirent la faute de signer le *revers* prussien et de séparer ainsi leur sort de celui de leurs soldats.

Le 28 septembre eurent lieu à la porte du général les protestations de rigueur dont les auteurs les plus bruyants venaient pour la plupart de sortir de leur cave ; mais la plus étrange est celle de l'ex-maire Humann, qui ne craignit pas de dire, dans un discours public, que la capitulation du 28 l'avait vivement surpris, alors que dix jours auparavant, le 18, il avait, avec tous les membres du Conseil municipal, signé une adresse au commandant supérieur, adresse dans laquelle, se prétendant « *l'organe du sentiment presque universel de la population* », ils le suppliaient d'entrer en négociation avec M. de Werder. (Conseil municipal de Strasbourg, séance du 18 septembre 1870.)

A une époque où se forme la légende d'après laquelle les habitants de nos places fortes auraient poussé l'esprit de sacrifice à ses dernières limites en 1870 et toutes les défaillances seraient imputables aux chefs militaires, il importe de rétablir les faits et de prouver, par des documents officiels, que dans la plupart des villes assiégées les commandants supérieurs ont été obligés de résister aux supplications de municipalités trop désireuses de se soustraire aux horreurs d'un bombardement.

Le 28, dès 8 heures du matin, les Allemands prenaient possession des portes d'Austerlitz, Nationale, des Pêcheurs et de la citadelle. A 11 heures et demie, la garnison sortit avec armes et bagages par la porte Nationale pour défiler devant l'armée assiégeante. Le général de Werder, le grand-duc de Bade et son frère firent le plus honorable accueil aux officiers français dont ils se plurent à proclamer la bravoure. Le départ des troupes fut navrant ; l'énergique et patriotique population de Strasbourg, prévoyant l'annexion, fit des adieux déchirants aux défenseurs de la cité, obligés de défiler devant l'ennemi et de lui remettre leurs armes. Peut-être doit-on reprocher aux Strasbourgeois de n'avoir pas veillé à ce que les soldats eussent une attitude digne pendant le défilé. Les premiers bataillons se présentèrent d'une façon convenable, malheureusement la queue de la colonne contenait beaucoup d'hommes ivres dont la vue était des plus pénibles. Toutes les relations allemandes, officielles et autres, ont peu généreusement insisté sur ce fâcheux spectacle et sur l'indiscipline qui l'avait amené.

Pendant les quarante-six jours de siège et de bombardement presque continuel, la ville avait eu beaucoup à souffrir : plus de 400 maisons étaient complètement ruinées, 34 seulement n'avait pas été atteintes ; 10.000 habitants se trouvaient sans abri. Dans la population civile on comptait 261 tués et 1.100 blessés ; la garnison avait perdu 661 tués et 2.100 blessés. Les pertes du corps de siège atteignaient 177 tués et 712 blessés, dont 39 officiers. L'artillerie allemande avait lancé 195.290 projectiles, soit environ 6.300 par jour ; sur le nombre on compte 58.000 bombes qui donnent une idée de la rage de destruction et d'intimidation dont était animé l'état-major allemand à l'égard d'une ville dont il avait la prétention de gagner les sympathies. S'il eût entrepris, dès le début, les travaux d'un siège régulier, il serait certainement arrivé plus vite à ses fins et n'aurait pas infligé à une population inoffensive des tortures prolongées qu'elle paraît peu disposée à lui pardonner. Le butin des Allemands fut immense ; de plus ils gagnaient une excellente base d'opérations contre la Haute-Alsace, d'où ils devaient partir plus tard pour envahir la Franche-Comté et la Bourgogne.

Pendant le siège de Strasbourg, les armées allemandes avaient continué leur mouvement en avant et procédé à l'investissement de Paris ; il leur importait donc d'assurer leurs lignes d'étape, ainsi que le ravitaillement des six cent mille hommes qui occupaient le territoire français. La ligne ferrée de Sarrebrück à Nancy fonctionnait jusqu'à Courcelles-sur-la-Nied ; pour la prolonger autour de Metz, le service des chemins de fer construisit une ligne de raccordement partant de Remilly pour aboutir, à 38 kilomètres plus loin, à Pont-à-Mousson ; ce travail était terminé le 23 septembre.

La grande ligne de Paris, Strasbourg, Wissembourg, était mise en exploitation jusque dans les environs de Toul et servait à l'approvisionnement des deux armées qui avaient combattu à Sedan. Le prolongement de cette ligne était fermé par la place forte de Toul, dont la possession devenait ainsi précieuse pour les Prussiens. Située sur la rive gauche de la Moselle, cette ville de 8.000 âmes était entourée d'une fortification composée de neuf fronts bastionnés avec fossés pleins d'eau, escarpes en maçonnerie et quelques demi-lunes. Au sud-est, la Moselle garantissait la forteresse de toute attaque, mais au nord-ouest, le terrain coupé de ruisseaux s'élève à partir des glacis jusqu'au plateau boisé du mont Saint-Michel qui domine la ville d'environ 200 mètres, à une distance de moins de 2.000 mètres, c'est-à-dire à bonne portée de canon rayé. Le commandant de la place, le major Huck, homme de devoir et de résolution, avait compris, quoique nommé à ce poste depuis quelques jours seulement, que Toul était à la merci du plateau Saint-Michel. Il avait fait part de ses appréhensions au maréchal Canrobert, à l'époque du passage du 6e corps dans les premiers jours d'août, mais on ne put mettre à sa disposition les ouvriers et le matériel indispensables pour occuper cette position avancée. Dix ans auparavant, en 1860, un inspecteur général du génie avait signalé la nécessité de couvrir l'importante place de Toul par des forts construits sur les hauteurs de la Justice et de Saint-Michel, mais partout l'imprévoyance et la présomption de nos ministres de la guerre, Niel excepté, s'accusaient par les mêmes négligences.

Le commandant Huck, après avoir prescrit les mesures de défense les plus urgentes et appris que l'armée du prince royal, victorieuse à Wœrth, s'avançait rapidement le long du chemin de fer de Strasbourg à Paris, s'était empressé d'écrire au général commandant le génie à Metz pour lui demander la destruction du pont de Liverdun sur la Moselle, ainsi que celle du tunnel de Foug. Il lui fut répondu que cette destruction ne pouvait avoir lieu qu'en vertu d'un ordre de l'empereur, ordre qui n'arriva jamais et que deux jours plus tard il eût, du reste, été impossible d'exécuter. La lettre était du 11 août, et le 14 les cavaliers de la garnison envoyés en éclaireurs vers le plateau Saint-Michel avaient un engagement avec l'avant-garde prussienne qui envoya un parlementaire pour sommer la place de se rendre. La veille, 13, le grand parc de l'armée du Rhin avait quitté Toul, sous la conduite du général de Mitrécé, pour gagner le camp de Châlons par les voies rapides ; le commandant de la place était abandonné à lui-même avec une garnison de 2.290 hommes, composée de 500 hommes du bataillon de dépôt du 63e de ligne, 130 du dépôt du 4e cuirassiers, 600 du bataillon des mobiles de Nancy, 600 de celui de Toul, 410 formant les quatre batteries de la garde mobile de la Meurthe, 20 soldats du train et 30 gendarmes. A l'exception des 50 soldats du train et de la gendarmerie, les autres corps se composaient exclusivement de recrues ; il ne s'y trouvait ni un artilleur, ni un soldat du génie. Le chef de bataillon Antoine, de cette dernière arme, employé à Toul depuis plusieurs années, fut appelé à Metz *la veille de l'investissement !* Un heureux hasard permit de le remplacer par les commandants du génie Bouchez et Rolland, rejetés dans Toul par la rapide invasion de l'ennemi et qui prêtèrent au major Huck le concours le plus dévoué et le plus énergique. L'armement de la place se composait de 71 bouches à feu dont 22 canons de 24 et de 12 rayés.

Le 15 août, le commandant Huck eut à décliner les sommations d'un deuxième parlementaire ; le 16, à 11 heures et demie du matin, il s'en présenta un troisième de la part du général de Zychlinski, commandant l'avant-garde du IVe corps, d'Alvensleben, forte de trois régiments, avec deux batteries et un régiment de dragons. Le général d'Alvensleben Ier, informé que la garnison se composait seulement d'un millier de gardes mobiles avec quelques mauvais canons, avait, sur la foi de ce renseignement inexact, prescrit au commandant de son avant-garde d'enlever Toul de vive force. Conformément à cet ordre, le général Zychlinski, un quart d'heure après la sommation, fit canonner la ville avec son artillerie de campagne jusqu'à 5 heures du soir, où il lança des colonnes d'attaque contre les murailles. Accueillies par un feu meurtrier, elles se replièrent en désordre, abandonnant sur le terrain un grand nombre de blessés et de morts qui furent enlevés pendant la nuit au moyen de voitures de réquisition. Les pertes des Prussiens étaient de 17 officiers, dont 6 tués, et de 182 hommes, dont 44 tués. Le lendemain, la garnison enterra encore 37 morts et transporta à l'hôpital 15 blessés prussiens.

A la suite de ce bombardement qui, tout en écornant la cathédrale et plusieurs maisons particulières, n'avait incendié que l'habitation du receveur particulier des finanes, le maire vint, au nom de la population *représentée par les notables*, supplier le commandant d'entrer en négociation avec l'ennemi. Cet acte de faiblesse, suivi de plusieurs autres contre lesquels protesta d'ailleurs la partie énergique de la population que le maire représentait si mal, a plus tard attiré à la ville de Toul un blâme sévère du conseil d'enquête sur les capitulations, blâme dont la formule avait le tort d'être trop générale; ce qui ne devait pas étonner de la part d'un tribunal présidé et dirigé par le maréchal Baraguay d'Hilliers, dont l'égoïsme, la malveillance et la jalousie s'étaient manifestés antérieurement, quand, en juin 1848, il refusa au général Cavaignac d'accepter le commandement de la colonne dont le chef, le brave Négrier, venait d'être tué, et quand, à Melegnano, il empêcha Mac-Mahon, mis ce jour-là sous sa direction, de tourner l'arrière-garde autrichienne, et fit inutilement tuer une foule de braves gens pour avoir seul l'honneur de la victoire.

Au IVe corps prussien succéda, le 18, le 2e corps bavarois, Hartmann. Il franchit la Moselle en amont de la place devant laquelle il laissa un corps d'observation chargé en outre de construire des batteries sur les hauteurs environnantes. Le 22 août arriva la 11e division, lieutenant général de Gordon, du VIe corps, avec la réserve d'artillerie ; le lendemain, à 6 heures du matin, un parlementaire se présenta à la porte Moselle porteur d'une lettre du général Gordon par laquelle il demandait la reddition de la forteresse sous les conditions les plus honorables. Après une délibération du conseil de défense, il fut répondu que la place ne se rendrait pas. Cette réponse fut immédiatement suivie d'un bombardement qui incendia plusieurs maisons. A 1 heure et demie le feu fut suspendu et un nouveau parlementaire vint offrir les conditions les plus favorables, jusqu'à indemniser les habitants des dégâts faits à leurs maisons. Le conseil municipal renouvela ses supplications et le conseil de défense se prononça à la majorité pour la reddition. Le brave commandant Huck, ne s'inspirant que de son patriotisme, résista aux prières de la municipalité et, se prévalant de ses droits de commandant supérieur, refusa de se ranger à l'avis de son conseil de défense. Les offres du général Gordon furent repoussées et le bombardement recommença jusqu'à la nuit. L'artillerie de la place riposta vigoureusement au feu des Prussiens qui comprirent enfin l'inutilité des moyens d'intimidation. Le VIe corps continua sa route et le grand état-major décida l'envoi d'un matériel de siège appuyé par un détachement suffisant pour un siège régulier.

Dans l'intervalle qui devait s'écouler entre le départ des bataillons du corps bavarois et du VIe corps laissés provisoirement autour de Toul et l'arrivée des nouvelles troupes, le service d'investissement fut confié à trois bataillons de landwehr. Le 2 septembre arrivèrent deux compagnies d'artillerie de forteresse avec 24 pièces qu'elles avaient prises en passant à Marsal.

Le 8 septembre, le grand état-major donnait l'ordre au prince Frédéric-Charles de diriger vers l'intérieur de la France le XIIIe corps d'armée, grand-duc Mecklembourg-

Schwerin, composé de la 17e division d'infanterie, de Schimmelmann, et de la 2e division de landwehr, de Selchow, pour occuper les départements compris entre Metz et Paris. La division Selchow alla occuper Châlons-sur-Marne, Reims et les environs de ces deux villes; la division Schimmelmann, avec le 18e dragons, le 11e ulans, 7 batteries de campagne et 2 compagnies de pionniers, vint renforcer les troupes d'investissement devant Toul dans les journées des 13 et 14 septembre. Cette arrivée avait été précédée d'un bombardement commencé le 10 et entretenu par les canons de campagne et les pièces de Marsal, jusqu'à la mise en batterie de 26 gros canons Krupp qui furent amenés par trois nouvelles compagnies d'artillerie de forteresse.

Les troupes chargées de la garde des lignes d'étape étant fort incommodées par les francs-tireurs, le grand-duc de Mecklembourg rappela vers Reims la 33e brigade d'infanterie avec le 11e ulans et 3 batteries, après s'être convaincu que la garnison de Toul n'était pas en état d'opérer une sortie vigoureuse. Le bombardement ne discontinua pas pendant treize jours; grâce à la grande portée de leurs gros canons, les Allemands croisaient leurs projectiles au-dessus de la ville et prenaient à revers défenses et défenseurs. Aucun abri n'était sûr, les remparts étaient intenables et les incendies très fréquents. Le 23, 11 batteries dominantes armées de 62 bouches à feu accablaient Toul de projectiles ; de toutes parts brûlent des maisons que l'assiégé ne peut secourir à cause de l'intensité du tir ; les chefs de corps les plus énergiques, comme le major Frasnois du 63e de ligne et le commandant de Ludre, des mobiles de la Meurthe, se déclarent impuissants à continuer la résistance ; le conseil municipal renouvelle ses supplications et rédige une adresse navrante au commandant supérieur ; enfin, les membres du conseil de défense déclarent l'un après l'autre l'impossibilité de prolonger la lutte. Huck ne cède pas encore, il les réunit une dernière fois et c'est appuyé par un vote unanime du conseil de défense qu'il se décide enfin, vers 4 heures du soir, à laisser hisser le drapeau blanc sur la cathédrale. Il obtint les conditions de Sedan : toutefois les gardes mobiles de Toul furent autorisés à rester dans leurs foyers. Presque tous les officiers, dit l'historique du grand état-major, profitèrent de la clause d'exception stipulée en leur faveur ou plutôt imposée par les Prussiens; mais le commandant Huck, esclave du règlement français, partagea noblement la captivité de ses soldats. Les pertes de la garnison s'élevaient à 114 tués et blessés ; celles des habitants à 8 tués et à 20 blessés. A partir de l'attaque infructueuse du 16 août, les Allemands ne perdirent qu'une trentaine d'hommes et leur butin fut considérable, l'administration de la guerre, par une aberration étrange, ayant bondé les magasins et les arsenaux de première ligne. Outre les 71 pièces constituant l'armement de la place, il s'y trouvait 30.000 fusils, 2.800 sabres, 220 chevaux, 2.000 quintaux de poudre et 193.000 rations de vivres et de fourrages. La défense fort honorable avait duré 40 jours, du 15 août au 23 septembre. Il est regrettable d'avoir à constater que le major Huck ne reçut aucune récompense, tandis que les chefs de la défense de Strasbourg qui avaient profité du *revers* étaient littéralement comblés de grades et de décorations.

La grande voie de Strasbourg à Paris se trouvait ainsi dégagée ; les derrières des deux armées victorieuses à Sedan étaient assurés ; Bazaine était enfermé dans Metz et le roi Guillaume marchait rapidement sur la capitale dont le général de Moltke allait opérer l'investissement considéré comme une opération impossible.

CHAPITRE XXIX

Marche des 3e et 4e armées allemandes sur Paris. — Retraite du 13e corps, Vinoy, de Mézières sur Paris. — Démonstration contre Montmédy. — Capitulation de Laon, explosion de la citadelle. — Sommation infructueuse du IVe corps à Soissons. — Positions occupées par les armées allemandes le 16 septembre. — Etat des esprits à Paris. — Conduite du général Trochu et des membres du gouvernement. — Mise en état de défense de Paris. — Conseil de défense. — Garnison nécessaire, sa composition. — Gardes nationaux mobiles de province. — Mauvais esprit et déplorable composition de la garde nationale sédentaire de Paris. — Corps francs. — Cavalerie, artillerie, génie, pontonniers. — Répartition des commandements : secteurs, commandements extérieurs, forts. — Antagonisme entre les généraux Vinoy et Ducrot, faiblesse du général Trochu. — Services auxiliaires ; la commission des barricades. — Casernement, armement. — Subsistances.

Nous avions laissé, le 2 septembre, l'armée de Metz reprenant ses positions autour de la place après l'inutile bataille de Noisseville, et l'armée de Châlons prisonnière dans la presqu'île d'Iges, près de Sedan. L'armée de Steinmetz et la 2e armée, sous le commandement en chef du prince Frédéric-Charles, continuaient le blocus de Metz ; les 3e et 4e armées, sous la direction immédiate du roi, campaient sur le champ de bataille de Sedan.

Le général de Moltke, avec son activité habituelle, ne perdit pas une minute pour reprendre la marche sur Paris interrompue par la poursuite de l'armée de Mac-Mahon. La capitulation était signée au château de Bellevue le 22 septembre, à 11 heures et demie, et, à midi, le grand état-major expédiait déjà les ordres de route préparatoires qui devaient être complétés le lendemain à la même heure. Le XIe corps prussien et le 1er corps bavarois furent chargés, sous les ordres du général von der Tann, de la garde des prisonniers et de leur escorte jusqu'à Etain d'où les troupes du prince Frédéric-Charles avaient la mission de les conduire en Allemagne.

Pendant la journée du 3, on laissa reposer les deux armées dont la fatigue était extrême après les marches forcées de la fin d'août et les sanglantes batailles de Beaumont et de Sedan. Les commandants de corps d'armée furent autorisés à lever les bivouacs et à cantonner leurs soldats. Le mouvement général sur Paris commença le 4 au lever du soleil. Comme les manœuvres des derniers jours avaient interverti l'ordre de bataille primitif dans lequel l'armée de la Meuse formait l'aile droite, le roi prescrivit de le rétablir, afin d'éviter toute confusion dans les marches, les convois, le ravitaillement et le service des étapes de cette masse de près de 250.000 combattants. A cet effet, l'armée du prince de Prusse reçut l'ordre de se diriger droit au sud vers la Marne, tandis que celle du prince de Saxe devait marcher au sud-ouest vers Laon et Soissons.

Que devenait sur ces entrefaites le corps Vinoy, dont le voisinage avait été signalé par le général de Moltke aux chefs de la cavalerie ? Ce corps, le 13e de l'armée française, avait été formé hâtivement vers la fin d'août avec trois divisions d'infanterie composées de 10 régiments de marche et de la brigade Guilhem, 35e et 42e de ligne, récemment arrivée de Rome. Le général de Palikao, désireux d'assurer les derrières de l'armée de Mac-Mahon pendant sa marche aventureuse sur la Meuse, avait dirigé dès le 26 août la 1re division, d'Exéa, sur Reims avec avant-postes à Rethel. La 3e division, Blanchard, la plus solide parce qu'elle comprenait la brigade

Guilhem, gagna Mézières avec la réserve d'artillerie dans la nuit du 30 au 31 août, sous le commandement direct du général Vinoy. Quarante-huit heures après, la 2e division, Maudhuy, débarquait à Laon qu'elle ne devait plus dépasser. L'ensemble des troupes du 13e corps constituait un effectif d'environ 30.000 hommes qui, vu leur peu de solidité et l'insuffisance des cadres tous très incomplets, ne pouvaient exercer la moindre influence sur les événements. Le général Vinoy, excellent officier d'infanterie, plein d'expérience, ne se faisait aucune illusion sur les difficultés de la mission dont l'avait chargé le comte de Palikao ; aussi quand, dans les journées des 31 août et 1er septembre, il eut reçu des nouvelles qui ne lui laissaient plus d'incertitude sur la triste issue de la bataille de Sedan, et vu arriver à Mézières plus de 10.000 fuyards de toutes armes, il télégraphia tout de suite au ministre de la guerre pour avoir l'autorisation de battre en retraite. Cette autorisation lui fut aussitôt accordée et les termes de la dépêche de Palikao indiquent que, déjà le 1er septembre au soir, il avait des renseignements assez précis sur la catastrophe de Sedan.

Le commandant du 13e corps, qui savait les Wurtembergeois très rapprochés de ses avant-postes du côté de Sedan, n'hésita pas à ordonner une marche de nuit pour les dépister, ainsi que les patrouilles de cavalerie de la 6e division commandée par le prince Guillaume de Mecklembourg. Une de ces patrouilles avait coupé la ligne Mézières-Rethel à Poix ; néanmoins, Vinoy comptait gagner Rethel qu'il devait croire occupé par les troupes de la division d'Exéa. Arrivé à Saulce-aux-Bois, il apprit que le bataillon posté à Rethel avait dû se replier devant le VIe corps prussien qui, resté entre Semuy et Attigny pendant la journée de Sedan, était entré le 2 au matin dans Rethel. La situation de la division Blanchard devenait grave, car, menacée en tête par tout un corps d'armée prussien, elle était harcelée sans cesse sur son flanc gauche par les 5e et 6e divisions de cavalerie ; la moindre faute pouvait amener sa complète destruction.

Le général Vinoy prit aussitôt la détermination la plus sage en abandonnant la route de Rethel pour marcher droit à l'ouest sur Chaumont-Porcien. Il était alors 10 heures du matin et nos soldats marchaient depuis minuit, quand l'arrière-garde essuya brusquement quelques volées de coups de canon. Le général Vinoy se rendit de sa personne sur les lieux et reconnut sans peine que le feu provenait d'une seule batterie à cheval soutenue par quelques escadrons. C'était en effet la cavalerie de la division Rheinbaben qui cherchait à renouveler la manœuvre qui lui avait si bien réussi la veille de Rezonville avec les généraux Forton et Murat.

Vinoy éventa le piège qui lui était tendu et prescrivit au général Susbielle, commandant de son arrière-garde, de continuer sa route sans s'inquiéter d'une démonstration insignifiante et faite évidemment dans le but de lui faire perdre du temps. En effet, suivant leur tactique habituelle, les cavaliers prussiens avaient essayé de distraire l'attention de la colonne française pour permettre à la 11e division, de Hofmann, établie à Rethel, de la prendre en flanc par une marche rapide dans une direction nord-ouest.

La fatigue des troupes était extrême et cependant un dernier effort devenait indispensable pour se soustraire à l'étreinte de l'ennemi. Une nouvelle marche de nuit fut prescrite afin de quitter le bivouac de Château-Porcien à deux heures du matin et gagner Montcornet dans la journée. Pour effectuer ce trajet de 25 kilomètres par un chemin défoncé par les pluies, le général Vinoy fit réquisitionner toutes les voitures, mesure à laquelle les habitants se prêtèrent avec un patriotique empressement. Le 3 au soir, grâce à l'énergie doublée d'une longue expérience de son chef, la division française se trouvait à l'abri des coups de l'ennemi et put ensuite gagner sans encombre Laon dans les journées des 4 et 5 septembre. Le général Hofmann eût peut-être cherché à inquiéter ce mouvement, mais il reçut le 3 au soir, ainsi que les commandants des 5e et 6e divisions de cavalerie, l'ordre de se rabattre au sud sur Reims et de là sur Paris. La division d'Exéa évacua Reims le 4 devant le VIe corps et se rendit le même jour à Soissons par les voies ferrées. A la même date, le général Vinoy recevait du comte de Palikao une dépêche datée de 9 heures 40 minutes du matin, lui donnant comme instructions : « Ne vous serait-il pas possible de faire front et de bousculer les colonnes de l'ennemi ? » Décidément, le vainqueur de Pékin se rendait de moins en moins compte des nécessités d'une guerre en Europe.

Loin de bousculer l'ennemi, le général Vinoy n'avait plus qu'une idée, idée excellente, qui consistait à conserver son corps d'armée pour qu'il pût servir de noyau à de nouvelles formations. La division d'Exéa dut se replier par le chemin de fer de Soissons-Nanteuil ; les divisions Maudhuy et Blanchard, par la ligne de Laon-la Fère-Compiègne ; de manière que les 30.000 hommes du 13e corps se trouvèrent, le 9 septembre, concentrés dans l'avenue de la Grande-Armée, près de l'Arc de Triomphe. Leurs pertes se réduisaient à 350 hommes dont une bonne moitié de traînards qui avaient pu être ramassés par la cavalerie prussienne ou s'embusquer dans des maisons isolées.

Conformément aux ordres du grand état-major, le prince de Prusse mit en marche la 3e armée réduite à trois corps et demi, de façon que le 5 septembre elle se trouvait en entier sur la gauche de la ligne Rethel-Reims, à l'exception de la 2e division de cavalerie placée à l'extrême droite et chargée de relier la 3e armée à la 4e. Le VIe corps occupait la droite à Reims, la division wurtembergeoise marchait derrière le VIe corps, le Ve corps au centre et le 2e corps bavarois à la gauche. Le lendemain, 6, les Wurtembergeois furent maintenus à Reims pour protéger les convois de l'armée, très inquiétés par des nuées de francs-tireurs. Le 8, le VIe corps avait atteint Dormans sur la Marne, le Ve corps Epernay, les Bavarois Châlons. Dans les journées du 9 et du 10, la 3e armée exécuta un changement de front sur son aile droite pour occuper la ligne Dormans-Orbais-Sézanne. Jusqu'au 16, la marche sur Paris se continua sans incident et les pertes des Prussiens ne dépassèrent pas 25 hommes. A cette dernière date, le VIe corps était à Meaux avec le quartier royal, le Ve corps à Tournan, les Bavarois à Moissi-Cramayel, la 2e division de cavalerie à Brie-Comte-Robert, les Wurtembergeois redevenus libres à La Ferté-sous-Jouarre. L'aile gauche avançait ainsi de plus en plus pour effectuer le passage de la Seine en amont de Paris, entre Choisy-le-Roi et Corbeil.

La marche de la 4e armée fut plus accidentée. Le 4 septembre, le grand état-major croyant la garnison de Montmédy incapable de résister à une sommation appuyée d'un bombardement, prescrivit au général prince de Hohenlohe-Ingelfingen, commandant l'artillerie de la garde, de se rendre le 5 devant cette place avec la 2e brigade d'infanterie, 6 escadrons, 8 batteries et 1 compagnie de pionniers. La sommation fut repoussée et l'artillerie prussienne ouvrit à 9 heures et demie son feu auquel la place répondit vigoureusement. Le prince de Hohenlohe, après avoir vidé ses coffres à munitions, donna le signal de la retraite à ses troupes qui rejoignirent le soir même à Mouzon le gros de la garde.

L'armée de la Meuse marcha droit à l'ouest pendant les journées des 5, 6, 7 et 8 septembre, précédée par les 5e et 6e divisions de cavalerie. Le 8, le duc de Meklembourg, commandant de cette dernière division, se présenta devant la ville de Laon que l'on disait occupée par 2.000 gardes nationaux mobiles. Un simple lieutenant d'avant-garde somma le général Thérémin d'Hame qui, au lieu de repousser sur-le-champ la demande de cet officier, eut l'impardonnable faiblesse de renvoyer sa réponse au lendemain. Le colonel d'Alvensleben, commandant la 15e brigade de cavalerie, s'empressa, à la nouvelle transmise par le lieutenant, de le faire appuyer par ses deux régiments, deux batteries et le 4e bataillon de chasseurs qu'on lui envoya sur des voitures de réquisition. Il est à présumer que la capitulation de Sedan avait fait perdre la tête au général Thérémin, car la vue de ces troupes absolument impuissantes contre la citadelle de Laon, perchée sur une hauteur inaccessible, le décida à rendre la place sans brûler une amorce. Le 9, à 11 heures et demie du matin, l'état-major du duc Guillaume et le 4e bataillon prenaient possession de la citadelle, quand une explosion épouvantable se fit entendre. Le magasin à poudre venait de sauter, blessant et tuant la plupart des assistants. La compagnie de chasseurs prussiens entrée dans la citadelle comptait 42 morts et 72 blessés ; les pertes des gardes mobiles et d'une demi-compagnie du 55e de ligne atteignirent 300 hommes. Parmi les blessés se trouvaient le duc et le général Thérémin, qui, en mourant des suites de ses blessures, échappa à la flétrissure que n'eût pas manqué de lui infliger le Conseil d'enquête. Les Prussiens firent les démarches les plus actives pour découvrir l'auteur de la catastrophe ; toutes les recherches furent inutiles, et il est avéré pour la population de Laon que le feu a été mis au magasin à poudre par un garde d'artillerie, M. Henriot. Ce brave militaire, très attristé par les malheurs qui accablaient son pays, avait hautement manifesté la résolution de ne pas livrer à l'ennemi le matériel dont il était comptable. Sans doute, l'indignation causée par la conduite de son chef l'aura poussé à cet acte de suprême désespoir et tout porte à croire qu'il s'est enseveli de propos délibéré sous les ruines de la citadelle. On ne peut qu'admirer l'héroïsme de ce rival du glorieux Bisson, l'officier de marine qui fit sauter son navire plutôt que de le rendre aux Turcs.

La marche de l'armée de la Meuse ne fut pas ralentie à la suite de cet incident ; le IVe corps formait l'aile droite, la garde le centre et les Saxons l'aile gauche. Le 9, l'armée occupait la ligne de Montcornet à Château-Porcien. Le 14, en passant devant Soissons, le IVe corps somma la place après lui avoir envoyé quelques obus. Sur la réponse négative du commandant, les Prussiens continuèrent leur route. Le 16 septembre, le IVe corps était à Nanteuil-le-Haudoin, la garde à Acy-en-Multien, le XIIe à Lizy-sur-Ourcq ; de leurs quartiers généraux de Beaumont-sur-Oise et de Dammartin, les commandants des 6e et 5e divisions de cavalerie envoyaient des reconnaissances jusqu'à Ecouen, à quelques kilomètres de Saint-Denis. Les deux corps et la 4e division de cavalerie laissés en arrière pour escorter les 104.000 prisonniers de Sedan ayant terminé leur tâche le 11 septembre, rétrogradèrent aussitôt et arrivaient dans la journée du 15, le XIe corps à Reims, le 1er corps bavarois à Epernay et la 4e division de cavalerie à Provins.

Les armées des princes de Prusse et de Saxe étaient donc sous les murs de Paris et leur commandant en chef avait à décider s'il investirait la ville ou s'il tenterait de l'enlever de vive force ; il ne pouvait encore être question d'un siège régulier pour lequel le matériel faisait entièrement défaut.

Le roi et le général de Moltke étaient convaincus que les forces de la capitale, même mal organisées, auraient repoussé un assaut et peut-être infligé aux armes prussiennes une défaite plus grave encore au point de vue moral que matériel. Il leur était du reste difficile de discerner clairement les sentiments qui agitaient la grande ville; mais ils savaient que les troupes de ligne composées de recrues et les bandes indisciplinées et mal armées de la garde nationale mobile et sédentaire seraient, de quelque temps, incapables d'opérer en rase campagne. Ils se décidèrent en conséquence pour l'investissement, quoiqu'ils n'eussent sous la main que six corps d'armée et trois divisions de cavalerie, d'un effectif total de 122.621 fantassins, 24.325 cavaliers, avec 622 canons. Avant de commencer le récit de cette gigantesque opération, il est intéressant d'examiner la situation intérieure de Paris et de voir quel parti le gouvernement de la défense a su tirer des éléments trop nombreux et si hétérogènes dont il pouvait disposer.

Les personnes ayant habité cette capitale avant et pendant le siège peuvent seules apprécier exactement l'état moral de sa population de deux millions d'âmes. On y trouvait bien quelques esprits froids et sensés qui, depuis Sedan et même depuis les défaites de Wœrth et de Saint-Privat, considéraient la partie comme irrévocablement perdue; mais les masses, déçues dans leurs espérances, dont les passions étaient sans cesse excitées par des déclamations pompeuses et la vanité flattée par une presse sans dignité et sans courage, repoussaient jusqu'à la pensée que la France pût être vaincue et qu'une armée allemande aurait l'audace de venir camper sous les murs de Paris ; quant à l'investissement, elles le considéraient comme une entreprise absolument inexécutable. Dans les journaux, de même que dans les groupes anxieux qui stationnaient du matin au soir sur les boulevards, on ne parlait que des trois cent mille citoyens prêts à s'immoler pour le salut de la patrie et à s'ensevelir sous les ruines de la cité sainte plutôt que de la livrer à l'étranger. La littérature de M. Jules Favre et ses flagorneries au peuple parisien avaient produit leur détestable effet. Beaucoup étaient sincères et plus d'un garde national à qui sa santé n'eût pas permis de supporter une nuit de bivouac se croyait de taille à immoler plusieurs Germains ; malheureusement, les plus ardents en paroles, ceux qui excitaient le plus la population à recourir aux dernières extrémités, étaient parfaitement décidés à ne jamais aventurer leurs personnes contre les Prussiens et à se réserver pour une guerre civile inévitable. Plus d'un journaliste, plus d'un orateur de carrefour qui ne parlait que de courage, d'abnégation, d'esprit de sacrifice, ne voulut jamais se résoudre à monter sa garde aux remparts ; quelques-uns allèrent jusqu'à évacuer prudemment une ville où l'on risquait d'en être réduit à une nourriture malsaine et insuffisante. Malgré ces défaillances acceptées avec trop d'indulgence par un public débonnaire au fond, quoique violent en apparence, les sentiments dont était animée la majorité de la population ne laissaient pas que d'être dignes d'un grand peuple. Résolue aux plus douloureux sacrifices, elle n'admettait pas qu'on s'inclinât devant un vainqueur abhorré ni qu'on lui parlât de paix. Et puis n'avait-on pas la République, dont le nom seul valait des armées et devait faire trembler les tyrans et leurs séides? Les gardes nationaux défilant sur le boulevard avec des couronnes destinées à être déposées, sur la place de la Concorde, aux pieds de la statue de la ville de Strasbourg, reflétaient bien les sentiments de leurs concitoyens ; avec leur démarche compassée, leur allure qu'ils croyaient martiale, leurs cris trop répétés de vive la République, leurs chants patriotiques, ils semblaient dire à la foule : Nous sommes invincibles ! N'était-ce pas la flatteuse opinion exprimée par le gouvernement lui-même dans la fameuse circulaire du 6 septembre?

Néanmoins, pour l'observateur, cette résolution de pousser la guerre à outrance, quoique prise avec une louable et sincère spontanéité, dissimulait mal des appréhensions qui se traduisaient par des mesures maladroites et vexatoires. Sous le prétexte de faire la chasse aux espions, on avait fini par arrêter la plupart des Alsaciens en résidence à Paris ; il ne leur était plus permis d'échanger deux paroles dans leur idiome natal sans être aussitôt brutalement saisis, insultés et traînés au poste voisin ; souvent il suffisait d'avoir la barbe blonde et le teint blanc des hommes du Nord pour être exposé aux mêmes sévices. Toute lumière, lampe, bougie ou veilleuse, était transformée par l'imagination populaire en un signal pour l'ennemi et les imprudents qui ne fermaient pas les rideaux de leurs fenêtres voyaient leur domicile envahi et allaient souvent coucher en prison. Les masses étaient littéralement affolées ; aussi, les hommes de guerre, ceux qui savaient ce qu'il faut de calme, de patience et de froide résolution pour faire le métier de soldat, surtout pendant une campagne d'hiver, ont-ils toujours désespéré de pouvoir employer utilement une multitude si impressionnable, si crédule et si facile à entraîner au bien comme au mal. Pour rester fidèle à la vérité, on doit avouer que, si la confiance du peuple dans une issue favorable du siège était sans bornes, celle des chefs militaires était tout à fait nulle et ils avaient peut-être le tort de ne pas cacher leur opinion. Si encore on eût pu séparer l'ivraie du bon grain, la population parisienne aurait certainement donné plus de 100.000 hommes capables de faire en six semaines ou deux mois des soldats passables ; mais en laissant mélangés tous les éléments, quelle que fût leur qualité, ils se neutralisaient et la résultante des forces était nulle. Un écrivain de grand talent, qui a publié, sous le pseudonyme de major Sarrepont, une histoire du siège de Paris remarquable par la justesse des observations et par l'exactitude des renseignements, soutient et démontre d'une façon au moins spécieuse que les 360.000 gardes nationaux de la capitale équivalaient à moins 20.000 hommes, c'est-à-dire que loin d'augmenter la valeur de la défense, ils annulaient au contraire par leurs allures désordonnées l'action d'un pareil nombre de soldats de la ligne et de gardes nationaux mobiles.

Par suite d'une de ces contradictions si fréquentes dans les pays en révolution, le chef acclamé du gouvernement dit de la défense nationale était peut-être l'homme de France qui partageait le moins les illusions de la foule ; il ne cessait de répéter à ses collègues qu'il n'avait aucun espoir et que tôt ou tard ils seraient obligés d'accepter les dures conditions de la Prusse. Il est encore des personnes convaincues que les défenseurs de Paris auraient pu se débloquer avec un autre chef que le général Trochu. C'est là une de ces erreurs contre lesquelles on ne saurait trop réagir et nous avons plusieurs fois exprimé le regret qu'un brave soldat, un militaire honnête comme le gouverneur de Paris, eût accepté une responsabilité écrasante et ne se fût pas effacé devant la dictature d'un Delescluse ou d'un Blanqui. L'agonie de la France eût sans doute été plus violente, mais à coup sûr moins longue et en résumé moins douloureuse. Les membres du gouvernement du 4 septembre cherchaient, il est vrai, à éviter à leur patrie l'humiliation de subir de pareilles gens; une lamentable expérience a prouvé à quel point ils s'étaient trompés, car le patriotique dévouement du général Trochu n'a pu empêcher le triomphe éphémère de la Commune.

M. Gladstone a dit, en parlant des membres du gouvernement français d'alors, « qu'ils avaient entraîné la France dans l'erreur par des proclamations vaines, exagérées, trompeuses, sans conviction »; mais il aurait pu ajouter que, tout en leurrant le peuple d'illusions que la plupart d'entre eux partageaient avant d'être éclairés par nos premiers désastres, ils surent faire preuve d'une fermeté digne, remplir convenablement leur rôle de gouvernants improvisés et prescrire des mesures énergiques pour continuer les travaux de la défense entrepris dès les premiers jours de la guerre.

Les places fortes couvrant Paris furent mises sans retard en état de défense; on démolit les constructions élevées dans la zone des servitudes militaires; les grandes routes furent dépavées et les chemins praticables mis hors de service; du 13 au 24 septembre on fit sauter tous les ponts, et bien d'autres ouvrages d'une importance secondaire furent anéantis aux environs de la capitale, souvent bien inutilement. Dans un télégramme à la reine Augusta, le roi de Prusse a exprimé son étonnement au sujet de la puissance de sacrifice des Français qui, de leur côté, purent constater l'exagération avec laquelle les autorités locales avaient usé de la latitude qui leur était donnée de détruire.

Les musées et les bibliothèques furent mis à l'abri d'un bombardement; le musée d'artillerie, les canons des Invalides, les archives du Dépôt des fortifications et du Dépôt de la guerre furent dirigées vers les ports de l'Océan. Le général Trochu, sous la pression de la foule et sous celle des inventeurs ou marchands de matières incendiaires, donna l'ordre ridicule de brûler les forêts du département de Seine-et-

Oise ; il parut même un ordre du jour dans lequel il était question de remplir les fortifications de fagots et de branchages aspergés de pétrole pour y brûler les Prussiens au passage. L'accueil enthousiaste fait par les habitants à ces propositions absurdes prouve à quel point le peuple était encore ignorant et le bon sens peu développé chez les personnes réputées plus instruites, car plus d'une s'est laissé prendre à ces billevesées.

Par décret du 19 août, quand l'armée du prince de Prusse menaçait directement la capitale, l'Impératrice avait institué un *comité de défense des fortifications de Paris*, investi, sous l'autorité du ministre de la guerre, de tout ce qui était relatif à l'armement et aux travaux de défense de la place. Présidé par le général Trochu et composé d'hommes distingués, parmi lesquels se trouvaient M. Thiers, les généraux Guiod de l'artillerie, Chabaud-Latour du génie, le maréchal Vaillant, que la populace contraignit à résilier ses fonctions après avoir accablé d'insultes et de mauvais traitements ce vieillard octogénaire, le comité détermina sur des bases rationnelles l'importance de la garnison strictement indispensable à la défense de la place de Paris. Il estimait : qu'il fallait 850 hommes par bastion, soit 80.000 hommes pour les 94 bastions de l'enceinte ; que, pour les forts, il suffisait de 500 hommes par bastion, soit de 2.000 à 2.500 par fort, en tout 40.000 hommes. Pour le service de l'artillerie, le comité réclamait un minimum de trois canonniers par bouche à feu, soit 4.000 pour l'enceinte et 3.500 pour les forts, ensemble 7.500 artilleurs. M. Thiers demandait en outre une armée active, capable de tenir la campagne et d'un effectif d'au moins 40.000 hommes. Au total, il ne fallait pas moins de 160.000 hommes de bonnes troupes pour une défense honorable.

Les besoins une fois fixés, il y avait lieu d'y proportionner les ressources, si cela était possible. Le gouverneur disposait du 13e corps Vinoy, rappelé de Mézières, et du 14e corps

Renault, encore en voie de formation et composé de 12 régiments de marche numérotés de 15 à 26, répartis dans trois divisions commandées par les généraux Bechon de Caussade, d'Hugues et de Maussion. Le ministre de la marine envoya une magnifique division de 8.000 marins, composée de neuf bataillons mixtes, fusiliers, canonniers, timoniers, ouvriers de professions diverses, et de huit compagnies provenant de l'école de canonnage du *Louis XIV*. Ces belles troupes, dont la population parisienne ne se lassait pas d'admirer l'excellente discipline, la bonne tenue et l'air résolu, étaient placées sous le commandement supérieur d'un chef intrépide, le vice-amiral de La Roncière le Noury, parfaitement secondé par ses dignes lieutenants, les contre-amiraux Saisset et Pothuau ; en même temps arrivèrent deux bataillons d'infanterie de marine, environ 1.800 hommes. On forma successivement trois nouveaux régiments de marche par la réunion des compagnies de dépôt en garnison à Paris, soit 9.000 hommes ; l'appel de ce qui restait de célibataires de 25 à 35 ans et celui de la classe de 1870 donna de 3.000 à 4.000 hommes. Ce dernier chiffre était dérisoire pour une ville de deux millions d'âmes ; mais outre que les premières levées avaient fait partir beaucoup de jeunes gens, l'immensité de la capitale facilitait les moyens de se soustraire à la loi et l'on en usa largement : plus d'un jeune homme compta nominalement dans un des innombrables corps francs de Paris sans quitter jamais son appartement pendant la durée du siège. On eut encore 6.000 gendarmes et gardes de Paris; 6.000 pompiers, douaniers et gardes forestiers. En additionnant tous ces effectifs augmentés des états-majors, des services administratifs, des canonniers auxiliaires, des échappés de Sedan et de quelques détachements de diverses troupes, on arrivait au total de 158.000 hommes de troupes de ligne ou plutôt de rationnaires, sur lesquels les gendarmes, les marins, les dépôts de la garde, la brigade des 35ᵉ et 42ᵉ de ligne et quelques corps auxiliaires étaient seuls d'une solidité à toute épreuve.

A ces troupes venaient s'ajouter 13.000 gardes mobiles de Paris et 100.000 gardes mobiles de la province, animés d'un excellent esprit et d'un bon vouloir remarquable. Leur tenue calme et digne, le silence qui régnait dans leurs bataillons pourtant si novices, contrastaient avec la mise débraillée des bandes bruyantes de la garde nationale parisienne. On sentait que ces jeunes gens sains et robustes n'avaient pas l'esprit gangrené par les prédications démagogiques, qu'en leur qualité de campagnards ils sentaient toute l'horreur de l'invasion et qu'étrangers aux idées cosmopolites des sectaires de l'Internationale et des *Blanquistes*, ils étaient avant tout décidés à défendre la patrie. Bourguignons, Bretons, Vendéens, Picards, marchaient au secours de Paris parce qu'ils en avaient reçu l'ordre ; ils le faisaient avec une modeste simplicité et ne semblaient nullement persuadés que la nouvelle forme de gouvernement pût exercer une influence décisive sur les opérations militaires. En y comprenant les mobiles de la Seine, ils formaient 90 bataillons groupés en régiments trois par trois. Le rapport de M. Chaper à la commission d'enquête sur les actes du gouvernement de la défense nationale donne à la page 14 des pièces justificatives une situation détaillée de l'armée de Paris au 21 octobre 1870. L'effectif total était à cette date de 274.424 hommes, dont 6.500 officiers, et de 19.506 chevaux ; les absents dépassaient 29.000.

A la suite de ces braves gens auxquels ne manquaient ni le patriotisme ni la bonne volonté, marchait la garde nationale, qui se disait fièrement appelée à réparer les fautes de l'armée de ligne et à relever l'honneur français compromis par elle. Dans les rangs de cette milice, il n'était question que des lâches de Sedan et des héroïques phalanges de citoyens armés pour la défense de leurs foyers, de leurs femmes, de leurs enfants et tant vantés par les historiens et les orateurs de l'opposition, en tête desquels M. Chaper cite, avec pièces à l'appui, MM. Jules Simon, Jules Favre, Glais-Bizoin, Ernest Picard. Les 360.000 habitants réputés valides de Paris furent répartis dans 266 bataillons, une légion de cavalerie et une d'artillerie; ces deux derniers corps d'un effectif restreint. La garde nationale comprenait près de 40.000 hommes, dont 1.800 officiers, ayant des antécédents judiciaires. Le général Trochu n'accorde que « 25.000 repris de justice et 6.000 sectaires capables de tout », mais cette proportion d'un dixième de coquins est encore respectable, et l'on peut dire que, pendant le siège de Paris, la milice citoyenne a constamment exagéré les défauts de l'armée de ligne sans jamais parvenir à posséder une seule de ses qualités. Ivrognes, joueurs, indisciplinés, les gardes nationaux firent rarement preuve de solidité ; quant aux cadres, ils étaient et restèrent détestables, surtout dans les quartiers de Belleville, de la Villette, de Montmartre, dont les officiers, recrutés dans la rédaction des journaux révolutionnaires et dans les bas-fonds de la société, refusèrent presque tous de marcher contre les Allemands, avec l'arrière-pensée de ménager leurs forces pour l'époque où ils pourraient proclamer la Commune. Il est juste d'excepter de ce jugement les anciens bataillons, lesquels étaient animés du meilleur esprit et, pour ce motif, vus d'un très mauvais œil par leurs nouveaux frères d'armes. Dans certains quartiers on put former encore quelques bons bataillons par l'appel de jeunes gens bien élevés et de personnes plus âgées qui ne faisaient pas partie de la garde nationale sous l'Empire.

En dehors de ces troupes, se formèrent 32 corps francs dont la composition et la tenue présentaient des variétés infinies ; quelques-uns de ces corps étaient vraiment remarquables et rendirent des services ; c'est l'un d'eux, coupé de Paris, qui fit plus tard la glorieuse défense de Châteaudun.

La cavalerie se composait de la division Champeron, comprenant cinq régiments dont un des gendarmes, à laquelle se joignirent la légion à cheval de la garde nationale et quatre corps francs commandés par MM. Pindray, G. Fould, Franchetti et Dardelle. En tout une trentaine d'escadrons.

L'artillerie de ligne se composait de 93 batteries organisées avec le concours d'anciens officiers et sous-officiers retraités, démissionnaires ou congédiés ; la garde mobile fournit 15 batteries, l'artillerie de marine 16 ; en tout 124 batteries, sans compter les 2.000 canonniers de la marine qui servaient les pièces des forts de Romainville, Noisy, Rosny, Ivry, Bicêtre, Montrouge et du Mont-Valérien. On organisa en outre 20 corps francs dits de canonniers volontaires auxiliaires pour la défense des bastions et certains services spéciaux.

Le service du génie était largement assuré par neuf compagnies de la ligne et de nombreux corps auxiliaires civils dirigés par des ingénieurs distingués. Le service des ponts était confié à quatre compagnies de pontonniers, dont deux de la ligne et deux de la garde mobile du Rhône. L'armée de Paris avait encore une flottille de 20 petits vapeurs commandés par des lieutenants de vaisseau, sous la direction du capitaine de vaisseau Thomasset.

Par décision du Comité de défense en date du 26 août, le territoire intérieur de Paris et les 94 fronts de l'enceinte furent divisés en neuf secteurs et chaque fort eut un commandant spécial relevant directement du gouverneur. Les services de l'artillerie et du génie furent l'objet d'une répartition analogue. Les secteurs étaient numérotés de 1 à 9 en partant de la rive droite à l'amont : le 1er secteur, dit de Bercy, comprenait les fronts de 1 à 11 ; le 2e, Belleville, de 12 à 24 ; le 3e, la Villette, de 25 à 33 ; le 4e, Montmartre, de 34 à 45 ; le 5e, les Ternes, de 46 à 54 ; le 6e, Passy, de 55 à la courtine 67-68 ; le 7e, Vaugirard, sur la rive gauche de la courtine 67-68 au bastion 76 ; le 8e, Montparnasse, de 77 à 86 ; le 9e, Gobelins, de 86 à 94. Les commandants de secteur avaient sous leurs ordres, outre l'enceinte, les quartiers avoisinants ainsi que la garde nationale y demeurant et dont l'effectif variait entre 18.000 hommes dans le secteur de Passy à 76.000 dans celui de Belleville. L'effectif total de la garde nationale était, au mois de novembre, de 359.955 hommes.

Trois commandements furent créés à l'extérieur de l'enceinte. Le premier comprenait la place de Saint-Denis, les forts de la Briche, de la Double-Couronne et de l'Est ; le deuxième était formé des forts de Romainville, Noisy et Rosny, à l'est ; le troisième, des forts d'Ivry, Bicêtre et Montrouge, au sud. Les 15 forts de première ligne étaient ceux du Mont-Valérien, de la Briche, de la Double-Couronne, de l'Est, d'Aubervilliers, de Romainville, de Noisy, de Rosny, de Nogent, de Charenton, d'Ivry, de Bicêtre, de Montrouge, de Vanves et d'Issy ; en seconde ligne, vers la Marne, se trouvait le fort de Vincennes, qui, en dépit de son antique célébrité, n'avait plus en 1870 la moindre importance militaire.

La garde mobile de la Seine, qui avait donné de trop nombreuses marques d'indiscipline, fut envoyée dans les forts, et celle de la province répartie au début en quatre groupes cantonnés dans l'intérieur de la place. Les 13e et 14e corps formèrent l'armée proprement dite, sous le commandement en chef *nominal* du général Ducrot qui venait de s'évader de Pont-à-Mousson. Par esprit de camaraderie, le général Trochu ne craignit pas de blesser au plus haut degré le brave Vinoy en prétendant le mettre sous les ordres de son cadet Ducrot. Le général Vinoy protesta vivement contre l'espèce de disgrâce que le gouverneur prétendait lui infliger huit jours après qu'il avait rendu un service signalé à son pays en sauvant le 13e corps par une retraite justement considérée comme une belle opération militaire. Le gouverneur, après avoir commis un premier acte de faiblesse en nommant le général Ducrot, en commit un second en s'inclinant devant les protestations du général Vinoy. Le commandement du général Ducrot resta réduit, au début du siège, à celui du 14e corps, en remplacement du général Renault dont les facultés intellectuelles étaient oblitérées depuis bien des années et que, malgré son insuffisance notoire, le comte de Palikao avait nommé au commandement d'un corps d'armée destiné à faire une diversion en Allemagne !!! (*Un ministère de*

24 *jours.*) Quant au brave Renault qui se fit noblement tuer à Champigny, il vivait entouré d'aides de camp inoccupés et gardé par un peloton de cavalerie dans une maison de l'avenue de Neuilly d'où il ne sortait que pour se promener aux avant-postes, à portée des balles prussiennes. Cette situation étrange se prolongea pendant plus de deux mois et fait ressortir, mieux que tous les raisonnements, à quel point le général Trochu manquait de commandement.

Dix volumes suffiraient à peine pour décrire l'organisation de cette multitude de services auxiliaires que l'on créa dans la capitale pour venir en aide à la défense ; ceux des subsistances, des hôpitaux, des ambulances, de l'habillement, fonctionnèrent d'une manière remarquable. Les ingénieurs des mines et des ponts et chaussées exécutèrent des travaux dignes de leur haute science. On construisit un chemin de fer longeant intérieurement le chemin de ronde des remparts, on créa des postes de guetteurs, des observatoires militaires, des télégraphes électriques, des sémaphores, des colombiers pour pigeons messagers, des ballons montés, une commission d'armement, un service du génie civil, plusieurs commissions d'études scientifiques, etc., etc. Naturellement ces créations multiples furent la cause d'un grand gaspillage d'argent et de beaucoup d'efforts inutiles, mais en général, ces services auxiliaires s'acquittèrent convenablement de leur mission et les prodigieux travaux exécutés dans Paris pendant le siège resteront un sujet d'étonnement et d'admiration pour les générations futures. Toutefois, une de ces créations était franchement ridicule : celle de la commission dite des barricades, sous la présidence du spirituel M. de Rochefort et composée de MM. Dorian, ministre des travaux publics, G. Flourens, J. Bastide, Martin-Bernard, Floquet, Dréo, Albert et Cournet. Le seul homme pratique de ce singulier état-major était M. Dorian, que des occupations plus dignes retenaient ailleurs et dispensaient d'assister aux séances d'une commission d'avocats, de journalistes et de conspirateurs de profession chargés d'organiser un système de défense intérieure parfaitement superflu. Pour comble d'absurdité et d'incompétence, ils s'adjoignirent en qualité de secrétaires MM. Ulbach, Ernest Blum et Emile Raspail ; aussi arrivèrent-ils à dépenser de grosses sommes pour obstruer inutilement quelques rues. En définitive, les seuls résultats appréciables des travaux de cette plaisante commission furent : l'exemption du service militaire de ses membres et, au 1er janvier 1871, une proclamation dans laquelle ces foudres de guerre juraient, dans un style ampoulé, « qu'ils ne rendraient jamais aux Prussiens la citadelle du droit et de la liberté républicaine ». Ils ont gaspillé les deniers publics et rendu la ville sans protester autrement que par des paroles !

Afin de procurer des abris aux troupes de la ligne et de la garde mobile, le gouvernement utilisa, outre les casernements ordinaires, toutes les grandes voies de communication et les places publiques. L'Esplanade des Invalides, le Champ de Mars, les boulevards extérieurs, les plateaux de Romainville et de Saint-Maur se couvrirent de baraques. Les parties de l'enceinte ouvertes pour donner passage aux voies de communication furent obstruées par des coupures organisées défensivement ; des estacades incombustibles furent établies à l'amont et à l'aval de la Seine. L'artillerie mit en batterie sur l'enceinte 658 bouches à feu et tenait en réserve 650 pièces de position, plus 192 pièces de campagne ; 1.389 engins de tous calibres étaient affectés à la défense des forts et des autres positions extérieures. Dans cet ensemble formidable de près de 2.900 bouches à feu, la marine figurait pour 200 gros canons dont une cinquantaine du calibre de 19 centimètres.

Subsistances. — Mais le problème le plus ardu consistait à nourrir deux millions d'habitants augmentés de 260.000 hommes de garnison. La question des subsistances de la ville de Paris mérite un examen approfondi d'où il résultera que l'administration militaire s'est montrée dans l'approvisionnement de cette place immense à la hauteur de sa mission et que la légende de la collection de grands hommes et d'êtres presque surhumains qui auraient sauvé l'honneur de la France et excité l'admiration du monde civilisé est une légende et rien de plus. En effet, pour les hommes ayant l'expérience des affaires militaires, la question des armes était définitivement tranchée au lendemain des batailles sous Metz et du désastre de Sedan ; cette opinion, le président du gouvernement de la défense nationale et M. Thiers, la manifestaient ouvertement ; « la continuation de la guerre était une héroïque folie destinée à faire de l'humus pour les générations futures », suivant l'expression du général Trochu. On allait lever des masses d'hommes, procéder à des opérations militaires et financières de toute sorte, faire des sacrifices insensés de soldats, de matériel et d'argent, agiter le pays jusqu'au tréfond, ce qui n'empêchait pas les quelques rares personnes de sang-froid d'exprimer nettement la conviction que le dernier jour de pain pour Paris serait aussi le dernier jour de la défense. Il ne fallait pas être devin pour prédire cette fin fatale de la guerre, fin d'autant plus lamentable qu'une foule de personnages l'ont exploitée à leur profit en s'attribuant l'honneur d'avoir prolongé la lutte. Cependant, au moment où les armées allemandes commençaient à enserrer Paris, « personne ne croyait à la durée du siège et cela pour bien des raisons tout à fait étrangères soit aux approvisionnements, soit aux munitions », prétend M. Chaper dans son rapport. Les uns jugeaient impossible l'investissement d'une place aussi considérable, les autres et surtout les étrangers comptaient sur une capitulation prochaine parce qu'ils croyaient la population énervée et démoralisée.

M. Chaper se trompe, car en présence de la mauvaise qualité des troupes dont disposait le général Trochu, l'investissement ne paraissait pas devoir présenter des difficultés insurmontables ; d'un autre côté, la population, blessée dans sa fierté et dans son amour-propre par les défaites antérieures, était résolue à une défense opiniâtre. Cette résolution eût peut-être faibli si les effets du tir de l'ennemi avaient pu se faire sentir simultanément sur l'ensemble des habitants comme à Strasbourg et à Toul ; mais à Paris cette impression ne pouvait être produite par un bombardement et les personnes qui l'ont habité pendant le siège savent que la population installée dans les quartiers à l'abri du danger immédiat ne se rendaient que très vaguement compte des souffrances endurées par les soldats de la ligne et de la mobile de service aux avant-postes, ainsi que des ravages produits par les projectiles ennemis dans les parties de la ville rapprochées des batteries prussiennes. L'impression générale était que le siège durerait autant que les vivres, à moins d'un traité de paix inespéré ; une France réduite aux abois pouvant alors seulement se résigner aux dures conditions d'un adversaire peu généreux.

Quoi qu'il en soit, le gouvernement assignait à la durée du siège une limite restreinte, tous les ordres d'approvisionnement ayant constamment fixé pour les achats un maximum de quarante-cinq jours de vivres. Comment la résistance a-t-elle pu, en dépit de ces prévisions, se prolonger pendant *cent trente-cinq jours ?* Parce que, ainsi qu'il ressort des documents officiels et du rapport de M. Chaper, le service des vivres s'est trouvé par un hasard heureux ou malheureux, suivant le point de vue, entre les mains d'un fonctionnaire de l'intendance peu disposé à suivre les procédés commerciaux et administratifs de ses collègues. Quelques achats opérés avec hardiesse et rapidité dès le début de la guerre par le sous-intendant Perrier avaient attiré sur lui l'attention de M. Rouher et quand, après les défaites de Wœrth et de Spickeren, le gouvernement impérial entrevit l'imminence d'une marche des Allemands sur Paris, il se préoccupa sur-le-champ d'approvisionner la capitale. M. Rouher consulté répondit que les ministères de la guerre, de l'agriculture et du commerce, de l'intérieur et la municipalité de Paris ne devaient sous aucun prétexte se faire concurrence ; vu l'état de guerre, il conseillait aux membres du gouvernement de s'en rapporter au ministre chargé en même temps du ravitaillement des différentes armées et de lui confier la totalité des achats; « les approvisionnements seront ainsi mieux assurés que s'ils restent sous l'action divergente de quatre administrations, ajoutait-il, car le ministre de la guerre dispose d'un fonctionnaire dont les capacités commerciales m'ont été signalées de divers côtés ».

Talonnés par les événements, le ministre du commerce et le préfet de la Seine demandèrent au ministre de la guerre par intérim, le général Dejean, l'autorisation d'entrer directement en relations avec le sous-intendant Perrier. La demande était du 8 août, l'autorisation était donnée aussitôt, et le même jour M. Henri Chevreau adressait à M. Perrier le billet suivant, tout entier de sa main et d'une écriture hâtive :

Lundi, 5 heures du soir.

Monsieur l'intendant,

Le Président du Conseil municipal et moi, nous nous préoccupons de l'approvisionnement de Paris. Je vous serais fort obligé de vouloir bien nous aider de votre expérience. Ce soir à huit heures 1/2, nous serons à la Monnaie, dans le cabinet de M. Dumas. Je vous serais fort reconnaissant si vous vouliez bien vous y rendre.

Agréez, Monsieur, l'assurance de mes sentiments de haute considération.

Le Sénateur Préfet de la Seine,
Henri CHEVREAU.

Cette lettre non datée, avec la seule mention de l'heure, est écrite sur du papier à en-tête du Cabinet du ministre de l'intérieur ; M. Chevandier était donc informé de son contenu.

Le lendemain, 9 août, M. Perrier recevait une autre lettre du ministre du commerce dont l'importance n'a pas besoin d'être signalée, car on y voit officiellement fixée la durée des approvisionnements. Voici cette lettre :

Ministère de l'agriculture
et du commerce.
Cabinet du Ministre.
Confidentielle.

Paris, le 9 août 1870.
8 heures du soir.

Monsieur l'Intendant général (*sic*),

Je viens de nouveau vous rappeler l'importance extrême que j'attache à la prompte exécution des mesures arrêtées entre nous ce matin relativement à l'approvisionnement de Paris pendant 45 jours.

Je vous prie instamment de ne perdre ni un jour ni une heure. Je ne doute pas que l'honorable ministre qui est à la tête du département auquel vous appartenez, ne partage au plus haut degré, tous mes sentiments à cet égard.

Recevez, Monsieur l'Intendant général, l'assurance de ma considération très distinguée.

LOUVET.

P. S. Je vous envoie ci-joint copie de la note qui résume ce que nous avons arrêté ce matin.

Monsieur l'Intendant général Perrier, au Ministère de la guerre.

Le 11 août, M. Henri Chevreau, devenu ministre de l'intérieur dans le Cabinet Palikao, reprenait la suite du préfet de la Seine et écrivait à M. Perrier :

Je vous prie de vouloir bien me faire connaître immédiatement quelle est la quantité de vivres que vous avez achetée pour l'approvisionnement de Paris.

Agréez, etc...

Le ministre de l'intérieur,
Henri CHEVREAU.

Le lendemain 12, nouvelle lettre du ministre de l'intérieur :

M. l'Intendant, écrivait-il de sa main, je vous confirme mes instructions d'hier soir et vous prie de vous occuper d'urgence des achats convenus. Le ministre de la guerre vous y autorise.

Veuillez aussi m'envoyer aujourd'hui même un état certifié par vous des diverses denrées dont vous devez faire l'acquisition et m'indiquer dans combien de temps à peu près vous aurez pu approvisionner Paris.

Veuillez agréer...

Le ministre de l'intérieur,
Henri CHEVREAU.

D'autres lettres et billets adressés par M. Clément Duvernois, le successeur de M. Louvet au ministère du commerce, indiquent la cordialité, on pourrait dire l'intimité des rapports existant entre le ministre et le fonctionnaire de l'intendance. « Mon cher intendant, lui écrivait-il laconiquement le 18 août, seriez-vous assez aimable pour venir causer un instant avec moi ? » Trois jours auparavant, le ministre de l'intérieur adressait à M. Perrier le billet suivant : « Le ministre de l'Intérieur prie M. l'intendant V. Perrier de vouloir bien se trouver à 2 h. de l'après-midi aujourd'hui chez M. le ministre de l'agriculture et du commerce où il lui donne rendez-vous. »

Ces documents irréfragables prouvent jusqu'à la dernière évidence qu'un simple sous-intendant, M. Victor Perrier, a été chargé de l'approvisionnement de Paris pour le compte des ministères de la guerre, de l'intérieur, du commerce et de la municipalité de Paris. Cette dernière et le commerce privé ont, il est vrai, opéré d'autres achats de denrées, mais la plus lourde tâche a été confiée à un simple sous-intendant de 2e classe, ainsi que le constatent le rapport de M. Chaper à l'Assemblée de Versailles et les substantielles relations du siège de Paris du général Ducrot et du major Sarrepont. Chargé d'approvisionner l'armée et la population de Paris pour 45 jours, l'habile et audacieux fonctionnaire permit, par l'immensité de ses achats, une défense de 135 jours. Fait digne de remarque, nulle part on ne voit intervenir dans les opérations de l'approvisionnement un seul des hauts fonctionnaires de l'administration de la guerre. Aucun de ces personnages n'eût osé affronter une pareille responsabilité et répondre en souriant aux personnes qui s'étonnaient de l'importance des achats, importance dépassant de plus du double les 45 jours fixés par les autorités supérieures : « Si je n'ai pas assez d'approvisionnements, je mériterai d'être fusillé ; si j'en ai trop, je serai tout au plus blâmé ; hé bien, j'aime mieux courir la chance d'être blâmé que fusillé. » Le mot est certes plus profond encore que spirituel ; l'approvisionnement improvisé de Paris constitue une opération commerciale d'une extrême habileté, mais la France ne l'a-t-elle pas payée cher ? Que d'argent elle eût économisé, que de ruines elle eût évitées, que de prétendus grands citoyens seraient restés dans leur gangue si, conformément aux prévisions du gouvernement de la défense nationale, on avait dû signer la capitulation de Paris vers la mi-octobre au plus tard. Il s'y attendait si bien, que le *Journal officiel* du 8 septembre publiait la note suivante :

Le Gouvernement de la Défense nationale s'empresse de porter à la connaissance des habitants de Paris que les approvisionnements *en pain, viande, liquides et objets de toute espèce* sont largement suffisants pour assurer l'alimentation d'une population de deux millions d'âmes pendant deux mois.

Cette note parut au premier moment empreinte d'optimisme et quoique le grand état-major de Berlin passe sous silence l'opinion du roi Guillaume et du général de Moltke sur les approvisionnements de Paris, il est permis de supposer que leur croyance à une durée maxima d'une soixantaine de jours ne fut pas étrangère à leur résolution de se borner à un blocus. Ils étaient d'autant plus fondés à espérer une prompte capitulation que les principales autorités de la capitale n'avaient aucune foi dans une défense sérieuse.

La première commission d'approvisionnement réunie sous la présidence de M. Dumas, sénateur, émit l'avis qu'une somme de 19 millions devait être affectée à l'achat de vivres de siège. La note précitée de M. Louvet fixait les quantités à acheter aux chiffres suivants : 75.000 quintaux de blé ; 75.000 de farine ; 90.000 de viande salée ; 5.000 de poissons salés ; 45.000 de riz ; 18.000 de sel. Ces denrées constituaient un approvisionnement de quinze à vingt jours et M. Louvet, ministre du commerce, l'ayant fixé à 45 jours, il fut résolu, sur les observations de M. Perrier, que l'on achèterait encore 75.000 quintaux de blé ; 210.000 de farine ; 80.000 de riz ;

80.000 de sel ; 75.000 de viande conservée ; sans compter des milliers de quintaux de denrées accessoires telles que café, beurre, fromage, huile, légumes secs, fourrages de toute espèce, etc., etc.

C'est le 12 août que M. Perrier reçut de la commission municipale ces nouveaux ordres d'achat et le 7 septembre l'opération était terminée. M. Clément Duvernois y ajouta un parc de 30.000 bœufs et de 200.000 moutons que l'intendance militaire se chargea de nourrir. Mais là ne se bornèrent pas les efforts de l'habile *vivrier* de la guerre : d'accord avec le comte de Palikao et plus tard avec le général Le Flô, M. Perrier approvisionna l'armée de Paris pour plus de quatre cents jours moyennant une dépense de plus de cent cinquante millions. Il prévoyait les résistances à toute idée de capitulation d'un peuple surexcité et prenait ses précautions pour, dans les moments critiques, pouvoir céder quelques vivres à la municipalité. Celle-ci profita largement de la prévoyance de l'administration militaire qui lui abandonna pendant la durée du blocus : 3.500 quintaux de blé ; 55.596 de farine ; 165 de viande salée ; 16.000 de sel ; 25.000 de riz ; 916 de fromage et 35.000 d'avoine.

En résumé, il résulte de l'étude des documents officiels sur les approvisionnements du siège de Paris que : la municipalité avait, avec le concours des ministères de la guerre et du commerce, réuni pour 49 jours de vivres, l'industrie privée pour une vingtaine de jours et que les cessions de l'administration de la guerre à la ville permirent de porter la résistance à 135 jours.

CHAPITRE XXX

Les défenses de Paris. — Le 16 septembre les Allemands reprennent leur mouvement. — L'armée de la Meuse investit Paris au nord, la 3e armée complète l'investissement. — Marche du Ve corps et du 2e corps bavarois. — Combat et déroute de Châtillon le 19 septembre. — Désarroi de la défense. — Entrevue de Ferrières. — Le 21 septembre une note officielle annonce la rupture des négociations. — Entrée des Italiens à Rome le 20 septembre. — M. Senart, notre chargé d'affaires, adresse une lettre maladroite à Victor-Emmanuel. — M. Lefebvre de Béhaine obtient le rapatriement des Français au service du pape.

Dans sa description très exacte et très détaillée de Paris et de ses environs, le grand état-major prussien fait connaître que la disposition des hauteurs et des cours d'eau est des plus favorables à la défense. A l'ouest, la Seine constitue de Sèvres à Saint-Denis un fossé à peu près infranchissable ; au nord et à l'est, les forts habilement combinés avec les hauteurs et le cours de la Marne rendent les approches très difficiles ; le sud-ouest est le côté vulnérable, parce que les forts d'Issy, de Vanves, de Montrouge et les quartiers avoisinants sont dominés par les plateaux de Meudon et de Châtillon à bonne portée des pièces rayées.

Le comité de défense avait sans hésitation conclu à la nécessité de relier les forts entre eux par des retranchements de campagne et de construire des redoutes sur les points dominants que l'on avait eu le tort de ne pas fortifier dès 1859, aussitôt après la mise en service des canons rayés. Par ces travaux, on ajoutait à l'enceinte bastionnée de 30 kilomètres de tour, une deuxième enceinte de 53 kilomètres protégée en avant par des redoutes et des batteries destinées à augmenter encore cette énorme ligne de défense et par suite la ligne de circonvallation de l'ennemi. En avant de Saint-Denis, on fortifia la ferme Le Temps-Perdu, le château de Villetaneuse et le moulin de Stains, qui furent reliés par des tranchées ; plus à l'est, les villages de Saint-Lucien et de la Courneuve furent mis en état de défense et flanqués de batteries. La trouée donnant passage dans la plaine de Saint-Denis, entre le ruisseau de la Croud et le canal de l'Ourcq, était ainsi complètement fermée. Sur le chemin de fer de Strasbourg, les gares de Bondy et de Noisy-le-Sec ainsi que ce dernier village furent entourés de retranchements qui se prolongeaient par Romainville jusqu'au fort de Nogent ; une batterie défendait le plateau de Montmesly au sud de Maisons-Alfort.

Sur la rive gauche de la Seine se trouvent les hauteurs dominantes dont l'occupation s'imposait comme une nécessité absolue. Vitry, Villejuif, les Hautes-Bruyères, Arcueil, Bagneux, Fontenay-aux-Roses, le plateau de Châtillon, les hauteurs de Clamart et de Meudon étaient fortifiés et hérissés de redoutes. Enfin, à l'ouest de Paris, des ouvrages devaient être construits sur les hauteurs de Sèvres, de Saint-Cloud, de Montretout et dans la presqu'île de Gennevilliers. Les villages de Courbevoie, Asnières et Villeneuve-la-Garenne, entre le mont Valérien et Saint-Denis, furent organisés en têtes de pont. A l'amont de la capitale, la Seine était barrée par des pontons, à l'aval par une estacade en pilotis.

Pendant le mois d'août, sous le ministère Palikao, les travaux de fortification furent poussés avec une assez grande rapidité ; ils se ralentirent malheureusement après le 4 septembre, les ouvriers se croyant obligés de faire des promenades patriotiques par les rues de la ville et de se livrer à des manifestations parfaitement inutiles devant la statue de la ville de Strasbourg et sur la place de l'Hôtel de Ville où siégeait le gouvernement.

Le roi Guillaume, MM. de Bismarck et de Moltke étaient exactement renseignés sur cette situation de la capitale au moment où les armées des princes de Saxe et de Prusse paraissaient sous ses murs. Dès le 15 septembre, à 11 heures du matin, le général de Moltke expédiait de son quartier général de Château-Thierry l'ordre de marche relatif à l'investissement de Paris. La rédaction en est d'un laconisme et d'une précision habituels au chef du grand état-major ; elle dénote un profond dédain pour les défenseurs de la capitale, dédain exprimé dans deux phrases caractéristiques. « En principe général, écrivait M. de Moltke, les troupes ne doivent pas être exposées au feu de la place, toutefois elles doivent s'en rapprocher le plus possible pour raccourcir la ligne d'investissement. » Et un peu plus loin : « Une offensive de Paris étant hors de vraisemblance, la marche en avant de la 3e armée peut déjà commencer sans que ses mouvements aient besoin d'être combinés avec ceux de l'armée du prince royal de Saxe. » Cette dernière prévision devait être démentie par l'événement, au grand avantage des Prussiens, par suite de la faiblesse du général Trochu et de la présomption de Ducrot.

L'armée de la Meuse avait pour mission d'occuper la rive droite de la Seine ; la 3e armée, la rive gauche et l'espace compris entre la Seine et la Marne en face de Charenton. En exécution de l'ordre du 15 septembre, les 5e et 6e divisions de cavalerie furent dirigées sur Pontoise, pour franchir ensuite la Seine à Poissy et à Triel, déborder Versailles et donner la main à la cavalerie de la 3e armée vers Chevreuse ; le IVe corps dut occuper la ligne passant par Argenteuil, Deuil, Montmagny et Sarcelles ; à sa gauche, la garde royale, la ligne Arnouville, Garges, le Blanc-Mesnil, Aunai-les-Bondy ; le XIIe corps, la ligne Sevran, Livry, Clichy-en-l'Aunai, Montfermeil et Chelles ; le quartier général du prince de Saxe fut fixé à Thieux, sur la ligne de Soissons. Tous ces mouvements devaient être terminés le 19. En même temps, le prince de Prusse envoyait la 2e division de cavalerie gagner Chevreuse par la rive gauche ; le Ve corps à Versailles avec avant-postes sur la ligne Sèvres-Saint-Cloud, le long de la Seine, et du parc de Meudon à Croissy sur les hauteurs, son aile gauche se reliant au IVe corps et son aile droite au 2e corps bavarois; celui-ci, le long de la Bièvre entre le parc de Meudon et l'Hay; le VIe corps entre l'Hay et Choisy-le-Roi sur la rive gauche de la Seine, avec une brigade sur le plateau de Montmesly entre la Seine et la Marne; la 4e division de cavalerie franchit la Seine à Fontainebleau pour éclairer l'armée vers la Loire. Trois jours plus tard, c'est-à-dire le 22, le cordon d'investissement devait être renforcé par le 1er corps bavarois à Montlhéry, derrière le 2e, et par le XIe corps prussien à Boissy-Saint-Léger, derrière la droite du VIe. Provisoirement, la division wurtembergeoise était maintenue à Pontault près du grand quartier général.

L'entreprise tentée par l'état-major prussien paraît au premier abord très hardie, mais le roi Guillaume et son chef d'état-major étaient fixés sur le peu de valeur des éléments dont disposait le général Trochu. En outre, il n'était pas douteux pour eux que la soumission de la capitale entraînerait celle de la France entière et qu'en conséquence il ne fallait rien négliger de ce qui pourrait hâter cet événement. Les flagorneurs de la multitude, les fabricants de légendes ont l'audace d'attribuer la réussite de l'opération au manque de résolution du général Trochu. Rien n'est plus faux, car, de même que le général Uhrich à Strasbourg, le gouverneur de Paris tenta de gêner les mouvements des armées allemandes, mais la mauvaise qualité des troupes amena le même insuccès.

La journée du 16 se passa en engagements insignifiants avec les avant-postes de l'armée de la Meuse et du Ve corps de l'armée du prince de Prusse. Le 17, une affaire plus sérieuse eut lieu entre l'avant-garde de ce corps et la division d'Exéa, chargée, sous la direction personnelle du général Vinoy, d'exécuter une reconnaissance offensive dans la direction de Boissy-Saint-Léger. Le soir, le Ve corps campait à Limeil, pendant que ses pionniers jetaient un pont à Villeneuve-Saint-Georges et que le 2e corps bavarois s'établissait à Corbeil dont le pont avait été réparé.

Le 18, le mouvement des Allemands ne subit aucun arrêt : le Ve corps se dirigea vers la Croix-de-Berny pour gagner la grande route de Versailles par Petit-Bicêtre et Villacoublay ; le 2e corps bavarois suivit les routes passant par Longjumeau, Palaiseau, Saclay, sur la rive droite de la Bièvre, de manière à remplacer au sud de Paris le Ve corps aussitôt que celui-ci l'aurait démasqué, et au besoin à le soutenir dans le cas où il serait attaqué.

Dès le 18 au soir, ce mouvement était nettement indiqué et l'avant-garde du corps prussien avait repoussé les avant-postes français aux abords du parc de Meudon. Le général Ducrot, informé de cette marche de flanc et désireux de signaler son entrée en scène par un coup d'éclat, proposa au gouverneur d'attaquer les Allemands le lendemain au point du jour avec les trois divisions du 14e corps, soutenues sur leur gauche, à Villejuif, par la division Maudhuy du 13e corps. La division Caussade devait se diriger sur Villacoublay ; à sa gauche, la division d'Hugues avait pour objectif Petit-Bicêtre ; la division Maussion formait la réserve.

Le plan du général Ducrot était fort bien conçu au point de vue tactique : il massait deux divisions d'infanterie précédées par toute l'artillerie de corps d'armée pour punir les Prussiens de leur audacieuse marche de flanc ; mais il lui manquait le facteur principal de toute opération militaire, des soldats. Le général Ducrot, nature bouillante, passionnée, rebelle à toute observation, croyait qu'il lui suffisait de vouloir pour transformer ses recrues en guerriers. Le général Trochu, qui ne partageait ni les illusions ni la jactance de son lieutenant qu'il traitait beaucoup trop en camarade, eut le tort de l'autoriser à tenter la fortune en rase campagne.

Quand, un peu avant 7 heures du matin, la 18e brigade prussienne approcha de Petit-Bicêtre, elle fut vivement canonnée par l'artillerie française dont au début de la journée la supériorité était manifeste. Le général Kirchbach fit aussitôt entrer en ligne toutes les troupes du Ve corps soutenu par la 6e brigade du 2e corps bavarois dès 8 heures du matin. Les régiments de la division d'Hugues firent d'abord assez bonne contenance autour de Plessis-Piquet dont le parc entouré de murs facilitait la défense, mais sur la droite, aux premiers obus qui éclatèrent près d'elle, la division Caussade se débanda, en proie à une panique incroyable, et les soldats effarés coururent jeter l'alarme dans Paris. Parmi ces régiments se trouvait celui dit provisoire de zouaves et composé en réalité de jeunes gens que l'on avait affublés d'un costume qui ne méritait pas d'être ainsi prodigué. Les deux autres divisions ne tardèrent pas en partie à suivre le fâcheux exemple de la première et à inonder les rues de fuyards qui se plaignaient d'être trahis et de n'avoir pas de cartouches quand ils n'avaient pas brûlé une amorce.

Sur ces entrefaites, le 2e corps bavarois était entré en ligne à la droite du Ve corps, avait enlevé le parc de Plessis-Piquet et achevé de repousser les quelques braves gens de la division d'Hugues qui tenaient au feu. Vers 10 heures, le combat était à peu près fini et à midi, le général Kirchbach voyant les Bavarois arrivés sur les positions désignées par le général de Moltke, fit mettre l'arme sur l'épaule au Ve corps et continua tranquillement sa route sur Versailles, en laissant seulement la 18e brigade près du parc de Meudon à la disposition de son collègue Hartmann. Il y eut encore un échange de coups de canon et de fusil, mais en réalité le 14e corps était complètement détraqué et, à 3 heures de l'après-midi, un bataillon bavarois qui s'était avancé avec de grandes précautions vers la redoute de Châtillon fut tout étonné de la trouver abandonnée avec 8 grosses pièces de siège et un canon de campagne.

Le général Trochu, informé à midi de la débâcle du 14e corps et redoutant une attaque de vive force en arrière des positions abandonnées, envoya l'ordre écrit au général Vinoy de diriger la division Blanchard de Vincennes sur la partie sud de l'enceinte de Paris. Grâce à l'activité déployée par le vieux Vinoy, dès 4 heures de l'après-midi ses troupes occupaient les dix-huit bastions compris entre le Point-du-Jour et la Bièvre. La division Maudhuy, après être restée à Villejuif pendant toute la journée, reçut à 8 heures du soir l'ordre de rentrer dans Paris. Nos pertes dans cette journée furent de 32 officiers et 629 soldats ; celles du Ve corps prussien de 6 officiers et 172 hommes ; celles du 2e corps bavarois de 13 officiers et 252 hommes. Ces faibles chiffres relativement aux effectifs mis en ligne, montrent à quel point la qualité de nos troupes avait baissé depuis Wœrth et les batailles sous Metz. Le 6 août, le corps Mac-Mahon ne cédait le terrain qu'après avoir perdu près du tiers de son effectif et mis plus de dix mille Allemands hors de combat ; le 19 septembre, le corps Ducrot était complètement disloqué après une perte proportionnellement dix fois moindre.

Les conséquences matérielles et morales de la déroute de Châtillon furent irréparables ; à dater de cette journée, les officiers compétents qui conservaient encore une lueur d'espoir durent perdre leurs dernières illusions, obligés qu'ils étaient de reconnaître l'impossibilité de manœuvrer même sous la protection d'ouvrages fortifiés. Le soir de cette lamentable déroute on abandonna aux Allemands, outre la redoute de Châtillon, les ouvrages ébauchés de Meudon, de Montretout, de Brimborion, de Gennevilliers, de la Capsulerie et de Ville-d'Avray. Dans la journée, on avait détruit les ponts de Sèvres, de Billancourt, de Saint-Cloud, d'Asnières, de Clichy et de Saint-Ouen ; le pont de Neuilly seul fut conservé. Il est possible que si l'ennemi, profitant du désarroi des défenseurs et des habitants de la capitale, avait continué son mouvement et sacrifié quelques milliers d'hommes pour passer entre deux forts, sa tentative eût été couronnée de succès. Dans son intéressant ouvrage sur *le Siège de Paris*, le général Vinoy, qui commandait alors le 13e corps, c'est-à-dire la seule troupe présentant quelque consistance à cette époque, examine cette hypothèse d'une attaque de vive force et conclut en ces termes : « Si l'ennemi eût tenté cette entreprise hardie, il avait de fortes chances pour la conduire à bonne fin. » Il faut oser le dire, l'entreprise de Châtillon fut une grosse faute dont la responsabilité doit être attribuée à la présomptueuse témérité du général Ducrot et à la faiblesse du général Trochu qui ne savait rien refuser à un ancien camarade ; de tout temps, en sa qualité de disciple de l'école militaire africaine, le gouverneur s'était entouré d'une « *société d'admiration mutuelle* » à laquelle étaient réservées toutes les faveurs et les récompenses les moins justifiées.

Ainsi qu'il a été dit, le Ve corps prussien avait, à midi, repris sa marche de Petit-Bicêtre sur Versailles en faisant un crochet par Jouy et la vallée de la Bièvre, la route nationale ayant été coupée et couverte d'abatis. La 10e division traversa Versailles sans s'y arrêter et poussait son avant-garde jusqu'à Bougival, point d'appui de la gauche de la 3e armée. De là, les avant-postes du Ve corps s'étendaient jusqu'à Sèvres en passant par Marnes et Ville-d'Avray. Le 2e corps bavarois se trouvait sur les emplacements qui lui avaient été assignés. Dans la soirée, le VIe corps prussien vint se placer à sa droite, à cheval sur la Seine, de Thiais à Choisy-le-Roi sur la rive gauche et de cette dernière localité à Ormesson, de manière à barrer l'espace compris entre la Seine et la Marne. La ligne d'Ormesson à Noisy-le-Grand fut confiée à la garde des Wurtembergeois remis par le roi à la disposition du prince royal. Le 19 au soir, le grand quartier général s'installa au château de Ferrières et celui de la 3e armée à Palaiseau. Le cercle de fer qui devait étreindre Paris pendant près de cinq mois était ainsi complètement fermé par six corps d'armée et une division occupant une ligne de circonvallation de 80 kilomètres.

Pendant que le général Ducrot tentait inutilement de rompre la ligne d'investissement, M. Jules Favre faisait un effort non moins infructueux auprès du comte de Bismarck pour obtenir la paix ou un armistice. Sorti de Paris, comme il a été dit plus haut, le 18 septembre à 6 heures du matin, il traversait les avant-postes du VIe corps prussien et arrivait vers midi à Villeneuve-Saint-Georges où il dut passer la nuit.

Le lendemain 19, un billet de M. de Bismarck prévenait M. Favre que le chancelier l'attendrait à Meaux. Mais dans l'intervalle, le roi Guillaume ayant résolu de transporter son quartier général au château de Ferrières, la rencontre eut lieu au village de Montry. La localité ne présentant aucun endroit convenable pour une conférence importante, M. de Bismarck et M. Favre se rendirent au château de la Haute-Maison, où la conversation se prolongea jusqu'à la tombée de la nuit. Le ministre des affaires étrangères s'y montra aussi naïf, aussi inexpérimenté, aussi peu diplomate que dans sa circulaire du 6 septembre. Le chancelier jugea tout de suite son adversaire et, sans se départir d'une froide courtoisie, fit à ses propositions des réponses empreintes d'une profonde ironie et d'une hauteur dédaigneuse. Celui qui lit le compte rendu de l'entrevue de Ferrières, ne peut qu'approuver la sévérité du jugement porté par M. Sorel sur le pitoyable négociateur du gouvernement français :

L'infériorité de J. Favre dans toute cette négociation serait son excuse, si la sincérité de ses sentiments ne semblait déjà capable de désarmer toute critique. Tel qu'il paraît devant M. de Bismarck avec ses élans d'éloquence et ses emportements d'imagination, il rendait merveilleusement les impressions de la majorité des Parisiens. L'entrevue de Ferrières restera dans l'histoire comme une des scènes les plus caractéristiques du grand drame de la défense de Paris. Elle complète, en outre, les enseignements fournis par l'histoire des semaines précédentes. La France avait vu au début de la guerre comment un diplomate médiocre gâte une bonne situation ; elle allait apprendre comment des négociateurs improvisés empirent une situation mauvaise. M. de Gramont montra de quelle manière on emploie les moyens réguliers de la diplomatie à commettre des fautes ; M. J. Favre fit voir de quelle manière on se trompe lorsqu'on ne connaît pas les ressources de la diplomatie.

Il est difficile de dire plus poliment d'un homme qu'il était absolument incapable de diriger une négociation et qu'il ne savait pas le premier mot de son métier de ministre des relations extérieures. Le reproche est mérité et l'on peut s'étonner de voir un membre du gouvernement de la défense prendre, sous sa responsabilité personnelle, l'initiative d'une démarche tendant à obtenir la paix sans cession de territoire. M. J. Favre connaissait la formation du gouvernement d'Alsace-Lorraine au lendemain de la victoire de Saint-Privat et le chancelier avait reçu communication de la circulaire du 6 septembre ; il eut donc raison de répondre tout de suite à notre ministre qui le pressait de faire connaître ses intentions : « C'est inutile, puisque nous ne pouvons nous entendre. » M. J. Favre ayant néanmoins insisté, M. de Bismarck parla de la cession de l'Alsace et d'un département de la Moselle comprenant les arrondissements de Sarrebourg, Château-Salins, Sarreguemines, Thionville et Metz. Notre mi-ministre ayant objecté que « l'honneur de la France ne lui permettait pas de consentir une cession de territoire », M. de Bismarck lui répondit avec une sanglante ironie : « Ces conditions sont la conséquence naturelle de toutes les guerres : elles n'ont rien de honteux pour un pays qui s'est courageusement défendu, et du reste je ne vois pas que l'honneur de la France diffère essentiellement de celui des autres nations. »

La nuit était survenue et le château de la Haute-Maison se trouvant dévasté, les deux négociateurs partirent pour Ferrières où la conversation reprit dans les mêmes termes vagues auxquels le chancelier sut mêler adroitement quelques allusions à l'attitude équivoque de Bazaine et à la possibilité de conclure la paix avec l'empire restauré. Puis, rendez-vous fut pris pour le lendemain, 20 septembre, à 11 heures du matin, afin de permettre à M. de Bismarck de demander au roi des instructions définitives.

Par une singulière coïncidence, Régnier arriva au quartier général prussien dans la matinée, et comme il disait venir d'Hastings, résidence de l'impératrice Eugénie, il fut aussitôt reçu par M. de Bismarck, toujours préoccupé de se ménager des communications du côté de la cour impériale, de manière à peser sur le gouvernement de la défense qu'il supposait préférer une paix désastreuse au rétablissement d'un régime abhorré. M. J. Favre s'émut de la présence de cet aventurier, quoique le chancelier lui eût assuré qu'il l'avait éconduit, la mission dont il se disait investi ne lui paraissant pas sérieuse.

Ce petit incident vidé, les deux négociateurs reprirent la discussion sur un armistice qui permît de réunir à Paris ou à Tours une assemblée régulièrement élue. M. de Bismarck, muni d'instructions très précises du roi, se montra très explicite. Il demanda la reddition immédiate des places de Strasbourg, Toul et Bitche qui gênaient les communications des armées allemandes ; l'occupation du Mont-Valérien ou d'un autre fort dominant, dans le cas où l'Assemblée nationale se réunirait à Paris ; le ravitaillement assuré de l'armée d'occupation. La garnison de Strasbourg devait rester prisonnière de guerre ; les garnisons de Toul et de Bitche restaient libres ; l'état de guerre devant Metz ne subissait aucune modification.

M. J. Favre ne pouvait que décliner ces prétentions trop justifiées, hélas ! par la situation militaire et politique de la France, mais inacceptables dans les circonstances actuelles. A la moindre velléité d'acquiescement aux conditions de la Prusse manifestée par le gouvernement de l'Hôtel de Ville, la guerre civile faisait explosion et le parti des citoyens Delescluze et Flourens remplaçait le général Trochu. Mais rien n'obligeait notre ministre des affaires étrangères de répondre avec emphase : « La garnison de Strasbourg a fait l'admiration du monde par son héroïsme ; la rendre volontairement serait une lâcheté que nul homme de cœur ne voudrait conseiller. »

La négociation était terminée et M. J. Favre n'avait qu'à soumettre à ses collègues les propositions du roi Guillaume. Sur sa route, l'attitude martiale des troupes allemandes le portait à insister pour l'acceptation de l'armistice, mais ses impressions se modifièrent quand, à sa rentrée dans Paris, il vit les remparts et les places publiques couverts de gardes nationaux faisant l'exercice. Il comprit que cette ardeur guerrière était inconciliable avec l'idée d'une paix non exempte d'humiliation ; en outre, à cette époque, le *glorieux* Bazaine, comme on l'appelait alors, tenait toujours dans Metz et les Parisiens s'attendaient d'un moment à l'autre à voir apparaître sur les derrières de l'armée allemande les soldats de Rezonville et de Saint-Privat. Ses collègues le reçurent avec une froideur marquée et repoussèrent à l'unanimité les propositions prussiennes. M. J. Favre notifia aussitôt ce refus à M. de Bismarck et, le 21 septembre, une note insérée au *Journal officiel* annonçait à la fois la négociation d'armistice et son avortement. La foule ignorante et inconsciente applaudit, ne se doutant pas des souffrances et des humiliations que lui vaudrait la continuation de la lutte.

Le jour même de l'entrevue de Ferrières, un événement considérable se produisait en Italie : le 20 septembre, les troupes italiennes étaient entrées dans Rome sans combat, le pape Pie IX ayant défendu au général Kanzler d'opposer la moindre résistance à l'envahisseur. Plusieurs jours auparavant, le gouvernement de Florence avait reçu les renseignements les plus rassurants sur l'attitude de l'Espagne, de l'Autriche et de la Bavière dans le cas où les soldats de Victor-Emmanuel enlèveraient au pape ses dernières provinces. L'indifférence avec laquelle ces puissances catholiques accueillirent la spoliation consommée le 20 septembre était un avertissement pour le gouvernement de la défense nationale de n'avoir à compter sur aucun concours. On sait que M. J. Favre s'était refusé à considérer la convention de septembre comme caduque, mais une fois le fait accompli, notre ministre plénipotentiaire à Florence, M. Senart, un avocat infiltré dans la diplomatie à la suite de ses confrères de la défense nationale, s'empressa de féliciter le roi d'Italie de la violation d'un pacte conclu avec la France. Que devenaient les réserves opposées par notre ministre des affaires étrangères aux demandes de M. Nigra? il était difficile d'être plus mal servi que ne l'était la France par tous ces rhéteurs égarés dans les hautes fonctions gouvernementales.

M. Lefebvre de Béhaine, chargé d'affaires de France à Rome, sut faire son devoir, en se rendant aussitôt après la capitulation au quartier général italien pour assurer la sécurité des volontaires français au service du pape. Le général italien satisfit aussitôt à la demande de M. Lefebvre et nos braves compatriotes partirent dès le lendemain, 21, pour se mettre à la disposition du gouvernement de Tours qu'ils servirent avec un dévouement patriotique dont le souvenir ne s'effacera jamais.

Le général Trochu et ses collègues allaient rapidement vider la coupe des amertumes : le maréchal Bazaine, sur qui l'on fondait de sérieuses espérances, se préparait à traiter avec le prince Frédéric-Charles afin de se ménager une capitulation avantageuse pour ses intérêts personnels et ceux de la dynastie impériale ; le moment est donc arrivé de faire le récit de l'agonie d'une des plus belles armées qu'ait eues la France.

CHAPITRE XXXI

L'armée de Metz après la bataille de Noisseville. — Inertie du maréchal Bazaine. — Les Allemands renforcent leurs lignes d'investissement. — Passage des prisonniers de Sedan, le 5 septembre. — Le 7, échange de prisonniers. — Metz apprend le désastre de Mac-Mahon. — Le 10, le capitaine Lejoindre annonce à Bazaine la révolution du 4 septembre. — Le 11, M. Debains veut franchir les lignes prussiennes. Son singulier rapport. — Le 14, Bazaine envoie le colonel Boyer, son aide de camp, au prince Frédéric-Charles. — Réponse du prince. — Réduction des rations de vivres. — 22 septembre, fourrage exécuté à Lauvallier. — Le 23, incident Régnier. — Le 27, combats de Peltre et de Ladonchamps. — Singulière dépêche du général Coffinières au gouvernement de Tours. — Conseil de guerre du 4 octobre. — Le 7, combats de Bellevue et de Saint-Remy. — 8 octobre, les généraux de division sont convoqués chez les commandants de corps d'armée. — 10, nouveau conseil de guerre. — 12, le général Boyer part en mission. — Il revient le 17. — Le 18, conseil de guerre. — Le 20, Boyer part pour Chislehurst. — Le 24, Bismarck rompt les négociations. — 25, les généraux Changarnier et de Cissey se rendent chez le prince Frédéric-Charles. — Conseil de guerre du 26. — Le général Jarras se rend chez le chef d'état-major prussien, général de Sthiele. — 27, signature de la capitulation. — Les drapeaux de l'armée de Metz. — Résultats de la capitulation.

A la suite de la bataille de Noisseville, l'armée du maréchal Bazaine se trouvait rejetée pour la seconde fois sous le canon de Metz et obligée de renoncer pour quelque temps à l'espoir de se frayer une route par le Nord. La situation devenait grave parce que, préoccupé d'une retraite sur la falaise de Champagne et sur Paris, le maréchal Le Bœuf avait recommandé à l'intendant en chef Wolf de bonder de vivres les routes de Metz au camp de Châlons et à Reims, de sorte que les approvisionnements du camp retranché, à peine suffisants pour la garnison normale de défense, ne reçurent aucune augmentation et devaient être rapidement épuisés par un surcroît inattendu de cent cinquante mille rationnaires.

On a beaucoup épilogué au Conseil de guerre de Trianon sur cette question des vivres et cherché à faire retomber sur le bouc émissaire Bazaine la responsabilité de leur pénurie. L'accusation ne supporte pas la discussion, car, entré en fonctions la veille du combat de Borny, le nouveau commandant en chef n'avait eu ni le temps ni les moyens de s'occuper du ravitaillement de la place de Metz dans les journées du 14 au 18 août, pendant lesquelles l'armée avait livré trois grandes batailles sans avoir une minute de repos. Le véritable et unique responsable de cette pénurie était le maréchal Le Bœuf, qui, dix jours après la déclaration de guerre, n'avait encore donné aucun ordre pour approvisionner le camp retranché de Metz, destiné cependant à servir de pivot aux manœuvres d'une armée nombreuse. La retraite sur Verdun, décidée le 13 août, n'entrait pas dans les prévisions stratégiques des conseillers militaires de Napoléon III, ils sont donc inexcusables de n'avoir pas entassé le plus possible de vivres dans la place considérée au début de la guerre comme un centre ou une base d'opérations.

Au lendemain de la bataille de Noisseville, la situation avait considérablement empiré ; la viande de bœuf faisait complètement défaut et, dès le 4 septembre, on dut commencer les distributions régulières de viande de cheval. Du reste, en se résignant, comme il allait le faire, pendant vingt et un jours, du 2 au 22 septembre, à un rôle absolument passif, le maréchal Bazaine se condamnait à une déplorable infériorité quand se présenterait le moment d'agir. Les quelques travaux en terre qu'il faisait ajouter aux défenses de la place et aux lignes de son camp que personne ne menaçait étaient bien inutiles ; l'épuisement de ses ressources en vivres, en munitions et en chevaux devait fatalement le rendre impuissant contre un adversaire qui recevait constamment des renforts et consolidait tous les jours davantage les points d'appui de sa ligne d'investissement.

Dès le lendemain de la journée de Noisseville, le prince Frédéric-Charles annonçait à ses troupes que l'écrasement de l'armée de Mac-Mahon et les événements de la veille autour de Metz rendaient invraisemblable une nouvelle tentative de sortie dans la direction de Sainte-Barbe. Il prescrivait en conséquence de renforcer les positions sud et sud-est qui paraissaient les plus menacées. Le Ier corps Manteuffel et la division Kummer restèrent au nord-est sur la rive droite de la Moselle ; les vallées de la Nied, de la Seille, les routes de Strasbourg et de Lunéville furent gardées par les VIIe, VIIIe et XIIIe corps, les deux premiers avaient appuyé à droite et le dernier, commandé par le grand-duc de Mecklembourg, était arrivé le soir même de la bataille de Noisseville ; les 1re et 3e divisions de cavalerie occupaient les derrières de ces trois corps d'armée ; la rive gauche de la Moselle était gardée par le IXe corps au sud, le IIIe à l'ouest et le Xe au nord ; le IIe corps était en réserve du côté de Rezonville. Le quartier général du prince se transporta de Malancourt au nord à Corny au sud.

Dans la journée du 5 septembre, les hommes de service aux observatoires établis dans la place signalèrent, à quelques kilomètres au sud, le passage de fortes colonnes se dirigeant d'Ars-sur-Moselle vers Remilly et Pont-à-Mousson. On était loin de soupçonner que ce fût l'armée de Châlons prisonnière. Les assiégés n'avaient aucune nouvelle du désastre de Sedan. L'armée assiégeante ne le connaissait elle-même que depuis la veille, par un ordre du jour du prince qui, en annonçant à ses soldats cette grande victoire, leur recommandait de s'abstenir aux avant-postes de toute démonstration de joie pouvant servir d'indice à l'ennemi auquel, disait-il, il se réservait d'apprendre la capitulation de Sedan en temps opportun. « Les transports de prisonniers qui vont avoir lieu », ajoutait le prince, « peuvent donner lieu à des entreprises énergiques de l'ennemi ». Si les craintes du général en chef prussien étaient logiques, Bazaine n'eut garde de les justifier. Le 2, le 3 et le 5, il donna des instructions au maréchal Canrobert et au général Frossard, plus tard, le 14 et le 15, au maréchal Le Bœuf et au général Ladmirault, pour des coups de main que ces commandants de corps d'armée devaient tenter en avant de leur front. Ces instructions ne furent pas suivies d'effet, soit que Bazaine les eût lui-même retirées, soit plutôt que la forme indécise sous laquelle il prenait à tâche de les présenter permît à ses lieutenants de n'y pas reconnaître des ordres formels.

Après avoir renforcé ses avant-postes, arrêté toutes les dispositions convenables pour assurer le transport des prisonniers de Sedan à travers ses lignes et, comme il le dit dans son ordre du jour du 4, « mis ses forces à la hauteur des résolutions désespérées auxquelles Bazaine allait se porter pour sauver l'honneur des armes françaises », le prince Frédéric-Charles jugea le moment venu de faire parvenir dans Metz la nouvelle de Sedan. Un échange de prisonniers était projeté depuis quelques jours ; il eut lieu dans la nuit du 6 au 7. Six cents hommes de l'armée de Mac-Mahon furent amenés aux avant-postes français par Saint-Privat-la-Montagne et Saulny.

La nouvelle de la capitulation de Sedan, promptement répandue, fut accueillie dans le camp et dans la ville avec un profond sentiment de tristesse et d'indignation. Mais les courages étaient excités plutôt qu'abattus par les récits des prisonniers, car personne ne pouvait supposer alors qu'un sort pareil, rendu plus terrible par la longueur de l'agonie, fût réservé à l'armée de Metz ; toutefois, de même qu'à

Paris, les hommes clairvoyants furent frappés de cette catastrophe sans précédent et commencèrent à désespérer de l'avenir. Il devenait évident que la confiance du début de la guerre avait fait place à une dépression morale dont l'influence prolongée devait fatalement engendrer de nombreux actes de faiblesse.

Le prince Frédéric-Charles qui s'attendait à voir Bazaine tenter une sortie furieuse, essaya, suivant sa propre expression, « d'accélérer ses résolutions », en faisant bombarder son camp. En effet, le 9 septembre, à 7 heures du soir et par un temps affreux, les plaines et les collines autour de Metz s'illuminèrent tout à coup du feu de toutes les batteries allemandes. Les pièces de campagne avaient été avancées à la faveur de l'obscurité pour joindre leur effet à celui des batteries de position. Ce bombardement qui dura environ une heure ne causa que des pertes insignifiantes à l'armée investie. La division Kameke fit une démonstration contre nos tranchées de Magny-sur-Seille et se retira devant l'attitude du corps Frossard.

Cependant la nouvelle de la révolution du 4 septembre parvint le 10 au maréchal Bazaine ; elle lui fut apportée par le capitaine Lejoindre, blessé à Rezonville et qui, soigné à Ars-sur-Moselle, parvint à gagner Metz en passant par la conduite d'eau de Gorze. Les journaux dont cet officier était porteur faisaient connaître la proclamation de la République et la composition du gouvernement de l'Hôtel de Ville. A dater de ce moment, le maréchal parut s'arrêter au parti de l'inertie, comme s'il avait compté sur la chute prochaine de Paris, chute qui devait fatalement amener la fin de la guerre. Cette croyance ne lui était pas personnelle ; la plupart des officiers de l'armée du Rhin la partageaient et ne pouvaient supposer une défense sérieuse possible après l'anéantissement de l'armée de Châlons et l'investissement de celle de Metz. C'est sur cette équivoque qu'a roulé tout le procès de Trianon ; Bazaine ne s'y est pas défendu et n'a pas osé déclarer franchement son arrière-pensée, qui n'était un secret pour aucun de ses lieutenants ni de ses principaux auxiliaires. Ils croyaient tous Paris approvisionné pour quarante-cinq jours et obligé d'entrer en négociation avec le roi de Prusse dès le milieu d'octobre ; s'ils avaient été au courant des hardies opérations du sous-intendant Perrier, nul doute que la conduite du maréchal et l'attitude résignée des commandants de corps d'armée n'auraient pas été les mêmes. Pour l'immense majorité des officiers, les membres du gouvernement de la défense nationale étaient des fantoches dont ils avaient souvent lu les divagations en faveur de la garde nationale et de la suppression des armées permanentes ; le général Trochu ne leur paraissait pas de taille à dominer la situation avec des collègues d'une insuffisance notoire ; ils savaient en outre, pour s'être mesurés avec les Allemands dans quatre terribles batailles, que jamais des troupes de nouvelle levée ne parviendraient à rompre le cercle de fer qui allait enserrer Paris. Pour cela, l'appoint de la belle armée de Metz était indispensable, et si Bazaine et ses généraux eussent seulement soupçonné que la capitale tiendrait pendant plus de quatre mois, ils auraient exécuté et certainement réussi la sortie furieuse prévue par le prince Frédéric-Charles.

Donc, au premier moment, le parti de l'inertie ne semblait pas si mauvais ; il permettait d'attendre la chute de Paris et la dispersion des hommes du 4 septembre. En attendant, Bazaine ne négligea aucune occasion pour calmer l'ardeur de ses soldats que, depuis son entrée en fonctions, il avait souvent étonnés par l'indécision de son caractère et par son silence obstiné à leur égard. Ainsi, le 11 septembre, il avertit les commandants de corps d'armée qu'il ne saurait plus être question de faire de grandes sorties, « car, leur écrivait-il, il faut éviter avec soin toute opération susceptible d'amener un échec sérieux, mais que chacun sera libre d'exécuter en avant de son front des opérations pour montrer à l'ennemi que l'on n'est point mort ». La veille, il leur avait déjà fait communiquer un rapport sur l'état de la France rédigé, d'après ses ordres, par M. Debains, secrétaire d'ambassade, fourvoyé à l'état-major général. Ce document représentait la France comme totalement affaissée sous le poids de l'invasion et les grandes villes en proie à une terrible guerre sociale. M. Debains ayant voulu passer les lignes prussiennes, avait été arrêté et ramené aux avant-postes français après avoir recueilli, dans ses conversations avec les officiers allemands et dans les journaux qu'on lui remettait avec une feinte obligeance, les nouvelles fausses ou exagérées que l'ennemi avait intérêt à répandre au sujet de la France.

Cependant, pour se renseigner directement, le maréchal Bazaine envoya, le 14 septembre, le colonel Boyer, son premier aide de camp, avec une lettre adressée au prince Frédéric-Charles. Le colonel ne fut pas admis à pénétrer dans les lignes prussiennes, mais le surlendemain, un officier de l'état-major du prince apportait une réponse évidemment combinée avec le quartier royal et confirmant les nouvelles déjà données par M. Debains. Dans sa missive, conçue en des termes d'une exquise politesse, le général ennemi affectait d'appeler Bazaine le commandant en chef de l'*armée impériale française*, titre qu'il lui donna dans toutes les communications échangées entre les deux quartiers généraux pendant la durée du blocus. L'idée de M. de Bismarck était de pousser le maréchal, par des flatteries et des avances indirectes, à séparer sa cause de celle du gouvernement du 4 septembre et à lui faire perdre de vue la rigueur de son devoir militaire. Le 11 septembre, l'*Indépendant rémois* avait, sur l'ordre du gouverneur allemand, publié un communiqué dont le passage suivant était significatif :

Les gouvernements allemands, dont le but n'est pas la guerre, ne repousseraient pas un désir sérieux de conclure la paix. Il s'agit seulement, dans ce cas, de savoir avec qui elle pourrait être conclue. Les gouvernements allemands pourraient entrer en négociations avec l'empereur Napoléon, dont le gouvernement est le seul reconnu jusqu'à présent, et avec la régence instituée par lui. Ils pourraient entrer en communication avec le maréchal Bazaine, qui tient son commandement de l'empereur.

Mais il est impossible de comprendre à quel titre les gouvernements allemands pourraient traiter avec un pouvoir qui, jusqu'à présent, ne représente qu'une partie de la gauche de l'ancien Corps législatif à Paris.

La date de la remise de l'*Indépendant rémois* au maréchal Bazaine n'a pu être précisée; M. Debains donne la date du 16 septembre; le maréchal croyait se rappeler que c'était le 21. Nous penchons pour la date du 16, parce que, la veille, Bazaine avait donné l'ordre à M. Dehaut, l'employé du ministère de la guerre détaché à son quartier général, de ne plus faire usage pour les lettres de nominations d'officiers et de promotions dans la Légion d'honneur du papier aux armes impériales avec en-tête au nom de l'empereur. Cet ordre était annulé le 17 au matin; en même temps le maréchal annonçait à ses troupes la révolution du 4 septembre. On reconnait la trace des renseignements prussiens fournis par le prince Frédéric-Charles et, chez le maréchal, l'indice de préoccupations étrangères à son rôle militaire, dans le passage de son ordre du jour où, en face de l'ennemi, il parlait à la fois « du territoire à défendre contre l'étranger » et de « l'ordre social à défendre contre les mauvaises passions ». Le comte de Bismarck préparait le terrain sur lequel il allait opérer pour amuser le tapis, en attendant que la vaillante armée de Metz eût été réduite à l'impuissance par le manque de vivres et de chevaux; la chose était facile avec un homme aussi vulgaire que Bazaine, dont l'inconscience morale et la faiblesse intellectuelle se sont révélées d'une façon vraiment humiliante pour l'amour-propre national dans le dernier livre de l'ex-maréchal, publié à Madrid en 1883 et pour lequel il n'a pas eu de collaborateur.

Cependant, la question des vivres, dont on avait paru assez peu s'inquiéter jusque-là au quartier général, finit par tirer le maréchal de son immobilité de fataliste. La farine diminuait et il avait fallu, le 13 septembre, réduire la ration de pain à 500 grammes, en portant il est vrai celle de viande de cheval à 400 grammes, ce qui n'est jamais une compensation. Le 20 septembre, le sel, qui devait finir par manquer tout à fait, était rationné à 1 gramme et le riz à 30 grammes. Du moment qu'il entrait dans les vues du maréchal de tenir son armée immobile sous Metz, afin d'en pouvoir disposer à la paix dans un but qui ne pourra jamais être précisé, il fallait du moins que cette armée eût des vivres pour attendre les événements. Bazaine, cette fois, sentit la faute commise au début en ne faisant pas rentrer dans le camp retranché les approvisionnements de la banlieue et tenta de la réparer.

Le maréchal Le Bœuf, commandant le 3e corps, reçut pour le 22 septembre, au point du jour, l'ordre d'enlever 25.000 gerbes de blé qui devaient se trouver dans la ferme de Lauvallier et de fouiller en même temps les villages de Nouilly et de la Grange-aux-Bois. Malgré un léger retard, l'opération put être menée à bonne fin.

Le lendemain 23, ordre au maréchal Le Bœuf de faire un nouveau fourrage sur Vany et Chieulles. Deux diversions devaient favoriser l'opération ; mais par suite d'un nouveau retard dans l'expédition des ordres, les Prussiens eurent le temps d'amener sur les hauteurs environnantes onze batteries qui forcèrent la division Aymard, du 3e corps, à abandonner le fourrage commencé.

Ici se place un incident qui eut une influence décisive sur les résolutions du maréchal et par suite sur le sort de l'armée de Metz. Le 23 septembre, dans la soirée, un individu déguisé en médecin de la Société internationale de Genève se présenta aux avant-postes français et demanda à parler au maréchal Bazaine, chez lequel il fallut l'introduire sans que personne à ce moment pût savoir son nom. Cet homme n'était autre que le sieur Régnier, qui se trouvait au château de Ferrières en même temps que Jules Favre. On sait que le comte de Bismarck avait sur-le-champ deviné ce personnage dont le seul titre de créance se réduisait à une photographie du château d'Hastings sur laquelle le prince impérial, un enfant de quatorze ans, avait écrit et signé ces simples mots : « Mon cher papa, je vous envoie les vues d'Hastings, j'espère qu'elles vous plairont. » Un aventurier pouvait seul recourir à un pareil moyen d'introduction auprès d'un diplomate avisé, aussi M. de Bismarck ne fut-il pas une seconde sa dupe et s'était-il tout de suite inquiété du parti à tirer d'un homme évidemment désireux de jouer un rôle de mouche du coche. Il lui suggéra l'idée d'aller à Metz, idée que Régnier devait accepter avec enthousiasme.

Leur conversation avait lieu le 20; le soir même, Régnier écrivait au chancelier pour lui proposer de faire sortir de Metz soit le général Bourbaki, soit le maréchal Canrobert, avec mission de traiter des conditions de la paix ou d'un armistice avec l'impératrice Eugénie. Tout à la joie de jouer un rôle d'ambassadeur et sans attendre la réponse de M. de Bismarck, il se mit en route le 21 et se présenta le 23 au quartier général du prince Frédéric-Charles. Celui-ci, prévenu par le chancelier, lui permit de gagner les avant-postes français sous la conduite d'un officier porteur d'une lettre pour le maréchal Bazaine. Introduit au quartier général du ban Saint-Martin, Régnier exhiba sa photographie d'Hastings et se présenta comme un envoyé de l'impératrice. Que s'est-il passé entre ces deux hommes? il est difficile de le savoir exactement; voici la version que Bazaine donne de leur première conversation dans le livre paru à Madrid en 1883 :

Cet individu fut conduit dans mon cabinet, où il me déclara se nommer Régnier, et venir de la part de l'impératrice avec le consentement de M. de Bismarck. Il me dit que sa mission était toute verbale et qu'elle avait pour but de proposer soit à M. le maréchal Canrobert, soit à M. le général Bourbaki, de se rendre en Angleterre pour se mettre à la disposition de la régente. Comme passe, il me montra la signature du prince impérial sur une photographie de Hastings et me demanda la mienne.

N'en ayant pas, il me pria d'apposer ma signature à côté de celle du prince impérial, comme souvenir de notre entrevue, m'a-t-il dit.

Il me donna du reste tant de détails sur ses soi-disant relations avec l'impératrice et son entourage, que malgré l'étrangeté de son apparition, *je crus à sa mission*, et je pensai, dans l'intérêt général, ne pas devoir repousser l'occasion qui s'offrait de me mettre en communication avec l'intérieur.

L'aveu est significatif et, dans le livre de l'ex-maréchal, il doit servir de justification aux confidences faites avec une coupable légèrete à un inconnu qui, sans un titre sérieux, avait pu circuler au milieu des armées allemandes et pénétrer dans Metz. Bazaine, ébloui sans doute par les insinuations de l'*Indépendant rémois* et flatté d'être traité par le prince Frédéric-Charles de commandant en chef des armées impériales, ne paraît pas avoir soupçonné le piège tendu par le chancelier; de la part d'un ancien officier des bureaux arabes, une pareille candeur peut être taxée au moins d'étrange. Nous ne saurions trop le répéter, Bazaine était un inconscient qui jamais ne s'est rendu compte de la gravité ni de la réalité des accusations soulevées par sa conduite à Metz. C'est la face de son caractère que, jusqu'à présent, les historiens ont omis d'examiner ; il est néanmoins hors de doute que, si le maréchal Bazaine avait eu le sentiment des fautes commises pendant le blocus, fautes qualifiées de crimes par la loi militaire et par le décret sur le service des places, il ne se serait pas acharné à demander des juges ni constitué prisonnier. M. Thiers ne voulait pas d'un procès et, d'accord avec beaucoup de bons esprits, n'aurait pas demandé mieux que de laisser Bazaine résider à l'étranger, comme les maréchaux Marmont et Bourmont qui touchaient leur traitement sans cependant figurer sur l'Annuaire militaire. Ayant eu sous les yeux les principales pièces du procès peu de jours après l'armistice du 28 janvier 1871, la condamnation du maréchal à l'unanimité nous a toujours paru inévitable. L'inconscience était à nos yeux le seul argument à invoquer pour la défense de l'accusé de Trianon et, tout au début du procès, nous avons exprimé notre pensée à la jeune et infortunée maréchale Bazaine qui nous consultait sur son issue possible, dans les termes suivants : « Il est facile de sauver l'*homme*, mais à la condition de jeter le maréchal par-dessus bord. » La condition fut jugée trop dure et maître Lachaud plaida l'innocence d'un commandant en chef qui, à différentes reprises, avait contrevenu ouvertement aux règlements et aux lois militaires dont la violation est punie de mort. Mais reprenons le récit de Bazaine.

En conséquence, dit-il, je lui répondis : « Vous serez mis en rapport avec ces messieurs (Canrobert et Bourbaki) que je vais faire prévenir et que je laisserai libres de prendre un parti. »

Il m'exposa qu'il était à regretter qu'un traité de paix n'eût pas mis fin à la guerre après Sedan ; que l'entretien des troupes allemandes sur le territoire français était une ruine pour le pays ; que ce serait un grand service à lui rendre que d'obtenir un armistice pour arriver à la paix ; qu'à cet égard l'armée sous Metz restant la seule organisée, donnerait des garanties aux Allemands si elle avait sa liberté d'action, mais que, sans doute, ils exigeraient comme gage la remise de la place de Metz.

Je répondis que, bien certainement, si nous pouvions sortir de l'impasse où nous étions, avec les honneurs de la guerre, c'est-à-dire avec armes et bagages, en un mot entièrement constitués, nous maintiendrions l'ordre dans l'intérieur et ferions respecter les clauses de la convention, mais qu'il ne pouvait être question de la place de Metz dont le gouverneur, nommé par l'empereur, ne relevait que de lui.

Puis Bazaine termine le récit de son entrevue avec Régnier par cette phrase étonnante :

Tout ce qui précède ne fut qu'une simple conversation à laquelle je n'attachai qu'une importance secondaire, puisque M. Régnier n'avait aucun pouvoir écrit de l'impératrice.

En écrivant ces derniers mots, l'ex-maréchal oubliait que quelques lignes plus haut il avouait avoir cru à la mission de Régnier. Dans sa déposition, ce personnage a déclaré au général rapporteur que le maréchal lui avait également parlé des approvisionnements en vivres qui seraient épuisés du 20 au 25 octobre au plus tard. Bazaine passe sous silence cette déclaration sur laquelle se sont appesantis beaucoup d'écrivains en dramatisant cette entrevue du 23 septembre. A leurs yeux, Régnier aurait été un agent de M. de Bismarck chargé d'amener subrepticement le maréchal à consommer ses derniers vivres dans l'attente d'une convention honorable.

Il y a là une exagération évidente. Régnier agissait de son propre mouvement avec le désir de faire parler de lui et avec l'ambition de rendre service à son pays et à la dynastie impériale. Dans ses entretiens, on le voit surtout préoccupé d'obtenir pour l'impératrice régente des conditions plus favorables que celles offertes au gouvernement de l'Hôtel de Ville. Les pouvoirs du général Trochu et de ses collègues étaient considérés comme éphémères, et Bazaine comme Régnier avait la conviction, partagée du reste par beaucoup de personnes, que Paris aurait capitulé avant la fin d'octobre, plutôt encore par suite d'une émeute que d'une attaque des Allemands. Ils ne se sont donc occupés dans leur conversation que de la situation à faire à l'armée de Metz en vue de cette éventualité. Tous deux ont été dupés par le chancelier qui cherchait par tous les moyens à paralyser une armée redoutable; le meilleur et le plus simple était évidemment de mettre à profit les irrésolutions devenues évidentes de son commandant en chef.

La signature du prince impérial apposée sur la photographie d'Hastings à l'instigation de son précepteur M. Filon, semble indiquer que la démarche de Régnier était connue de certains bonapartistes réfugiés à Londres et avait leur approbation ; comme le dit M. Sorel, plus d'une négociation couronnée de succès a commencé de cette façon. Ce côté de la question a échappé au général de Rivière, rapporteur spécial près le conseil de guerre de Trianon. Voici son jugement sur le personnage :

Régnier est un homme fin et audacieux, ses manières sont vulgaires ; vaniteux à l'excès, il se croit un profond politique, il a publié de nombreuses brochures.

Fut-il poussé à se jeter au milieu des événements par une de ces monomanies qu'engendrent les époques de troubles et de révolutions? Etait-ce simplement un intrigant faisant métier de ses agissements? C'est ce qu'il est difficile de décider.

La décision est, au contraire, facile à prendre : Régnier est à la fois un monomane et un intrigant excité par le désir de devenir quelqu'un dans l'empire restauré. On peut le ranger dans la catégorie des gens qui, pendant la Commune, ont servi d'intermédiaires entre les autorités de Versailles et celles de Paris. Versailles ayant eu le dessus, ces agents ont été récompensés; si la Commune avait triomphé, ils auraient été fusillés sans pitié, comme le furent ceux qu'elle découvrit avant l'entrée des troupes dans Paris.

Nous insistons à dessein sur cet incident à cause de l'influence néfaste qu'il a exercée sur le maréchal et sur ses principaux lieutenants. Bazaine a fait montre d'une maladresse insigne dans sa conversation avec Régnier quand, après s'être déclaré prêt à négocier une capitulation avec les honneurs de la guerre, il a fait part à son interlocuteur de sa pénurie en vivres dont l'épuisement serait complet le 18 octobre; quant aux fourrages, ils faisaient presque totalement défaut, les chevaux étaient envoyés successivement à la boucherie, leur mortalité devenait effrayante, à peine en restait-il assez pour atteler les pièces sans les caissons. Le but de cette confidence était certainement d'arriver à la conclusion rapide d'une convention, et Régnier, en livrant ce secret à M. de Bismarck, loin de se considérer comme un traître, croyait, au contraire, rendre un service signalé à son pays. Que cet intrigant ait eu cette pensée, rien que de naturel; c'est le fait des agités et des vaniteux de toujours espérer l'impossible. Mais l'esprit reste confondu devant ce maréchal de France, commandant en chef une armée magnifique, qui s'imagine que les vainqueurs de Sedan auraient la générosité ou plutôt la naïveté de permettre à l'armée de Metz de sortir avec armes et bagages pour se rendre dans une zone neutre en attendant la conclusion d'un traité de paix dont lui, Bazaine, garantirait l'exécution. D'abord, il est difficile sinon impossible de neutraliser 140.000 hommes pendant que leurs compatriotes luttent contre l'envahisseur. Ensuite, les Allemands, voyant le général en chef disposé à négocier, n'avaient et ne pouvaient avoir d'autre objectif que d'acculer son armée à sa dernière ration de pain après lui avoir vu manger tous ses chevaux.

Les terribles conséquences de la négociation de Régnier, la complaisance du maréchal à écouter cet aventurier et les rapports avec les Allemands que cette négociation amena, auraient dû exclure toute idée de clémence envers Bazaine, et son négociateur improvisé. La mansuétude du général de Rivière, rapporteur, et du général Pourcet, commissaire du gouvernement près le conseil de Trianon, à l'égard de Régnier est vraiment incompréhensible. Dans son rapport, M. de Rivière dit : « Le maréchal ne devait-il pas livrer à un conseil de guerre, plutôt que de l'écouter, l'agent qui venait ainsi lui proposer de négocier avec l'ennemi au lieu de le combattre ? » Après la lecture de ce passage, nous avons, comme tout le monde, été stupéfait de voir Régnier répondre à l'appel des témoins à l'ouverture du procès de Trianon. Peut-être, en cas de procès, craignait-on des révélations ennuyeuses ou compromettantes ; le fait est que Régnier, averti à temps des poursuites dirigées contre lui, franchit tranquillement la frontière où il apprit par les journaux sa condamnation à mort par contumace.

En résumé, un homme vulgaire comme Bazaine devait s'entendre d'instinct avec un intrigant audacieux ; tous deux comptaient tirer grand profit d'une négociation dirigée du fond de son cabinet par le comte de Bismarck ; Bazaine se voyait à bref délai lieutenant général de l'Empire et Régnier sénateur avec une de ces grasses sinécures que Napoléon accordait si bénévolement à ses anciens complices de Strasbourg et de Boulogne. En tout cas, le maréchal avait eu le temps de réfléchir sur l'étrange démarche de Régnier, puisque celui-ci le quitta le 23 au soir pour retourner au quartier général du prince Frédéric-Charles, où il n'arriva que le 24 dans la matinée, ayant été retenu pendant la nuit aux avant-postes français.

Le prince le reçut immédiatement et Régnier lui rendit compte de son entrevue avec le maréchal. Frédéric-Charles lui fit observer que tout traité serait impossible sans la reddition de Metz, puis il lui communiqua deux télégrammes de M. de Bismarck qui lui étaient destinés. Le premier ne contenait que ces mots : « Vous êtes parti trop tôt. » Ce qui signifiait la rupture de la négociation d'armistice avec M. Jules Favre.

La seconde l'autorisait à faire sortir de Metz le maréchal Canrobert ou le général Bourbaki. Ce départ devait être secret. Pour le dissimuler, le général de Sthiele, chef d'état-major du prince, eut recours à un expédient fort ingénieux et rappelant sous certains rapports une scène de mélodrame. Le gouvernement luxembourgeois venait de demander des passes pour sept de ses médecins entrés dans Metz avec leurs ambulances; l'état-major prussien en fit établir neuf, dont une pour Régnier et l'autre pour son compagnon.

Muni de ces passes, Régnier revint chez Bazaine qui le mit en rapport avec le maréchal Canrobert et le général Bourbaki. Le premier refusa net de quitter ses soldats pour prendre part à une négociation ténébreuse; le second accepta pour des motifs exposés dans sa déposition et sans grand intérêt historique.

Le lendemain 25 septembre, le général Bourbaki quitta Metz, porteur d'instructions sommaires ; il devait faire connaître l'état de l'armée et s'informer des dispositions de l'impératrice. Régnier se rendait chez M. de Bismarck pour lui communiquer les propositions de Bazaine et pour transmettre à Metz, avant le 30 septembre, la réponse du chancelier. Pendant le trajet des avant-postes français au château de

Corny, résidence du prince prussien, le général Bourbaki vit qu'il était reconnu et déclara plus tard que, dès ce moment, il avait conçu des doutes sur la sincérité de Régnier. L'observation a lieu d'étonner, car le général devait être certain que l'état-major allemand était fixé sur son identité. Arrivé à Hastings, le 27 septembre, Bourbaki comprit, à l'étonnement que causa sa visite, qu'il avait été indignement trompé ; l'impératrice n'avait jamais vu Régnier et ne l'avait chargé d'aucune mission. Il demanda aussitôt à rentrer dans Metz, mais le prince Frédéric-Charles lui refusa le passage, malgré l'intervention de la diplomatie anglaise. Le général n'insista pas, il savait l'armée de Metz à bout de ressources et préféra offrir son épée au gouvernement de Tours qui lui confia l'organisation d'une armée dans le Nord.

Régnier s'était rendu à Ferrières où M. de Bismarck le reçut le 28 septembre. Le chancelier parut mécontent que Régnier n'eût d'autre lettre de créance qu'une photographie avec la signature du maréchal et l'autorisa à adresser à Metz le télégramme suivant :

Le maréchal Bazaine acceptera-t-il pour la reddition de l'armée de Metz, les conventions que stipulera M. Régnier, restant dans les instructions qu'il tiendra de M. le Maréchal ?

Nous emprunterons la suite de ce récit à M. Albert Sorel qui, dans son « *Histoire diplomatique de la guerre franco-allemande* », expose avec détail les négociations complexes de M. de Bismarck à l'époque de la guerre où, maître de Strasbourg et convaincu de la passivité de Bazaine, il tenait à conclure rapidement un traité soit avec l'empire, soit avec le gouvernement de la défense nationale, à la condition expresse de la cession de l'Alsace, de la Lorraine allemande et de Metz.

Le télégramme de Régnier arriva le 29 au ban Saint-Martin ; le maréchal écrivit immédiatement au général de Sthiele qui lui avait transmis la dépêche. Il ne pouvait, disait-il, répondre d'une façon affirmative aux questions qui lui étaient posées. Il ne connaissait pas Régnier, et, rappelant les paroles qu'il l'avait chargé de porter à M. de Bismarck, il ajoutait :

Je lui ai répondu que la seule chose que je pusse faire serait d'accepter une capitulation avec les honneurs de la guerre ; mais que je ne pouvais comprendre la place de Metz dans la convention à intervenir... Dans le cas où S. A. R. le prince Frédéric-Charles désirerait de plus complets renseignements sur ce qui s'est passé entre moi et M. Régnier, M. le général Boyer, mon aide de camp, aura l'honneur de se rendre à son quartier général au jour et à l'heure qu'il lui plaira d'indiquer.

La reddition de la place de Metz était la condition nécessaire de la négociation, et sous ce rapport M. de Bismarck n'entendait pas se montrer plus facile avec les représentants de l'Empire qu'avec ceux de la République. Le maréchal refusait : la famine en moins de trois semaines aurait réduit l'armée de Metz ; il n'y avait plus qu'à laisser le temps faire son œuvre, sauf à tenir le maréchal en suspens par des espérances incertaines et des « négociations dilatoires ». Le maréchal montrait à cet égard les dispositions que désirait la Prusse ; mais comme le 30 septembre il n'avait pas reçu de réponse de M. de Bismarck, il put croire la négociation manquée ; il dut chercher les moyens de la renouer. C'est là que les Prussiens l'attendaient. Quant à Régnier, son rôle semblait fini ; M. de Bismarck le congédia ; il le qualifia même de *farceur*, dans sa correspondance avec M. de Bernstorff, ambassadeur de Prusse à Londres. C'est que le chancelier savait alors à quoi s'en tenir sur la prétendue mission de cet aventurier ; il était instruit de l'accueil fait par l'impératrice au général Bourbaki et de la résolution où elle paraissait être de n'entrer dans aucune négociation avec la Prusse. Sans écarter aussi nettement l'idée d'une négociation, l'empereur Napoléon III montrait les mêmes dispositions au sujet de la paix. M. de Bismarck l'avait fait pressentir à Wilhelmshœhe ; l'empereur répondit par une note datée du 26 septembre, que le général Castelnau porta, dit-on, au quartier général prussien. L'empereur ne voyait que deux moyens de terminer la lutte : « la ruine complète d'un des deux adversaires, ou leur étroite et loyale réconciliation. Cette réconciliation serait sanctionnée par le démantèlement de forteresses devenues alors inutiles et par le payement d'une indemnité de guerre à fixer par état. — On est certain, ajoutait l'empereur, de ne jamais s'adresser vainement au cœur du peuple français par des procédés héroïques, tandis qu'on est sûr de n'en rien obtenir, si l'on essaye de faire vibrer dans son sein les cordes de l'égoïsme ou de la crainte. » Napoléon III désapprouvait la démarche de M. J. Favre, mais il comprenait fort bien que l'on eût repoussé les propositions d'armistice. « Nul, disait-il, ne saurait blâmer un Français d'avoir réparé une démarche imprudente en refusant de souscrire à des propositions peu en rapport avec notre passé glorieux. »

L'empereur, qui avait déclaré la guerre sous la pression de l'impératrice et des mamelucks de son entourage, ne disait pas le fond de sa pensée. Il savait depuis Sedan le roi Guillaume décidé à s'emparer de l'Alsace-Lorraine et le gouvernement de Paris, quel qu'il fût, condamné à poursuivre « l'héroïque folie », proclamée par le général Trochu, jusqu'à la dernière ration de pain de la capitale. La foule surexcitée par les flatteries du gouvernement et fanatisée par les prédications des chefs de la démagogie, aurait renversé sur-le-champ et sans doute massacré MM. J. Favre, Trochu et leurs collègues s'ils s'étaient permis la moindre concession. Il fallut les désastres successifs du Bourget, de Champigny, de Buzenval et l'imminence de la famine pour convaincre les Parisiens affolés de leur impuissance à se délivrer de l'étreinte des armées allemandes.

Abandonnons un instant les toiles d'araignée habilement tissées par M. de Bismarck, pour achever rapidement le lugubre récit de l'agonie d'une des plus belles et plus vaillantes armées qu'ait possédées la France.

Le 26 septembre, un ordre du jour annonça aux troupes la nomination au commandement de la garde du général Desvaux en remplacement du général Bourbaki, parti la veille *en mission*. Cette nouvelle causa dans l'armée et dans la population de Metz un douloureux étonnement mêlé d'irritation ; il s'agissait donc de négocier avec l'ennemi un armistice neutralisant l'armée de Bazaine dans une ville du Midi pour permettre à la France d'exprimer ses volontés par la voix de représentants élus, ou pour lui imposer une restauration impériale. Tels étaient les bruits répandus de tous côtés, et qui, d'après les indiscrétions semées sur sa route par Régnier, n'étaient pas sans fondement. Mais l'armée n'acceptait pas sans indignation la perspective d'être distraite de son rôle devant un ennemi qu'elle aurait voulu combattre ; et la ville, de son côté, envisageait avec effroi le sort qui lui était réservé. Les vivres commençaient à devenir rares ; plus de sel, plus de légumes, plus d'avoine, plus de foin ; les chevaux mouraient par centaines. L'armée en livrait déjà 20 par jour aux abattoirs municipaux, elle allait bientôt devoir en livrer 50. Sous peu de jours il n'y aurait plus ni artillerie attelée ni cavalerie, il fallait vite en finir. Le sous-intendant Gaffiot, faisant fonctions d'intendant en chef, prévint le maréchal qu'il ne pourrait plus fournir du fourrage que pendant quatre jours à la cavalerie et à l'artillerie de combat. Sa déposition au procès de Trianon ne laissait aucun doute sur son intention de faire sortir Bazaine de sa coupable inertie. Enfin, civils et militaires étaient unanimes à demander que l'armée, séparant enfin son sort de celui de la place, quittât le camp retranché pendant qu'elle avait encore la force de faire un effort décisif.

Dans le but d'apaiser les mécontentements qui se manifestaient d'heure en heure avec plus de vivacité, le maréchal Bazaine ordonna le 26 septembre une opération sur Peltre. Le général Lapasset, avec sa brigade renforcée du 90e de ligne de la division Castagny, devait enlever le château de Mercy, une des plus fortes positions de l'ennemi au sud-est de Metz. En même temps, le 14e bataillon de chasseurs et une compagnie de partisans embarqués sur le chemin de fer de Forbach dans des wagons fermés, avaient l'ordre de gagner la station de Peltre pour prendre l'ennemi à revers. Puis la locomotive blindée, poussant à toute vapeur jusqu'à Courcelles-sur-Nied, ramènerait un convoi de vivres arrivant d'Allemagne et qu'on y savait arrêté. Quelques hommes décidés et un ingénieur de la compagnie de l'Est se chargeaient de cette dernière et périlleuse manœuvre.

Le 27, à 9 heures du matin, le 90e de ligne marcha résolument sur le château de Mercy dont les abords étaient couverts par deux tranchées. Un bataillon attaqua de front, tandis que les deux autres, vivement enlevés par le colonel de Courcy, tournaient la position par les ailes, au pas de course et sans tirer un coup de fusil. En même temps, la brigade Lapasset attaquait Peltre. L'ennemi, averti par un espion de la tentative qui devait avoir lieu par le chemin de fer, avait coupé la voie en avant de Crépy et installé dans ce village un poste chargé d'arrêter le train. Les chasseurs à pied, accueillis par un feu violent de mousqueterie, sautèrent des voitures et, se ruant sur les Prussiens, concoururent à la prise du village que la brigade Lapasset attaquait de front. On ramassa le butin, puis Mercy-le-Haut et Peltre furent évacués ; le 90e incendia, avant de partir, le château qui servait de point d'appui à la ligne d'investissement. Les Prussiens firent subir le même sort au village de Peltre pour se venger sur des paysans inoffensifs de l'échec qui venait de leur être infligé. Il avait naturellement fallu renoncer à l'enlèvement des trains de Courcelles, qui était le véritable but de l'opération.

Le même jour deux autres attaques avaient eu lieu : à l'est, la division Montaudon du 3e corps faisait un fourrage après avoir enlevé la ferme et le bois de Colombey ; au nord, le maréchal Canrobert poussait deux de ses divisions en avant de ses lignes. La division Tixier s'emparait des Maxes et de

Franclochamps, pendant qu'à gauche la division Levassor-Sorval fouillait les bois de Woippy, occupait Sainte-Agathe, le château de Ladonchamps et lançait ses tirailleurs jusqu'à Saint-Remy et Bellevue. Faute d'ordres, toutes ces positions furent évacuées le soir. Les Prussiens y revinrent pour les incendier, sans qu'il y eût le moindre motif pour justifier cette dévastation.

L'opération de Peltre, qui avait coûté 383 hommes sans résultat sérieux, eut du moins l'avantage de rendre un peu d'entrain et de confiance aux soldats et aux officiers. Les uns et les autres espéraient encore, malgré les négociations entamées, qu'il serait fait des tentatives pour vaincre, et la facilité des succès obtenus dans cette journée était un indice certain de la vitalité et de la vigueur de l'armée de Metz.

Le surlendemain de l'affaire de Peltre, le prince Frédéric-Charles s'empressait d'annoncer à Bazaine la capitulation de Strasbourg et de lui transmettre le télégramme de Régnier, peu favorable aux rêves politiques du maréchal. Il semble que, sous le coup de ces fâcheuses nouvelles, Bazaine ait été un instant résolu à tenter un effort suprême. On parla sans ironie, c'est-à-dire sans envie, du général Trochu et du gouvernement de la défense nationale. Le général Coffinières, commandant la place, alla jusqu'à envoyer par ballon une lettre d'adhésion à la délégation de Tours. Il est vrai que cette lettre tomba dans les lignes prussiennes et que le prince Frédéric-Charles la retourna, non à son auteur, mais au maréchal Bazaine, après avoir souligné ironiquement au crayon rouge ce qu'elle contenait de désagréable pour le commandant en chef. Toutefois le général d'Andlau constate dans son très intéressant ouvrage : *Metz, campagne et négociations*, qu'il était déjà question de capitulation au quartier général, d'une façon théorique si l'on veut, mais enfin on parlait de Davout, de Kléber, comme pour s'habituer à l'idée, tout en faisant quelques efforts pour avoir l'air d'éviter la chose.

Plus on tardait et plus ces efforts, quelque sérieux qu'ils

fussent, perdaient chance de réussir. La disparition des chevaux rendait surtout la situation menaçante. A partir du 30 septembre, chaque corps d'armée consomma par jour cinquante-cinq chevaux ; à partir du 4 octobre, ce fut soixante-quinze, sans compter la consommation de la ville. Et, faute de fourrage, il était mort plus de ces animaux qu'on n'en avait mangé, à ce point qu'il restait à peine un escadron monté par régiment et que les batteries étaient réduites à 4 pièces.

Dans le but de préparer la grande sortie qu'il méditait par le nord, le maréchal Bazaine fit occuper, le 30, par la division Lorencez du corps Ladmirault, le chalet Billaudel et le village de Lessy en avant du mont Saint-Quentin. Dans la nuit du 2 octobre, deux bataillons de la division Levassor-Sorval enlevèrent pour la seconde fois le château de Ladonchamps, puis la ferme de Sainte-Agathe. La ferme fut vidée de ses approvisionnements et le château relié aux lignes du 6e corps et armé de 4 pièces de 12.

Le 4 octobre, Bazaine convoqua chez lui les commandants de corps d'armée et les chefs de service pour leur exposer son plan de sortie et fixer à chacun son rôle. Le 4e corps et le 6e devaient descendre la Moselle par la rive gauche ; le 3e et le 2e par la rive droite ; la garde marcherait sur la rive gauche entre les deux colonnes qui se réuniraient à Thionville. Le général Ladmirault et le maréchal Le Bœuf, commandants des deux corps têtes de colonne, signalèrent de très grandes difficultés à l'accomplissement de la tâche qui incombait à leurs troupes ; le général Coffinières éleva des plaintes au sujet de l'encombrement de blessés dans les ambulances de la place qu'allait produire une grande bataille livrée à proximité de Metz. Malgré ces objections, peut-être Bazaine eût-il poursuivi l'exécution de son plan, tant il avait enfin conscience de la gravité de la situation, si un incident n'était venu tout à coup lui permettre de revenir à ses visées ambitieuses. On trouva dans le sac d'un prisonnier allemand un journal annonçant la démarche de J. Favre à Ferrières pour obtenir un armistice, et l'enlèvement par les troupes prussiennes du fort de Montretout. Il vit dans ces deux nouvelles la promesse d'une paix prochaine ; et il abandonna son projet de sortie pour se borner à des opérations de fourrage qui lui permissent de soutenir son armée jusqu'à la conclusion d'un armistice. Cette décision était des plus regrettables, car l'ouvrage du capitaine Gœtze sur les opérations du corps du génie allemand, rédigé à l'aide des documents *officiels* prussiens, contient le passage suivant :

Au cas où le maréchal Bazaine aurait eu sérieusement l'intention de percer, il ne lui restait à essayer que la route de Thionville par la rive droite de la Moselle. Dans les premiers jours d'octobre, alors qu'une partie de l'artillerie et de la cavalerie était encore en état de combattre et qu'il pouvait réquisitionner à Metz de 1.500 à 2.000 chevaux en bon état appartenant à des particuliers, le maréchal pouvait réussir de ce côté.

La grande sortie n'étant plus en question, le maréchal Canrobert reçut dans la matinée du 7 octobre l'ordre d'exécuter un fourrage sur les deux fermes des Grandes et des Petites-Tapes, ainsi que sur les hameaux de Bellevue et de Saint-Remy, situés dans la plaine de Woippy en avant des lignes du 6e corps. L'opération offrait ce danger qu'il fallait faire marcher un convoi en plaine sous le feu croisé des batteries allemandes des deux rives. Bazaine, pour remédier à cet inconvénient, prescrivit à Le Bœuf de faire une diver-version sur la rive droite en occupant Vany et Chieulles en avant de la ferme de Grimont, tandis que Ladmirault, sur la rive gauche, s'emparerait de Vigneulles, de Saulny, des hauteurs qui dominent le bois de Woippy et des débouchés de Plesnois et Villers-les-Plessis. Pour donner une idée juste de la valeur des troupes dont Bazaine n'a ni su ni voulu se servir dans l'intérêt de la France, nous ne pouvons mieux faire que de donner la relation officielle du dernier combat livré par la malheureuse armée de Metz.

Les forces du maréchal Canrobert s'étendaient de la Moselle au bois de Woippy. La division des voltigeurs de la garde, à laquelle on avait adjoint les quatre compagnies de partisans de la division Tixier, occupait tout le milieu de la plaine ; elle était sur trois lignes à 500 mètres de distance. A sa droite, le 9e bataillon de chasseurs bordait la Moselle, observant la rive droite, et destiné à répondre au feu de l'ennemi venant de Malroy. A gauche le bataillon des chasseurs de la garde était massé derrière la ferme de Sainte-Agathe ; plus à gauche encore se trouvait la brigade Gibon de la division Levassor-Sorval, avec les partisans des 3e et 4e divisions du 6e corps ; elle occupait le bois de Woippy et devait en déboucher sur Sainte-Anne et Bellevue.

Au signal donné, toutes ces troupes s'ébranlent ; la 1re brigade des voltigeurs dépasse les Maxes, refoule les tirailleurs ennemis, enlève Franclochamps et pousse ses propres tirailleurs jusqu'à hauteur des Grandes-Tapes, pendant que la 2e brigade s'empare de Saint-Remy après une résistance énergique. A peine notre mouvement s'est-il dessiné que l'ennemi ouvre une violente canonnade des batteries de Malroy, d'Olgy, de Semécourt, de Fèves et de celles qu'il a établies dans la plaine à Amelange et à Maizières. Malgré l'intensité de leurs feux et les pertes qu'ils lui font subir, la division Deligny n'en avance pas moins vite, entraînée par le brillant exemple de ses officiers. Les Grandes-Tapes sont enlevées par la 1re brigade et bientôt la 2e reste maîtresse des Petites-Tapes. Les chasseurs de la garde s'étaient emparés en même temps du hameau de Bellevue que le génie mit en état de défense, et s'embusquaient dans un fossé à 500 mètres plus avant.

A l'extrême gauche, la brigade Gibon, précédée des compagnies de partisans, avait traversé le bois de Woippy et s'était jetée sur Sainte-Anne dont elle ne s'empara qu'après de sérieux efforts. A trois heures tout le terrain indiqué était en notre pouvoir ; notre première ligne avait atteint le ruisseau des Tapes et le bordait du chemin de fer à la Moselle. Mais l'ennemi semblait augmenter d'heure en heure le déploiement de son artillerie, des réserves considérables apparaissaient dans le lointain, et le maréchal Bazaine jugea prudent, pour parer à toute éventualité et bien qu'une partie du 6e corps fût encore en seconde ligne, d'appeler comme réserve la 1re brigade de la division Picard des grenadiers de la garde ; il la fit placer à la gauche, les zouaves entre le bois de Woippy et Sainte-Agathe, le 1er grenadiers à la Maison-Rouge avec deux batteries de la garde.

Sur la rive droite de la Moselle, le corps Le Bœuf poussait la division Aymard sur les villages de Villers-l'Orme, Vany, Chieulles et les occupait ; mais cette division n'allait pas au-delà quand il eût été désirable qu'elle atteignît Malroy pour rendre la diversion utile aux troupes engagées sur la rive gauche. Le Bœuf dut ensuite déployer la division

Metman pour soutenir la droite d'Aymard menacée par de nombreuses troupes allemandes. Sur la rive gauche, la division Grenier du corps Ladmirault occupait Lorry, Vigneulles, le bois de Woippy et le vallon de Saulny. « Néamoins, dit le bulletin officiel, le but poursuivi ne fut pas atteint et les voitures qui devaient ramener les vivres des Tapes ne purent rester dans la plaine sous la pluie des obus ennemis. Quant aux troupes, après être restées près de deux heures sur les positions conquises, le succès étant suffisamment affirmé, elles eurent l'ordre de se replier sur le camp. Bien que l'opération du fourrage n'ait pu avoir lieu, cette journée n'en constitue pas moins un brillant succès pour nos armes. Nos troupes s'y sont vaillamment comportées et l'ennemi chassé de toutes ses positions, abandonnant ses tranchées et ses ouvrages, laissa entre nos mains 535 prisonniers dont 4 officiers. Malheureusement nos pertes sont sérieuses; elles s'élèvent à 1.257 hommes, parmi lesquels on compte trois généraux.

Le maréchal Canrobert, en nous faisant le récit de ce brillant combat à Stuttgard où il était interné, en février 1871, se montrait enthousiasmé de l'entrain de ses soldats à cette époque critique du blocus et concluait poliment pour son collègue Bazaine en nous répétant à deux reprises : « Ne dites pas qu'il n'a pas voulu sortir de Metz ; il n'a pas *su* se servir des excellents éléments dont il disposait. »

En tout cas, la facilité avec laquelle Bazaine prit son parti de la non-réussite de l'opération projetée, qu'il eût été cependant facile de mener à bien en faisant les actions principales des deux attaques sur les ailes ; la satisfaction visible qu'il mit à étaler le chiffre considérable des pertes, non moins que sa conduite le lendemain, tout indique son but de démontrer à ses troupes, par une journée à la fois brillante, coûteuse et sans résultat, qu'il était désormais inutile de songer à faire une trouée à travers les lignes de l'ennemi. Le chiffre des pertes surtout lui était précieux pour établir l'importance de l'engagement et, les journaux de Metz ayant atténué ce chiffre, le maréchal s'empressa de le faire rectifier. Du reste la journée du 7 octobre fut une énigme pour les généraux prussiens qui ne surent comprendre le dessein poursuivi par Bazaine ; et le prince Frédéric-Charles, après la capitulation, questionna à cet égard quelques officiers français avec lesquels il eut l'occasion de s'entretenir. Ce combat de Bellevue et de Saint-Remy fut le plus important de tout le blocus après celui de Noisseville et ce fut aussi le dernier. A dater de ce jour, l'armée n'entre plus dans les calculs du maréchal qui, ayant appris l'insuccès de la proposition d'armistice de Jules Favre, ne songe plus qu'à négocier. Il s'appliquera seulement à faire partager le plus possible à ses lieutenants la responsabilité des dernières résolutions à prendre.

Aussitôt après le combat du 7 octobre, les commandants de corps d'armée et les chefs de service reçurent une lettre confidentielle où le maréchal Bazaine, après avoir rappelé les difficultés de la situation, le manque de vivres, la disparition rapide des chevaux, enfin l'épuisement prochain de toutes les ressources, ajoutait que le devoir d'un général en chef est d'abord de ne rien laisser ignorer à ses subordonnés immédiats, ensuite de s'éclairer de leurs avis et de leurs conseils.

Aussi, avant de prendre un parti décisif, disait-il textuellement, j'ai voulu vous adresser cette dépêche, pour vous demander de me faire connaître *par écrit*, après un examen très mûri et très approfondi de la situation, et après en avoir conféré avec vos généraux de division, votre opinion personnelle et votre appréciation motivée. Dès que j'aurai pris connaissance de ce document, dont l'importance ne vous échappera pas, je vous appellerai de nouveau dans un conseil suprême, d'où sortira la solution définitive de l'armée dont S. M. l'Empereur m'a confié le commandement...

Le lendemain 8, les généraux de division qui, jusqu'à ce jour, n'avaient pas été consultés une seule fois, étaient convoqués chez les chefs de corps d'armée pour donner leur avis conformément aux ordres contenus dans la dépêche précitée.

Chose curieuse, toutes les réponses s'accordaient assez bien avec le désir du maréchal d'entamer de nouvelles négociations. Dans tous les corps on admettait la nécessité d'entrer en pourparlers avec l'ennemi, toutefois avec cette réserve unanimement exprimée que, si des conditions honorables n'étaient pas accordées — et par là les divisionnaires du 6e corps, entre autres, entendaient : rentrée de l'armée en France avec drapeaux, armes et bagages pour se retirer dans une ville du Midi avec engagement de ne plus prendre part à la guerre actuelle — on était résolu à se frayer un passage les armes à la main et à se faire tuer tous plutôt que de se rendre. Les généraux de la garde avaient parfaitement discerné le danger de la situation lorsqu'ils demandèrent « qu'on entrât sur l'heure en arrangement, *afin de ne pas être acculé à la dernière ration de vivres* et de pouvoir tenter un suprême effort en temps opportun ». Il faut cependant signaler avec quelle facilité et à quel point les généraux s'aveuglaient sur les dispositions d'un ennemi inflexible, quand ils s'imaginaient que l'armée de Metz, une fois qu'elle aurait dévoilé son découragement et sa faiblesse en offrant de négocier, pourrait obtenir des conditions plus favorables que celles de Sedan ! A bout de ressources comme on était, cette illusion n'était pas permise, et chaque jour accordé à l'idée d'une négociation était un acheminement vers l'irrémédiable impuissance, c'est-à-dire vers la honte d'une capitulation à merci.

Il ne semble pas du reste que le maréchal Bazaine s'y soit trompé. Au lieu d'entretenir les forces du soldat pour un énergique coup de main que le sous-intendant Gaffiot avait implicitement conseillé à la fin de septembre en insistant sur le prochain manque de fourrage, il songea à ménager les quelques provisions qui restaient au fond des magasins et à les faire durer jusqu'à la fin des négociations. La ration de pain fut abaissée de 500 gr. à 300 ; en compensation la ration de viande était portée de 500 gr. à 750 ; mais il n'y avait plus ni légumes ni sel. On utilisa pour faire la soupe une source légèrement saline qui coulait au pied du fort Belle-Croix et les soldats, découragés, s'en allaient chaque jour, par petites bandes, arracher des pommes de terre devant les tranchées prussiennes d'où, à la fin, il ne partait même plus un coup de feu.

Enfin, le 10 octobre, fut réuni le grand conseil de guerre pour décider définitivement sur le sort de l'armée. Bazaine fit un exposé sombre de la situation : il n'y avait plus de vivres pour les hommes que jusqu'au 20, en y comprenant les deux jours de biscuit que les soldats devaient avoir dans leurs sacs et qui étaient probablement consommés ; il y aurait danger pour l'état sanitaire de la ville de Metz, si l'on ajoutait encore des blessés aux 19.000 qui s'y trouvaient déjà ; enfin, tous les chevaux pouvaient être considérés comme perdus, sous peu de jours, vu l'impossibilité de les nourrir. Le maréchal donna ensuite lecture des opinions motivées des commandants de corps d'armée et de leurs divisionnaires, puis il résuma la question dans les quatre points suivants :

1° L'armée doit-elle tenir sous les murs de Metz jusqu'à complet épuisement de ses ressources alimentaires ?

2° Doit-on continuer à faire des opérations autour de la place pour essayer de se procurer des vivres et des fourrages ?

3° Peut-on entrer en pourparlers avec l'ennemi pour traiter d'une convention militaire ?

4° Doit-on tenter le sort des armes et chercher à percer les lignes ennemies ?

A la première question la réponse fut *oui* à l'unanimité, par la raison qu'il était utile d'immobiliser le plus longtemps possible 200.000 hommes autour de la place, afin de faciliter au pays l'organisation de la résistance à l'intérieur.

A la deuxième question, *non* à l'unanimité.

L'insuccès du fourrage du 7 octobre était une preuve de l'inutilité des efforts partiels et, pour de grandes opérations, les pertes qu'elles causeraient et leur insuccès pourraient avoir un effet dissolvant sur le moral des troupes.

A la troisième question, *oui* à l'unanimité, avec cette réserve bien illusoire d'entamer les pourparlers avant quarante-huit heures, *afin de ne pas permettre* à l'ennemi de retarder la conclusion d'un convention *jusqu'au jour et peut-être au delà du jour* de l'épuisement de nos ressources.

Du moment que l'on s'en rapportait à sa bonne foi, qui eût empêché l'ennemi — et de fait rien ne l'a empêché — de retarder la conclusion de la convention jusqu'au jour de l'épuisement des ressources de l'assiégé ? Il était évident que les Allemands avaient tout intérêt à agir de la sorte. Mais *jusqu'au jour* leur suffisait ; quant à prévoir qu'ils pourraient retarder la conclusion d'une convention *au delà du jour...*, l'expression de cette crainte paraît puérile et dénote une certaine inexpérience chez le rédacteur du procès-verbal officiel.

La quatrième question donna lieu à une motion fort judicieuse du général Coffinières demandant « s'il ne serait pas préférable de tenter le sort des armes avant d'entamer les négociations, le succès de cette tentative pouvant rendre les pourparlers inutiles, ou le résultat de nos efforts pouvant peser dans la balance par les pertes que nous aurions fait subir à l'ennemi ».

Cette proposition fut écartée à l'unanimité et il fut décidé également à l'unanimité que « si les conditions de l'ennemi *portent atteinte à l'honneur militaire*, on essayera de se frayer un chemin par la force, avant d'être épuisé par la famine et tandis qu'il reste la possibilité d'atteler encore quelques batteries ».

Le conseil a négligé de dire ce qu'il entend ici par honneur militaire. Cet honneur réside dans le strict accomplissement du devoir fixé par la loi et par les règlements militaires. Les conditions imposées ensuite par un ennemi victorieux ne sauraient, quelles qu'elles soient, porter atteinte à l'honneur militaire de braves gens qui capitulent, comme autrefois Kléber à Mayence, après avoir accompli tout leur devoir.

Après ce vote, le général Boyer, aide de camp de Bazaine, fut accepté par le conseil comme négociateur et un laissez-passer jusqu'à Versailles fut demandé pour lui au prince Frédéric-Charles.

Peu s'en fallut, à ce moment, que les chefs de l'armée de Metz ne fussent contraints par l'ennemi à chercher le salut dans des résolutions viriles. Le prince Frédéric-Charles répondit, le 11, par un refus formel à l'autorisation demandée la veille pour le général Boyer. Et déjà, le 12, le conseil de guerre était convoqué pour délibérer sur la situation nouvelle, lorsque le prince, qui avait eu le temps de prendre les instructions du quartier royal, fit savoir au maréchal qu'un train spécial attendrait dans la journée le général Boyer à Ars-sur-Moselle pour le mener directement à Versailles. Boyer partit aussitôt, emportant les instructions suivantes qui furent livrées à la publicité par le maréchal lui-même dans son livre « *L'Armée du Rhin* » paru chez Plon en 1872 :

Au moment où la société est menacée par l'attitude qu'a prise un parti violent et dont les tendances ne sauraient aboutir à une solution que cherchent les bons esprits, le maréchal commandant l'armée du Rhin, s'inspirant du désir qu'il a de sauver son pays et de le sauver de ses propres excès, interroge sa conscience et se demande si l'armée placée sous ses ordres n'est pas destinée à devenir le palladium de la société.

La question militaire est jugée ; les armées allemandes sont victorieuses, et S. M. le roi de Prusse ne saurait attacher un grand prix au stérile triomphe qu'il obtiendrait en dissolvant la seule force qui puisse aujourd'hui maîtriser l'anarchie dans notre malheureux pays, et assurer à la France et à l'Europe un calme devenu si nécessaire après les violentes commotions qui viennent de les agiter.

L'intervention d'une armée étrangère, même victorieuse, dans un pays aussi impressionnable que la France, dans une capitale aussi nerveuse que Paris, pourrait manquer le but, surexciter les esprits et amener des malheurs incalculables.

L'action d'une armée française encore toute constituée ayant son moral, et qui, après avoir loyalement combattu l'armée allemande, a la conscience d'avoir su conquérir l'estime de ses adversaires, pèserait d'un poids immense dans les circonstances actuelles. Elle rétablirait l'ordre et protégerait la société, dont les intérêts sont communs avec ceux de l'Europe. Elle donnerait à la Prusse, par l'effet de cette même action, une garantie des gages qu'elle pourrait avoir à réclamer dans le présent et enfin elle contribuerait à l'avènement d'un pouvoir régulier et légal, avec lequel les relations de toute nature pourraient être reprises sans secousse et naturellement.

Ban-Saint-Martin, 10 octobre 1870.

Cette note étrange a évidemment été écrite par le maréchal Bazaine lui-même, car, par la forme et par le fond, elle est d'accord avec les déclarations et les pensées que l'on trouve dans le triste livre publié par Bazaine à Madrid en 1883. Quand, en 1872, l'éditeur, M. Plon, me remit les bonnes feuilles de *l'Armée du Rhin*, j'allai presque immédiatement chez mon très ancien ami le général Boyer pour lui signaler l'imprudence d'une pareille publication. Les mots « *La question militaire est jugée* » lui parurent comme à moi de nature à compromettre la situation du maréchal décidé à affronter le conseil de guerre et inconscient au plus haut degré de la gravité des accusations auxquelles il était en butte. Un pareil aveu de découragement est sévèrement interdit par les règlements sur le service des places et sur le service en campagne ; il peut entraîner une condamnation à mort.

Les commentaires de certains écrivains qui reprochent à Bazaine d'avoir poussé à la guerre civile en offrant son armée pour « sauver la France de ses propres excès » ne sauraient être admis. L'attitude des révolutionnaires au lendemain du 4 septembre à Paris, à Lyon, à Marseille, à Toulouse et dans la plupart des grandes villes ne laissait aucun doute sur les dangers de ces excès et M. Thiers a été fort avisé en réunissant le plus vite possible les débris des armées impériales pour comprimer l'insurrection communaliste qui menaçait de désagréger le pays. N'en déplaise à ces commentateurs, la déclaration de guerre civile était le fait des révolutionnaires et non celui de l'armée.

Deux officiers de l'état-major du prince Frédéric-Charles accompagnèrent le général Boyer qui arriva le 14 octobre à Versailles, où on ne le laissa communiquer avec personne,

Il fut reçu par M. de Bismarck à une heure de l'après-midi. Le chancelier lui fit naturellement une description aussi inexacte qu'exagérée de l'état de la France : le midi tout entier refusait d'obéir à Paris ; les bandes recrutées à la hâte fuyaient à la vue des troupes allemandes ; l'Hôtel de Ville, siège du gouvernement, était, au dire de MM. Burnside et Forbes, deux Américains dont il sera question plus loin, « une maison de fous habitée par des singes ». M. J. Favre et M. Thiers furent traités avec le même sans-façon.

La conversation fut reprise le lendemain, après que le chancelier eut pris les instructions du roi qui exigeait que l'impératrice signât un traité et que l'armée de Metz s'engageât à le faire exécuter. Le silence gardé à dessein sur les cessions territoriales transformait ces engagements en un véritable blanc-seing. Un officier général français devait se rendre auprès de l'impératrice ou de Napoléon III pour entamer les négociations. Ces négociations ne pouvaient aboutir, le comte de Bismarck ne se faisait aucune illusion à cet égard, mais c'était du temps gagné pour l'armée du prince Frédéric-Charles qui n'avait plus qu'à attendre l'épuisement des dernières provisions de la place, sans avoir à redouter les attaques désespérées qu'une brusque rupture des négociations à ce moment eût certainement produites.

Le général Boyer revint à Metz le 17. Le conseil de guerre eut le 18 une nouvelle séance, à laquelle fut invité le général Changarnier, pour entendre le récit de la mission dont Boyer avait été chargé. Le général fit un tableau lamentable de l'état de la France, un vrai rapport prussien et qui ne pouvait être autre chose, Boyer n'ayant pu communiquer avec aucun Français. Le serment d'honneur demandé par Changarnier au général Boyer pouvait être utile pour garantir la bonne foi du négociateur ; en tout cas il ne changeait rien à la provenance des renseignements donnés au conseil. Par 6 voix contre 2, les généraux assemblés, MM. Canrobert, Le Bœuf, de Ladmirault, Frossard, Desvaux, Coffinières, Soleille,

Changarnier, se prononcèrent pour l'acceptation des offres du chancelier et l'envoi du général Boyer auprès de l'impératrice. Il partit le 20 et se présenta le 22 à Chislehurst où il pressa l'impératrice d'agir rapidement pour sauver l'armée. Effrayée des propositions de M. de Bismarck, elle se borna à lui demander par télégramme pour l'armée de Metz un armistice de 15 jours avec ravitaillement.

Le lendemain 23, le chancelier déclarait impossible l'armistice avec ravitaillement et jugeait nécessaire de prendre les ordres du roi pour les autres questions en litige.

Le 24 au matin, le maréchal Bazaine recevait communication d'une dépêche télégraphique de M. de Bismarck au prince Frédéric-Charles. Cette dépêche annonçait le refus de l'impératrice de transiger sur la base d'une cession de territoire. M. de Bismarck déclarait en outre s'être convaincu que l'empire ne trouverait aucun appui dans le pays. « Les propositions qui nous arrivent de Londres, ajoutait-il, sont, dans la situation actuelle, absolument inacceptables, et je constate, à mon grand regret, que je n'entrevois plus aucune chance d'arriver à un résultat par des négociations politiques. »

Le 25, M. de Bismarck écrivait dans le même sens à l'impératrice et le roi Guillaume lui exprimait par une lettre autographe son regret que l'attitude de l'armée et de la nation française ne lui permît « pas de donner suite aux négociations proposées par Votre Majesté ». C'était clair et bref ; l'armée de Metz étant à bout de ressources, la prolongation des pourparlers devenait inutile.

Au reçu de la dépêche de M. de Bismarck que le prince Frédéric-Charles lui avait transmise le 24 octobre, le maréchal Bazaine convoqua le conseil de guerre pour lui communiquer le télégramme de M. de Bismarck. Le conseil, désirant être définitivement édifié sur les intentions du quartier général prussien, pria le général Changarnier de se rendre auprès du prince Frédéric-Charles pour :

Demander la neutralisation de l'armée et du territoire qu'elle occupe, avec un armistice local permettant le ravitaillement nécessaire et offrant de faire appel aux députés et aux pouvoirs constitués en vertu de la constitution de mai 1870, pour traiter de la paix entre les deux puissances.

Dans le cas où ce premier article ne serait pas accepté, demander à être interné sur un point du territoire français pour y remplir la même mission d'ordre.

Enfin, si l'on ne peut rien obtenir, demander, dans les conditions d'une capitulation qui nous serait imposée par le manque de vivres, que l'armée puisse être envoyée en Algérie. (Note remise par le maréchal Bazaine au général Changarnier.)

C'était peu connaître le vainqueur que de solliciter sa générosité pour un adversaire qu'il savait terrassé par la faim. D'ailleurs Bazaine n'avait rien fait pour apparaître comme une de ces figures héroïques qui commandent, malgré tout, les égards et le respect. Le prince accueillit le général Changarnier avec la courtoisie due à sa haute renommée et à son grand âge, mais ne lui accorda rien. Le soir, le général de Cissey tenta une nouvelle démarche auprès du général de Sthiele, chef d'état-major du prince, afin d'obtenir que la place de Metz, demeurant indépendante de l'armée, ne fût pas comprise dans la capitulation. Un refus catégorique fut la seule réponse du général de Sthiele qui invita le maréchal à envoyer son chef d'état-major, le général Jarras, pour rédiger de concert avec lui le protocole de la capitulation.

Dans la matinée du 26 octobre, le conseil de guerre se réunit chez le maréchal Bazaine pour recevoir connaissance de la double démarche confiée aux généraux Changarnier et de Cissey. Il fut décidé que « le général Jarras se rendrait auprès du général de Sthiele pour régler avec lui les conditions définitives qui devront être acceptées par tous les membres présents ».

Dans la soirée, le général Jarras partit pour le château de Frescaty accompagné de deux officiers de l'état-major général, le lieutenant-colonel Fay et le commandant Samuel. La conférence se prolongea jusqu'à 3 heures du matin ; des relations allemandes en ont fait un récit intéressant mais n'ayant rien de flatteur pour le général Jarras. Le lendemain 27, à 6 heures du soir, toujours accompagné des mêmes officiers, celui-ci retourna chez le général de Sthiele qui, dans la journée, avait reçu du roi de Prusse une dépêche autorisant les officiers prisonniers à conserver leur épée. Il fut stipulé que l'armée et la garnison de Metz seraient prisonnières de guerre, que la place avec tous les forts, le matériel de guerre, les approvisionnements, etc., « seraient rendus dans l'état où tout cela se trouvait au moment de la signature de la convention ». Dans l'article 3, accepté la veille par les Prussiens, il était dit que l'armée française recevrait les honneurs de la guerre à sa sortie de la place. Pour éviter tout contact avec ses troupes qui avaient fini par témoigner une profonde aversion à leur commandant en chef, Bazaine fit biffer cette clause honorable. Le 28 octobre, à 8 heures et demie du matin, le conseil de guerre se réunit une dernière fois pour ratifier le protocole de la capitulation. L'armement et le matériel furent déposés dans les forts et dans les arsenaux ; le 29, Bazaine sortit le premier de la place pour se constituer prisonnier au château de Corny.

La vaillante armée qui, dans les batailles gigantesques livrées autour de Metz, avait eu 42.462 tués ou blessés, dont 26 généraux et 2.097 officiers, fut acheminée vers les forteresses allemandes et, chose triste à rappeler, la France ne rendit pas justice à ces intrépides soldats, dont la conduite sera cependant citée dans l'histoire comme un exemple de bravoure, de discipline et de fermeté dans le malheur. La plume se refuse à faire le récit de cette immense infortune, rendue plus grande encore, si c'est possible, par l'attitude et les actes étranges de son chef qui ne craignait pas d'écrire les deux lettres suivantes, se terminant par un appel au respect de la parole donnée !

Au grand quartier général,
Ban-Saint-Martin, 27 octobre 1870.

Monsieur le Maréchal,

Veuillez donner des ordres pour que les aigles des régiments d'infanterie de votre corps d'armée soient recueillies demain matin de bonne heure, par les soins de votre commandant d'artillerie, et transportées à l'arsenal de Metz, où la cavalerie a déjà déposé les siennes; vous préviendrez les chefs de corps qu'*elles y seront brûlées.*

Ces aigles enveloppées de leurs étuis seront emportées dans un fourgon fermé, le directeur de l'arsenal les recevra, et en délivrera des récépissés aux corps.

Le Maréchal commandant en chef,
Signé : BAZAINE.

A S. E. le Maréchal commandant le... corps d'armée.

Cabinet du Maréchal commandant en chef.
Ban-Saint-Martin, 28 octobre.

Ordre.

D'après la convention militaire signée hier soir 27 octobre, tout le matériel de guerre, étendards, etc., etc., doit être déposé, inventorié et conservé intact jusqu'à la paix, les conditions définitives de la paix doivent seules en décider.

En conséquence, le Maréchal commandant en chef prescrit de la manière la plus formelle au colonel de Girels, directeur d'artillerie à Metz, de recevoir et de garder en lieu fermé tous les drapeaux qui ont été ou qui seront versés par les corps : il ne devra sous aucun prétexte rendre les drapeaux déjà déposés, de quelque part que la demande en soit faite, commandants de corps d'armée, généraux, chefs de corps ; le Maréchal commandant en chef rend le colonel de Girels personnellement responsable de l'exécution de cette disposition, qui intéresse au plus haut degré le maintien des clauses de la convention honorable qui a été signée et l'honneur de la parole donnée.

Le Maréchal commandant en chef,
Signé : BAZAINE.

A M. le colonel de Girels, directeur de l'arsenal de Metz.

Cette dernière lettre est attristante pour l'honneur du maréchalat et dénote de la part de son auteur ce manque absolu de dignité, de loyauté et de sens moral que le public a pu constater pendant les longues séances du procès de Trianon.

La capitulation eut pour effet de livrer à l'armée allemande 173.000 prisonniers, dont 15.000 malades ou blessés, 3 maréchaux, 50 généraux, 6.000 officiers ; plus 53 drapeaux, 66 mitrailleuses, 541 pièces de campagne, 800 pièces de place, 200.000 fusils et un immense matériel de guerre.

A la nouvelle de la capitulation, il y eut un moment d'effervescence dans un certain nombre de corps d'officiers, effervescence à laquelle des écrivains étrangers au métier des armes ont donné une importance exagérée. Le découragement était trop profond pour permettre un effort suprême ; aussi, après avoir vivement exprimé leur indignation contre leur commandant en chef, les officiers se soumirent-ils à leur triste sort.

CHAPITRE XXXII

La guerre sous Paris et en province. — Délégation de Tours. — Formation du 15e corps d'armée. — Combats livrés sous Paris du 29 septembre au 21 octobre. — 1er octobre, le *Journal officiel* donne une situation de l'armement. — Le major de rempart Flourens réclame, le 5, des chassepots pour *ses* tirailleurs. — Le 8, combat de la Malmaison ; le même jour, les partisans de la Commune menacent l'Hôtel de Ville. — Le 13, combat de Bagneux et le 21, combat de Buzenval. — Bonne attitude des 13e et 14e corps. — Mouvements des Allemands ; réquisitions opérées par leur cavalerie. — Rencontre de Toury, le 5 octobre, entre la cavalerie allemande et la cavalerie française de l'armée de la Loire. — Combat d'Artenay, le 10 octobre, et le 11, prise d'Orléans par le général von der Tann. — Le même jour, le général de Lamotterouge est relevé de son commandement et remplacé, le 13, par le général d'Aurelle de Paladines.

Pendant la longue et douloureuse agonie de l'armée de Metz, des événements de la plus extrême gravité se passaient à Paris et dans ses environs. Le 19 septembre, après la déroute de Châtillon, les troupes de la capitale avaient, on le sait, été rejetées sur la ligne des forts et obligées d'évacuer précipitamment les postes avancés encore imparfaitement fortifiés. De quelque temps, le gouvernement de la défense nationale ne pouvait donc songer à tenter une entreprise sérieuse avec les forces qu'il avait sous la main ; il put alors se rendre compte de la faute immense qu'il avait commise en s'enfermant dans une place forte. Les avocats de la défense, sottement imbus de la tradition révolutionnaire et incapables, à cause de leur ignorance désolante des choses de la guerre, de comprendre dans quelle impasse ils avaient engagé le pays par leur usurpation, se figuraient d'abord que l'impulsion devait venir de Paris. Dès le 6 septembre, ils firent une déclaration dans ce sens, déclaration dont le style pompeux et les phrases creuses ne font honneur ni à ses auteurs ni à la population assez naïve pour les prendre au sérieux :

> Tout le monde, disaient les oligarques, a compris que, dans la crise que nous traversons, là où est le combat, là doit être le pouvoir. C'est sur Paris que marche en ce moment l'armée envahissante. C'est dans Paris que se concentrent les espérances de la patrie. Pour affronter cette lutte suprême, *dans laquelle il suffit de persévérer pour vaincre*, la population parisienne a choisi pour chefs les mandataires qu'elle avait déjà investis de sa confiance, et le général dévoué sur lequel repose spécialement l'organisation de la défense. *Rien de plus logique et de plus simple...*

Il était impossible de commettre une lourde faute avec plus d'ingénuité ; l'incapacité et l'ignorance des gouvernants étaient, il est vrai, si complètes, qu'une série de fautes pouvait seule entrer dans la logique des événements. Cependant, plus d'un esprit clairvoyant fit observer à ces aveugles que la place du gouvernement était par delà la Loire, et que Paris et son armée devaient être placés sous une dictature militaire appuyée sur des lois draconiennes susceptibles d'en imposer aux bandes avinées et indisciplinées des faubourgs. Pour ne pas priver entièrement la province de cette administration centralisée si chère aux Français, les mandataires de cette multitude envoyèrent à Tours une délégation formée de deux vieillards, MM. Crémieux et Glais-Bizoin, et du vice-amiral Fourichon, rappelé de la Baltique.

M. Crémieux avait été ministre de la Justice du 24 février à l'insurrection de juin 1848 ; israélite fanatique, il était convaincu de l'immense supériorité de la doctrine juive sur toutes les autres religions, et son principal souci fut-il d'émanciper les juifs d'Algérie en les assimilant aux citoyens français. Cet avocat bavard s'inquiétait peu d'exposer notre belle colonie africaine à une formidable insurrection des Arabes mécontents, à juste titre, de voir concéder les droits de citoyen à une collection d'usuriers, quand on les refusait aux tirailleurs et aux spahis qui concouraient héroïquement à la défense de la France envahie. Avec son collègue Glais-Bizoin, il formait une paire de ces figurines grotesques dont on orne les étagères, car, par un singulier hasard, l'incapacité gouvernementale de ces deux fantoches n'avait d'égale que leur extraordinaire laideur physique.

L'amiral Fourichon était surtout connu avant la guerre pour ses opinions orléanistes qui ne l'avaient pas empêché d'arriver rapidement au grade le plus élevé de la hiérarchie ; ses anciennes allures de frondeur l'avaient sans doute désigné au choix des collègues du général Trochu. On lui adjoignit, à titre de secrétaire général pour le ministère de la guerre, le général de cavalerie Lefort, qui sut remplir dignement ses fonctions, sans s'être jamais fait illusion sur les résultats à obtenir avec des rassemblements de recrues mal ou insuffisamment encadrées. Grâce à un travail obstiné, l'amiral, ministre de la marine et de la guerre, parvint, avec le concours du général Lefort et du personnel administratif détaché de l'administration centrale, à réunir rapidement une trentaine de mille hommes destinés à constituer le noyau d'un 15e corps d'armée. Le commandement en fut confié le 13 septembre au brave et respectable général de Lamotterouge, un vétéran de Crimée et d'Italie, qui s'était empressé de mettre son expérience au service de la patrie en danger, quoique les nouveaux gouvernants lui fussent antipathiques.

L'étendue de l'échiquier sur lequel ont opéré pendant les mois de septembre et d'octobre l'armée du général Trochu, les rassemblements de troupes françaises destinés provisoirement à remplir le rôle d'armées de secours, ainsi que les armées allemandes des princes royaux de Prusse et de Saxe, oblige de donner des points de repère pour faciliter l'étude de cette série d'opérations complexes. Ces points de repère, constitués par les combats, sont au nombre de quinze, savoir :

Sous Paris, le	19	septembre,	combat de	Châtillon.
—	23	—	—	Villejuif.
—	30	—	—	Chevilly.
—	8	octobre,	—	la Malmaison.
—	13	—	—	Bagneux.
—	21	—	—	Buzenval.
—	28	—	1er combat du	Bourget.
—	30	—	2e —	Bourget.
Au sud, le	5	octobre,	combat de	Toury.
—	10	—	—	d'Artenay.
—	11	—	1re bataille	d'Orléans.
—	18 et 19	octobre,	combat de	Châteaudun.
Au nord,	15	octobre,	—	Breteuil.
—	17	—	—	Montdidier.
Au sud-est,	25	—	—	Nogent-sur-Seine.

Pendant les journées qui suivirent la déroute de Châtillon, le gouverneur de Paris s'occupa de remettre un peu d'ordre dans ses troupes désagrégées. Sa mission n'était pas facile, car les faubourgs, en apprenant que J. Favre venait d'entrer en négociation avec le comte de Bismarck, s'empressèrent d'envoyer à l'Hôtel de Ville de nombreuses délégations pour protester contre toute idée d'arrangement. Suivant leur habitude, les mandataires de Belleville, de la Villette et de Montmartre demandaient à mourir tous jusqu'au dernier plutôt que de faire la moindre concession ; le seul résultat de leur manifestation héroïque fut de faire perdre quelques heures aux membres du gouvernement. Le 22 septembre, anniversaire de la proclamation de la première république, Gambetta se crut obligé d'adresser au peuple français une proclamation dans laquelle il n'était question que de victoire et de la république dont la résurrection devait, d'après sa conviction, avoir terrifié les potentats allemands.

Le lendemain, 23, la troupe de ligne du corps Vinoy et les marins réparaient dans une certaine limite l'échec subi le 19 par le corps Ducrot. Le général Trochu prescrivit de réoccuper les redoutes des Hautes-Bruyères et du Moulin-Saquet, évacuées dans la nuit du 19 au 20 septembre, mais dans lesquelles l'ennemi n'avait pas osé s'établir par crainte des canons de gros calibre des forts de Bicêtre et d'Ivry. La veille, à 9 heures du soir, la division Maudhuy du 13e corps s'établissait sur le plateau de Villejuif, vigoureusement canonné par les forts de Bicêtre et de Montrouge, tandis que la brigade Blaise réoccupait dans la nuit la redoute du Moulin-Saquet. A 4 heures du matin, la division Maudhuy reprenait possession du village de Villejuif, de la redoute des Hautes-Bruyères et rejetait les avant-postes prussiens sur les villages de l'Hay, de Chevilly, de Thiais et de Choisy-le-Roi, mis en état de défense par l'ennemi.

Le même jour, l'amiral Saisset, à la tête de 1.200 fusiliers marins, fantassins de marine et volontaires Lafon, chassa l'ennemi de Drancy ; le général de Bellemare, avec le 28e régiment de marche, attaqua les Prussiens à Pierrefitte.

Jusqu'au 29 septembre, l'armée de Paris ne discontinua pas de harceler l'ennemi ; celui-ci, pour se garantir de ces attaques incessantes, crénelait les villages et les reliait par des travaux de terrassement. Dans le but de se renseigner sur l'importance de ces ouvrages au sud, le général Trochu décida qu'il serait tenté, sur les deux rives de la Seine, à l'amont de Paris, une grande reconnaissance offensive. L'opération était confiée au 13e corps dont les deux divisions Maudhuy et Blanchard devaient s'avancer sur la rive gauche et la 3e division d'Exéa sur la rive droite, entre la Seine et la Marne, vers Créteil.

Dans la nuit du 29 au 30, les brigades Blaise et Dumoulin de la division Maudhuy, ainsi que la brigade Guilhem de la division Blanchard, sous la direction immédiate du général Vinoy, vinrent se masser sous le canon des forts de Montrouge, de Bicêtre et d'Ivry. Au jour, elles se portèrent sur les positions du VIe corps que les forts canonnaient à outrance. Au centre, la brigade Guilhem, composée des deux célèbres régiments, les 35e et 42e de ligne, enleva brillamment Chevilly ; à droite la brigade Dumoulin attaquait l'Hay ; à gauche la brigade Blaise devait reconnaître Thiais. Après un violent combat de trois heures, les Prussiens ayant réuni une vingtaine de mille hommes, le général Vinoy ordonna la retraite qui, d'après les termes du rapport officiel, « s'est effectuée avec un calme qui a été fort remarqué et qui fait le plus grand honneur aux troupes ».

Le chiffre exact de nos pertes en tués, blessés ou disparus a été de 1.988 hommes. Le VIe corps prussien, qui subit tout le choc de notre attaque, perdit 28 officiers et 413 soldats auxquels il faut ajouter une vingtaine d'hommes des corps voisins ; les Allemands firent 500 prisonniers dont 200 blessés. Dans la même journée des reconnaissances furent exécutées contre le front du 2e corps bavarois et de la 21e division du XIe corps qui venait de remplacer, sur la ligne de Meudon à Sèvres, le Ve corps, dont l'effectif avait été reconnu insuffisant pour garder les 12 kilomètres qui séparent Meudon de Croissy.

Le lendemain, 1er octobre, le *Journal Officiel* publiait un rapport disant que l'on avait distribué dans Paris 390.000 fusils de différents modèles, dont : 95.000 fusils à tabatière, 175.000 fusils à percussion rayés ou lisses et 10.000 carabines étaient entre les mains de la garde nationale sédentaire ; les corps francs avaient reçu 20.000 armes et les gardes mobiles 90.000 chassepots. D'après ce rapport, il ne restait plus en magasin que 10.000 de ces dernières armes réservées pour les volontaires et les conscrits de l'armée de ligne. Cette déclaration était imprudente, car elle fut sur-le-champ relevée par les chefs des faubourgs. Quatre jours après, le 15 octobre, Flourens, Millière et leurs dignes acolytes descendaient en armes sur la place de l'Hôtel de Ville et sommaient le gouvernement de leur donner des chassepots dont, ainsi qu'on l'a su depuis, ils comptaient faire usage contre leurs compatriotes. Le général Trochu ayant refusé de faire droit à cette injonction séditieuse, Flourens donna sa démission de *major de rempart de Belleville*, titre ridicule dont ce vaniteux et encombrant personnage s'était affublé de sa propre autorité, en même temps qu'il garnissait son képi et ses parements d'une prodigieuse quantité de galons. Le lendemain, le gouvernement faisait insérer au *Journal officiel* une note très peu énergique par laquelle on priait les officiers de la garde nationale « qui auraient des communications à faire aux autorités, d'user de la voie orale ou de la voie écrite ». Voilà où l'on en était avec ces gardes nationaux qui s'imaginent avoir contribué sérieusement à la défense de Paris ; quelques rares bataillons bien composés, une centaine d'individualités brillantes ont su faire leur devoir, mais on chercherait en vain le rôle joué dans la défense par la plupart des 300.000 hommes de la milice citoyenne qui avaient reçu des fusils.

Pendant que les gardes nationaux manifestaient, protestaient, buvaient, chantaient la Marseillaise, faisaient des promenades à la statue de Strasbourg et répétaient à tout propos que le soldat était enfin régénéré par le citoyen, les corps francs, les gardes mobiles et les soldats de la ligne faisaient modestement leur devoir en gardant les tranchées par les nuits qui commençaient à devenir froides et en s'habituant peu à peu au sifflement des balles et à l'éclatement des obus, projectiles qui impressionnent étrangement les jeunes troupes.

Le 7 octobre, le général Vinoy occupait le village de Cachan en avant du fort de Montrouge ; le 8, le général Martenot, avec une colonne de trois mille francs-tireurs de Paris, gardes mobiles de la Seine, de l'Aisne et d'Ille-et-Vilaine, poussait une vigoureuse reconnaissance jusqu'à la Malmaison, en passant par Nanterre et Rueil, et faisait sauter un mur du parc qui gênait les vues du Mont-Valérien. Sur d'autres points encore, à Bondy, à Drancy, la brave jeunesse accourue à la défense de Paris fit son devoir. Pour faire ombre au tableau, quelques milliers de scélérats, d'énergumènes et d'égarés de la garde nationale se rendirent au palais municipal pour demander la proclamation de la Commune. Quelques autres milliers de gardes nationaux attachés à la cause de l'ordre se rendirent place de Grève pour comprimer cette tentative d'insurrection. Après une nuit ou deux passées sous les armes, ces bons citoyens rentrèrent chez eux convaincus qu'ils venaient de rendre un grand service à la France ; en résumé, ils s'étaient imposé une fatigue et avaient couru un danger dans le seul but d'empêcher une fraction de leurs soi-disant compagnons d'armes de jeter le désordre dans Paris. Effort stérile et dont les Prussiens n'ont en rien souffert ! Jusqu'à la chute de la Commune en 1871, les soldats-citoyens auront suivi le triste exemple des Juifs de Jérusalem s'entretuant sous les yeux des légions de Vespasien et de Titus.

Le gouverneur, sur l'avis du conseil de défense, ordonna de renforcer les positions au sud de Paris et d'établir une ligne de retranchements continus à cinq cents mètres en avant des forts et des redoutes des Hautes-Bruyères et du Moulin-Saquet, afin de relier solidement le village de Cachan à celui de Vitry et de se tenir prêt à donner au besoin la main à l'armée de la Loire que l'on supposait en voie de formation. Le 13e corps fut renforcé de la division Caussade du corps Ducrot et le général Vinoy fut chargé de s'assurer si l'ennemi restait en force devant Paris ou s'il avait dégarni les lignes d'investissement pour dissiper les rassemblements de troupes de la délégation de Tours. Le 13 de grand matin, Vinoy donna des ordres aux termes desquels les brigades Dumoulin et Blaise prirent position sur la route d'Orléans en avant du fort de Montrouge, pour appuyer la gauche des attaques. Celles-ci, au nombre de trois, composées de troupes de ligne, de mobiles et de gardes forestiers, devaient enlever simultanément les villages de Clamart, de Châtillon et de Bagneux. A 9 heures précises, deux coups de canon du fort de Montrouge donnent le signal de l'attaque; nos troupes abordent les positions ennemies avec un aplomb qui faisait un heureux contraste avec les défaillances des premiers jours du siège ; mais partout les Allemands opposent la plus vive résistance. Pendant trois heures la lutte se poursuit avec acharnement ; vers deux heures, le général Hartmann qui commande le 2e corps bavarois chargé de la garde des positions attaquées, fait avancer de nombreuses réserves devant lesquelles nos soldats sont obligés de se retirer, après avoir toutefois atteint le but de leur reconnaissance. Les Allemands étaient toujours en force sous Paris et l'on put constater que nos jeunes troupes commençaient à acquérir une vigueur, des habitudes d'ordre et de discipline dont on aurait pu tirer un meilleur parti, si les efforts de ces hommes dociles, de ces vrais patriotes, n'avaient été annulés par cette fraction de la garde nationale dont l'indiscipline et les instincts révolutionnaires augmentaient de jour en jour. Les pertes des Français s'élevaient à 200 tués ou blessés et à 7 disparus ; celles des Bavarois à 10 officiers et 356 hommes dont beaucoup avaient été atteints par les gros projectiles de l'artillerie des forts.

Le lendemain de cette journée honorable, l'ennemi demanda un armistice de six heures pour enterrer les morts. La journée fut tristement marquée par l'incendie du château de Saint-Cloud dont la cause n'a été et ne sera jamais connue ; il est fort probable qu'il a été allumé par les Prussiens, car, plus tard, ils ont systématiquement brûlé toutes les maisons de la malheureuse ville.

A la même date du 14, le général Trochu adressa au maire de Paris une longue lettre concernant la formation de compagnies de marche dans la garde nationale. Cette épître est devenue fameuse ; le gouverneur de Paris y annonçait : le dépôt de son testament chez maître Ducloux, notaire ; et la certitude du succès si l'on voulait suivre sans impatience et sans murmure le plan qu'il s'était tracé et qu'il se refusait à révéler. Le style emphatique, le ton sibyllin et les promesses contradictoires de l'honorable général causèrent une profonde impression de tristesse à ce qui restait de gens sensés dans Paris ; on peut affirmer que la publication de cet étrange document mit fin à l'engouement de la population pour le président du gouvernement et que sa popularité alla en déclinant du 14 octobre à la fin du siège. Le surlendemain 16, paraissait le premier décret relatif aux bataillons de marche ; il était des plus laconiques et ne pouvait donner de résultats sérieux, les engagements restant volontaires et limités à 150 par bataillon sédentaire, sans qu'il fût tenu compte des effectifs très variables de ces bataillons.

Le 21 octobre, nouvelle grande sortie exécutée par le général Ducrot dans la direction de Buzenval et de la Malmaison. L'ouvrage du grand état-major prussien fait précéder le récit de ce combat de réflexions très judicieuses et de l'exposé sommaire du plan déposé par Trochu chez le notaire Ducloux. Nous les traduisons d'après le texte allemand :

Les combats livrés en avant des lignes d'investissement ayant convaincu les généraux français que les Allemands avaient renoncé à toute attaque de vive force et pris pour objectif de réduire la capitale par la famine, ils projetèrent sérieusement une grande sortie. Le plateau de Villejuif, la position avancée de Joinville-le-Pont, la plaine au nord-ouest de Saint-Denis et la presqu'île de Gennevilliers étaient signalés par les reconnaissances comme les points les plus favorables pour une opération de ce genre, toutes les autres parties de la ligne d'investissement, les hauteurs soigneusement fortifiées présentant des obstacles presque insurmontables. En outre ils devaient tenir compte de l'impossibilité de faire suivre l'armée du moindre convoi, ce qui les obligeait à gagner le plus tôt possible une contrée dont les ressources fussent intactes grâce à la mer. Dans cet ordre d'idées, les généraux français donnèrent la préférence à la presqu'île de Gennevilliers ; l'armée devait franchir la Seine à Carrières et à Bezons, enlever la partie nord de la presqu'île d'Argenteuil avec le concours de troupes venant de Saint-Denis. En cas de succès, la marche devait continuer par Pontoise sur Rouen de manière à donner la main à l'armée de la Loire arrivée en Normandie en suivant le chemin de fer du Mans et à constituer une masse de 250.000 hommes près des rives de l'Océan.

C'est le plan Trochu dans toute sa simplicité; doit-on regretter que les stratèges de Tours, MM. Gambetta et Freycinet, n'en aient pas tenu compte? nous ne le pensons pas, puisque si Trochu et Gambetta avaient à leur disposition des troupes nombreuses, elles manquaient généralement des qualités indispensables pour tenir en rase campagne. C'était du reste l'opinion bien arrêtée du gouverneur, quoiqu'il ait affirmé le contraire au peuple de Paris; jamais, à aucun moment, il n'a espéré le déblocus ni cru à la solidité de l'armée de la Loire.

Les avant-postes prussiens commençant à envahir Rueil et Nanterre de façon à obstruer les abords des ponts de Carrières et de Bezons, le général Ducrot reçut l'ordre de faire une démonstration significative pour repousser l'ennemi. Il disposait pour cette opération de 11.000 fantassins, avec 800 cavaliers et 94 bouches à feu, commandés par les généraux Berthaut, Noël, Martenot, Paturel et par le colonel Cholleton. Les troupes d'attaque étaient formées en trois groupes : le 1er groupe, général Berthaut, avec 3.400 fantassins, 20 canons et 1 escadron, était destiné à opérer entre le chemin de fer de Saint-Germain et la partie nord de Rueil; le 2e, général Noël, 1.350 fantassins, 18 canons et 1 escadron, devait suivre le côté sud du parc de la Malmaison et gagner le ravin de Saint-Cucufa à Bougival; le 3e, colonel Cholleton, 1.600 fantassins, 18 canons et 1 escadron, devait prendre position en avant de l'ancien moulin au-dessus de Rueil. Les généraux Martenot et Paturel commandaient deux fortes réserves de 2.600 et 2.000 fantassins avec 4 escadrons et 46 bouches à feu. Les objectifs à atteindre étaient la Malmaison pour les colonnes Berthaut et Noël, Buzenval pour la colonne Cholleton. Après un combat de plusieurs heures pendant lequel, de même qu'à Bagneux, les troupes françaises firent preuve de solidité et d'aplomb, le général Ducrot ordonna la retraite qui s'effectua en assez bon ordre. Du côté des Prussiens, la lutte fut soutenue par la 10e division du Ve corps, appuyée par quelques compagnies du 1er régiment de landwehr de la garde et des batteries de campagne du IVe corps. Un mouvement trop audacieux de notre côté fit perdre 2 canons et 120 prisonniers; nous avions en outre environ 500 tués et blessés. Les pertes des Prussiens s'élevaient à 21 officiers et 390 hommes.

Pendant la semaine qui suivit la reconnaissance de la Malmaison, il ne se passa rien d'important à Paris; mais ce calme apparent devait être suivi d'un terrible orage qui faillit emporter à la fois le gouvernement et la France tout entière. Le 28 octobre, le général de Bellemare entamait la fatale affaire du Bourget et le même jour, *le Combat*, rédigé par Félix Pyat, annonçait la capitulation de Bazaine. Avant de retracer les scènes affligeantes causées par ces deux événements, il est nécessaire de donner un aperçu des opérations exécutées dans les départements voisins de Paris et dans l'Est par les armées françaises et allemandes.

Le ravitaillement de l'armée allemande chargée du blocus de Paris ne pouvant être assuré complètement par le chemin de fer de l'Est, la cavalerie fut chargée d'opérer des réquisitions ou plutôt des *razzias* sur une vaste échelle et, pour assurer leur succès, des détachements de un à deux bataillons furent attachés à chacune des divisions de cavalerie. La 5e division, Rheinbaben, forte de neuf régiments, reçut la mission d'exploiter la zone qui avoisine le chemin de fer du Havre jusqu'à une distance d'environ 12 milles allemands ou 23 lieues. Après avoir dispersé quelques bandes de francs-tireurs avec le concours de son infanterie et d'une batterie légère, la brigade Bredow occupait Mantes le 1er octobre et le 4 Bonnières, où les Prussiens furent informés que de nombreux francs-tireurs occupaient les bois en avant de Vernon et de Pacy-sur-Eure. Ces bandes se dispersèrent à l'approche de l'ennemi.

après avoir perdu quelques hommes; le village d'Aigleville fit seul quelque résistance et infligea des pertes à la cavalerie allemande dont les patrouilles s'avancèrent jusqu'à Evreux sans coup férir. Les relations des officiers allemands disent que les habitants de ces fertiles contrées leur firent un accueil des plus pacifiques et que leur expédition fut des plus fructueuses. Celles des officiers français constatent qu'un décousu voisin de l'anarchie régnait dans le commandement des rares troupes tirées des différentes subdivisions relevant de la division militaire de Rouen où venait d'être appelé le vieux général Gudin. Celui-ci ne tarda pas à être remplacé par M. Briand, colonel du 2e spahis, récemment promu général de brigade.

La 6e division de cavalerie, duc de Mecklembourg-Schwerin, composée de cinq régiments, alla explorer la ligne d'Angers. Le 2 octobre, à Epernon, au-delà de Rambouillet, elle dispersa un détachement de gardes mobiles; le lendemain un escadron du 16e hussards s'étant aventuré jusqu'à Ablis, fut surpris par des francs-tireurs de Paris du colonel Lipowski, qui lui enlevèrent 70 hommes, 100 chevaux et mirent 11 hussards hors de combat. Pour venger cet échec, les Prussiens mirent le feu à cette localité après l'avoir pillée de fond en comble et donné une demi-heure aux habitants pour chercher un gîte ailleurs. L'accueil peu encourageant fait dans cette zone aux pillards allemands les rendit circonspects et décida le duc de Mecklembourg à concentrer sa division à Rambouillet.

La 4e division, prince Albrecht père, envoyée sur la ligne d'Orléans, dévasta successivement Arpajon, Etampes, Angerville et arrivait le 1er octobre à Toury. Les avis inquiétants de ses pointes d'avant-garde ne permirent pas au prince de s'avancer plus loin. Le 5, il fut attaqué par le général Reyau, auquel le général de Lamotterouge avait prescrit de marcher à l'ennemi avec 3 bataillons, 5 escadrons et une section d'artillerie. A la vue de ces troupes qui s'avançaient avec une fermeté et un ordre auxquels l'ennemi n'était plus habitué de la part des Français, le prince Albrecht s'empressa de battre en retraite, d'abord sur Angerville, puis sur Etampes et aux alentours. Il plaça une brigade à Authon vers l'ouest et quelques avant-postes au sud.

Pendant que la 3e armée dégageait ainsi ses derrières au midi et à l'ouest de Paris, l'armée du prince de Saxe élargissait sa zone d'occupation au nord. La cavalerie du prince de Prusse remplissait les magasins de Corbeil, celle du prince de Saxe avait pour mission de garnir ceux de Chantilly. Dans ce but, la division de cavalerie saxonne avait reçu, dès le 26 septembre, l'ordre d'occuper Chantilly, Creil, Senlis et de battre l'estrade le long des voies ferrées de Creil à Beauvais, à Clermont et à Compiègne ; 3 bataillons et 18 canons appuyaient la cavalerie. Le 27, les Saxons occupaient Clermont, le 30 Beauvais et, au commencement d'octobre, la zone voisine de Compiègne.

La brigade des ulans de la garde, sous le commandement du général-lieutenant prince Albrecht fils, avec un bataillon et 2 canons, longea le chemin de fer de Pontoise. Le 9 octobre, ces troupes entraient dans Gisors et le 10 dans Gournay, après avoir dispersé et repoussé vers Rouen les bandes de francs-tireurs de ces contrées. Sur ces entrefaites, 3000 gardes nationaux s'étaient avancés d'Amiens sur Breteuil où ils rencontrèrent le 15 octobre une colonne mixte de Saxons et de Prussiens qui les mit en complète déroute. Le 17, un autre détachement de 400 gardes nationaux éprouvait le même sort à Montdidier, à l'est de Breteuil, et se laissait enlever 180 hommes ; le reste s'enfuyait à Amiens. Les Allemands ne furent plus inquiétés de ce côté jusqu'à la fin du mois d'octobre.

On a vu que, pour renforcer l'armée d'investissement, le roi Guillaume avait appelé à Paris le 1er corps bavarois et le XIe corps dont une division, la 21e, prit position entre

Sèvres et Meudon, après l'arrivée de la 17e division du XIIIe corps qui reçut l'ordre de se rendre de Reims au plateau de Montmesly. Le VIe corps, très menacé par les redoutes du Moulin-Saquet et des Hautes-Bruyères, put ainsi ramener sur la rive gauche de la Seine la brigade qu'il avait devant Charenton. Vers le milieu d'octobre, arriva également la division de landwehr de la garde devenue disponible après la prise de Strasbourg et qui fut cantonnée à Saint-Germain derrière le Ve corps. Le 21 octobre, les troupes disponibles pour assurer le blocus de Paris et le protéger vers l'extérieur comprenaient les IVe, Ve, VIe, XIe corps prussiens, la garde royale, le 12e corps saxon, les deux corps bavarois, la division wurtembergeoise, la division de landwehr de la garde, les 2e, 4e, 5e et 6e divisions de cavalerie, donnant ensemble : 202.000 fantassins, 34.000 cavaliers et 878 canons de campagne ; ce qui suppose un chiffre d'au moins 300.000 rationnaires.

Au nord et à l'ouest, la cavalerie allemande soutenue par quelques bataillons avait facilement dispersé des bandes de francs-tireurs et des rassemblements de gardes nationaux sans cohésion et mal armés ; il n'en fut pas de même au sud, vers la Loire et dans l'Est, où la délégation de Tours avait commencé l'organisation de forces régulières. Les principales autorités de ce gouvernement ont beaucoup écrit et parlé sur la guerre, sur les opérations stratégiques ordonnées ou dirigées par elles, sur leurs grands travaux d'organisation ; il est seulement regrettable que ces administrateurs, parmi lesquels il en était de distingués, comme M. de Freycinet, ne donnent aucun renseignement précis sur la formation des nombreux corps de troupes levés postérieurement au 4 septembre. On est donc à cet égard, et en l'absence de documents officiels, obligé de s'en rapporter aux relations particulières des officiers. C'est ainsi que M. Jules Richard est arrivé, en quelques années et grâce à un véritable travail de bénédictin, à reconstituer *l'ordre de bataille* des armées de province. La plus importante a été l'armée de la Loire, qui a commencé par la formation du 15e corps d'armée sous les ordres du général de Lamotterouge. L'ouvrage précité et une brochure de cet officier *Un mois de commandement au 15e corps de l'armée de la Loire*, nous permettent de donner sur cette première organisation des renseignements du plus haut intérêt que nous livrons à l'appréciation des hommes réfléchis et compétents. Ils se rendront compte de l'ignorance ou de la folie des gens qui osaient espérer le moindre succès avec de pareils éléments maniés par des chefs pour la plupart d'une insuffisance notoire.

Le général de Lamotterouge, nommé commandant du 15e corps le 13 septembre, reçut le lendemain 14 du ministre de la guerre ses instructions dont voici les plus importantes :

Le général Borel sera votre chef d'état-major général, vos forces d'infanterie comprendront :

1° Trois régiments de zouaves en formation à Antibes, Montpellier et Avignon.

2° Un régiment de marche de tirailleurs algériens, composé d'un bataillon pris dans chaque province.

3° Un régiment étranger de marche, constitué avec deux bataillons tirés d'Algérie et avec le 3e bataillon en formation à Tours.

4° Quatre régiments d'infanterie (16e, 38e, 39e, 92e) rentrant d'Afrique dont vous renforcerez les effectifs avec les éléments pris dans les dépôts de ces corps.

Il vous appartient d'organiser ces forces dont l'effectif s'élèvera à 40.000 hommes environ en trois divisions....... Je ne puis mettre en ce moment à votre disposition que six généraux de brigade ; il faudra donc que vous fassiez commander provisoirement les divisions par des généraux de brigade, sauf à laisser leurs brigades à des colonels.

Votre quartier général sera d'abord établi à Tours. Il est indispensable que vous puissiez vous concerter, d'une manière suivie, avec le général Lefort, secrétaire général du ministère de la guerre et qui aura les mêmes pouvoirs que moi, lorsque nos communications seront coupées avec le dehors.

En fait de cavalerie, vous aurez sous peu de jours à Tours quatre régiments (suit une énumération de régiments à organiser). L'ensemble de votre cavalerie s'élèvera donc à douze régiments. Pour ce qui est des troupes d'artillerie et du génie, je vous ferai connaître ultérieurement les ressources que je pourrai mettre à votre disposition.

..... Arrivé à Tours, vous enverrez aussitôt à Orléans une brigade de cavalerie légère ou mixte. Vous donnerez au commandant de cette brigade et aux colonels, les instructions les plus formelles et les ordres les plus sévères, pour que le service de reconnaissance soit exécuté non seulement d'une façon sérieuse, mais même avec audace.

Je ne saurais admettre que des régiments de notre armée se retirent jamais devant une cavalerie ennemie, même supérieure en nombre, sans avoir échangé des coups de sabre. Les reconnaissances doivent être poussées le plus loin possible. Vous ne devez pas permettre que des partis de ulans ou toute autre cavalerie ennemie écrasent impunément nos populations de réquisitions et d'impôts. J'insiste fortement sur ce point.

Vous feriez soutenir au besoin les deux régiments que vous enverrez à Orléans ; ils ne devront se retirer sur Tours qu'à la dernière extrémité.

Le point de concentration de vos divisions d'infanterie sera Bourges. De cette ville, établissant une division avec de la cavalerie et de l'artillerie à Orléans, vous pourrez faire inquiéter les derrières de l'armée prussienne et manœuvrer de manière à rétrécir autant que possible la zone des détachements ennemis envoyés en réquisition.

D'un autre côté, et sans perdre de vue l'obligation de laisser toujours une protection suffisante à la délégation du gouvernement établie à Tours, vous pourrez vous porter dans la vallée de la Saône et, vous appuyant sur Auxonne, Besançon, Belfort même, manœuvrer sur le flanc gauche de l'ennemi et l'inquiéter dans ses opérations. Les points d'appui que j'indique vous permettront, sans vous compromettre, de tenter ces diverses opérations.

.... Votre expérience et votre patriotisme me répondent du succès.

Le ministre de la guerre, signé : LE FLÔ.

L'esprit reste confondu à la lecture de ces instructions adressées à un général auquel on promettait 40.000 hommes dont les quatre régiments tirés de l'Algérie étaient seuls composés de soldats. Il est juste de dire que le général Le Flô ne se faisait aucune illusion sur le succès des... savantes manœuvres à opérer dans la vallée de la Saône. Un aperçu de la composition du 15e corps d'armée à la date du 20 septembre édifiera les plus incrédules et leur démontrera l'impossibilité matérielle d'opérer en rase campagne avec des troupes sans cohésion et sans instruction militaire.

Commandant en chef, général de Lamotterouge. Chef d'état-major général, général Borel.

1re division d'infanterie. Martin des Pallières, commandant ; 1re brigade, de Chabron, du cadre de réserve ; 8e compagnie du 8e bataillon de chasseurs ; 8e compagnie du 19e bataillon de chasseurs ; 38e de ligne ; 1er régiment de zouaves de marche ; 12e régiment de garde mobile (Nièvre) ; — 2e brigade, Bertrand ; 2e compagnie du 4e bataillon de chasseurs ; 2 bataillons de tirailleurs algériens ; 29e régiment de marche ; 18e régiment de mobiles (Charente) ; 3 batteries d'artillerie et 1 section du génie.

2e division d'infanterie. Martineau-Deschenetz ; 1re brigade, d'Ariès ; 8e compagnie du 3e bataillon de chasseurs ; 8e compagnie du 9e bataillon de chasseurs ; 39e de ligne ; 2 bataillons de la légion étrangère ; 25e régiment de mobiles (Gironde) ; — 2e brigade, Rebillard ; 2e compagnie du 16e bataillon de chasseurs ; 2e régiment de zouaves de marche ; 30e régiment de marche ; 29e régiment de mobiles (Maine-et-Loire) ; 3 batteries et 1 section du génie.

3e division. Peytavin ; 1re brigade, Bressolles, 2e compagnie du 6e bataillon de chasseurs ; 16e de ligne ; 33e régiment de marche ; 32e régiment de mobiles (Puy-de-Dôme) ; — 2e brigade, Dupré ; 8e compagnie du 12e bataillon de chasseurs ; 8e compagnie du 14e bataillon de chasseurs ; 3e régiment de zouaves de marche ; 32e régiment de marche ; 34e régiment de mobiles (Deux-Sèvres) ; 3 batteries et 1 section du génie.

Division de cavalerie. Reyau de la réserve ; 2 brigades, Galand de Longuerue et Ressayre ; chaque brigade à 2 régiments de 4 escadrons.

2 brigades indépendantes, Michel et de Nansouty, la première à 3 régiments, la seconde à 2.

Réserve d'artillerie, 8 batteries. Lieutenant-colonel Chappe.

La composition du 15e corps, à l'exception des 16e, 38e, 39e de ligne, des 2 bataillons de la légion étrangère et des 1.200 turcos, de quelques escadrons et batteries, se réduisait à des formations hâtives de régiments de marche, et de mobiles réunis depuis moins d'un mois ; encore, pour encadrer les régiments de marche, avait-on dû recourir aux vieux cadres des régiments rentrés d'Afrique. Quant aux zouaves de marche, leur dénomination était un trompe-l'œil ; c'étaient des recrues quelconques affublées d'un costume qui ne méritait pas d'être ainsi prodigué.

Vers la fin de septembre, la division des Pallières était renforcée d'un beau bataillon de 1.200 hommes de l'infanterie de marine qui fut dirigé sur Nevers, quartier général de la 1re division ; Bourges et Vierzon n'offrant pas les ressources suffisantes pour recevoir tout le 15e corps avec son artillerie, le parc, le train et les ambulances. Arrivé à Tours le 14 au soir, le rigide Lamotterouge, habitué à maintenir une stricte discipline dans ses troupes, fut frappé du triste spectacle des bandes levées à la hâte par la délégation.

La ville de Tours, dit-il dans sa brochure *Un mois de commandement*, pendant ces premiers jours, présenta un singulier spectacle. Régiments de marche, gardes mobiles, francs-tireurs, train d'artillerie, train des équipages, y arrivaient successivement. L'aspect de ces troupes, sauf les mobiles, était navrant au point de vue de la discipline et de la tenue. Tous ces corps, composés d'hommes pris dans les dépôts où ils n'avaient pas eu le temps d'être initiés aux principes de la subordination, débraillés, vêtus de costumes divers, traversaient presque en désordre les quartiers de la ville, chantant la *Marseillaise*, se souciant peu des ordres de leurs officiers et poussant l'oubli de leur dignité de soldat jusqu'à demander l'aumône aux passants. Des plaintes graves me furent adressées par les commandants des détachements, et je dus sévir énergiquement en prononçant plusieurs cassations de sous-officiers et caporaux et en infligeant la prison de ville à un certain nombre de soldats.

..... Les régiments de zouaves, en formation dans les dépôts de Montpellier, d'Antibes et d'Avignon, avaient beaucoup de recrues et de volontaires, mais les cadres étaient à créer presque entièrement. Le général Bressoles, de la 1re brigade de la 3e division, avait reçu la mission d'aller hâter leur organisation et il avait trouvé parmi ces hommes venant de toutes parts, une discipline déplorable ; l'esprit d'insubordination était tel, dans l'un de ces dépôts, qu'il dut adresser à l'autorité militaire une plainte en conseil de guerre contre un capitaine qui avait refusé nettement de faire porter les armes à sa compagnie, lorsqu'il se présentait devant elle ; cet officier avait tenu à son égard le langage le plus insultant et poussé à un tel point l'oubli de tout respect, que le général avait dû le faire saisir par des hommes commandés de service pour le conduire chez lui.

En apprenant ces scandales d'indiscipline qui se répétaient journellement les membres du gouvernement de la défense nationale sentirent la nécessité d'y mettre fin le plus promptement possible et décrétèrent la mise en vigueur de la loi martiale : son application rigoureuse pouvant seule ramener le soldat au devoir envers ses chefs.

Les hommes, en effet, venaient de vingt dépôts différents pour la formation d'un seul régiment ; ils étaient sans cohésion, sans esprit de corps, sans cadres suffisants pour les conduire, eu égard aux nombreux effectifs des compagnies. Il n'avait pas été possible d'exercer sur eux dans les camps, dans les marches, une surveillance suffisante, de leur inculquer l'esprit des règlements ; le court séjour qu'ils avaient fait dans les dépôts n'avait pas permis de les rompre à une forte discipline. Aussi, en attendant l'application de la loi martiale, les chefs de corps durent-ils être armés des pouvoirs les plus absolus. Il fallait mettre un terme à cette insubordination, à ce débraillement de tenue, à ce vagabondage de certains soldats, mendiant même sur les routes ; l'organisation de la nouvelle armée se serait trouvée menacée avant même que les éléments en fussent réunis. Ainsi, le colonel du 29e régiment de marche dut abattre d'un coup de revolver un soldat furieux qui avait terrassé son capitaine et menaçait sa vie. Cet exemple était devenu nécessaire et le colonel fut approuvé par le ministre.

Telles étaient les bandes que le général de Lamotterouge devait mener au feu dans un délai de moins de quinze jours avec des cadres incomplets et encore plus insuffisants. Nous insisterons sur ces détails d'organisation que M. de Freycinet a passés sous silence dans son roman militaire de la *Guerre en province* ; ils expliqueront comment Gambetta, si imbu des légendes de 1792, si croyant dans la valeur des volontaires, en était arrivé à devenir un partisan convaincu du service de cinq ans. Néanmoins, les intrigants, les politiciens et les naïfs ont presque réussi à accréditer la ridicule légende de l'honneur de la France sauvé par les défaites successives de toutes les armées levées par la délégation de Tours et par le gouvernement de Paris. Dans le nombre, il y avait certainement beaucoup de braves gens, mais ils n'étaient pas assez nombreux pour se sentir les coudes ni pour éveiller par leur exemple leurs trop nombreux camarades incapables, faute d'un entraînement préparatoire, d'affronter courageusement les balles et les obus. Aucun militaire expérimenté n'avait la moindre confiance dans les troupes levées après l'anéantissement des armées de Metz et de Sedan ; une seule question les préoccupait : la quantité de jours que durerait l'approvisionnement de Paris. Pour eux, la guerre se réduisait à une exploitation politique et l'avenir a amplement justifié leur appréciation.

La composition du 15e corps donnée plus haut n'était pas exacte à la date du 20 septembre, puisque les vieux régiments d'Algérie n'avaient pas eu le temps de gagner les bords de la Loire ; on peut juger par ce retard de la valeur des troupes qui occupaient Orléans. Les ordres et les contre-ordres résultant de la faiblesse numérique et morale de ces effectifs, servirent de prologue au triste drame qui s'est déroulé pendant quatre mois sous la haute direction de la délégation de Tours et n'a été qu'une série de défaites lamentables, à peine interrompue par le succès, du reste fort exagéré, de Coulmiers. M. de Freycinet lui-même reconnaît, avec des sous-entendus blessants pour les chefs qui tenaient la campagne pendant un hiver des plus rudes, que le temps manquait pour organiser une défense sérieuse contre les armées allemandes, bien mieux outillées que celles de la première révolution, en 1792.

Le 21 septembre, une reconnaissance du 6e hussards et de deux compagnies de francs-tireurs, fut envoyée dans la direction de Pithiviers pour avoir des nouvelles de l'ennemi. Elle rencontra l'avant-garde de la division de cavalerie du prince Albrecht, et battit en retraite après un échange de quelques coups de sabre. Les Prussiens s'étant avancés vers Artenay, il s'ensuivit une panique dans Orléans qui fut évacué par l'autorité militaire. Le lendemain 23, le général de Polhès, commandant la 19e division militaire, recevait du ministre de la guerre l'ordre de rentrer dans Orléans avec les troupes dont il pouvait disposer et de prendre les mesures nécessaires pour la défense de cette ville et de la forêt. En même temps, le général Reyau était prévenu d'avoir à soutenir son collègue Polhès avec sa cavalerie. Celui-ci amenait de Bourges les 1.200 tirailleurs algériens du colonel Maurandy, le 29e régiment de marche, 2 batteries et plusieurs bataillons de mobiles. D'un autre côté, le régiment des mobiles de la Nièvre recevait l'ordre d'occuper la forêt.

Le 26 au matin, le prince Albrecht se dirigea sur Toury et les villages voisins ; la brigade composée des 6e dragons et 6e hussards, ayant rencontré la cavalerie prussienne à la Croix-Briquet, se replia sur Orléans après une légère escarmouche. Le général de Polhès, qui se refusait sagement à exposer des troupes sans instruction, sans cohésion et sans la moindre discipline, aux coups d'un ennemi audacieux et expérimenté, évacua Orléans dans la nuit du 26 au 27 ; une partie des troupes fut dirigée sur Jargeau et Argent, la cavalerie et cinq bataillons de mobiles sur Blois.

Le prince Albrecht, mal renseigné sur ce qui venait de se passer à la suite de l'escarmouche de la Croix-Briquet, mais averti de l'importance des rassemblements du 15e corps, rebroussa chemin et prit ses quartiers à Toury.

Ces événements exaltèrent la fibre guerrière des stratèges de Tours, les citoyens Crémieux, Glais-Bizoin et Fourichon. Le général de Polhès fut vertement blâmé et reçut l'ordre de réoccuper immédiatement Orléans avec les troupes qui avaient quitté cette ville la veille. Le généra de Lamotterouge dut faire partir sans délai les brigades de cavalerie Michel et de Nansouty pour couvrir la gauche et la droite de la garnison du chef-lieu du Loiret. Tous les politiciens se mêlèrent de prescrire des mesures militaires, les journaux tonnèrent avec ensemble contre l'incapacité des généraux et, à leur instigation, M. Cochery, ex-député du Loiret et président d'un soi-disant conseil de défense du département, se chargea de porter au gouvernement la pétition suivante :

Le Conseil municipal,

Considérant que, deux fois en quelques jours, les forces dont disposait à Orléans l'autorité militaire, ont été brusquement retirées des positions qu'elles occupaient ;

Que l'événement a prouvé que des renseignements inexacts avaient donné lieu à des mesures précipitées, puisqu'aucune invasion ne s'est produite ;

Que depuis deux jours, les cavaliers prussiens, répandus au-delà de la forêt, semblaient plutôt s'éloigner qu'être suivis ou renforcés par d'autres troupes ;

Considérant que ces retraites répétées produisent dans la population la défiance, le découragement et l'irritation ; qu'elles engendrent la désorganisation des services, notamment de la télégraphie, de la trésorerie, de la Banque de France et des chemins de fer ;

Appelle l'attention sérieuse du gouvernement sur la situation faite à Orléans par l'indécision qui a présidé jusqu'ici à sa défense ;

Émet le vœu que les mesures les plus urgentes soient prises pour qu'Orléans et la position stratégique dont il est le centre, soient protégés d'une façon qui concilie, autant que possible, les intérêts de la défense nationale et ceux de la ville.

A la réception de cet étrange document, l'amiral ministre de la guerre prescrivit le transfert du quartier général du 15e corps de Tours à Bourges pour, disait-il, permettre à son chef d'exercer sur ses troupes une action plus efficace et de compléter leur organisation. « Mais, lui répondait Lamotterouge, cette organisation demande encore du temps, ce dont ne se rendent compte ni le gouvernement, ni la presse, ni la population qui ont hâte que l'armée fasse preuve d'existence en marchant en avant. » Bref, les dernières paroles de l'amiral Fourichon à Lamotterouge furent : « Pour Dieu, qu'on fasse quelque chose le plus tôt qu'on le pourra ; l'*opinion* le *demande avec instance*. »

Quand l'*opinion* devient facteur prépondérant dans les opérations militaires, celles-ci sont toujours sérieusement compromises et la suite de notre récit sera l'éclatante confirmation de cet axiome de guerre. En tout cas, le ministre ne simplifiait pas la tâche du général de Lamotterouge en lui ordonnant dans la nuit du 2 au 3 octobre de diriger immédiatement sur Epinal la brigade Dupré de la 3e division que nous retrouverons prochainement au combat de la Bourgonce, et qui fut aussitôt remplacée par trois régiments de marche sous les ordres du général Martinez.

Les événements allaient se succéder avec rapidité. Le 5 octobre, le général Reyau avait failli enlever le prince Albrecht dans une reconnaissance offensive sur Toury et obligé la 4e division de cavalerie prussienne à se replier sur Etampes en abandonnant une partie de ses réquisitions et en perdant quelques prisonniers. Les dictateurs de Tours, enthousiasmés par ce succès, s'empressèrent de commettre une faute grave en ordonnant aussitôt une marche en avant dont le premier résultat devait être de retarder de plusieurs semaines l'organisation d'une armée de la Loire et d'éveiller l'attention du grand quartier général allemand.

Dès le 6, le général de Lamotterouge reçut l'ordre de transférer son quartier général de Bourges à Orléans ; les 1re, 2e et 3e divisions d'infanterie en formation à Nevers, Vierzon et Bourges, les services de l'artillerie, du génie, de l'intendance, durent se porter par les voies rapides sur la Loire entre Orléans et Gien.

L'état-major allemand, jusqu'alors, s'était médiocrement inquiété des troupes de nouvelle levée ; mais quand il apprit l'arrivée des quatre vieux régiments rappelés d'Algérie, de la légion étrangère, des turcos et la concentration de masses considérables autour d'Orléans, le général de Moltke chargea, le 6 octobre à 11 heures du matin, le prince royal, commandant la 3e armée, d'expédier les ordres suivants :

1° Le 1er corps bavarois, von der Tann, se portera aujourd'hui, 6 octobre, sur Arpajon, ligne d'Orléans, et y prendra position en se couvrant d'une avant-garde. 2° Aujourd'hui même la 22e division marchera sur Montlhéry par Villeneuve-Saint-Georges et Epinay ; elle sera sous les ordres du général von der Tann. 3° Le 7 au matin, la division de cavalerie, Stolberg, se dirigera sur Marolles, à l'est d'Arpajon, pour couvrir le flanc gauche du général von der Tann. 4° La 4e division de cavalerie, prince Albrecht, se repliera d'Etampes sur Egly, à l'ouest d'Arpajon, pour couvrir le flanc droit du corps bavarois. 5° La 6e division de cavalerie, duc de Mecklembourg, éclairera le pays le long de la voie ferrée de Dourdan, Châteaudun, Vendôme.

Le corps français étant resté immobile, le général von der Tann reçut l'ordre de prendre l'offensive. Le 8, il arrivait à Etampes, le 9 à Angerville, sans avoir rencontré autre chose que des francs-tireurs et des reconnaissances de cavalerie. Pendant cette marche, le stratège Crémieux et l'amiral Fourichon combinaient les plans les plus fantastiques et appelaient à Tours Lamotterouge et son chef d'état-major Borel pour assister le 8 à un grand conseil de guerre, auquel étaient également convoqués les généraux d'Aurelle de Paladines, récemment nommé au commandement du 16e corps d'armée, et Fiéreck, commandant de la région de l'Ouest, l'intendant général Robert, le sous-intendant Roux, directeur du service des vivres au ministère de la guerre. On parla pendant deux heures discipline, instruction, équipement, habillement, subsistances, pour aborder à la fin l'importante question du ravitaillement de Paris. La question fut déclarée insoluble pour le moment, ce qui n'empêcha pas l'amiral ministre de la guerre de clore la séance en recommandant aux généraux de Lamotterouge et Borel de marcher en avant le plus tôt possible, dussent-ils même être privés de quelques régiments en voie d'organisation ; « car l'*opinion* attendait avec impatience que l'armée fît quelque chose pour la délivrance des provinces envahies par l'ennemi ». Sur ces bonnes paroles les deux officiers repartirent pour Orléans où leur présence était plus utile qu'à Tours.

Arrivés dans la nuit, ils apprirent que l'ennemi avançait rapidement. A peine eurent-ils le temps de replier les troupes trop disséminées en avant d'Orléans et d'assigner leurs positions de combat aux bataillons des 2e et 3e divisions à mesure qu'ils débarquaient du chemin de fer. Le 10 au matin, von der Tann se heurta contre les troupes du 15e corps postées en avant d'Artenay dans un pays découvert, légèrement ondulé et peu propre à la défensive, seule attitude qui convienne à de jeunes troupes.

Jusque vers 2 heures, nos troupes tinrent tête à l'ennemi, surtout les turcos, le 29e de marche et les mobiles de la Nièvre. « Le régiment du Cher, dit le rapport officiel, qui avait des fusils ancien modèle et qui, comme les troupes jeunes et inexpérimentées, avait brûlé beaucoup de cartouches sans aucune utilité, céda le premier, démoralisé par les obus que faisait pleuvoir l'artillerie prussienne. » Bref les corps mis en ligne durent battre en retraite. Dans cette journée le général von der Tann avait déployé les deux divisions bavaroises en première ligne, la 22e division prussienne en réserve, les 2e et 4e divisions de cavalerie sur les ailes, le front couvert par une formidable artillerie. Ses pertes furent de 6 officiers, 218 hommes et 119 chevaux ; les nôtres, de 850 prisonniers et d'un nombre inconnu de tués et de blessés, le ministère de la guerre s'étant constamment dérobé devant la publication de la moindre situation d'effectif.

Le lendemain, 11 octobre, von der Tann continua sa marche sur Orléans où, après la déroute de la veille, il espérait entrer sans coup férir. En première ligne se trouvaient à l'extrême droite la 4e division de cavalerie ; puis la 22e division sur la ligne de Sougy, Huêtre, Bricy, Boulay, les Ormes ; au centre la 2e division bavaroise, moitié sur la route de Paris, moitié sur celle de Pithiviers ; à l'extrême gauche la 2e division de cavalerie ; en réserve, sur la route de Paris, la 1e division bavaroise.

Les Français surent tirer parti du terrain, très accidenté à partir de Chevilly et des Ormes. Quoique le rapport officiel contienne ce passage :

La résistance d'une certaine partie de nos troupes d'infanterie fut molle et elles montrèrent moins de moral qu'à Artenay. Les obus continuèrent à exercer sur elles un effet des plus fâcheux. Quelques bataillons de notre jeune infanterie ne tirèrent pas même un coup de fusil et s'obstinèrent, malgré l'exhortation des officiers, à rester couchés derrière les haies et au bas des talus du chemin de fer.

Les pertes de l'ennemi furent quatre fois plus fortes que celles de la veille. Ce fait, surprenant à première vue, provient uniquement de l'entrée en ligne des vieux bataillons du 39e de ligne, de la légion étrangère, du 5e bataillon de chasseurs et des zouaves pontificaux (devenus éclaireurs de l'Ouest), qu'à Rome et sur la Loire le général Charette tenait soumis à la plus sévère discipline.

Les pertes des Allemands s'élevaient à 59 officiers et 873 hommes dont un tiers pour la 22e division prussienne. Les Français laissaient encore un millier de prisonniers entre les mains de l'ennemi. Dans la soirée, Lamotterouge se vit obligé de replier ses troupes sur la rive gauche de la Loire. La ville d'Orléans, dont le faubourg Bannier avait été fortement endommagé par les obus bavarois, tomba au pouvoir de von der Tann et dut payer une contribution de deux millions. La 1re division du 15e corps se retira à Gien, les 2e et 3e divisions s'arrêtèrent à la Motte-Beuvron. Le 13 octobre, le général d'Aurelle de Paladines, chargé d'organiser à Tours un 16e corps d'armée, fut nommé au commandement du 15e en remplacement du général de Lamotterouge, relevé de ses fonctions dès le 11 par Gambetta arrivé à Tours depuis le 9 et qui venait de prendre la direction des ministères de l'intérieur et de la guerre. Le 16, d'Aurelle plaça son quartier général à Salbris, en pleine Sologne, et concentra ses trois divisions : la 1re à Argent, sur la droite ; la 2e à Pierrefitte, sur la gauche ; la 3e à Salbris, en arrière des deux autres ; son front protégé sur toute sa longueur par la Sauldre.

Le jour même de son arrivée, Gambetta avait télégraphié aux préfets de lui faire connaître l'effectif des troupes réunies dans chaque département et aussi *leur opinion personnelle sur la valeur des généraux qui commandaient ces troupes.*

Il transformait ainsi ces fonctionnaires en *missi dominici* et leur assignait un rôle pareil à celui des commissaires de la Convention. M. Cochery, président du comité de défense du Loiret et rival malheureux du général de Lamotterouge à la députation en 1869, adressa dès le lendemain 10, au jeune dictateur, un rapport des plus hostiles contre le vieux général de Lamotterouge. Le lendemain **11**, celui-ci était révoqué et M. Cochery recevait, pendant que von der Tann entrait dans Orléans, le télégramme suivant : « Je partage votre opinion sur Lamotterouge. Il est remplacé par le général d'Aurelle de Paladines. Faites tenir bon et recevez mes félicitations. » Félicitations peu justifiées, car ni M. Cochery, ni les habitants n'avaient prêté le moindre concours aux troupes pendant le combat du 11 octobre.

Qu'auraient du reste pu ajouter les Orléanais aux 15 canons et aux 35.000 hommes du 15ᵉ corps qui n'étaient même pas embrigadés, pour lutter avec la moindre chance de succès contre von der Tann à la tête d'une véritable armée dont le 11ᵉ fascicule du grand état-major prussien donne la composition suivante :

1er corps bavarois :	20.329 fantassins,	2.154 cavaliers,	118 canons.
22e division prussienne :	7.622	565 —	56 —
2e division de cavalerie	....	3.063 —	12 —
4e —	....	2.725 —	12 —
6e —	....	2.711 —	6 —
Totaux	27.951 fantassins,	11.218 cavaliers,	204 canons.

Soit un effectif réel de plus de 45.000 hommes de vieilles troupes, enorgueillies par une série de victoires, confiantes dans leurs chefs, appuyées par une artillerie formidable et par une cavalerie double de la nôtre qui pouvait évoluer à l'aise dans les interminables plaines de la Beauce.

Nous allons passer maintenant aux débuts de Gambetta dans son rôle de dictateur, de M. de Freycinet dans celui de délégué à la guerre, et voir si ces deux hommes justifient la réputation gigantesque que leur ont créée leurs amis politiques.

CHAPITRE XXXIII

Arrivée de Gambetta à Tours le 9 octobre. — Ses premiers actes. — Il prend le titre de ministre de la guerre et de l'intérieur. — Envoi d'une circulaire aux préfets pour être renseigné sur la valeur des généraux et des troupes. — Sa proclamation aux citoyens des départements. — Il annule par décret la convocation des électeurs fixée au 16 octobre par la délégation. — Observations de lord Lyons. — Le 10 octobre, M. de Chaudordy tente d'expliquer les motifs du décret aux puissances étrangères. — Etat d'âme du général Trochu et de la majorité du gouvernement. — Mansuétude de Gambetta envers nos diplomates. — Il délègue ses pouvoirs de ministre de la guerre à M. de Freycinet. — Antipathie témoignée aux chefs militaires par Gambetta et son entourage. — Organisation ministérielle de M. de Freycinet. — Cabinet du ministre. — Services des cartes, des reconnaissances et d'étude des moyens de défense. — Direction de l'infanterie et de la cavalerie. — Direction de l'artillerie. — Direction du génie et service distinct du génie civil des armées. — Services administratifs. — Camps d'instruction. — Batteries départementales. — Le général von der Tann s'établit à Orléans. — 18 octobre, combat de Châteaudun. — 25 octobre, combat de Nogent-sur-Seine. — 16 octobre, capitulation de Soissons. — Opérations dans l'Est. — Formation du XIVe corps prussien sous les ordres de Werder. — La division Schmeling prend Schlestadt le 24 octobre. — La première armée des Vosges sous Cambriels. — Combats de la Bourgonce le 6 octobre, de Rambervillers le 9, de Bruyères le 11. — Démoralisation de l'armée des Vosges ; sa composition. — Combat d'Etuz le 22 et d'Essertenne le 27. — Dijon est attaqué le 30 par le général de Beyer et pris le 31. — 28 et 30 octobre, combats du Bourget. — La journée du 31 octobre à Paris.

Le gouvernement de Paris, reconnaissant la faute qu'il avait commise en déléguant ses pouvoirs aux deux membres les plus âgés et les moins influents du cénacle de l'Hôtel de Ville, résolut de leur adjoindre Gambetta, qui s'était toujours montré partisan du transport en province du gouvernement de la défense. Le jeune tribun, imbu de la légende de 1792, ne possédant que des notions vagues d'art militaire et d'administration générale, mais animé d'un ardent patriotisme, accepta avec enthousiasme la mission d'imprimer à la guerre contre l'Allemagne un caractère nettement révolutionnaire. Il se savait d'avance investi d'une véritable dictature et ne s'inquiétait nullement de ses deux collègues, Crémieux et Glais-Bizoin ; l'amiral Fourichon, le seul membre sérieux de la délégation, s'était déjà retiré du triumvirat.

Parti de Paris en ballon le 7 octobre, Gambetta arrivait le 9 à Tours et prenait aussitôt la direction des affaires avec le titre de ministre de l'intérieur et de la guerre. Son premier acte fut sa circulaire aux préfets qu'il chargeait de le renseigner sur la valeur des généraux et des troupes stationnés dans leurs départements. La mesure s'explique et parut naturelle aux personnes qui, sachant se dégager des légendes et juger impartialement le dictateur Gambetta tel qu'il était à la fin de 1870, reconnaissent qu'il a mieux fait de s'adresser aux préfets, ses amis de la veille, qu'aux officiers généraux. Ceux-ci regardaient le ministre de la guerre improvisé et son état-major de révolutionnaires comme des péroreurs d'estaminet, des agitateurs sans consistance, voire même comme des fous furieux capables de conduire aveuglément la France aux abîmes. Il faut oser le dire, les vieux généraux tirés du cadre de réserve pour exercer des commandements importants et les autres doyens de l'armée active se pliaient difficilement à l'idée d'obéir à un jeune avocat qu'ils considéraient comme un homme dangereux à tous égards et qui ne leur inspirait qu'un dédain à peine déguisé. Ce sentiment n'a guère varié pendant les années qui suivirent la conclusion de la paix, quoique le dictateur improvisé de Tours et de Bordeaux se fût singulièrement assagi après son premier passage au pouvoir.

La proclamation par laquelle il annonça son entrée en fonctions produisit le plus déplorable effet parmi les représentants des puissances étrangères restés auprès de la délégation et les confirma dans la réserve où ils se tenaient depuis la malencontreuse circulaire de Jules Favre. Rédigée en termes aussi emphatiques et remplie d'assertions d'une regrettable inexactitude, « elle ressemblait plus, dit M. Albert Sorel, au discours d'un commissaire de la Convention dans un drame historique, qu'à un document destiné à instruire un grand pays de ses périls et de ses devoirs ». Nous la donnons *in extenso* pour que le lecteur puisse l'apprécier en connaissance de cause, les admirateurs de parti pris du gouvernement de la défense nationale ne citant jamais que les passages des documents officiels qui échappent à la critique.

Citoyens des départements,

Par ordre du gouvernement de la *République*, j'ai quitté Paris pour venir vous apporter, avec les espérances du peuple renfermé dans ses murs, les instructions et les ordres de ceux qui ont accepté la mission de délivrer la France de l'étranger.

Suit un tableau de la situation de Paris, dit M. de Freycinet, dans son roman *la Guerre en province*, et il le passe sous silence, sans doute parce que les Parisiens en eussent sur-le-champ constaté l'inexactitude. Nous allons le rétablir :

La Révolution avait trouvé Paris sans canons et sans armes; à l'heure qu'il est, on a armé 400.000 hommes de la garde nationale, appelé 100.000 mobiles, groupé 60.000 hommes de troupes régulières. Les ateliers fondent des canons, les femmes fabriquent un million de cartouches par jour, la garde nationale est pourvue de deux mitrailleuses par bataillon, on continue à fondre des projectiles avec une fureur qui tient du vertige. Derrière les pavés savamment disposés, l'enfant de Paris a retrouvé, *pour la défense des institutions républicaines*, le génie du combat des rues.

Et le nouveau Tyrtée continue ainsi cette brillante exposition des 400.000 gardes nationaux pourvus d'armes en quelques jours et de mitrailleuses que personne n'avait vues :

Le premier de tous, c'est de ne vous laisser divertir par aucune préoccupation qui ne soit pas la guerre, *le combat à outrance* ; le second, c'est, jusqu'à la paix, d'accepter fraternellement le commandement *du pouvoir républicain sorti de la nécessité et du droit*. Ce pouvoir, d'ailleurs, ne saurait sans déchoir s'exercer au profit d'aucune ambition. Il n'a qu'une passion et qu'un titre : arracher la France à l'abîme où la monarchie l'a plongée. Cela fait, la République sera fondée et à l'abri des conspirateurs et des réactionnaires.

Donc, toutes autres affaires cessantes, *j'ai mandat*, sans tenir compte ni des difficultés ni des résistances, de remédier, avec le concours de toutes les libres énergies, aux vices de notre situation, et, quoique le temps manque, de suppléer, à force d'activité, à l'insuffisance des délais. Les hommes ne manquent pas. Ce qui a fait défaut, c'est la résolution, la décision, et la suite dans l'exécution des projets.

Ce qui a fait défaut après la honteuse capitulation de Sedan, ce sont les armes. Tous nos approvisionnements de cette nature avaient été dirigés sur Sedan, Metz et Strasbourg, et l'on dirait que, par une dernière et criminelle combinaison, l'auteur de tous nos désastres a voulu en tombant nous enlever tous les moyens de réparer nos ruines. Maintenant, grâce à l'intervention d'hommes spéciaux, des marchés ont été conclus, qui ont pour but et pour effet d'accaparer tous les fusils disponibles sur le marché du globe. La difficulté était grande de se procurer la réalisation de ces marchés ; elle est aujourd'hui surmontée.

Quant à l'habillement et à l'équipement, on va multiplier les ateliers et requérir les matières premières, si besoin est ; ni les bras, ni le zèle des travailleurs ne manquent ; l'argent ne manquera pas non plus.

Il faut mettre en œuvre toutes nos ressources qui sont immenses, secouer la torpeur de nos campagnes, réagir contre les folles paniques, multiplier la guerre de partisans, et à un ennemi si fécond en embûches et en surprises, opposer des pièges, harceler ses flancs, surprendre ses derrières et enfin inaugurer la guerre nationale.

La République fait appel au concours de tous ; son gouvernement se fera un devoir d'utiliser tous les courages, d'employer toutes les capacités. C'est sa tradition à elle d'armer *les jeunes chefs : nous en ferons* ! Le ciel lui-même cessera d'être clément pour nos adversaires, les pluies d'automne viendront, et retenus, contenus par la capitale, les Prussiens si éloignés de chez eux, inquiétés, troublés, pourchassés par nos populations réveillées, seront décimés pièce à pièce, par nos armes, par la faim, par la nature.

Non, il n'est pas possible que le génie de la France se soit voilé pour toujours, que la grande nation se laisse prendre sa place dans le monde par une invasion de cinq cent mille hommes.

Levons-nous donc en masse et mourons plutôt que de subir la honte du démembrement. A travers tous nos désastres et sous les coups de la mauvaise fortune, il nous reste encore le sentiment de l'unité française, l'indivisibilité de la République. Paris cerné affirme plus glorieusement encore son immortelle devise qui dictera aussi celle de toute la France: « Vive la République une et indivisible! »

Ce dernier appel, louable à tous égards, s'adressait aux promoteurs d'une *ligue du Midi* dont il sera parlé plus loin et qui, dès le 4 septembre, avaient établi leurs quartiers généraux à Lyon et à Marseille, violemment agité tout le bassin du Rhône et provoqué incidemment un véritable mouvement séparatiste. Le reste de la proclamation n'était qu'une longue diatribe fourmillant de lieux communs, de phrases emphatiques et d'excitations d'autant plus dangereuses en face d'un ennemi victorieux, qu'elles autorisaient celui-ci à user de représailles envers les partisans chargés de lui dresser des pièges. Une faute plus lourde allait encore être commise.

Avant l'arrivée de Gambetta, M. de Chaudordy, convaincu que l'état précaire du pouvoir apportait de graves obstacles aux négociations, était parvenu à faire partager cette conviction aux délégués de Tours; le 30 septembre, ils avaient rendu un décret convoquant les collèges électoraux pour le 16 octobre. Tous les représentants des puissances sympathiques à la France en témoignèrent leur satisfaction. Le gouvernement de Paris ne fut pas de cet avis et Gambetta rendit un nouveau décret annulant la convocation des électeurs et ajournant indéfiniment les élections. Cette mesure paralysa les efforts de M. de Chaudordy dans le but d'obtenir la reconnaissance de la République. M. Albert Sorel nous apprend que lord Lyons le fit comprendre en termes assez vifs dès que la nouvelle lui en fut parvenue et que son chef, M. de Chaudordy, comprenait mieux que personne la faute capitale que venait de commettre le gouvernement de Paris. Une circulaire fut adressée, le 10 octobre, aux agents français pour expliquer le décret de Paris qui défendait de concéder un armistice sans ravitaillement pour faire des élections. L'argument était pitoyable, puisqu'à cette époque le gouvernement devait savoir que, grâce à l'activité intelligente de l'intendant Perrier, la capitale était approvisionnée pour plus de trois mois ; aussi le décret de Gambetta fut-il mal accueilli par les puissances étrangères et notre diplomatie se vit condamnée à s'agiter de plus en plus dans le vide.

Il faut avoir vécu à cette époque et fréquenté les principaux personnages de l'Hôtel de Ville pour se rendre compte de leur état psychologique, surtout de celui du général Trochu, président du gouvernement. Dans trois circonstances importantes nous avons eu l'occasion de traiter avec lui les questions touchant à la défense nationale. La première fois, notre conversation eut lieu le surlendemain des batailles de Wœrth et de Spickeren, devant le président du Conseil, M. Emile Ollivier, qui avait l'intention de lui offrir le ministère de la guerre. Le général, après avoir entendu notre exposé de la situation militaire, la déclara irrévocablement compromise. Notre seconde entrevue eut lieu à la gare du camp de Châlons et durait depuis une grande heure, quand elle fut brusquement interrompue par l'arrivée de l'empereur ; cela se passait le 16 août, le jour de la terrible bataille de Rezonville. Le général était toujours dans les mêmes idées pessimistes, que nous partagions du reste complètement. La troisième et dernière fois que nous vîmes le gouverneur de Paris, ce fut en qualité de chef d'état-major de la garde nationale mobile de la Seine, le lendemain de la chute de l'Empire. Nous lui rendions compte que sur les 24.000 mobiles figurant sur nos contrôles, il en restait moins de 13.000 présents sous les armes, ce qui concordait peu avec l'enthousiasme dont on prétendait animée la jeunesse parisienne. Le gouverneur nous répéta encore ses paroles décourageantes du 8 août précédent et se déclara décidé néanmoins à la guerre à outrance. Son langage nous parut si étrange que, le soir même, nous lui adressions une longue lettre, fortement motivée, pour lui demander à être relevé de nos fonctions, devenues du reste inutiles par la dispersion dans les forts des vingt-quatre bataillons des mobiles de la Seine.

Plus tard, quand le gouvernement de la défense entra franchement dans une voie révolutionnaire, sans autre issue que la victoire, nous mîmes M. Tarbé, directeur du *Gaulois*, au courant de la situation et de la complète désespérance du général Trochu. Littéralement stupéfié par notre confidence, il demanda audience au gouverneur qui lui dit franchement la vérité. A la question : « Mais, mon général, comment et pourquoi avez-vous accepté et même sollicité la présidence du gouvernement de la défense nationale ? — Pour faire de l'*humus* au profit des générations futures, » répondit M. Trochu de son ton solennel avec un regard extatique.

Ce fatalisme oriental explique jusqu'à un certain point la conduite incompréhensible de cet honnête homme doué de qualités remarquables, bravoure à toute épreuve, probité inattaquable, patriotisme clairvoyant. Jamais il n'a pu admettre que, n'ayant pas foi même dans la possibilité du succès, le strict devoir lui commandait de n'accepter sous aucun prétexte une tâche condamnée par lui-même à entraîner d'immenses sacrifices d'hommes et d'argent pour aboutir au néant. Ses collègues du gouvernement, auxquels il ne dissimulait pas ses appréhensions, l'auraient remplacé tout de suite, s'ils n'avaient partagé jusqu'à un certain point les craintes de leur président. De plus, et c'est une justice à leur rendre, ils tenaient à ne pas voir la France tomber aux mains de révolutionnaires de la trempe des Delescluze, des Flourens et consorts, qui se seraient empressés de renouveler les sanguinaires saturnales de 1793. Pour nous éviter cette suprême catastrophe, ils avaient assumé la responsabilité du pouvoir au lendemain du départ de la régente et commis ensuite la faute de rester dans Paris investi, au lieu de le laisser sous la main de fer d'un Vinoy, d'un Ducrot ou d'un d'Aurelle qui, tous les trois, possédaient cette redoutable fermeté si appréciée chez le maréchal duc de Malakoff.

Par une singulière contradiction, ces révolutionnaires à l'eau de rose tenaient par-dessus tout à la forme républicaine, et, dans sa proclamation, Gambetta ne dissimulait pas sa pensée de fonder la République par le fer et par le sang, à l'exemple de Bismarck ne reculant devant aucun sacrifice pour accomplir l'unité de l'Allemagne. Pour ce motif, ils redoutaient les élections qui auraient certainement donné la majorité aux partisans de la paix et peut-être ramené un prince dans ce qu'on appelait en 1814 « les fourgons de l'étranger ». Avec de pareilles idées, la continuation de la dictature s'imposait, de même que la lutte à outrance jusqu'à épuisement des vivres de Paris. Cette question des élections avait, on le sait, déjà été agitée au lendemain de l'entrevue de Ferrières et tranchée par la négative, le 24 septembre. Néanmoins, la délégation avait fini par passer outre sur les instances des représentants étrangers et de M. de Chaudordy. Dans l'intervalle, le 25 septembre, lord Lyons rencontra M. Crémieux : « Placez-vous au point de vue diplomatique, lui disait-il ; êtes-vous convaincu qu'il est sage d'ajourner les élections pour l'Assemblée constituante ? Le manque d'un gouvernement régulier ne rendra-t-il pas plus tard les négociations plus difficiles encore ? » M. Crémieux répondit « qu'il avait obéi aux instructions de ses collègues de Paris et que ses collègues de Paris n'avaient fait que se conforme aux vœux de la garde nationale ». M. Albert Sorel, attaché au cabinet de M. de Chaudordy, qui rapporte cette conversation, ajoute malicieusement la réflexion suivante, qui fait connaître en quelle piètre estime les hommes intelligents tenaient les prétendus chefs du gouvernement. « Lord Lyons manda ces raisons au comte de Granville. Ce fut une des rares conversations diplomatiques de M. Crémieux. »

Gambetta, s'inspirant de l'exemple de Jules Favre, comprit que des habitués de brasserie feraient triste mine auprès des cours étrangères et, malgré les sollicitations dont il était obsédé par ses camarades du journalisme et du quartier Latin, reconnut la nécessité de maintenir à leur poste les agents expérimentés, connus et estimés qui y représentaient la France. Après avoir ajouté de sérieuses difficultés à nos négociations par le décret ajournant les élections, il eut le bon sens de se rendre aux sages observations de M. de Chaudordy et de laisser à des hommes bien élevés le soin d'aplanir, dans la mesure du possible, les obstacles créés à notre action diplomatique par l'entêtement du gouvernement de l'Hôtel de Ville à ne pas faire appel à la France et à conserver un pouvoir usurpé.

Pour faire compensation à cette modestie, le jeune dictateur se montra d'une extraordinaire outrecuidance dans la conduite des affaires de l'armée. En sa qualité de Gaulois (?) il se croyait la science militaire infuse et, fait plus extraordinaire encore, il trouva, pour lui déléguer une partie de ses pouvoirs, un ingénieur des mines, M. de Freycinet, plus infatué encore et plus convaincu de ses talents d'organisateur, de stratège et même de tacticien. Gambetta, dans la terrible partie d'échecs engagée avec la Prusse, remplissait chez nous le rôle du roi Guillaume, M. de Freycinet celui du général de Moltke. Leur première opération militaire fut, comme nous l'avons dit, de demander aux préfets et aux politiciens des renseignements, sous forme de dénonciations, sur les généraux ; c'est ainsi que Lamotterouge fut relevé de son commandement et remplacé, non par un des jeunes annoncés par Gambetta dans sa proclamation, mais par le général d'Aurelle, de la réserve et d'un an seulement moins âgé que son prédécesseur. Il ne devait pas être plus heureux et allait se voir révoqué de son commandement quelques semaines plus tard, après une défaite due en grande partie aux lourdes fautes de M. de Freycinet. Les sentiments de l'état-major civil de Gambetta à l'égard des militaires étaient des moins bienveillants et se manifestaient avec une entière franchise ; M. Ranc, dont la probité, la loyauté et l'énergie sont indiscutables, nous a dit à nous-même, au lendemain du 4 septembre qui en avait fait un maire du 9e arrondissement de Paris : « Je viens de former une commission d'armement pour notre quartier et j'en ai écarté systématiquement toute personne ayant appartenu à l'armée. » Peu après, comme chef de la police de sûreté générale à la délégation de Tours, il plaçait toute sa confiance dans les gardes nationales mobilisées et proclamait le général-pharmacien Bordone, le meilleur chef d'état-major de nos armées. En parlant ainsi, l'ami et confident de Gambetta était sincère et, si nous avons cité ses paroles, c'est pour donner une idée des difficultés et des humiliations auxquelles se voyaient constamment exposés les chefs militaires de la part de hauts fonctionnaires improvisés qui, à l'exemple du dictateur, se croyaient la science militaire infuse.

Dans sa *Guerre en province*, qu'il qualifie à tort de précis historique, M. de Freycinet raconte les mesures prescrites pour mettre son administration à la hauteur des circonstances. La première de ces mesures concernait la réorganisation du secrétariat général ; nous citons textuellement le passage qui s'y rapporte afin d'édifier le lecteur sur la mince valeur de cet ouvrage.

Le premier remaniement porta sur le secrétariat général et les directions qui s'y rattachaient. M. le général Lefort ayant quitté le ministère le surlendemain de mon arrivée, par raison de santé, le secrétariat fut immédiatement transformé et constitué séparément sur un très grand pied, sous le nom de Cabinet du ministre. Ce fut en réalité un vaste service central, chargé de la correspondance générale et *du contrôle de tous les services*, et qui, à ce titre, resta sous l'autorité directe du délégué. *Un ancien fonctionnaire des chemins de fer*, M. E. Byse, fut placé à la tête, avec le titre et les attributions ordinaires de chef du Cabinet. Il s'en est acquitté jusqu'à la fin avec tact et dévouement.

Cette assertion est absolument contraire à la vérité : E. Byse n'avait jamais été fonctionnaire des chemins de fer ; son emploi très modeste était celui d'entrepreneur ou d'exploitant du buffet de Cette, où il faisait servir aux voyageurs des déjeuners, dîners et rafraîchissements. Son instruction ne dépassait pas la moyenne de celle de ses collègues en alimentation, et confier à un restaurateur *le contrôle de tous les services* devenait une véritable humiliation que les directeurs n'eussent pas dû acccepter.

A côté du cabinet, M. de Freycinet organisa trois services très utiles : celui des cartes, dirigé par M. Jusselain, capitaine d'infanterie de marine ; celui des reconnaissances, dirigé par M. Cuvinot, ingénieur des ponts et chaussées, qui avait pour collaborateurs plusieurs de ses collègues parmi lesquels se trouvait M. Sadi Carnot, l'ancien président de la République. Ce service avait pour mission de compléter les indications de la carte originale et de recueillir sur l'ennemi un ensemble d'informations qui, jusqu'à ce jour, avait complètement fait défaut. Le troisième service fut confié au colonel d'état-major Deshorties, sous la dénomination de Comité d'étude des moyens de défense. Sa principale mission consistait à débarrasser le ministère de la foule des inventeurs qui encombraient les directions techniques. Le secrétaire de ce comité, M. Naquet, fut comblé d'éloges par M. de Freycinet.

M. de Loverdo, général de brigade, sorti du corps d'état-major, reçut la direction de l'infanterie et de la cavalerie, avec deux sous-directeurs spéciaux, M. Templier pour l'infanterie et M. Porchet pour la cavalerie. M. de Freycinet se loue beaucoup, dans son livre, du concours de ces trois fonctionnaires qui, en moins de quatre mois, envoyèrent devant l'ennemi environ 600.000 hommes se décomposant ainsi : Infanterie de ligne, 208 bataillons, 230.300 h. — Garde mobile, 31 régiments à 3.600 hommes l'un, 111.600. — Garde nationale mobilisée, environ 180.000 h. — Cavalerie, 54 régiments, 32.400 h. — Francs-tireurs, environ 30.000 h. — Total 584.300 et avec l'artillerie et le génie plus de 600.000 hommes.

Ces chiffres extraits de l'ouvrage de M. de Freycinet sont superbes, mais le général de Loverdo, avec qui nous avons eu, en 1872, une longue conversation au sujet de ces formations, nous a donné de tels renseignements sur leur valeur et sur celle de la plupart de leurs chefs que, en nous quittant, il a fait appel à notre ancienne camaraderie de Crimée pour nous demander le silence.

La direction de l'artillerie resta confiée au colonel Thoumas, excellent officier, laborieux, intelligent et rompu au service complexe de son arme. Avec le concours de son collègue Reffye et du général Demolon, de MM. Vorus à Nantes, Petin et Gaudet à Saint-Etienne, Schneider au Creusot, Thoumas sut accomplir de véritables prodiges.

Le général Véronique conserva la direction du génie, mais, placé sous la haute main d'un ingénieur des mines, il fut réduit à un rôle effacé par la création d'un corps auxiliaire DISTINCT, dénommé *corps du génie civil des armées*. Les ingénieurs de l'Etat y prirent d'instinct tous les emplois supérieurs, et un décret du 30 novembre attacha désormais à chaque corps d'armée : un ingénieur en chef et trois ingénieurs ordinaires, neuf chefs de section, neuf piqueurs, dix-huit chefs de chantier et une compagnie d'ouvriers. Leur concours a été fort apprécié. M. Dupuy, ingénieur des ponts et chaussées, fut nommé directeur de ce service ; heureusement, il eut le bon esprit d'autoriser les généraux à réclamer du génie civil les efforts nécessaires. Toutefois, il n'était pas interdit à certains ingénieurs civils, tels que le Polonais connu sous le pseudonyme de de Serres, d'adresser au délégué militaire des rapports sur les généraux en chef et de se faire les mouches du coche militaire fort embourbé, et qui le resta en dépit de leur concours trop vanté. En résumé, la création de ce service était une lourde faute ; les ingénieurs civils auraient dû être placés sous la direction du général Véronique et sous le commandement des chefs du génie des armées et corps d'armée.

Désireux de conserver entre ses mains la direction des services administratifs si critiquée au début de la guerre, M. de Freycinet mit à sa tête M. Férot, ancien chef du mouvement général des chemins de fer de l'Ouest. Cet homme distingué, courtois et rompu aux affaires, sut donner une vigoureuse impulsion aux cinq sous-directions placées sous ses ordres et dont les titulaires étaient : MM. de Panafieu pour les transports, le sous-intendant Roux pour les subsistances, le sous-intendant Lahaussois pour l'habillement et le campement, le docteur Robin de l'Institut pour le service médical et Guy pour la comptabilité. M. Férot eut le rare mérite d'éviter les gaspillages dont se rendit coupable le ministère de l'intérieur chargé de l'équipement des gardes mobiles et mobilisées, sous l'impulsion révolutionnaire du jeune et inexpérimenté Gambetta. A la Guerre, les ordonnancements se firent régulièrement sur pièces justificatives; à l'Intérieur, on payait des millions sans la moindre pièce constatant la régularité de la dépense ou la réalité de la fourniture, comme le constate le rapport si instructif de la Cour des Comptes sur les dépenses du gouvernement de la défense nationale. A la Guerre, le directeur chargea des achats deux commissions présidées chacune par un intendant militaire et eut le mérite de sortir pauvre d'un emploi qui lui conférait le maniement de centaines de millions.

M. de Freycinet s'occupa également de l'organisation des cadres de l'armée. Au satisfecit qu'il se décerne dans son livre, nous opposerons l'avis du général Loverdo qui se plaignait de l'ingérence continuelle de l'état-major civil de Gambetta dans la distribution des commandements. Beaucoup des choix d'officiers étaient reprochables et le délégué à la guerre fit alors montre d'une partialité et d'un dédain de la justice distributive dont il n'a jamais su se départir, même quand vingt ans après les hasards de la politique lui donnèrent le portefeuille de la guerre. A l'exemple fâcheux de Napoléon III, il octroyait parfois des grades à *titre de cadeau* aux militaires gravitant autour de personnages influents.

Il fit preuve d'une méconnaissance plus complète encore des principes qui doivent présider à l'organisation d'une armée nationale quand, sous la pression de l'entourage du dictateur, il procéda à la création des camps régionaux ou camps d'instruction destinés à recevoir une troisième espèce de soldats sous le nom de gardes mobilisés. Dans sa *Guerre en province*, il émet sur cette question des théories étonnantes destinées à résoudre le problème, posé par M. Jules Simon sous l'empire, d'une « armée sans esprit militaire ». Il est intéressant et utile de passer ces théories au crible, ne serait-ce que pour faire justice des éloges hyperboliques adressés par certains sectaires à l'ancien délégué à la guerre.

« La création des camps d'instruction, dit M. de Freycinet, a été faite en *relation* (*sic*) avec la mobilisation de toute la population valide jusqu'à quarante ans. » Dans l'esprit des délégués, Gambetta, Crémieux et Glais-Bizoin, cette institution était permanente et devait survivre aux circonstances qui l'avaient fait naître. Cette étrange conception dénote de la part de leurs auteurs une ignorance complète des remarquables travaux de Lazare Carnot dont l'idée directrice, appliquée avec la plus opiniâtre ténacité, fut toujours d'amalgamer gardes nationaux, volontaires et vieilles troupes royales, en donnant la suprématie à ces dernières. Au lieu de s'inspirer de ce précédent, le dictateur et son entourage, dans leur dédain pour l'armée impériale, prirent pour modèle les Américains du Nord qui, pendant la guerre de sécession, créèrent une armée auxiliaire.

Afin de bien marquer la démarcation entre les *prétoriens*, les gardes mobiles, organisés sous l'empire, et la nouvelle armée composée de citoyens imbus de sentiments moins rétrogrades, le ministère de l'intérieur fut chargé, à l'exclusion du délégué à la guerre, de la réunion de ces levées, de leur équipement, habillement, armement, et, mesure plus étonnante, de la *formation des cadres et de l'instruction.*

L'esprit reste confondu devant de pareilles insanités!

Le décret de mobilisation était du 2 novembre ; le 19, les nouvelles légions devaient être remises au ministère de la guerre. M. de Freycinet avoue ingénument que ce délai trop court dut être porté au 25. Pour réunir ces effectifs évalués entre 500.000 et 600.000 hommes, il fut créé onze camps d'instruction, commandés chacun par un général de division, flanqué d'un général de brigade, instructeur en chef, et d'un vice-président du conseil d'administration du camp, choisi dans l'ordre civil, spécialement chargé des questions d'organisation, et ayant rang et solde de général de division. Le 13 décembre, ces camps furent répartis dans trois inspections confiées : la 1re à M. Cauvet, directeur de l'École centrale des arts et manufactures ; la 2e à M. Georges Périn, ancien commissaire à l'armée du Sud-Est ; la 3e à M. Spuller, ancien clerc de notaire, ex-préfet du 4 septembre. Ces désignations dispensent de publier les noms de la centaine de généraux auxiliaires et de très hauts fonctionnaires placés sous les ordres *des inspecteurs.* Ce n'était plus une organisation, mais un carnaval militaire, absurde et inutile, parce que le temps, c'est-à-dire le premier facteur, manquait pour mettre un peu d'ordre dans ce chaos.

Pour renforcer la ligne de démarcation, M. de Freycinet créa dans ses bureaux un service *spécial* des camps, sous la direction d'un ingénieur des ponts et chaussées, M. Théodore Lévy, transformé ainsi en colonel général des bandes mobilisées, avec trois inspecteurs d'armée et onze généraux de division. « Une mesure se rattachant à la précédente, nous apprend M. de Freycinet, est la création des batteries départementales. » Chaque département devait fournir une batterie par 100.000 habitants. Pour comble d'anarchie, la direction de ce service fut centralisée au ministère de l'intérieur « entre les mains d'un ingénieur *distingué* », M. Maurice Lévy, frère du précédent. Le grand maître de l'artillerie de la tribu sacerdotale d'Israël faisait donc pendant au colonel général de l'infanterie. Bien entendu, aucune des 98 batteries ainsi recrutées ne put tirer un seul coup de canon ; mais que d'argent dépensé ! Et dire que le délégué de Gambetta expose ce tissu d'inepties et d'hérésies militaires avec un sentiment de satisfaction manifeste pour l'œuvre néfaste accomplie dans d'aussi défectueuses conditions de préparation, et qui lui mérita d'être traité par les hommes compétents de « Carnot de la défaite ». Le plus triste, c'est que l'état-major de Versailles était, par notre *Journal officiel*, au courant des désorganisations effectuées par le délégué à la guerre et ne se sentait pas d'aise en voyant confier la direction de 600.000 fantassins et artilleurs à des Israélites auxquels les Prussiens auraient refusé et refusent encore le commandement d'un bataillon ou d'une compagnie.

Nous avons tenu à faire connaître les deux hommes qui ont assumé la responsabilité et la direction des opérations militaires en province, mais en ayant soin, M. de Freycinet surtout, de dégager cette responsabilité en rejetant sur les généraux en chef celle des fautes commises et en s'attribuant une gloire et des mérites que rien ne justifie. La question militaire était tranchée depuis Sedan et l'on ne saurait trop répéter que le salut de ce que les admirateurs de Gambetta appellent l'honneur de la France, doit être attribué à la résistance de Paris et non à une autre cause. Revenons maintenant aux opérations de guerre.

Le général von der Tann s'établit à Orléans avec le 1er corps bavarois et la 2e division de cavalerie ; le 15 octobre, il reçut l'ordre de renvoyer la 22e division d'infanterie, de Wittich, et la 4e division de cavalerie, sous Paris en les faisant passer par Chartres et Dreux, afin de purger le pays des audacieuses bandes de francs-tireurs qui gênaient beaucoup le pillage de la Beauce. Le 18, ces troupes arrivaient devant Châteaudun qui venait d'être organisé défensivement par l'intelligent et intrépide colonel Lipowski, des francs-tireurs de Paris. Ce hardi chef de partisans n'hésita pas à engager la lutte avec 600 de ses hommes et 400 gardes nationaux contre les 10.000 hommes du général Wittich, pourvus d'une nombreuse artillerie. La défense de Châteaudun est un des plus beaux faits d'armes de la campagne et le grand état-major de Berlin constate que les Prussiens furent tenus en échec pendant toute la journée du 18, malgré le feu incessant de leurs 36 canons, renforcés d'une batterie bavaroise. A la nuit, trois colonnes d'attaque, après avoir enlevé la première ligne de barricades et de murs crénelés, durent ensuite « donner l'assaut maison par maison ». Dans la nuit, Lipowski battit en retraite sur Brou et Nogent-le-Rotrou, après une perte d'une centaine d'hommes ; celle des Prussiens était à peu près la même, mais ils avaient fait 150 prisonniers, incendié une partie de la ville qui avait osé se défendre et doublé la punition d'une grosse contribution en argent.

Chartres, quoique occupé par des gardes mobiles, ne se soucia pas d'imiter Châteaudun dont le bel exemple ne fut du reste plus suivi jusqu'à la paix. Le 21, la ville ouvrit ses portes à la division Wittich qui reçut l'ordre de s'arrêter au chef-lieu de Loir-et-Cher et d'y former un corps destiné à surveiller le pays, principalement dans la direction du sud-ouest, où l'état-major allemand pressentait que l'on réunissait des troupes menaçantes pour l'armée d'investissement du prince royal de Prusse.

Les francs-tireurs commençaient aussi à se former sur la ligne du chemin de fer de Mulhouse et avaient maltraité un détachement bavarois envoyé en réquisition à Nangis, dans la journée du 21 octobre. Aussitôt la division wurtembergeoise recevait l'ordre de détacher dans cette direction un bataillon, un escadron avec deux pièces de canon ; le 24, cette troupe occupait Montereau et, le 25, elle dispersait à Nogent-sur-Seine un rassemblement de gardes nationaux et de francs-tireurs.

A la fin d'octobre, les armées allemandes avaient étendu leur zone d'invasion : au sud, jusqu'à la Loire ; à l'ouest, jusqu'à l'Eure ; au nord, jusqu'à la ligne de Vernon-Gournay-Breteuil-Montdidier-Soissons. Cette dernière place, que l'armée allemande avait tournée facilement dans sa marche de Sedan sur Paris, avait capitulé le 16 octobre après une défense médiocre causée autant par l'indiscipline de la garnison que par l'insuffisance manifeste des fortifications. La ville, située au confluent de la Crise et de l'Aisne, était occupée par 2.200 hommes du 15e de ligne, 2 bataillons de mobiles de l'Aisne à peine vêtus et n'ayant jamais fait l'exercice, 200 artilleurs également inexpérimentés, 3 batteries de la mobile et 30 sapeurs du génie sous les ordres de deux officiers de cette arme.

D'après les rapports officiels, la discipline était mauvaise, la maraude et les vols continuels. Sur les 5.000 habitants restés dans la place, beaucoup, désireux de capituler, faisaient leur possible pour détourner les soldats de leur devoir ; ce qui était d'autant plus facile que les soldats étaient pour la plupart logés chez l'habitant, faute de casernes. L'artillerie comprenait 120 pièces dont un quart étaient rayées.

L'ennemi avait adressé au lieutenant-colonel de Noue, commandant la place, une sommation infructueuse lors de son passage, le 12 septembre. Plus tard, la garnison ayant opéré quelques sorties fructueuses et capturé quelques convois allemands, l'état-major de Versailles donna des ordres pour enlever rapidement une place aussi gênante. 8 bataillons de la 2e division de landwehr, 4 escadrons, 2 batteries de campagne et 2 compagnies de pionniers, vinrent assiéger Soissons, sous les ordres du général de Selchow. Le 9 octobre, l'investissement était complet et les batteries de siège armées de 44 pièces, dont 10 mortiers pris à Toul. La place se trouvant dominée à moins de 3.000 mètres par les hauteurs de Mont-Marion au sud-ouest, de Sainte-Geneviève à l'est, et de Belleu au sud, les Prussiens purent tirer à coup sûr.

Le grand-duc de Mecklembourg-Schwerin prit la direction du siège le 11 octobre ; le bombardement commença le 12 et dura jusqu'au 15 à huit heures du soir. Il provoqua comme toujours les plaintes de la mairie contre le gouverneur qui hésitait à capituler. La reddition s'effectua le 16 au matin aux conditions imposées à Sedan. Le commandant de Noue a été vivement blâmé par le Conseil d'enquête sur les capitulations pour sa faiblesse et son incapacité. Pour comble d'humiliation, l'ouvrage du grand état-major prussien dit que la majeure partie de la garnison prisonnière a défilé dans un désordre produit par son état d'ivresse.

La capitulation de Strasbourg, signée le 28 septembre, rendait disponible la presque totalité du corps de siège. La 1re division de réserve, de Treskow, fut désignée pour tenir garnison dans la place où elle fut renforcée par le 27e régiment d'infanterie ; la division de landwehr de la garde appelée à Paris, prit, ainsi qu'il a été dit, ses cantonnements autour de Saint-Germain-en-Laye ; la division badoise à trois brigades et la division mixte, von der Goltz, formée de la brigade d'infanterie Boswell, 30e et 34e d'infanterie, et de la brigade de cavalerie Krug de Nidda, 2e dragons et 2e hussards de réserve, avec trois batteries empruntées à la division Treskow, constituèrent un XIVe corps d'armée, à 23 bataillons, 20 escadrons et 72 canons, sous les ordres de M. de Werder, promu général d'infanterie après la chute de Strasbourg.

Le surlendemain de la capitulation, Werder avait reçu du grand quartier général l'ordre écrit de marcher rapidement vers la Seine, en prenant par Troyes et Châtillon-sur-Seine, de disperser en passant les rassemblements de troupes en voie de formation dans les Vosges, la Haute-Marne et l'Aube, et de chercher à s'établir entre Blainville et Épinal. En même temps, on réunissait dans le haut du grand-duché de Bade, à Fribourg-en-Brisgau, une 4e division de réserve, commandée par le général-major de Schmeling et composée de trois régiments combinés de landwehr à 4 bataillons chacun, du 25e d'infanterie, du 1er et du 3e régiment de ulans de réserve, de 6 batteries de réserve et de 1 compagnie du génie; en tout : 15 bataillons, 8 escadrons et 36 canons. Cette division, appelée à jouer un rôle important, avait d'abord pour mission de franchir le Rhin, de se mettre en rapport avec le général de Bismarck-Bohlen, gouverneur général de l'Alsace, et avec le général de Werder, de faire le siège de Schlestadt et de Neuf-Brisach, en utilisant dans ce but le matériel devenu disponible à Strasbourg, enfin de réquisitionner à outrance et d'observer le pays vers Belfort. Du 1er au 3 octobre, la division Schmeling franchit le Rhin en bateaux à Neuenbourg, à hauteur de Mulhouse, occupait ensuite cette grande ville, s'établissait quelques jours après à Colmar, bloquait Neuf-Brisach, dispersait les bandes de francs-tireurs et commençait le 20 à bombarder Schlestadt qui se rendait le 24 après une défense assez molle et qui fut blâmée, comme celle de Soissons, par le Conseil d'enquête. Le commandant de la place avait montré la même faiblesse et la garnison la même indiscipline. Les Allemands firent 2.000 prisonniers et s'emparèrent de 122 bouches à feu de toutes sortes, moyennant une perte de 20 hommes.

Dans les derniers jours de septembre, des officiers du génie, secondés par de hardis partisans, tentèrent de réparer la faute du maréchal de Mac-Mahon en faisant sauter le tunnel de Lutzelbourg, dans les Vosges, sur la ligne Paris-Strasbourg. Déjà le capitaine Varaigne avait reconnu les points vulnérables du chemin de fer de l'Est, quand le général de Werder, mis en éveil par ces tentatives, dirigea de ce côté la 2e brigade badoise Degenfeld, avec 2 escadrons et 2 batteries. Ce détachement traversa les montagnes près de la petite ville de

Barr, dont les habitants se rappellent encore la célérité et le mystère avec lesquels s'opéra ce mouvement. Arrivé à Raon-l'Étape, sur le versant occidental des Vosges, le général Degenfeld allait se mettre en route pour Épinal, quand il fut subitement attaqué, le 6 octobre, par un corps français d'un effectif considérable. La rencontre eut lieu sur un plateau situé à deux lieues nord-ouest de Saint-Dié, entre les villages d'Étival, de Nompatelize et de la Bourgonce. Ce combat, très intéressant et peu connu au lendemain de la guerre, fait grand honneur aux jeunes troupes de l'Est.

Le général Cambriels, quoique imparfaitement guéri d'une grave blessure à la tête reçue à Sedan, avait accepté le commandement d'une armée en voie de formation autour d'Épinal. Ignorant la marche rapide de Degenfeld, il prescrivit au général Dupré de se diriger sur Lutzelbourg avec sa brigade composée de 3.600 hommes du 32ᵉ de marche, 3.500 du régiment des mobiles des Deux-Sèvres et d'une batterie d'artillerie. A Raon, il rallia le 2ᵉ bataillon de la Meurthe, environ 350 francs-tireurs et un bataillon et demi des mobiles des Vosges, qui portèrent son effectif à 9.500 hommes. Ces troupes, recrutées d'éléments excellents, n'avaient malheureusement aucune instruction militaire, de plus leur armement était défectueux et manquait d'uniformité. Malgré ces désavantages, elles résistèrent vaillamment aux 6.000 Badois de Degenfeld et ne reculèrent qu'après leur avoir infligé une perte de 436 hommes dont 25 officiers. Le général Dupré perdit environ 800 tués ou blessés et 600 prisonniers ; lui-même avait reçu une balle dans le cou.

Le 9 et le 11 octobre, d'autres détachements de l'armée de Cambriels se heurtèrent contre les colonnes du XIVᵉ corps allemand dont la brigade Degenfeld formait l'avant-garde. Dans la première rencontre, à Rambervillers, les Prussiens perdirent une trentaine d'hommes ; dans la seconde, à Bruyères, la 1ʳᵉ brigade badoise en perdit quarante.

Ces échecs répétés portèrent un coup terrible au moral de

ces jeunes recrues, peu habituées à la vie pénible du soldat en campagne et en outre mal équipées et encore plus mal habillées. Menacé d'être tourné par la division Schmeling et écrasé par le corps Werder, Cambriels replia son simulacre d'armée sous le canon de Besançon, où elle arriva le 15 octobre dans un état pitoyable. Les troupes battues à la Bourgonce avaient suivi la route de Remiremont, Rupt, passé le mont de la Fourche pour gagner Lure et descendre ensuite la vallée de l'Ognon, affluent de gauche de la Saône, jusqu'à la hauteur de Besançon.

A l'abri de cette forteresse, on procéda à la réorganisation de l'armée des Vosges qui, sur les 55.000 hommes qu'on lui avait successivement envoyés, n'en comptait pas 30.000 présents sous les armes et cela après trois combats relativement insignifiants. Ces chiffres sont plus éloquents que les déclamations des rhéteurs qui s'érigent en chefs d'armée ; ils montrent ce qu'il en coûte de faire la guerre avec des troupes inexpérimentées, jeunes et mal encadrées. Partout, après l'anéantissement de la vieille armée, les pertes se produisaient dans ces énormes proportions ; partout les effectifs fondaient à vue d'œil.

Le 21 octobre, l'armée des Vosges, qui peu de jours après devenait le 20e corps, avait la composition suivante : commandant en chef, Cambriels, général de division ; chef d'état-major, colonel auxiliaire Varaigne ; — 1re division, général de brigade Crouzat ; — 1re brigade, général auxiliaire Polignac, 85e régiment de marche, mobiles de la Loire et mobiles du Jura ; — 2e brigade, général auxiliaire de Palésy, 16e bataillon de chasseurs, mobiles de la Haute-Garonne et de Saône-et-Loire ; — 2 batteries ; — 2e division, général Thornton ; — 1re brigade, colonel Boisson, 3e zouaves de marche, mobiles du Haut-Rhin ; — 2e brigade, général Aubé (capitaine de frégate), 32e de marche, mobiles des Deux-Sèvres ; — 2 batteries ; — colonne mobile des Vosges, colonel auxiliaire Perrin, mobiles des Vosges et de la Corse ; 1 batterie de montagne. Réserve, lieutenant-colonel Ségard, 47e de marche, mobiles de la Meurthe ; 2 batteries. En tout : 29 bataillons et 7 batteries. Cette armée, en devenant 20e corps, constitua une 3e division avec la colonne mobile et la réserve, sous les ordres du général auxiliaire Ségard, et reçut plus tard 3 régiments de cavalerie de réserve, 5 batteries et quelques compagnies du génie.

Après le combat de la Bourgonce, le général de Werder se porta sur Epinal où le XIVe corps arriva le 12. Il remit en état le chemin de fer et reçut, le 17, l'ordre de ne plus suivre la direction primitivement indiquée vers l'ouest et de continuer au contraire vers le sud son mouvement offensif contre le corps de Cambriels. Le 19, il entrait à Vesoul ; le 22, il rencontrait l'armée des Vosges à Etuz, sur l'Ognon, à 16 kilomètres de Besançon, et la rejetait en désordre sous le canon de la place. Werder n'ayant pas le matériel nécessaire pour faire un siège et informé en même temps que Garibaldi commençait à organiser un corps d'armée à Dôle, se replia sur Gray pour rançonner la riche vallée de la Saône et se ménager un pont sur cette rivière. Le 27, il dirigeait la 1re brigade badoise, prince Guillaume de Bade, vers Dijon ; la brigade devait attendre à Mirebeau la concentration du XIVe corps, tandis qu'un autre détachement couvrirait le flanc droit en passant à l'ouest par Autrey, Fontaine-Française, pour se rabattre ensuite sur Mirebeau, par Bèze. Ces deux colonnes éprouvaient de grandes difficultés à avancer par des chemins encombrés d'obstacles ; le 27, la brigade du prince Guillaume atteignit à Essertenne, sur le chemin de fer de Gray, un corps de 1.200 mobiles qui se laissa enlever un bataillon de 430 hommes avec 15 officiers, sans faire perdre à l'ennemi plus de 17 soldats.

Sur ces entrefaites, Werder reçut la nouvelle de la capitulation de Metz qui rendait disponibles environ 200.000 hommes des 1re et 2e armées et entraînait des modifications dans ses premières instructions d'après lesquelles il devait se rendre le plus tôt possible dans la vallée de la Seine. En effet, le 29 octobre, il recevait de Versailles une dépêche datée du 23, c'est-à-dire remontant à l'époque de la seconde mission du général Boyer ; M. de Moltke prescrivait à Werder de rester dans les départements des Vosges, de la Haute-Saône, du Doubs et de la Côte-d'Or pour y couvrir le flanc gauche des communications des armées allemandes contre toute tentative des Français par les bassins de la Saône et du Doubs. Le 30, Werder apprenant que Dijon n'avait pour défense que des mobiles et des gardes nationaux, lance sur cette ville les 1re et 3e brigades badoises, sous les ordres du général Beyer qui enlève les faubourgs Saint-Apollinaire et Saint-Nicolas après une défense honorable pour de jeunes troupes. Leur chef, le colonel de gendarmerie Fauconnet, se faisait bravement tuer pendant que le colonel de la garde nationale, qui s'était enfui aux premiers coups de fusil, le dénonçait aux autorités de Tours. Gambetta allait faire traduire en cour martiale ce calomniateur, lorsque les graves événements d'Orléans vinrent distraire son attention. Le 31 octobre, le général Beyer faisait son entrée à Dijon qu'il accablait de réquisitions. Ce succès lui avait coûté 250 hommes et aux défenseurs à peu près autant, plus une centaine de prisonniers.

Le mois d'octobre, dont nous venons d'esquisser les principaux faits militaires, devait se terminer à Paris de la façon la plus triste et inspirer les craintes les plus vives sur l'avenir réservé aux habitants honnêtes par la lie de la démagogie.

Pendant la semaine qui suivit la reconnaissance de Buzenval, il ne se passa rien d'important autour de la capitale. Les derniers combats avaient permis de constater les progrès de nos soldats et le parti que l'on pouvait tirer des recrues si l'on savait et pouvait agir sans précipitation ; l'espérance commençait à renaître chez quelques officiers généraux ; le bon esprit des troupes de ligne et de la garde mobile se développait de jour en jour, grâce à la guerre de chicane incessante qu'ils faisaient aux avant-postes. Mais il était écrit que le destin accablerait la France et que les hordes indisciplinables de la garde nationale des faubourgs feraient disparaître toute lueur d'espoir à peine entrevue.

Le 28 octobre, le général de Bellemare, commandant supérieur de Saint-Denis, désireux d'utiliser l'excellent bataillon des francs-tireurs de la presse dont la présence à la Courneuve n'était plus nécessaire par suite des progrès de l'inondation de la Crould, prescrivit à son commandant, M. Rolland, de tenter une attaque de nuit sur le Bourget, position très importante à cheval sur la route de Lille et affectant la forme d'un coin enfoncé par la garde royale prussienne dans notre ligne de défense entre Saint-Denis et Drancy. Le bataillon se mit en marche à 3 heures du matin et surprit dans le village la compagnie de la garde royale qui s'y trouvait. Les Prussiens étant revenus en force pour reprendre la position, le général de Bellemare fit soutenir les francs-tireurs par une partie du 36ᵉ de marche et par le 14ᵉ bataillon des mobiles de la Seine, sous les ordres du colonel Lavoignet. Deux pièces de 4 et une mitrailleuse furent envoyées au Bourget; à 11 heures, le général y vint de sa personne avec les 12ᵉ et 16ᵉ bataillons de mobiles et sept compagnies du 28ᵉ de marche formé avec les débris de l'ancienne garde impériale. Les batteries de position établies par les Prussiens autour de Pont-Iblon, à l'endroit où la route de Lille traverse le ruisseau de Morée, et quelques batteries de campagne canonnèrent à outrance le Bourget et obligèrent la faible artillerie du colonel Lavoignet à cesser son feu, mais sans faire évacuer le village que les sapeurs du génie mirent en état de défense. Vers 7 heures et demie, la garde royale tenta sans succès un retour offensif qui lui fit perdre du monde.

Dans la même journée du 28, le journal *le Combat*, dirigé par Félix Pyat, publiait une note sur Metz que le gouvernement commit la faute de démentir d'une façon trop absolue quand il la savait exacte sur certains points. Voici ce que disait la feuille révolutionnaire :

LE PLAN BAZAINE

Fait sûr et certain, que le gouvernement de la défense nationale retient par devers lui comme un secret d'Etat, et que nous dénonçons à la France comme une haute trahison :

Le maréchal Bazaine a envoyé un colonel au camp du roi de Prusse pour traiter de la reddition de Metz et de la paix, au nom de Sa Majesté l'empereur Napoléon III.

Les avocats de l'Hôtel de Ville, habitués de longue main à farder la vérité, affectèrent une grande indignation et traitèrent Pyat de calomniateur ; cependant c'était un de leurs collègues, M. de Rochefort, qui avait donné cette nouvelle malheureusement trop vraie à Flourens. Les chefs des faubourgs, qui savaient à quel point était mensonger le démenti inséré au *Journal officiel*, firent leurs préparatifs afin de profiter de l'indignation des Parisiens au moment où la vérité serait confirmée. Pour comble de disgrâce, un événement militaire imprévu, la reprise du Bourget, de nature à frapper vivement l'esprit d'une population nerveuse et impressionnable, devait encore venir en aide aux démagogues.

Drancy, envahi en même temps que le Bourget, avait reçu une garnison composée du 8e bataillon de mobiles, de francs-tireurs et de quelques marins, sous les ordres d'un capitaine de frégate. La nuit du 28 au 29 se passa tranquillement ; les Prussiens l'employèrent à consolider leurs batteries de position et à régler la hausse des canons, entre Dugny et Blanc-Mesnil. Le Bourget étant le seul poste d'observation en avant des lignes de la garde royale, l'état-major allemand appréhendait que l'assiégé, une fois solidement établi dans cette localité, ne construisît sur les parties élevées du terrain des batteries de grosses pièces capables d'inquiéter très sérieusement les positions de la garde en arrière de l'inondation que les pionniers avaient tendue le long du ruisseau de Morée. Pendant la journée du 29, l'artillerie ennemie entretint un feu continu dans l'espoir de faire évacuer le Bourget, mais en vain; la mise en défense avait été parfaitement organisée par le général de Bellemare. Celui-ci, convaincu de l'importance de ce poste, s'était rendu dans la journée du 29 chez le général Trochu et l'avait très vivement prié de lui envoyer des renforts, surtout en artillerie. Le gouverneur, quoiqu'il eût autorisé le mouvement en avant de Bellemare, fit montre d'une regrettable indécision devant les instances d'un de ses meilleurs et plus intelligents lieutenants et donna comme à contre-cœur des ordres qui furent exécutés le lendemain 30, quand... le Bourget était repris par les Allemands.

Le prince de Saxe, commandant l'armée de la Meuse dont faisait partie la garde prussienne, partageait à ce point l'avis de Bellemare sur l'importance de la possession du Bourget pour l'un ou l'autre camp, que l'ouvrage du grand état-major nous apprend qu'il passa outre aux observations de l'artillerie sur la difficulté d'occuper ce poste sous le feu des gros canons de Saint-Denis et ordonna au prince Auguste de Wurtemberg, commandant en chef de la garde, d'enlever le Bourget coûte que coûte.

Par une fatale coïncidence, le 29 octobre tombait un samedi et tous les bataillons de mobiles relevant du commandement de Saint-Denis étaient de Paris où, en soldats indisciplinés, ils avaient pris la douce habitude de passer la journée du dimanche. Quoique en présence de l'ennemi et d'une attaque probable, les effectifs des 14ᵉ et 16ᵉ bataillons se trouvaient le 30 au matin réduits à une douzaine d'hommes par compagnie ; seul, le 12ᵉ bataillon, sévèrement tenu par son commandant Baroche, comptait plus de six cents hommes sous les armes. Peut-être les Prussiens étaient-ils informés de ce relâchement hebdomadaire dans le service des mobiles de la Seine? Quelles en ont été les conséquences ?

Le prince de Wurtemberg, conformément à l'ordre impératif de son général en chef, prescrivit au général de Budritzki, commandant de la 2e division de la garde, de former avec 9 bataillons trois colonnes d'attaque partant de Dugny, Pont-Iblon et le Blanc-Mesnil, soutenues par 5 batteries de la réserve de la garde, de façon à envelopper complètement le Bourget. Par surcroît de précautions, les colonnes devaient, au besoin, être appuyées sur leur droite par la 1re brigade et par les 4 batteries de la 2e division, sur la gauche par la 23e division saxonne.

Le 30 au matin, Budritzki, après avoir fait canonner le Bourget à outrance, l'enveloppa brusquement avec ses colonnes qui pénétrèrent dans le village par trois côtés à la fois. Les Prussiens inauguraient à cette occasion une nouvelle tactique consistant à déployer un grand nombre de tirailleurs et à intercaler successivement dans leurs lignes les troupes de soutien, de manière à diminuer les pertes en offrant moins de prise au terrible feu de nos chassepots. Ils avaient su profiter de la cruelle leçon que leur avait donnée Canrobert à Saint-Privat.

Les défenseurs du Bourget, réduits à 2.500 hommes, surpris par cette attaque impétueuse, se défendirent avec un acharnement et une opiniâtreté à laquelle leurs adversaires ont rendu justice. Parmi les plus intrépides, se distinguèrent le commandant Baroche qui se fit tuer, le commandant Brasseur du 28e de ligne auquel le prince de Wurtemberg rendit son épée à titre d'hommage pour sa bravoure, et le colonel Lavoignet. Mais la discipline et la bonne direction de la garde royale devaient triompher ; le Bourget fut repris, et environ 1.200 hommes, restés *sans soutien* sur la rive droite de la Mollette, petit ruisseau qui traverse le village, restèrent au pouvoir des Prussiens. La brigade Hanrion, qui avait l'ordre de protéger les combattants de la rive droite dès le 30 au matin, était entrée en ligne trop tard ; les troupes placées sur la rive gauche de la Mollette et à la Courneuve avaient lâché pied et celles de Drancy étaient restées immobiles.

A 2 heures de l'après-midi, le désastre était consommé.

Dans ces trois journées, les pertes des Allemands dépassèrent 500 hommes, dont 34 officiers et 433 hommes de la garde dans le combat du 30. Comme toujours, nos pertes en tués et blessés sont totalement inconnues. A 5 heures et demie le général Trochu annonçait en termes trop laconiques cet insuccès aux habitants de Paris, dont d'autres nouvelles bien plus graves allaient exciter les passions jusqu'au paroxysme. Le *Journal Officiel* annonçait, le 31 au matin, que M. Thiers venait d'arriver à Paris pour rendre compte de sa mission au gouvernement. Fidèles à leur mauvaise habitude de flatter la multitude, les gouvernants ne craignaient pas de dire que « grâce à la forte impression produite en Europe par la résistance de Paris », l'Angleterre, la Russie, l'Autriche et l'Italie s'étaient mises d'accord pour proposer un armistice aux belligérants. Ils ajoutaient imprudemment : « Il est bien entendu qu'un tel armistice devrait avoir pour conditions le ravitaillement proportionné à sa durée, et l'élection par le pays tout entier. »

Immédiatement après l'annonce du retour de M. Thiers, venait celle de la reddition de Metz, qui exaspéra au plus haut degré la milice citoyenne; les soldats de Borny, de Rezonville et de Saint-Privat étaient ouvertement traités de lâches, de misérables, et les cinq cent mille défenseurs de Paris s'étonnaient naïvement quand, au risque de se faire lapider, une personne sensée leur prophétisait que, malgré leur grand nombre, pareil sort leur était infailliblement réservé. Il se produisit alors deux courants d'opinion très marqués : les uns, nombreux mais timides, étaient d'avis qu'après l'entière destruction de l'ancienne armée, la continuation de la guerre devenait un véritable acte de folie et qu'il fallait entrer en négociation avec l'Allemagne ; les autres, qui formaient malheureusement la majorité, ne voulaient à aucun prix de l'armistice. Le bombarbement et les ravages de la guerre ne les ayant pas encore touchés dans l'intérieur de Paris, ils se croyaient ingénument de force à chasser les Prussiens, voire même à leur faire payer une sérieuse indemnité de guerre, et ne se doutaient nullement que MM. de Bismarck et de Moltke les tenaient en leur pouvoir. Il faut avoir entendu de ses propres oreilles les déclamations de ces myriades de gardes nationaux pour se rendre exactement compte de leurs incurables illusions.

Les chefs de la démagogie, fort au courant des dispositions des faubourgs et d'une partie des quartiers du centre, résolurent de les exploiter pour renverser le gouvernement et s'installer à l'Hôtel de Ville. Dès que Flourens eut été informé par M. de Rochefort de la capitulation de Metz, il s'entendit avec les officiers des cinq bataillons qu'il avait formés à Belleville pour faire une *journée* ; le premier rôle était réservé à un bataillon, dit des tirailleurs de Flourens, fort de 500 hommes et composé exclusivement d'énergumènes affiliés aux sociétés secrètes et dont la lâcheté en face des Prussiens devait prochainement se manifester de la façon la plus triste. L'occasion épiée par les agitateurs se présenta le 31 octobre, lorsque les Parisiens apprirent coup sur coup la reprise du Bourget, les négociations avec l'ennemi et la reddition de Metz, officiellement démentie l'avant-veille. Dès 7 heures du matin, des groupes nombreux commencèrent à se former sur la place de Grève. — Pas d'armistice, la guerre à mort ! criaient les uns. — La Commune ! la Commune ! vociféraient les autres qui avaient reçu le mot d'ordre ou qui se figuraient que cette singulière appellation ferait sur les Allemands plus d'impression que celle de République. L'esprit reste confondu devant une crédulité pareille, et il faut avoir été présent à Paris pendant le siège pour être convaincu que plus d'un garde national prêtait au mot Commune une influence diabolique ; il rappelait vaguement à la foule le général Henriot galopant à travers les rues un grand panache à son chapeau, suivi de canons, de bandes furieuses armées de mousquets ou de piques, et dont la seule vue faisait trembler les tyrans et les réactionnaires, à en croire les légendes créées par des écrivains ignorants ou passionnés. La plupart des citoyens réunis devant l'Hôtel de Ville ne se doutaient pas du rôle d'instruments qu'ils remplissaient au bénéfice de quelques vulgaires ambitieux ou de misérables stipendiés par l'Allemagne. Vers 9 heures, arrive une bande de 400 individus, précédée d'un drapeau blanc avec cette inscription : « Vive la République! levée en masse ! pas d'armistice ! » A 11 heures et demie, commencent à déboucher par toutes les avenues des gardes nationaux sans armes qui demandent la rupture des négociations. Etienne Arago, Rochefort essayent vainement de haranguer la foule ; ce dernier est assez mal accueilli : on le trouve tiède ; plusieurs individus lui reprochent d'avoir consenti à démentir la nouvelle de la capitulation de Metz. A 3 heures, le général Trochu, en uniforme, traverse la place, et le gouvernement entre en délibération, pendant qu'Etienne Arago et les 20 maires d'arrondissement examinent la question des élections et de la constitution d'une Commune de Paris.

Flourens, informé de la marche des événements, avait réuni à Belleville, vers 10 heures, un certain nombre d'officiers dévoués à sa personne, et rassemblé *son* bataillon de tirailleurs. Au moment précis où le général Trochu quittait l'hôtel du gouvernement, Flourens descendait des hauteurs avec ses bandes qui, chemin faisant, se grossissaient de tout ce que Paris renferme d'énergumènes et de malfaiteurs. Vers 4 heures de l'après-midi, elles pénétraient sans grande difficulté dans l'Hôtel de Ville, grâce à la faiblesse des hommes du 4 septembre, plus habitués à pactiser avec la foule qu'à faire acte d'autorité. La population chargea Flourens de mettre aux voix les noms de citoyens qui seraient chargés de former un comité de salut public. Au milieu d'un tumulte épouvantable et des vociférations de cette tourbe malfaisante et indisciplinée, il parvint à proclamer MM. Dorian, Flourens, Félix Pyat, Mottu, Avrial, Ranvier, Millière, Blanqui,

Delescluze, Louis Blanc, Raspail, Rochefort, Victor Hugo et Ledru-Rollin. Cette liste fut acclamée d'enthousiasme, dit Flourens dans un récit très curieux de la journée du 31 octobre, et il ajoutait ces paroles dignes d'être méditées par ces usurpateurs qui confondent volontiers une bande de gens hurlant et vociférant avec les dix millions d'électeurs français : « On me demandait avec instance de me rendre dans la salle où était le gouvernement déchu par suite de cette élection nouvelle, bien plus valable que celle du 4 septembre, car nous n'avions pas été nommés, comme eux, pour avoir prêté serment à l'Empire, mais parce que le peuple a pleine confiance en nous. »

Le jeune major de rempart s'empressa de déférer à l'injonction de *son peuple* et entra avec un peloton de tirailleurs dans la salle où délibéraient autour d'un tapis vert MM. Trochu, J. Favre, J. Ferry, J. Simon, Garnier-Pagès, Picard, les généraux Le Flô et Tamisier. Il monta sans façon sur la table et signifia leur déchéance et leur arrestation aux membres du gouvernement. Les gardes nationaux des faubourgs occupèrent toutes les issues de l'Hôtel de Ville et les conspirateurs purent se croire les maîtres de la situation, au point d'envoyer des insertions au *Journal officiel* et des *communiqués* à la presse.

Le triomphe de ces tristes personnages ne put heureusement devenir définitif, ce jour-là. A la première nouvelle de cet odieux guet-apens, les bons citoyens furent un instant stupéfaits, mais bientôt le rappel se faisait entendre dans les quartiers dévoués à l'ordre et de nombreux bataillons entraînés par des chefs résolus convergeaient sur le palais municipal. M. Ernest Picard, qui avait pu s'échapper des mains des tirailleurs bellevillois, et le général Soumain, commandant la place de Paris, bien secondés par des officiers énergiques, donnèrent des ordres précis. A 9 heures du soir, les bandes des faubourgs étaient cernées et le 106e bataillon de la garde nationale, commandant Ibos, forçait les portes de l'Hôtel de Ville, pénétrait jusqu'à la salle du gouvernement et délivrait le général Trochu.

Le premier acte d'autorité du gouverneur fut de contremander les dépêches de M. Ernest Picard, invitant les généraux Ducrot et Vinoy à marcher sur Paris. Ces deux officiers s'étaient empressés de se conformer à l'invitation du ministre des finances, décidés tous deux à exterminer les malfaiteurs qui ne craignaient pas de fomenter la guerre civile en présence des Prussiens.

Dans la nuit, plusieurs membres étaient encore prisonniers quand tout à coup un bruit formidable se fait entendre. Ce sont les mobiles bretons du bataillon de Legge auxquels le chef d'escadron d'état-major de Brou a indiqué un souterrain large de plus de quatre mètres et qui communique de la caserne Napoléon à l'Hôtel de Ville. Cette irruption soudaine terrifia les envahisseurs qui s'enfuirent ou furent pris par les mobiles. Par une de ces faiblesses si communes chez les autorités de circonstance, les membres du gouvernement, le général Trochu en tête, n'osèrent pas sévir; les prisonniers furent relâchés et, le lendemain 1er novembre, paraissait un décret qui appelait les électeurs à voter par *oui* ou par *non* sur la question suivante :

« La population de Paris maintient-elle, oui ou non, les pouvoirs du gouvernement de la défense nationale ? »

Le scrutin devait rester ouvert le 3 novembre de 8 heures du matin à 6 heures du soir. On ne tardera pas à voir les funestes résultats de cette regrettable condescendance. Le premier fut de discréditer le général Trochu qui, décidément, masquait son absence de commandement derrière la *force morale* dont il parlait à tout propos.

Cependant, quand le 2 novembre, le gouvernement apprit que les chefs du parti démagogique, amnistiés la veille, se préparaient à recommencer la journée du 31 octobre, il décida, par 6 voix contre 4, l'arrestation de 23 individus ayant participé à l'envahissement de l'Hôtel de Ville. Cet acte d'énergie n'eut aucune suite ; la plupart des personnes incarcérées furent relaxées après une courte détention. Le lendemain de cette échauffourée, les officiers employés au ministère de la guerre se mirent à supputer avec soin pour combien de jours Paris était approvisionné ; aucun espoir de délivrance ne pouvant subsister en présence d'une garde nationale en majorité révolutionnaire et d'un commandement d'une évidente incapacité.

CHAPITRE XXXIV

Mission de M. Thiers auprès des cours étrangères. — 12 septembre, M. Thiers part pour l'Angleterre. — M. de Bismarck fait insérer le 11, dans l'*Indépendant rémois*, un communiqué pour prévenir toute médiation. — Notes allemandes des 13 et 16 septembre sur les conditions de paix et les annexions de Metz et de Strasbourg. — 20 septembre, M. Thiers arrive à Tours ; ses impressions décourageantes. — 23 septembre, son passage à Vienne et son arrivée à Saint-Pétersbourg le 27. — Insuccès de sa mission. — 11 octobre, son retour à Vienne. — 13 octobre, arrivée à Florence. — Le Grand Conseil présidé par le roi refuse l'alliance de l'Italie. — Retour de M. Thiers à Tours le 20 octobre. — Le 21, il rend compte de sa mission. — Le 22, le prince Gortschakoff envoie au roi de Prusse le télégramme du czar. — Lettre guerrière de Gambetta à J. Favre, 24 octobre. — Le czar nomme le prince Albert chevalier de Saint-Georges. — Différence de vues entre MM. Thiers et de Chaudordy. — Mission du général Burnside. — 1er octobre, circulaire de M. de Bismarck sur les cessions territoriales. — Memorandum adressé le 4 octobre par le chancelier et publié le 7 par le *Times*. — 5 octobre, le roi se transporte à Versailles. — Échec de la mission Burnside. — Mission du comte de Kératry en Espagne. — Diplomatie de M. de Chaudordy. — Ses illusions sur l'armée de la Loire. — Froideur des puissances à l'égard de la France. — Voyage de M. Thiers à Paris ; son arrivée, le 30 octobre. — Conseil tenu à Versailles, le 2 novembre. — Entrevue du pont de Sèvres, le 5 novembre, et rupture des négociations, le 6. — Le plébiscite parisien du 3 novembre. — Formation de trois armées dans Paris. — Bataillons de marche de la garde nationale. — Trêve des partis.

Il a été dit plus haut que le 12 septembre le *Journal officiel* avait annoncé le départ de M. Thiers en mission ; la note était ainsi conçue : « M. Thiers, dans les circonstances présentes, n'a pas voulu refuser ses services au gouvernement. Il part ce soir en mission pour Londres, et doit se rendre ensuite à Saint-Pétersbourg et à Vienne. »

A Londres, il s'entremit pour faciliter à M. J. Favre une entrevue avec M. de Bismarck au château de Ferrières. Le chef du Foreing-Office, lord Granville, se montra fort obligeant dans cette circonstance, mais repoussa nettement toute demande de médiation. Le Cabinet anglais fut également inflexible quand M. Thiers le pria de reconnaître le gouvernement du 4 septembre ; tout ce qu'il obtint fut de faire considérer ce gouvernement comme une réunion d'hommes auprès desquels il était possible d'entretenir un représentant diplomatique officieux. Des instructions dans ce sens furent adressées à lord Lyons.

Dans une dernière conversation avec lord Granville, M. Thiers lui demanda si, dans le cas où la Russie adresserait de sa propre initiative des remontrances amicales en faveur de la France, le gouvernement de la reine ne se plaindrait pas d'être ainsi laissé au second plan. Le ministre anglais répondit qu'il ne lui convenait pas en principe de discuter sur des hypothèses ; que cependant, si la Russie faisait effectivement une démarche de cette nature en faveur de la France, le Cabinet de Londres la verrait sans jalousie, tout en se sentant peu disposé à changer sa ligne politique qui avait reçu l'approbation de la Chambre des communes et du pays.

La réserve de l'Angleterre, d'ailleurs peu disposée à nous secourir, s'explique par l'attitude hautaine prise par le roi Guillaume et son chancelier en présence de la moindre tentative de médiation. La presse officieuse, si habilement dirigée par les bureaux de la chancellerie, ne cessait d'exciter les passions nationales et de réclamer l'unification de l'Allemagne par la conquête. Pour couper court à toute velléité de médiation, le quartier général prussien donna, le 11 septembre, l'ordre à l'*Indépendant rémois* d'insérer le communiqué suivant :

A Paris on fait courir le bruit d'une médiation entreprise par chacune des puissances étrangères. Ce bruit n'est pas fondé. Aucune puissance n'a essayé d'intervenir jusqu'à présent, et il est peu probable qu'une médiation soit tentée, car elle n'aurait aucune chance d'aboutir aussi longtemps que les bases d'un arrangement n'auront pas été discutées avec l'Allemagne et qu'il n'y aura pas en France un gouvernement reconnu par le pays.

Pour confirmer cette déclaration, éclairer les puissances sur les conditions de la paix future et répondre à la ridicule circulaire de M. J. Favre en date du 6 septembre, le comte de Bismarck adressa, les 13 et 16, aux représentants de la Confédération du Nord deux circulaires tellement explicites qu'elles ne laissaient place à aucune interprétation et condamnaient les diplomates du gouvernement de l'Hôtel de Ville à s'agiter dans le vide tant que la France refuserait une cession de territoire.

La circulaire du 13 septembre disait :

C'est la défaite en elle-même, c'est le fait que nous avons victorieusement repoussé une attaque criminelle, que la France ne nous pardonnera jamais. Si nous voulions maintenant évacuer la France sans aucune contribution, sans autres avantages que la gloire de nos armes, — la même haine, le même désir de vengeance subsisteraient pourtant chez les Français, à cause de leur vanité blessée, de leur désir de domination ; ils ne feraient qu'attendre le jour où ils pourraient traduire ces sentiments en actes avec l'espoir du succès... Les garanties pour la paix de l'Europe qu'on a cru trouver, après 1815, contre ces mêmes convoitises françaises, dans la Sainte-Alliance et d'autres institutions créées dans l'intérêt européen, ont perdu leur valeur par le cours du temps : nous sommes donc obligés de chercher des garanties matérielles pour assurer l'Allemagne contre les attaques futures de la France. Ces garanties, nous n'avons pas à les attendre d'un gouvernement passager de la France, mais de la nation française, qui s'est toujours montrée prête à suivre chaque gouvernement dans une guerre contre nous.

Le 16, M. de Bismarck déterminait les importantes cessions de territoire exigées par la Prusse et, après avoir lu les premières lignes de sa circulaire, on cherche où les rares partisans de l'empire nommés députés à l'assemblée de Versailles, en 1871, ont trouvé le moindre motif pour soutenir que Napoléon III eût obtenu des conditions plus douces. L'annexion était décidée le lendemain de la bataille de Saint-Privat, livrée le 18 août, et du refoulement de l'armée de Bazaine dans Metz.

Nous sommes loin, écrivait le chancelier, d'avoir aucun penchant à nous mêler des affaires intérieures de la France. Que la nation française se donne le gouvernement qu'il lui plaira, cela nous est égal... Nos propositions de paix sont entièrement indépendantes de la question de savoir comment et par qui la France est gouvernée; elles sont dictées par la nature des choses et par la loi des nécessités de la défense à l'égard d'un peuple voisin, puissant et ennemi de la paix. La voix unanime des gouvernements et du peuple allemand demande que l'Allemagne soit protégée par de meilleures frontières contre les menaces et les agressions auxquelles, depuis des siècles, tous les gouvernements français se sont livrés contre nous. Aussi longtemps que la France demeurera en possession de Strasbourg et de Metz, elle sera la plus forte quant à l'offensive. Strasbourg entre les mains de la France est une place forte de sortie toujours ouverte sur l'Allemagne du Sud, tandis qu'entre les mains de l'Allemagne, Strasbourg et Metz acquièrent un caractère défensif. Dans plus de vingt guerres, nous n'avons jamais été les agresseurs à l'égard de la France... En enlevant à la France, qui a troublé l'Europe, les moyens de prendre l'offensive, nous agissons dans l'intérêt de l'Europe, qui est le maintien de la paix... Personne ne nous reprochera de manquer de modération, si nous maintenons cette juste et équitable réclamation.

Parti de Londres le 18 septembre, M. Thiers arrivait à Tours le 20 et rendait compte à la délégation du résultat de sa mission : « Je trouvai, dit-il dans sa déposition devant la commission d'enquête de l'Assemblée de Versailles, la délégation tombée de Paris à Tours, tout ébahie du chaos au milieu duquel elle se trouvait, et n'ayant guère la force de le débrouiller. » Il avait vu les bandes indisciplinées traverser la ville et fit un rapport assez peu encourageant de son voyage en Angleterre où, avant son départ, lord Granville avait reçu notification des circulaires précitées du comte de Bismarck. « Tout ce que j'ai pu obtenir, leur dit-il, c'est qu'à l'avenir le gouvernement anglais ne contrariera pas autant que par le passé l'action de son ambassadeur en France. » M. Thiers n'attendait rien des armées de la délégation ; il ne fit que toucher barre à Tours et, après une visite de quelques minutes au prince de Metternich, l'infatigable vieillard, soutenu par son ardent patriotisme, se mit en route pour Vienne, par le mont Cenis et Trieste. Débarqué le 23 au soir, il avait le lendemain 24 au matin une entrevue avec M. de Beust, chancelier de l'empire austro-hongrois, qui lui fit l'accueil le plus sympathique et l'assura de son empressement à appuyer tout effort tendant à une médiation. M. de Beust fut vivement frappé du découragement de M. Thiers qui, dans sa conversation, eut le tort de laisser percer son peu de confiance dans les armées improvisées par le gouvernement de la défense nationale. Il donna trop clairement à entendre au Cabinet de Vienne que la seule influence de la Russie lui paraissait de nature à impressionner le roi Guillaume et M. de Bismarck. Le lendemain, 25, M. Thiers se remettait en route pour Saint-Pétersbourg où il arrivait le 27. Il vit d'abord le prince Gortschakoff, eut ensuite une audience de l'empereur Alexandre II et fut admis auprès du grand-duc Constantin et du prince héritier. Partout on lui fit un accueil distingué, mais il ne tarda pas à s'apercevoir que la Prusse et la Russie étaient liées par un traité et que la revision du traité de 1856 qu'il venait offrir de la part de la France avait été l'objet de conventions verbales arrêtées entre les deux gouvernements. Le général Fleury, qui séjournait encore à Saint-Pétersbourg après le 4 septembre, avait appuyé les propositions de M. Jules Favre avec une abnégation et un dévouement empreints d'un patriotisme sincère et des plus louables. Comme M. Thiers, il avait obtenu des promesses vagues, rien de plus. Le siège du czar était fait ; il n'avait oublié ni la guerre de Crimée ni l'attentat de Berezowski, perpétré en 1867, et dont le coupable avait, grâce aux circonstances atténuantes admises par le jury de la Seine, échappé à un châtiment mérité.

Le négociateur français désespérant de gagner l'appui d'Alexandre II se préparait au départ, quand le prince Gortschakoff l'informa que le Cabinet de Berlin paraissait désireux de terminer promptement la guerre et lui suggéra l'idée que sa présence à Versailles pourrait avoir d'heureuses conséquences. Le ministre russe pensait que le gouvernement français serait disposé à conclure un armistice qui ouvrirait la voie à des négociations de paix, du moment qu'il ne lui serait plus permis de compter sur une assistance efficace de la part des puissances neutres. En un mot, le chancelier du czar engageait M. Thiers à s'entendre directement avec M. de Bismarck qu'il prétendait disposé à la conciliation.

Le conseil parut bon à notre ambassadeur, et il fut convenu entre le prince Gortschakoff et M. Thiers que le télégramme suivant serait adressé par le czar au roi Guillaume, après avoir été soumis préalablement à la délégation de Tours :

> M. Thiers s'est montré modéré et a paru apprécier justement la situation. Un contact direct avec lui offrirait peut-être la possibilité d'abréger une lutte dont vous, moi, l'Europe, désirons la fin au même degré. Seriez-vous disposé, le cas échéant, à lui accorder un sauf-conduit pour rentrer à Paris et pouvoir en sortir immédiatement, et faire naître ainsi la chance de relations officieuses avec votre quartier général ?

A la suite de cette dernière entrevue, M. Thiers repartit pour Vienne où il eut, le 11 octobre, une nouvelle conversation avec M. de Beust, et fut reçu par l'empereur François-Joseph. Le chancelier lui renouvela l'assurance de ses sympathies et lui promit de ne gêner en rien une intervention armée de l'Italie en faveur de la France. Il répétait que les armées austro-hongroises se voyaient empêchées de marcher contre la Prusse par crainte de la Russie, que des engagements antérieurs liaient au cabinet de Berlin. L'empereur s'exprima dans les termes les plus courtois et les plus sympathiques pour la France, mais en ayant soin d'ajouter qu'en politique il ne consulterait que les intérêts de son empire. Donc, à Vienne aussi, l'abstention était décidée, et il faut bien reconnaître que les circulaires, les proclamations et les rodomontades des gouvernants de Paris et de Tours semblaient faites pour nous aliéner toutes les puissances.

Le surlendemain, 13 octobre, l'intrépide négociateur arrivait à Florence où le ministre français, M. Senart, avait préparé les éléments d'un traité d'alliance militaire. Le gouvernement italien semblait vouloir subordonner sa décision aux résultats de la mission de M. Thiers ; il insinuait en même temps que les armées de la défense nationale ne lui paraissaient guère exister que sur le papier. Le roi Victor-Emmanuel se disait prêt à tirer l'épée pour rendre service à sa fidèle alliée, mais cette déclaration ne l'engageait guère, puisqu'il avait soin de faire observer qu'en sa qualité de roi constitutionnel, il ne pouvait prendre une aussi grave détermination sans le consentement de ses ministres. Or, le président du Conseil, M. Sella, et le ministre des affaires étrangères, M. Visconti-Venosta, ne cachaient par leurs préférences pour la politique de neutralité.

Un Conseil extraordinaire fut convoqué sous la présidence du roi. En dehors des ministres, on y appela le général Cialdini et M. Thiers. Malgré les efforts de l'illustre homme d'Etat qui tint pendant trois heures les ministres italiens sous le charme de sa parole et défendit avec chaleur les intérêts de son pays, la majorité du Conseil se prononça pour le maintien de la neutralité. La reconnaissance des services rendus par la France en 1859 leur pesait et, comme l'Autriche en 1855, ils tenaient à étonner l'Europe par leur ingratitude ; de plus, ils redoutaient de se brouiller avec la Prusse victorieuse qui, en 1866, avait achevé l'œuvre de l'affranchissement de l'Italie, commencée par Napoléon III.

Cependant, il est juste de dire que M. Thiers n'avait pas témoigné dans ses conversations particulières autant de confiance que dans son langage officiel. A l'exemple de beaucoup d'officiers, il ne croyait nullement à la solidité de nos armées improvisées ; l'historien de l'Empire s'était, par de longues études, rendu compte de la faiblesse de l'armée de 1813, levée à la hâte après la destruction de la belle armée de Russie. La disparition de l'armée de Mac-Mahon et la capitulation inévitable de celle de Bazaine le portaient à établir un fâcheux parallèle entre les deux éléments de défense de notre pays à ces deux époques, aussi exprimait-il l'avis qu'il était urgent de traiter, même au prix d'une cession territoriale. Cette opinion était juste et sensée, mais comment la faire admettre par l'aréopage de l'Hôtel de Ville qui avait approuvé la circulaire du 6 septembre adressée par J. Favre à tous nos représentants à l'étranger?

A l'issue du Conseil, M. Thiers quitta Florence et revint à Tours ; son absence avait duré quarante jours. Le 21 octobre, il rendait compte de sa mission à la délégation qui approuvait l'envoi immédiat du télégramme convenu avec le prince Gortschakoff. Gambetta était d'autant plus pressé de mettre M. Thiers en rapport avec ses collègues de Paris qu'il venait d'être avisé du départ du général Boyer pour l'Angleterre et qu'il fallait à tout prix éviter une restauration de l'empire, possible dans le cas où le roi Guillaume traiterait de la paix avec l'impératrice-régente.

Dès le 22, le chancelier russe adressait au quartier général allemand le télégramme de son souverain le priant d'accorder un sauf-conduit à M. Thiers pour se rendre à Paris. M. de Bismarck, chargé de faire droit à cette demande, fit attendre sa réponse jusqu'au 27 où il apprit la capitulation de Metz ; il rédigea le sauf-conduit de façon à obliger M. Thiers à passer par Versailles avant de pénétrer dans Paris. Mais la délégation, pour bien marquer qu'elle ne prenait la responsabilité d'aucune ouverture de paix, décida que M. Thiers n'engagerait aucun pourparler avec M. de Bismarck avant de s'être concerté avec le gouvernement de Paris.

Pour prémunir ses collègues contre l'influence décourageante de M. Thiers, Gambetta écrivit à J. Favre une longue lettre datée de Tours, 24 octobre 1870. Le dictateur y dépeignait la situation des armées sous des couleurs beaucoup trop favorables et s'y prononçait énergiquement contre les élections. Ne sachant rien de la vie du soldat en campagne, ne comprenant rien aux défaillances des troupes qu'il voyait passer sous ses yeux et s'exagérant le courage de celles qui combattaient au loin, il devait naturellement rédiger des dépêches qui honorent le citoyen aux yeux de la postérité, mais qui n'en démontrent pas moins son ignorance des sentiments de l'Europe et sa méconnaissance de parti pris de ceux de son pays. Voici deux passages caractéristiques de sa lettre :

Tous les discours de M. Thiers peuvent se résumer en une seule phrase : il voit la France épuisée et impuissante à vaincre, il veut la paix, et, redoutant la responsabilité qui doit incomber à ceux qui signeront cette paix, il cherche à provoquer la constitution d'une assemblée qui se chargerait de l'assumer.

Et plus loin :

En résumé, je pense que l'intervention de l'Europe tient uniquement à l'admiration et surtout à la crainte qu'inspire Paris assiégé et résistant. Je crois la Prusse beaucoup plus lasse de la guerre que ne le prétendent les partisans de la paix. Je ne veux rien exagérer, je redoute les illusions, mais je suis convaincu que Paris, après avoir déjà sauvé l'honneur, peut sauver encore et à la fois la République et la France.

Toujours Paris, et dans la pensée du présomptueux tribun, Paris, c'étaient les bataillons de Belleville, de Ménilmontant, de la Villette et de Montmartre. Quel motif d'admiration pour l'Europe et de crainte pour la Prusse ! et avec quel tact le ministre de l'intérieur et... de la guerre mettait la République avant la France ! C'est pourtant avec de pareilles déclamations que l'on séduit les foules et que l'on perd un pays.

Du reste, tous nos concitoyens désireux de jouer un rôle

dans le drame de 1870 se forgeaient des illusions ou affectaient d'en avoir. M. Thiers ne s'imaginait-il pas que, grâce à l'appui de la Russie, il obtiendrait une atténuation aux revendications si nettement formulées par le comte de Bismarck dans sa circulaire du 16 septembre ? Il ignorait, il est vrai, que le jour même où il signait le télégramme demandant un sauf-conduit pour notre ambassadeur, et comme pour corriger l'effet « de cette ombre d'intervention », suivant la juste expression de M. Albert Sorel, le czar adressait au prince Albrecht, frère du roi Guillaume, la lettre suivante :

Carkoë-Sélo, le 22 octobre 1870.

Mon cher oncle, les opérations militaires qui ont répandu un nouvel éclat sur les annales glorieuses de la vaillante armée prussienne ont donné à V. A. R. l'occasion de déployer des qualités militaires éclatantes. En témoignage de la façon dont je les apprécie, j'ai conféré à V. A. R. la croix de Saint-Georges de troisième classe, dont je vous remets les insignes ci-joints. En même temps que je vous prie d'accepter de moi cette croix comme preuve de ma haute estime, je vous renouvelle l'assurance de l'attachement inaltérable avec lequel je suis, de V. A. R., mon cher oncle, le dévoué neveu.

Alexandre.

Cette démonstration significative de l'empereur de Russie dispense d'insister sur l'échec de la mission de M. Thiers. Mais pendant que cet homme d'Etat visitait inutilement les cours de Saint-Pétersbourg, de Vienne et de Florence, d'autres négociations étaient entamées, d'un côté par M. de Bismarck pour la réalisation du projet d'annexion de l'Alsace-Lorraine définitivement arrêté par le roi Guillaume le jour même du refoulement de l'armée de Bazaine sous les murs de Metz, de l'autre, par M. de Chaudordy pour obtenir la médiation de l'Angleterre et des puissances neutres en faveur de la conclusion d'un armistice qui permît l'élection d'une assemblée nationale, seule capable de conclure et d'imposer au besoin un traité de paix à un malheureux peuple affolé par les déclarations et les proclamations insensées d'un gouvernement imbu de l'idée d'une guerre à outrance.

M. Albert Sorel, dans son « Histoire diplomatique de la guerre franco-allemande », donne sur les négociatious entamées à cette époque sur l'initiative de M. de Bismarck, des détails circonstanciés qu'il a pu réunir au ministère des affaires étrangères en sa qualité de secrétaire d'ambassade attaché au cabinet de M. de Chaudordy.

Un des officiers les plus distingués de la guerre de sécession des Etats-Unis, dit-il, le général Burnside, avait été curieux d'étudier de près la guerre de France. Il s'était présenté à la fin de septembre, avec le colonel Forbes, au quartier général prussien où ils avaient été fort bien reçus. Ils se montrèrent disposés à se rendre à Paris et à chercher des moyens de conciliation. Des intermédiaires aussi peu compromettants convenaient à M. de Bismarck qui, par faveur spéciale, avait autorisé M. Washburne, ministre des Etats-Unis, à recevoir et à expédier des valises. Ce diplomate avait été chargé de la protection des sujets allemands et de leurs intérêts à Paris.

Le général Burnside et son adjoint, munis d'une lettre du chancelier à J. Favre, obtinrent la permission de franchir nos lignes. Au moment où ils quittaient Ferrières, le 1er octobre, et comme pour marquer le point de départ de la négociation qu'ils pourraient engager, M. de Bismarck adressait aux agents de l'Allemagne la circulaire suivante qui fut immédiatement livrée à la publicité :

La cession exigée par nous de Strasbourg et de Metz avec leurs dépendances territoriales, entraînerait pour le territoire français une réduction équivalente à peu près à l'agrandissement qui est résulté de l'annexion de la Savoie et de Nice ; en population ce serait une perte d'environ trois quarts de million d'habitants sur le chiffre où cette annexion avait élevé la population française. Cette diminution ne changerait en rien l'importance de la France devant l'étranger. Elle laisserait à ce grand empire les éléments de puissance qui lui ont permis d'exercer, en Crimée et en Italie, une influence décisive sur les destinées de l'Europe. Vous pouvez être assuré d'ailleurs que je me suis abstenu de parler, d'une façon blessante, des conséquences de la guerre actuelle sur le rang que la France occupera à l'avenir dans le monde.

Cette dernière phrase était une réponse à une proclamation des délégués de Tours qui attribuaient à la Prusse l'intention de réduire la France à l'état de puissance de second ordre.

Les deux Américains entrèrent dans Paris le 1er octobre et, le 2, J. Favre les alla voir chez M. Washburne et leur déclara qu'il n'y avait pas de paix possible sans Assemblée pour la conclure ; qu'il fallait un armistice pour convoquer l'Assemblée et qu'il était prêt à reprendre la négociation avortée de Ferrières ; mais en ajoutant sa sempiternelle condition de l'intégrité du territoire.

Pendant ces pourparlers dont M. de Bismarck n'espérait aucun résultat, il prenait ses mesures pour rejeter sur nos gouvernants la responsabilité de leur échec et des terribles conséquences que pourrait entraîner leur refus persistant de toute cession territoriale. Un *Memorandum* fut adressé le 4 octobre aux agents de l'Allemagne, avec ordre de le publier dans les journaux. Il parut le 7 dans le *Times*. On y lisait :

Les conditions d'armistice faites à M. Jules Favre, sur le principe desquelles il eût été possible, en France, de préparer le retour à un ordre de choses régulier, ont été rejetées par lui et ses collègues... Le pays va avoir à supporter les conséquences de la résolution que les membres du gouvernement de Paris ont prise d'une lutte à outrance. Ses sacrifices s'accroîtront inutilement, et la décomposition de l'état social prendra des proportions de plus en plus dangereuses... Paris doit tomber dans un temps plus ou moins long. Si ce temps est prolongé par le gouvernement jusqu'à ce que la famine, devenue imminente, force à capituler, il doit en résulter des conséquences effrayantes... Les destructions immenses de chemins de fer, de ponts et de canaux n'ont pu arrêter la marche des armées allemandes, mais elles entraveront longtemps les communications de Paris avec la province. Le Commandement des armées allemandes est hors d'état de pourvoir, même pour quelques jours, à la subsistance de deux millions d'habitants. Le résultat infaillible est que des centaines de milliers de personnes périront de faim. Le gouvernement de Paris doit le voir aussi clairement que le Commandement des armées allemandes : il ne nous reste plus qu'à poursuivre jusqu'à la fin la lutte qui nous est offerte ; mais si les choses doivent en venir à de telles extrémités, la responsabilité en retombera sur le gouvernement de Paris.

Il y avait beaucoup de vrai dans le *Memorandum* et, si l'insurrection du 22 janvier suivant eût triomphé, la sinistre prévision du chancelier de fer serait devenue une épouvantable réalité. Fait digne de remarque, cette éventualité n'effrayait pas les Parisiens qui, dans leur vanité naïve, se croyaient toujours de taille à opérer la fameuse sortie torrentielle dont il était parlé tous les soirs dans les clubs.

Afin de témoigner de son peu de souci des innombrables guerriers signalés dans la circulaire « pas un pouce, pas une pierre », le roi Guillaume transportait son quartier général de Ferrières à Versailles, le 5 octobre. M. Sorel croit, d'après Wickede, que c'était une imprudence et que le général de Moltke se montrait téméraire en exécutant ce déplacement. En se rappelant les instructions du chef d'état-major prussien pour la marche du 19 septembre, date de l'investissement complet de Paris, on peut constater son dédain pour la garnison de la capitale et, certes, l'attitude de cette dernière au combat de Châtillon n'avait pu modifier sa première impression. La certitude de la victoire définitive était telle au quartier royal que, le 8 octobre, le général comte de Bismarck-Bohlen, gouverneur de l'Alsace-Lorraine, déclarait aux habitants de Strasbourg où il venait de s'établir : « Strasbourg, à partir d'aujourd'hui, sera et restera une ville allemande. »

La circulaire du 4 octobre était une réponse aux conseils de modération du czar ; la déclaration du comte de Bismarck-Bohlen en était une seconde aux réserves de J. Favre sur l'intégrité du territoire. Le général Burnside, à la suite de quatre entrevues avec M. de Bismarck qui l'avait mis au courant de la situation, fut chargé de rapporter à Paris de nouvelles propositions d'armistice.

Ces propositions étaient : un armistice partiel pour préparer des élections par toute la France, sauf l'Alsace-Lorraine ; la faculté de communiquer entre Paris et Tours ; l'armée de

Metz exclue de l'armistice ; Paris laissé sans ravitaillement. J. Favre reçut MM. Burnside et Forbes le 9 octobre. Le gouvernement de la défense après avoir examiné les propositions et le général Trochu les ayant traitées de « conditions d'égorgement », J. Favre fut chargé de rédiger le jour même une note expliquant que « le gouvernement repoussait la proposition parce qu'elle était subordonnée à des conditions qui en rendaient l'exécution absolument impossible ».

Le général Burnside remit la note à M. de Bismarck qui sut tirer le parti le plus habile du refus trop absolu dans la forme que lui opposait le gouvernement de Paris. Il en avertit les puissances, et en prit acte pour dégager la responsabilité de l'Allemagne.

Ici, dit M. Albert Sorel, se place un épisode curieux qui mérite qu'on le mentionne. J. Favre avait reçu d'un agent espagnol à Paris des confidences surprenantes. Cet agent offrait à la Défense nationale un corps de 50.000 à 80.000 hommes qui seraient à la solde de la France ; en retour, la France s'engagerait à s'employer pour la pacification de Cuba et la constitution d'un État ibérique. J. Favre chargea M. de Kératry d'engager une négociation avec le gouvernement espagnol, 2 octobre. M. de Kératry quitta Paris en ballon. Le 19 il voyait le maréchal Prim, alors occupé à négocier avec l'Italie la candidature du prince Amédée au trône de Madrid. Prim répondit : « Obtenez que l'Italie marche la première et l'Espagne suivra. » M. de Kératry crut pouvoir lui offrir, au nom de la France, la présidence de la république ibérique. « C'est impossible, repartit le maréchal. L'Espagne ne veut pas la république ; elle est essentiellement monarchique. » M. de Kératry se retourna vers les républicains. Il eut une conférence avec MM. Castelar, Figueras, Pi y Margal. Ils convinrent de mettre le marché à la main du maréchal, et s'il refusait, de se passer de lui. Ils demandaient trois millions en or « pour la solde des troupes ». Gambetta, « jaloux de sauver la France à lui tout seul », refusa les trois millions. L'affaire en resta là ; un mois après, Amédée Ier était proclamé roi d'Espagne.

La diplomatie des mois de septembre et d'octobre est d'autant plus difficile à suivre qu'elle était soumise en France à trois gouvernements différents : le gouvernement de Paris, la délégation de Tours et l'Empire, sur lequel venait encore se greffer la négociation de M. de Bismarck avec le maréchal Bazaine. Ce dernier épisode a été exposé jusqu'à sa conclusion ; on a vu l'impératrice-régente se refuser patriotiquement à gêner l'action du gouvernement de la défense ; Jules Favre à Ferrières ; M. Thiers visitant les cours de Russie, d'Autriche-Hongrie et d'Italie ; M. de Bismarck essayant de reprendre les pourparlers de paix par l'intermédiaire du général Burnside ; le comte de Kératry envoyé en mission en Espagne. Il reste à faire connaître le rôle rempli à Tours par le comte de Chaudordy. Ce rôle était d'une difficulté extrême avec un gouvernement improvisé qui se refusait à rentrer dans la légalité par la réunion d'une Assemblée nationale, et avec des chefs comme J. Favre, Gambetta, Crémieux, qui ne brillaient ni par l'habileté diplomatique, ni par la communauté d'idées.

Tandis que M. Thiers ne voyait de salut que dans la médiation russe, M. de Chaudordy, au courant de la pression exercée par la Russie sur l'Autriche-Hongrie, et soupçonnant un traité d'alliance entre les Cabinets de Berlin et de Saint-Pétersbourg, tenait essentiellement à l'appui de l'Angleterre. A peine installée à Tours, la délégation recevait le décret de Paris ajournant les élections et nous avons rappelé plus haut la singulière réponse de M. Crémieux à lord Lyons qui lui exprimait ses regrets au sujet du décret d'ajournement.

Des réponses aussi saugrenues aux observations les plus sensées et les plus logiques fournissaient aux puissances neutres d'excellents prétextes pour refuser leur médiation à des gens dont l'Egérie était la garde nationale de Paris, et quelle garde nationale !

Malgré l'immixtion toujours maladroite de nos gouvernants, M. de Chaudordy se mit bravement à l'œuvre avec les mêmes illusions, apparentes ou réelles, que M. Thiers. MM. Valfrey et Sorel, que l'on peut considérer comme les confidents de la pensée intime de l'habile diplomate, le représentent sous un aspect si avantageux et lui prêtent une telle perspicacité, qu'il est permis de douter de la sincérité de ses espérances. Compter sur l'Angleterre pour un effort sérieux du moment que son intérêt immédiat n'est pas en jeu, paraît chose extraordinaire de la part d'un diplomate de carrière. Néanmoins, il commença par demander à lord Granville la reconnaissance déjà refusée du gouvernement de la défense et son concours pour obtenir de M. de Bismarck des renseignements précis sur les conditions d'un armistice et sur les conditions de la paix. Les premières ne pouvaient être arrêtées que par le gouvernement de Paris; les secondes par une Assemblée nationale dont M. de Chaudordy pressait les délégués de hâter la réunion.

Le comte de Granville reçut les ouvertures de notre chargé d'affaires avec une froideur marquée; M. de Bernstorff, ambassadeur de la Prusse à Londres, lui avait remis les circulaires des 13 et 16 septembre en ayant soin d'ajouter que « le gouvernement prussien ne tenait pas à savoir ce qu'en pensait le gouvernement anglais ». C'était une invitation des plus nettes aux neutres de se dispenser de toute médiation et de laisser l'Allemagne régler directement avec la France les conditions du duel engagé entre les deux nations. Au lieu de relever fièrement cette invitation hautaine, le Cabinet anglais parut enchanté de s'en faire un prétexte pour s'abstenir de toute intervention et pour recommander à lord Lyons d'apporter une grande réserve dans ses rapports avec la délégation de Tours.

Induit en erreur par le colonel de Kodolitsch, attaché militaire à l'ambassade du prince de Metternich, M. de Chaudordy crut que cet officier avait été surpris des progrès réalisés dans l'organisation de l'armée de la Loire au milieu de septembre. L'opinion du général Lamotterouge sur la valeur de ses troupes à l'époque précitée autorise à penser que le colonel se montrait moins optimiste dans ses dépêches à son gouvernement. C'est du moins ce que l'on est en droit de conclure de l'attitude de M. de Beust, très sympathique à la France, mais dont les témoignages d'amitié se bornaient à l'envoi de nombreuses dépêches quand nous avions besoin d'un concours plus effectif.

En Italie, M. Senart, l'avocat distingué que le gouvernement avait nommé son représentant en Italie, se montrait aussi habile en diplomatie que son ami et confrère Crémieux. Après avoir félicité les Italiens de leur entrée à Rome, il s'occupa de procurer à la France le concours de Garibaldi, que tous ces politiciens sentimentaux considéraient comme le plus éminent général de l'Europe. M. de Chaudordy ne voyant que des inconvénients à l'arrivée en France du vieux condottière, invita M. Senart à laisser Garibaldi et Garibaldiens en Italie et à presser le ministère de Florence de mettre une soixantaine de mille hommes à notre disposition. L'accueil fait quelques jours plus tard à la proposition d'alliance de M. Thiers donne une idée du peu de succès de la demande formulée par M. Senart. En résumé, au moment où M. Thiers recevait son sauf-conduit pour se rendre à Paris, la situation diplomatique était la suivante : nous n'avions pas trouvé un allié ; la capitulation de Metz avait mis fin aux négociations de la Prusse avec l'Empire ; ni l'Angleterre, ni l'Autriche-Hongrie, ni l'Italie n'osaient offrir leur médiation en présence du refus hautain du roi Guillaume d'accepter l'immixtion d'une puissance européenne dans sa lutte contre la France ; toutes les cours avaient nettement refusé de reconnaître le gouvernement de la défense nationale.

La Russie avait obligeamment demandé pour M. Thiers un sauf-conduit qui lui permettait de débattre, seul et sans appui, les conditions de la paix. La France et la Prusse restaient donc en tête-à-tête ; ce que M. de Bismarck n'avait cessé de réclamer. Il entendait discuter seul avec la France, signer un armistice avec des conditions léonines, autoriser la réunion d'une Assemblée à laquelle il imposerait un traité de paix conforme aux désirs de l'Allemagne, en mettant à profit la menace de famine et de révolution qui pèserait sur Paris en cas de refus.

L'Angleterre allait être punie de n'avoir fait aucun effort sérieux pour venir en aide à son ancienne alliée de Sébastopol. Le 29 octobre, le prince Gortschakoff signait la dépêche par laquelle il annonçait aux puissances signataires du traité de Paris du 30 mars 1856 que « S. M. I. ne saurait se considérer plus longtemps comme liée aux obligations de ce traité, en tant qu'elles restreignent ses droits de souveraineté dans la mer Noire ».

M. Thiers, après avoir passé chez Mgr Dupanloup, évêque d'Orléans, la nuit du 28 au 29, arrivait à Versailles le 30, très fatigué par le mauvais état des routes coupées ou défoncées. Il ne s'y arrêta que le temps nécessaire pour se faire délivrer un laissez-passer à destination de Paris et sut échapper à M. de Bismarck par un mot spirituel : « Monsieur le comte, je ne puis vous dire qu'une chose : c'est que je ne veux pas vous parler. » Il était, aux termes de ses instructions, tenu à une grande réserve sur sa mission, jusqu'à ce qu'il eût reçu les pleins pouvoirs nécessaires pour causer utilement avec le chancelier allemand. Le 30 au soir, M. Thiers descendait à l'hôtel du ministère des affaires étrangères, afin de n'avoir pas à traverser les quartiers populeux et de communiquer plus rapidement avec le gouvernement qui s'y réunit aussitôt. A 3 heures du matin, le Conseil se sépara après s'être mis d'accord sur les propositions suivantes : durée de l'armistice fixée à trente jours avec ravitaillement proportionnel des places assiégées ; liberté complète de circulation ; vote de l'Alsace-Lorraine et réunion de l'Assemblée nationale à Paris.

Dans cette séance du Conseil, M. Thiers témoigna de son peu de confiance dans les armées de province qu'on cherchait en vain, dit-il, à reformer sur la Loire. Il refusa d'ailleurs de donner des détails sur ces armées ; son rôle de négociateur ne le lui permettant pas. Les récits de M. Thiers confirmèrent le gouvernement dans l'idée juste que la vraie défense se concentrait dans Paris. La lettre de Gambetta à J. Favre ne fit que confirmer cette impression, on ne vit dans ses rapports qu'exagération pure.

Le 31 au matin, parurent au *Journal Officiel* deux notes annonçant : la première, des négociations d'armistice ; la seconde, la capitulation de Metz que venait de confirmer M. Thiers. L'illustre négociateur quittait Paris dans l'après-midi, au moment où les bataillons insurgés marchaient sur l'Hôtel de Ville. Le lendemain à midi, il eut avec M. de Bismarck une conférence de quatre heures dans laquelle on aborda immédiatement les questions qui se rattachaient à la conclusion d'un armistice sur les bases convenues et débattues la veille avec MM. J. Favre et Magnin. Le chancelier ne fit aucune objection sérieuse sur la durée de l'armistice et sur la liberté des élections, mais fut moins accommodant sur la question du ravitaillement.

Le lendemain, 2 novembre, le roi convoqua un Conseil militaire auquel assista M. de Bismarck ; à l'issue de ce Conseil M. Thiers eut une nouvelle conférence avec le chancelier. Celui-ci se montra aussi modéré que la veille sur les questions relatives à la durée de l'armistice, à la convocation d'une Assemblée, à la liberté électorale, sauf quelques réserves peu importantes au sujet de la représentation de l'Alsace-Lorraine, mais fut plus rigoureux sur le ravitaillement.

Le 3 novembre, M. Thiers se rendit pour la troisième fois chez M. de Bismarck qui lui demanda s'il avait encore des pouvoirs réguliers, attendu qu'une révolution venait d'éclater à Paris et que l'Hôtel de Ville avait changé de maîtres. Le négociateur français affecta une vive surprise ; son étonnement devait être feint, puisqu'au moment de son départ de Paris il savait le gouvernement très menacé. Il dépêcha aussitôt au général Trochu M. Cochery, qui revint le soir annoncer que l'insurrection avait été réprimée en quelques heures.

Le roi Guillaume, ayant reçu en même temps la nouvelle de l'émeute de Paris et la proclamation furibonde par laquelle Gambetta annonçait au peuple la capitulation de Metz, comprit que toute tentative en faveur de la paix avorterait avec un gouvernement de Paris dominé par une population surexcitée jusqu'au paroxysme et avec un dictateur capable de toutes les excentricités, parce qu'il croyait *ses* armées de force à écraser les Allemands. Dans la matinée, le roi espérait en finir avec une guerre dont l'issue n'était plus douteuse ; le soir, voyant qu'il fallait se résigner à de pénibles sacrifices d'hommes et d'argent, il recommanda au comte de Bismarck de se montrer de plus en plus rigoureux. Aussi, quand, le 4 novembre, M. Thiers reprit ses pourparlers, le chancelier lui fit savoir que « le quartier général était unanime à considérer le ravitaillement des places assiégées, pendant la durée de l'armistice, comme susceptible d'altérer le *statu quo* militaire ; que donner un mois de répit à la France, c'était procurer à ses armées le temps de s'organiser ; qu'introduire dans Paris des quantités de vivres difficiles à déterminer, c'était lui fournir le moyen de prolonger indéfiniment sa résistance ; que l'on ne pouvait, par conséquent, accorder des avantages pareils sans des équivalents militaires, c'est-à-dire sans un fort ou deux autour de Paris, de préférence le Mont-Valérien ». De pareilles exigences firent comprendre à M. Thiers que la négociation ne pouvait plus aboutir ; cependant M. de Bismarck lui offrait encore ou un armistice de vingt-cinq jours sans ravitaillement, ou la faculté de procéder à des élections sans armistice.

Le lendemain, 5 novembre, M. Thiers se rencontrait au pont de Sèvres avec M. J. Favre et le général Ducrot, chargé de représenter le général Trochu peu soucieux de soulever les commentaires des farouches gardes nationaux en dépassant nos avant-postes. Alors eut lieu, dans une maison dévastée, cette célèbre conférence qui marque le commencement de la seconde phase de cette guerre désastreuse. M. Thiers n'hésita pas à émettre l'avis que nous devions renoncer à des conditions d'armistice inacceptables pour l'ennemi et remettre la direction de la défense nationale à une Assemblée. Après avoir traversé les lignes allemandes, il était convaincu que Paris ne parviendrait pas à faire lever le blocus, il fallait donc traiter le plus tôt possible afin de ne pas être à la merci du vainqueur le jour où une ville de plus de deux millions d'âmes en serait réduite à son dernier morceau de pain.

M. J. Favre, lié ainsi que ses collègues par l'imprudente déclaration insérée au *Journal Officiel* du 31 octobre, opposa aux sages avis de M. Thiers la fin de non-recevoir la plus absolue, et cela quoiqu'il l'approuvât entièrement. Les avocats de l'Hôtel de Ville, par respect pour les volontés de cette multitude qu'ils avaient pris l'habitude de flatter et dont ils étaient devenus les esclaves, redoutaient par-dessus tout qu'une politique de transaction, si nécessaire et si patriotique à ce moment critique, ne mît en péril leur fragile pouvoir. Ils sacrifiaient les intérêts de la France à leur ambition personnelle et à la plèbe parisienne dont ils avaient peur. Le général Ducrot partagea l'avis de M. Thiers sur l'impérieuse nécessité de conclure un armistice, mais seulement après avoir imposé le respect par quelque grande opération de guerre conduite avec énergie. Le vaillant officier pouvait sans inconvénient exprimer une opinion aussi discutable, car il savait son ami Trochu décidé à continuer « son héroïque folie ». M. Thiers eut le mérite d'insister sur la nécessité de conclure un armistice immédiat et de renoncer à de vastes opérations militaires, parfaitement inutiles comme ne présentant pas la moindre chance de réussite.

On a beaucoup discuté sur les conditions que nous aurait accordées la Prusse à la fin d'octobre. Les circulaires des 13 et 16 septembre ne laissent subsister aucun doute à cet égard; l'annexion de la province actuelle d'Alsace-Lorraine était arrêtée en principe depuis Saint-Privat; seule l'indemnité de guerre aurait été réduite environ de moitié.

Le soir, J. Favre rendit compte de sa conférence à ses collègues réunis en Conseil extraordinaire ; le général Ducrot fut invité à la séance afin de corroborer par ses souvenirs personnels le récit de l'entrevue. Il fut décidé à l'unanimité « que la proposition d'un armistice sans ravitaillement et celle de la convocation d'une Assemblée nationale sans armistice devaient être repoussées comme incompatibles avec les devoirs de la défense nationale ». M. Emmanuel Arago, se croyant sans doute à la Convention, lança la note héroïque en s'écriant : « Il faut savoir mourir pour assurer l'avenir de nos enfants. » C'était le digne pendant de « l'*humus* pour les générations futures » du gouverneur. La décision du Conseil fut notifiée le lendemain, 6 novembre, à M. Thiers qui reçut en même temps l'invitation de quitter immédiatement Versailles.

Depuis la funeste déclaration de guerre du 15 juillet, il n'avait pas été commis de faute gouvernementale plus grave que la rupture des négociations. Militairement, la France n'existait plus après la capitulation de Metz ; un rêveur sans caractère comme le général Trochu, flanqué d'un conseil de gouvernement et de ministres prétentieux, incapables et profondément ignorants de leur nouvelle profession, pouvait seul assumer une pareille responsabilité. Ce qui le 4 septembre pouvait à la rigueur passer pour un acte de folie héroïque, devenait le 5 novembre un crime contre la patrie. Nos gouvernants lançaient la France dans une aventure sans issue et cela par crainte de la populace bercée à l'excès de promesses irréalisables. L'honneur des armes était sauf et c'est une grave erreur de croire que la lutte des trois derniers mois de la guerre, lutte qui ne fut qu'une série ininterrompue de défaites souvent suivies de déroutes, ait relevé le prestige des armes françaises aux yeux de l'étranger. Il fallait traiter aux conditions que M. Thiers déclarait acceptables et que la prolongation de la lutte devait fatalement aggraver.

Le plébiscite parisien du 3 novembre avait confirmé les

pouvoirs du gouvernement à l'immense majorité de 557.996 *oui* contre 62.638 *non* se décomposant comme il suit : garde mobile, armées de terre et de mer : 236.623 *oui* et 9.053 *non*; — sections de Paris et populations réfugiées : 321.379 *oui* et 53.585 *non*. Le peuple des Delescluze, Flourens, Millière et compagnie, les partisans quand même de la Commune ne représentaient donc qu'une infime minorité, appelée cependant, grâce à la mollesse inhérente aux classes aisées qui se déchargent sur les prolétaires du pénible métier de soldat, à devenir quelques mois plus tard les maîtres de Paris.

MM. Étienne Arago, maire de Paris, Edmond Adam, préfet de police, et Tamisier, général en chef de la garde nationale, se considérant comme liés par des engagements pris avec les émeutiers du 31 octobre, et d'après lesquels les électeurs devaient être convoqués, non pour un plébiscite, mais pour des élections communales, profitèrent de l'occasion pour résilier leurs fonctions. Le départ de ces trois médiocrités n'inspira aucun regret; leurs successeurs furent MM. J. Ferry, Cresson et Clément Thomas, un vigoureux soldat, condamné à mort en 1834 pour participation au complot dit de Lunéville où il était alors maréchal des logis chef de cuirassiers ; qui dut à cette condamnation l'honneur d'être nommé en 1848 colonel, puis général de la garde nationale parisienne, et qui, chose plus étonnante, montra dans l'exercice de ces délicates fonctions tant d'intrépidité, d'intelligence et d'activité que les officiers de l'armée régulière, froissés de prime abord par cette nomination, lui vouèrent une profonde estime. Ces mêmes qualités, sa sévérité en matière de discipline et le mépris qu'il ne craignait pas de témoigner dans ses ordres du jour aux tristes bataillons des faubourgs, lui attirèrent l'inimitié des communalistes qui l'assassinèrent le 18 mars 1871, le jour même de leur indigne triomphe.

Le gouvernement, condamné maintenant aux plus grands efforts pour se faire pardonner un jour son refus de continuer les négociations, déploya une fiévreuse activité dans l'organisation de la défense. Sans doute pour prouver au *peuple* leur bonne volonté, les hommes de l'Hôtel de Ville firent insérer au *Journal officiel* du 6 novembre une note annonçant pompeusement la formation de trois armées comprenant toutes les forces de Paris. Cette note était ainsi conçue (Les chiffres des effectifs sont extraits de l'ouvrage du général Vinoy) :

Formation des 3 armées au 5 novembre.

Commandant en chef : général Trochu ; chef d'état-major général : général Schmitz ; sous-chef d'état-major : général Foy ; commandant supérieur de l'artillerie : général Guiod ; commandant supérieur du génie : général de Chabaud-Latour ; intendant en chef : intendant général Wolf.

Première armée.

Commandant en chef : général Clément Thomas ; chef d'état-major : colonel Montagut ; 266 bataillons de garde nationale sédentaire. Légion de cavalerie : colonel Quiclet. Légion d'artillerie : colonel Schœlcher. Environ 400.000 hommes ?

Deuxième armée.

Commandant en chef : général Ducrot ; chef d'état-major général : général Appert ; sous-chef d'état-major : lieutenant-colonel Warnet ; commandant de l'artillerie : général Frébault ; commandant du génie : général Tripier ; intendant en chef : intendant général Wolf, chargé spécialement du service de la 2e armée.

1er corps d'armée. — Commandant en chef : général Vinoy ; chef d'état-major : général de Valdan ; commandant de l'artillerie : général d'Ubexi ; commandant du génie : général du Pouët ; intendant : intendant Viguier.

1re division. — Général de Malroy ; chef d'état-major : Bidot, chef d'escadron. — 1re brigade, général Martenot ; bataillons de mobiles d'Ille-et-Vilaine et de la Côte-d'Or : 9.219 hommes. — 2e brigade, général Paturel ; 121 et 122e de ligne : 3.114 hommes.

2e division. — Général Maudhuy ; chef d'état-major : Meunier, chef d'escadron. — 1re brigade, colonel Valentin ; 109e et 110e de ligne et 4 bataillons du Finistère : 10.629 hommes. — 2e brigade, général Blaise ; 111e et 112e de ligne : 6.255 h.

3e division. — Général Blanchard ; chef d'état-major : lieutenant-colonel Boudet. — 1re brigade, colonel Comte ; 113e et 114e de ligne et 3 bataillons de mobiles de la Vendée : 8.094 h. — 2e brigade, général de la Mariouse ; 35e et 42e de ligne (les deux seuls régiments d'ancienne formation) : 5.106 h.

2e corps d'armée. — Commandant en chef : général Renault ; chef d'état-major : général Ferri-Pisani ; artillerie : général Boissonnet ; génie : colonel Corbin ; intendance : intendant Baillod.

1re division. — Général Susbielle. — 1re brigade, colonel Bonnet ; 115e et 116e de ligne : 3.840 h. — 2e brigade, général Lecomte ; 117e et 118e de ligne : 3.861 h.

2e division. — Général Berthaut ; chef d'état-major : Régnier, chef d'escadron. — 1re brigade, général Courty, 123e et 124e de ligne : 5.060 h. — 2e brigade, général Avril de Lenclos ; 125e et 126e de ligne : 5.001 h.

3e division. — Général de Maussion ; chef d'état-major : Carré, chef d'escadron. — 1re brigade, général Bocher ; 119e et 120e de ligne : 4.033 h. — 2e brigade, colonel Boutier, 8 bataillons de mobiles, 7.364 h.

3e corps d'armée. — Commandant en chef : général d'Exéa ; chef d'état-major : colonel de Belgaric ; artillerie : général Princeteau ; génie : colonel Ragon ; intendant de Préval.

1re division. — Général de Bellemare ; chef d'état-major : Baugeois, chef d'escadron. — 1re brigade, colonel Fournès ; 4e zouaves, 136e de ligne : 5.100 h. — 2e brigade, colonel Colonieu, 7 bataillons de mobiles : 8.297 h.

2e division. — Général Mattat ; chef d'état-major : Montels, chef d'escadron. — 1re brigade, général Faron ; 105e et 106e de ligne, 3 bataillons de mobiles : 8.560 h. — 2e brigade, général Daudel ; 107e et 108e de ligne : 4.342 h.

Division de cavalerie. — Général de Champéron ; chef d'état-major : de Rosmorduc, chef d'escadron. — 1re brigade, général de Gerbrois ; les régiments de marche de dragons, 1 et 2 : 1.085 h. — 2e brigade, général Cousin ; 1er et 9e chasseurs : 1.374 h. — Hors brigade, 1er régiment de gendarmerie, colonel Allavène : 736 h.

Troisième armée.

Sous le commandement spécial du gouverneur de Paris.

1re division. — Général Soumain ; chef d'état-major : lieutenant-colonel Péchin. — 1re brigade, général d'Argentolle ; garde républicaine à pied, 1re légion et gendarmerie de l'Est : 4.686 h. — 2e brigade, général de la Charrière ; gardes forestiers, douaniers, dépôts des 29e et 59e de ligne : 6.349 h.

2e division. — Vice-amiral de La Roncière, commandant en chef des marins et de la circonscription de Saint-Denis, avec son état-major constitué. — 1re brigade, colonel Lavoignet. — 2e brigade, colonel Hanrion. — 3e brigade, capitaine de frégate Lamotte-Tenet.

3e division. — Général de Liniers; chef d'état-major : de Morlaincourt, chef d'escadron. — 1re brigade, colonel de Camas; 7 bataillons de mobiles : 8.680 h. — 2e brigade, colonel de Chamberet; 6 bataillons de mobiles : 6.428 h.

4e division. — Général de Beaufort-d'Hautpoul; chef d'état-major : Lecoq, chef d'escadron. — 1re brigade, général Dumoulin; 6 bataillons de mobiles : 7.215 h. — 2e brigade, capitaine de frégate d'André; 6 bataillons de mobiles : 7.161 h.

5e division. — Général Corréard; chef d'état-major : Vial, chef d'escadron. — 1re brigade, lieutenant-colonel Champion; 6 bataillons de mobiles : 7.128 h. — 2e brigade, colonel Porion, 5 bataillons de mobiles : 4.945 h.

6e division. — Général d'Hugues; chef d'état-major : d'Elloy, chef d'escadron. — 1re brigade, capitaine de frégate de Bray; 4 bataillons de mobiles : 4.500 h. — 2e brigade, colonel Bro; 137e de ligne, 2 bataillons de mobiles : 4.536 h.

7e division. — Contre-amiral Pothuau, avec son état-major constitué. — 1re brigade, lieutenant-colonel Lemains; 128e de ligne : 2.491 h. — 2e brigade, capitaine de vaisseau Salmon; troupes de marine : 5.000 hommes.

Cavalerie. — 2 brigades avec 2.000 chevaux.

Cette formation subit peu de jours après les modifications suivantes : le général Vinoy, que le gouverneur semblait prendre à tâche d'amoindrir en le plaçant sous les ordres de son cadet de grade Ducrot, reçut à juste titre le commandement de la 3e armée, et fut remplacé à la tête du 1er corps de la 2e armée par le général Blanchard, remplacé lui-même par le général Faron à la 3e division du 1er corps.

Dans le but de renforcer l'armée de Vinoy par un noyau solide de troupes de ligne, on lui adjoignit la division Maudhuy. La division La Roncière devenait en même temps corps d'armée indépendant pour la défense de Saint-Denis.

Dans l'espoir d'utiliser contre l'ennemi les forces vives d'une population ardente, le gouvernement décréta la mobilisation d'une partie de la garde nationale. Chacun des

266 bataillons devait fournir un bataillon de marche de 500 hommes répartis dans 4 compagnies, avec le cadre ordinaire de l'infanterie. En cas d'insuffisance de volontaires, le chiffre de 500 devait être complété par un choix fait entre les célibataires âgés de 25 à 45 ans ; après épuisement de ceux-ci, parmi les veufs sans enfants, les hommes mariés sans enfants, etc. Chacune de ces catégories était elle-même subdivisée en séries établies d'après l'âge, afin que personne ne fût contraint de marcher avant l'appel de tous les hommes d'une série *réputée* moins intéressante. Par une étrange perversion des idées, on en était arrivé en France à croire de bonne foi que l'homme marié et que le propriétaire se doivent moins à la défense de l'ordre et du territoire que le célibataire ou le pauvre. Il était au moins irrationnel de prétendre confier exclusivement la défense de l'ordre à celui qui n'a pas le moindre intérêt à son maintien, et celle du sol au prolétaire qui n'en possède pas une parcelle. Napoléon III était de cet avis, ce qui n'a pas empêché son dernier ministre de la guerre, le maréchal Le Bœuf, de présenter et de faire voter une loi sur le remplacement.

La composition des bataillons étant très variable comme effectif et comme état social, il arriva que dans la plupart des anciens bataillons, des hommes mariés et âgés de plus de 35 ans furent inscrits aux bataillons de marche, tandis que dans d'autres, surtout dans les derniers formés, où les jeunes gens et les hommes sans position acquise étaient nombreux, des célibataires de 28 ans échappaient au service de guerre. Cette anomalie ne fut pas la seule : on vit dans certains quartiers, surtout dans les plus riches, des bataillons où le chiffre des volontaires excédait l'effectif demandé, pendant qu'à la Villette et Belleville, par exemple, c'était à qui s'excuserait de ne pas être volontaire et esquiverait ensuite le service obligatoire en invoquant des cas de dispense. Ces gens si empressés à repousser l'armistice, à proclamer la Commune, perdaient toute leur ardeur dès qu'il s'agissait d'affronter les

Prussiens. L'application du décret sur les compagnies de marche permit de constater une fois de plus que, sauf des exceptions aussi rares qu'honorables, la garde nationale ne fournirait jamais une troupe capable de suppléer à son inexpérience en face de l'ennemi par l'ardeur persistante de son patriotisme.

Toujours par respect pour la souveraineté du peuple, le gouvernement acheva d'annihiler les faibles avantages de la nouvelle organisation en maintenant les cadres électifs. On eut, plus tard, aux avant-postes et dans les tranchées, le spectacle prévu d'officiers ramenant parfois leur troupe en arrière sous le prétexte qu'elle était trop exposée, et manquant de l'autorité indispensable pour maintenir au feu des hommes qui, les ayant élus, les menaçaient à tout instant de les destituer. Lazare Carnot avait indiqué les moyens à employer pour tirer parti des milices ou des volontaires, en les amalgamant avec les troupes de ligne et en leur imposant des cadres. Avec le système suivi par les généraux Trochu et Clément Thomas, un très petit nombre de bataillons essuyèrent sans trop de confusion le feu ennemi à Buzenval; leur seul service rendu fut de soulager, en les remplaçant à peu près, les troupes de ligne exténuées par les gardes de tranchée. Toutefois, cette création avait l'avantage d'occuper pendant le mois de novembre l'activité des parties turbulentes de la population, activité qui, à défaut d'événements militaires ou d'autre aliment, se fût portée sur la politique. Les gardes nationaux sédentaires n'avaient plus le droit d'accuser trop haut les chefs de la défense de manquer de courage et de patriotisme et les nouvelles recrues des compagnies de guerre étaient tout au plaisir de se nommer de nouveaux cadres, d'échanger leurs fusils à percussion contre des armes à tabatière et, un peu plus tard, de s'équiper complètement en guerre avec la grande capote, le havre-sac et les effets de campement. Une nouvelle faute grave fut commise à propos des élections : les gradés non réélus dans les compagnies de guerre étaient laissés libres de rentrer dans les bataillons sédentaires en conservant leurs galons. Beaucoup profitèrent de l'autorisation sans soulever la réprobation de leurs concitoyens ; cette tolérance montre combien peu l'esprit militaire était développé dans les rangs de la milice citoyenne.

CHAPITRE XXXV

Travaux autour de Paris, principalement dans la presqu'île de Gennevilliers. — Le plan Trochu. — La victoire de Coulmiers fait renoncer au plan. — Projet de sortie par Champigny. — La 2e armée, Ducrot, est chargée de son exécution. — Le 29 novembre, une crue de la Marne empêche le passage. — Diversions de l'armée de Vinoy. — 30 novembre, bataille de Villiers-Champigny et diversions autour de Paris. — Dispositions prises par les Allemands dès le 29; leurs effectifs. — L'armée française échoue dans ses attaques contre Villiers et Cœuilly. — 2 décembre, reprise de la bataille de Villiers-Champigny. — Attaques des Allemands sur Bry et Champigny. — Belle conduite des troupes et particulièrement de l'artillerie. — Désobéissance du général Favé, sa regrettable attitude. — Pertes des deux armées. — Considérations générales sur la bataille de Villiers-Champigny et sur la conduite de Trochu et de Ducrot. — Condamnation de la tentative de sortie.

La trêve des faubourgs avec l'Hôtel de Ville fut utilement mise à profit par le commandement militaire. A défaut d'opérations de quelque importance, les rapports officiels signalaient chaque matin à la population, et non sans les exagérer, les effets destructeurs du tir des gros canons sur les travaux ou les convois de l'ennemi. Quelquefois c'était un fait d'armes sans résultat appréciable, mais de nature à maintenir le moral des troupes, tel que l'enlèvement d'une patrouille prussienne accompli en plein jour, le 12 novembre, sur la place de l'Hospice de Saint-Cloud, par les volontaires du capitaine de Néverlée; ou la reconnaissance poussée, le 24, en avant de Bondy par le capitaine de frégate Massiou à la tête d'un bataillon d'éclaireurs soutenu en arrière par le 72e bataillon de marche de la garde nationale. En même temps les armements et les travaux de défense étaient poussés avec une prodigieuse activité. Le fort de Charenton recevait deux pièces de marine de 19 centimètres ; on construisait en avant de Vitry trois nouvelles batteries armées d'obusiers de 22 centimètres. Mais c'est surtout dans la presqu'île de Gennevilliers que les travaux furent accumulés, comme si l'effort suprême dût être tenté de ce côté. Et en effet, le fameux plan Trochu, ce plan légendaire dont la première idée appartient au général Ducrot, consistait à exécuter une sortie vigoureuse vers le nord-ouest, dans la direction de Paris au Hâvre. Au début de l'investissement, l'état-major allemand, obligé de pourvoir à des nécessités urgentes, s'était contenté de quelques travaux insignifiants dans la zone riveraine d'Argenteuil à Chatou, qu'il jugeait suffisamment protégée par la Seine. La ligne d'investissement y était peu garnie et le général Ducrot en concluait qu'une armée de 50.000 hommes, choisis parmi les meilleurs, parviendrait à la percer au moyen d'une attaque vigoureusement menée, surtout si l'attention de l'ennemi avait été attirée la veille sur un autre point par une puissante diversion. Les redoutes élevées successivement à la Folie-Nanterre, à Charlebourg, à Colombes, au Moulin-des-Gibets, et les puissantes batteries élevées dans la presqu'île de Gennevilliers, étaient destinées à protéger le passage de ces 50.000 hommes à travers le terrain occupé par l'armée assiégeante. L'infanterie allemande ne dépassant pas alors la ligne de Pontoise à Mantes, cette petite armée, victorieuse, pouvait, après un seul combat, franchir l'Oise et, appuyant sa gauche à la Seine, gagner Rouen où son ravitaillement était assuré, ensuite la mer qui la mettait en communication avec toutes les ressources du pays. Cette armée, autour de laquelle seraient venus se grouper les éléments de résistance en voie de constitution dans le nord de la France, devenait ainsi, en peu de temps, capable de ravitailler et même de débloquer Paris. Tel était le plan ou plutôt le rêve du général Trochu, et qui devait être mis à exécution du 15 au 18 novembre, suivant la déclaration du gouverneur de Paris.

Sur ces entrefaites, le gouvernement reçut, à la date du 14 novembre, la nouvelle d'un succès remporté le 9 à Coulmiers. Gambetta accompagnait cette nouvelle d'invitations pressantes, renouvelées encore dans des dépêches postérieures, tendant à faire marcher Trochu vers le sud pour donner la main à l'armée de la Loire. Le stratège de Tours écrivait : « Peut-être jugerez-vous opportun de les inquiéter vivement dans cette direction (du sud) ou même d'essayer du côté de la Normandie une vigoureuse trouée, qui vous permettra de faire sortir de Paris, *désormais inexpugnable*, 200.000 HOMMES qui ne sont plus nécessaires à la défense et qui, en tenant la campagne, feraient contrepoids aux forces que le prince Frédéric-Charles amène de Metz. » Les 200.000 hommes et le Paris inexpugnable permettent de supposer que le petit succès de Coulmiers avait singulièrement développé les illusions du jeune dictateur. Les avocats de l'Hôtel de Ville appuyèrent naturellement la demande de leur collègue, et le gouverneur, heureux d'avoir un motif à sursis pour son opération vers Rouen, consentit à porter le front d'attaque des lignes allemandes du nord-ouest à l'est, sur la Marne. L'affaire n'était guère d'importance pour le général Trochu qui n'espérait rien d'une tentative de sortie et qui, éclairé par l'expérience du camp de Châlons, savait à quoi s'en tenir sur la solidité des troupes réunies hâtivement autour d'Orléans. Certains écrivains se donnent la peine de discuter le plan Trochu et la stratégie de Gambetta ; il semble cependant que les insuccès successifs de Champigny, de Buzenval, les défaites d'Orléans, auraient dû les faire renoncer à des observations pour le moins oiseuses. Trochu avait une armée incapable d'exécuter une sortie aboutissant à une trouée et les soldats de la Loire manquaient encore du tact des coudes indispensable pour tenir la campagne, surtout pendant la mauvaise saison ; l'avortement fatal de leurs manœuvres militaires les acculait donc peu à peu à la capitulation finale.

A la suite du changement de plan, le matériel péniblement installé dans la presqu'île de Gennevilliers dût être déplacé pour armer la nouvelle ligne, du plateau d'Avron au fort de Charenton. Du moment que le général Trochu se décidait à marcher au sud, il était conduit à percer les lignes allemandes vers l'est pour tourner les plateaux dominants qui enserrent Paris du côté d'Orléans. Cependant, la presqu'île de Charenton, formée par la Marne et la Seine, se trouvait dans des conditions peu favorables pour une sortie, parce que, découvertes de tous côtés, les troupes y eussent été exposées au feu des batteries allemandes longtemps avant de s'engager sérieusement avec l'ennemi. Celui-ci, solidement retranché sur les pentes qui s'élèvent de Villeneuve-Saint-Georges à Ormesson, ne pouvait être inquiété par le canon de la place.

La presqu'île de Champigny, formée par une bouche de la Marne, présentait moins d'inconvénients. Battue par les forts de Nogent et de Rosny, par les redoutes de la Faisanderie et de Gravelle, enfin par les batteries du plateau d'Avron construites en vue de prendre en flanc les hauteurs qui s'étendent de Villiers à Champigny, les assaillants pouvaient y parcourir un long espace sous la protection d'une puissante artillerie. La position avait un inconvénient considérable : sa gorge trop resserrée entre les villages de Bry et de Champigny ne permettait pas d'attaquer sur un front en rapport avec la masse de troupes dont on pouvait disposer. Le gouverneur décida que la grande sortie serait tentée sur ce point dans la journée du 29 novembre.

La 2e armée, général Ducrot, vint se masser sous les forts de Vincennes, de Nogent et de Rosny ; chaque soldat avait reçu sept jours de vivres. Dans le but de diviser les forces de l'ennemi, trois diversions furent ordonnées pour la matinée du 29 novembre : la première sur l'Hay et Choisy-le-Roi, sous la direction du général Vinoy ; la deuxième sur Épinay-lès-Saint-Denis, sous celle de l'amiral de La Roncière ; la troisième sur la Malmaison et Buzenval, commandée par le général de Beaufort. Dans la nuit du 28 au 29, une crue subite de la Marne empêcha la 2ᵉ armée de franchir les ponts et les généraux chargés d'opérer les diversions reçurent avis, dans la matinée du 29, de ne pas pousser leurs efforts plus loin. Mais déjà le général Vinoy avait eu à l'Hay et à la Gare-aux-Bœufs deux engagements importants.

Ce général, investi, pour la journée du 29, du commandement spécial de toute la rive gauche de la Seine, depuis Issy jusqu'au Port-à-l'Anglais, avait pris les dispositions suivantes : l'attaque du village de l'Hay fut confiée à la division Maudhuy, qui était restée dans ses positions du Moulin-Saquet et des Hautes-Bruyères, après son passage de la 2ᵉ armée à la 3ᵉ. Sur la gauche, la division Pothuau, de la 3ᵉ armée, renforcée de 3.000 gardes nationaux, eut ordre d'enlever la Gare-aux-Bœufs, poste avancé important au nord de Choisy-le-Roi. Quant à la division Corréard, qui occupait avec sept bataillons de mobiles les forts de Montrouge, Vanves et Issy, elle fut condamnée à l'inaction par suite de la recommandation expresse faite au général Vinoy de ne pas démasquer les puissantes batteries nouvellement établies sur la droite du front sud en vue de parer à l'éventualité d'une attaque venant de Châtillon.

Dès 5 heures du matin, la division Maudhuy prononça son mouvement. Tandis que la brigade Blaise s'établissait en réserve sur le plateau de Villejuif, entre le Moulin-Saquet et les Hautes-Bruyères, la brigade Valentin, 109ᵉ et 110ᵉ de ligne, soutenue par les mobiles du Finistère, débouchait des Hautes-Bruyères et abordait à la fois par la droite et par la gauche la pointe nord de l'Hay. L'attaque de droite, conduite le long des pentes de la Bièvre, réussit malgré la résistance énergique de l'ennemi ; mais à gauche, les assaillants furent constamment tenus en échec et repoussés même à diverses reprises par la fusillade nourrie des soldats prussiens postés derrière les murs crénelés d'un grand parc, flanqué en arrière par un retranchement. A 9 heures du matin, une partie du village était au pouvoir des Français, mais, malheureusement, sans qu'ils fussent parvenus à occuper un point important des lignes de défense allemandes. Déjà le VIe corps prussien montrait de fortes réserves et le 2e corps bavarois, campé sur la rive gauche de la Bièvre, venait de prendre l'alarme et lançait des colonnes de soutien ; de toutes parts l'artillerie allemande concentrait ses feux sur les assaillants dont la position devenait intenable. A ce moment, le général Vinoy reçut deux dépêches l'informant du retard apporté au mouvement de Ducrot. La première de ces dépêches, signée du chef d'état-major général, attribuait l'ajournement des opérations de la 2e armée à son véritable motif, qui était une crue de la Marne ; la seconde, signée Trochu, ne faisait pas mention de cet accident et alléguait « l'impossibilité de faire parvenir des ordres coordonnés à la masse de troupes réunies sur la Marne ». La dépêche du gouverneur exprimait l'avis qu'il y avait lieu de se maintenir dans les positions conquises jusqu'à ce que le mouvement de la 2e armée se dessinât, « attendu qu'il serait trop regrettable d'avoir fait en pure perte les efforts au prix desquels on s'était emparé d'une partie de l'Hay ». Le conseil était plus facile à donner qu'à suivre avec des troupes ébranlées. Vinoy ordonna sagement la retraite qui put s'effectuer sans trop de difficultés, sous la protection de l'artillerie des redoutes et des forts, dont les feux avaient préparé et soutenu l'opération. Ce n'en était pas moins un petit désastre, car les pertes de cette matinée s'élevaient à 983 hommes et 30 officiers, presque tous du 110e de ligne qui avait laissé 620 soldats et 19 officiers sur le champ de bataille, pendant que les Allemands, bien abrités, payaient leur succès avec 8 officiers et 144 hommes, dont 12 seulement du 2e corps bavarois, le reste du VIe corps prussien. Ces pertes auraient pu être évitées si le gouverneur de Paris avait pris le soin de contremander à temps une diversion que l'immobilité forcée de Ducrot rendait vaine et sans but. Le général Vinoy, dans son livre sur le siège de Paris, se plaint amèrement et avec raison de la conduite du gouverneur à son égard dans cette circonstance ; n'appartenant pas à la société d'admiration mutuelle de Trochu, Vinoy n'avait même pas été convoqué au conseil de guerre où se combinait la grande opération de l'armée de Ducrot.

Pendant que la division Maudhuy attaquait l'Hay, la division Pothuau devait faire une démonstration sur les bords de la Seine et enlever la Gare-aux-Bœufs, près de Choisy-le-Roi. A 4 heures du matin, Pothuau se met en marche avec la brigade Salmon, composée de fusiliers marins et de fantassins de marine, suivis sous prétexte d'appui par 8 bataillons de mobiles et de gardes nationaux. A 6 heures 1/2, deux compagnies de fusiliers marins enlèvent la Gare-aux-Bœufs. Cet engagement leur coûta 8 blessés ; les Prussiens surpris perdirent 18 hommes dont 5 prisonniers. Le soir même, les rapports exaltaient la belle attitude au feu de la garde nationale de marche.

Nous avons essayé de démêler les causes de la conduite du général Trochu dans cette journée du 29 novembre ; elle s'explique pour ceux qui se rappellent l'anxiété fiévreuse à laquelle était en proie la population parisienne dans la matinée de ce jour. Le 28 au soir et pendant la nuit, le gouvernement fit afficher trois proclamations qui furent reproduites par le *Journal officiel* du lendemain. La première, signée Trochu, prenait à témoin les citoyens de Paris, la garde nationale et l'armée que « la responsabilité du sang qui allait couler de nouveau incombait à ceux dont la détestable ambition foulait aux pieds les lois de la civilisation et de la justice ». Dans la seconde, les membres civils du gouvernement conviaient la population à la pratique des vertus civiques, à la concorde et au calme pendant l'heure suprême de la lutte. La troisième proclamation était signée de l'intrépide général Ducrot. Jamais chef militaire ne sut remuer plus profondément toutes les fibres humaines ; il était impossible de lire sans émotion ces lignes patriotiques, ardentes, certainement inspirées par une implacable résolution et qui respiraient une énergie presque sauvage. « Pour moi, disait-il en forme de péroraison, j'y suis bien résolu, j'en fais le serment devant vous, devant la nation tout entière : je ne rentrerai dans Paris que mort ou victorieux ; vous pourrez me voir tomber, mais vous ne me verrez pas reculer. Alors ne vous arrêtez pas, mais vengez-moi ! » Quoique ce serment n'ait pas été tenu, on ne saurait en faire un reproche au général Ducrot qu'aucun n'a dépassé en intrépidité pendant cette lamentable guerre. Son courage n'a jamais failli ; un hasard étrange l'a protégé au milieu de la mêlée. Les balles ont respecté Ducrot à Champigny, comme elles avaient respecté Le Bœuf à Saint-Privat et à Noisseville ; les aides de camp glorieusement tombés à leurs côtés témoignent par leur mort du courage désespéré de leurs chefs.

Les trois proclamations faisaient allusion à l'armée de la Loire dont on allait seconder les efforts ; les cœurs s'ouvrirent à l'espérance et la ville attendit anxieusement les nouvelles du théâtre de la lutte. Le passage de la Marne n'ayant pu s'effectuer, Trochu crut nécessaire de simuler un commencement d'opérations devant cette population dont on venait de surexciter les passions et l'enthousiasme ; et c'est pour cette raison, sans doute, que le contre-ordre qu'il eût été facile de faire parvenir de grand matin à Vinoy n'avait pas été envoyé. Ce sacrifice inutile d'un millier de braves gens, joint au petit fait d'armes de la Gare-aux-Bœufs, présenté comme un succès remporté avec le concours de la garde nationale, quoique ce poste eût été évacué dans l'après-midi, fut une satisfaction suffisante pour tenir en haleine l'opinion publique. Les autres officiers chargés de faire des diversions ayant été prévenus en temps utile du retard apporté aux opérations par la crue de la Marne firent rentrer les troupes dans leurs cantonnements.

Le théâtral gouverneur de Paris avait, dès le 27 novembre, fait signer par *tous* les membres du gouvernement des lettres de commandement portant qu'en cas de mort : le gouverneur serait remplacé par le général Le Flô, ministre de la guerre ; le général Ducrot par le général d'Exéa dans le commandement de la 2e armée ; qu'en cas de jonction des armées de Paris et de la Loire, le général Ducrot prendrait le commandement en chef. Le brave et digne Vinoy était laissé de côté, de même que d'Aurelle, tous deux plus anciens de grade que Ducrot et que le gouverneur lui-même; s'ils avaient été de la camarilla, il en eût été autrement. Toujours les errements de l'armée d'Algérie où les chefs, sans en excepter Bugeaud, n'ont jamais estimé que les officiers de leur entourage immédiat!

Les instructions pour la grande sortie concertées entre Trochu et Ducrot donnent à penser que ce dernier avait, dans le succès de l'entreprise, un espoir que ne partageaient certainement ni le gouverneur de Paris, ni son chef d'état-major, ni aucun des officiers expérimentés et capables d'apprécier à leur juste valeur les éléments dont disposait Ducrot. Nous avons à cette époque reçu des confidences et entendu des paroles qui nous permettent d'être très affirmatif à cet égard.

Ces instructions portaient que les trois corps de la 2e armée, après avoir percé la ligne d'investissement entre Champigny, Villiers et Noisy-le-Grand, avanceraient de quelques kilomètres pour s'étendre de Gournay-sur-Marne à Chennevières ; la cavalerie, les services administratifs et le convoi suivaient le mouvement pour se masser sur les plateaux de Villiers et de Champigny. Le lendemain, l'armée victorieuse poursuivait sa marche de manière à atteindre en deux étapes le plateau de Coulommiers. De là, la 2e armée se dirigerait sur Bray ou sur Nogent-sur-Seine, pour donner la main à l'armée de la Loire que l'on supposait avoir écrasé les Allemands à Beaune-la-Rolande, l'objectif rêvé par le stratège Freycinet.

La crue du 29 novembre ayant retardé le passage de la Marne au grand dommage de l'armée de Vinoy, la seule diversion prescrite pour le 30 fut l'attaque d'Epinay-lès-Saint-Denis par des troupes de l'amiral de La Roncière ; la division Susbielle du 1er corps, désignée d'abord pour prendre part à l'attaque du plateau de Champigny, reçut l'ordre d'enlever le plateau de Montmesly d'où le feu des batteries prussiennes gênait notre droite.

La brigade Hanrion, chargée de l'attaque d'Epinay avec le concours de trois bataillons de mobiles de la Seine, s'acquitta de sa mission avec la dernière vigueur, grâce aux marins compris dans son effectif. Après un combat acharné qui se prolongea jusqu'à 4 heures du soir, les bataillons du IVe corps prussien parvinrent à reprendre le village. Leurs pertes s'élevaient à 21 officiers et 295 soldats ; les nôtres étaient les mêmes. Le commandant Saillard, qui sous l'Empire avait été chargé d'une mission diplomatique auprès de Maximilien, à Mexico, fut tué dans les rues d'Epinay à la tête du 1er bataillon de la Seine.

Le grand état-major prussien avait largement mis à profit le retard de 24 heures apporté à notre attaque, qu'il attendait du reste. Averti par ses avant-postes et par les officiers de garde aux observatoires de la grande concentration de troupes en avant de Vincennes, il avait en outre reçu du prince Frédéric-Charles, dans la matinée du 29, la nouvelle de la bataille de Beaune-la-Rolande, qui ne lui laissa plus de doute sur les intentions du gouverneur de Paris ni sur la direction de l'attaque. Aussitôt prévenu, il avait envoyé les ordres les plus pressants aux princes de Prusse et de Saxe d'appuyer avec toutes les forces disponibles la division wurtembergeoise postée sur le front d'attaque présumé. Cependant, les mouvements de concentration ordonnés en vertu de ces ordres ne furent achevés que le 30 au matin. Le 29, le général Ducrot avait donc des chances de réussite qui lui manquèrent plus tard.

La division wurtembergeoise, forte de 3 brigades à 2 régiments, d'un bataillon de chasseurs, d'une brigade de cavalerie à 3 régiments, de 9 batteries de campagne et de 2 compagnies de pionniers, garnissait la ligne d'investissement de Choisy-le-Roi à la rive gauche de la Marne. Par sa gauche elle touchait au VIe corps prussien et se rattachait par sa droite au XIIe corps saxon, établi entre la Marne et le canal de l'Ourcq.

Le prince royal de Prusse s'empressa de jeter sur la rive droite de la Seine, dans Valenton et Brévannes, la 7e brigade du IIe corps, pour permettre aux Wurtembergeois de concentrer leur gauche, 3e et 2e brigades, à Boissy-Saint-Léger et à Ormesson. Ce mouvement était accompli le 30 au matin.

De son côté, le prince royal de Saxe donna l'ordre à la 24e division du XIIe corps de passer sur la rive gauche de la Marne. La droite des Wurtembergeois, 1re brigade, put se resserrer sur Villiers et Cœuilly avec de forts détachements dans Champigny. Toutefois, au début de la journée du 30, la 48e brigade de la 24e division avait seule passé la Marne et occupait Noisy-le-Grand; la 47e brigade n'arriva qu'un peu plus tard sur le terrain de l'action; elle fut suivie de près par la 45e brigade du corps saxon et par la moitié de l'artillerie du même corps. Si l'on ajoute à ces troupes la brigade mixte du VIe corps, avec laquelle le général Tümpling se porta sur la rive droite de la Seine au secours de la gauche wurtembergeoise, on arrive à l'évaluation suivante des troupes allemandes contre lesquelles l'armée de Ducrot aura à lutter dans la journée du 30: division wurtembergeoise, 15.500 fantassins, 1.750 cavaliers et 54 pièces de campagne; trois brigades du corps saxon, 45e, 47e et 48e, soit 23 bataillons ou plus de 20.000 hommes, 2.000 cavaliers et 72 canons; 7e brigade du IIe corps, 5.400 fantassins, 280 chevaux et 21 pièces; enfin la brigade mixte du VIe corps, 6.000 fantassins, 280 chevaux et 21 canons; total 46.900 fantassins, 4.260 cavaliers et 168 canons de campagne. Les Allemands avaient en outre les formidables batteries de position établies sur les hauteurs à pentes douces qui forment un vaste glacis le long de la Marne, entre Noisy-le-Grand et Choisy-le-Roi. Le commandement général des troupes et de la zone comprise entre la Seine et la Marne fut confié, pour la durée de la lutte, au général Fransecki, chef du IIe corps prussien, détaché temporairement de la 3e armée pour être placé sous la haute direction du prince royal de Saxe, commandant de l'armée de la Meuse.

L'armée de Ducrot était celle fixée par l'arrêté du 6 novembre, sauf que la division Maudhuy avait été placée sous les ordres du général Vinoy, et que la division Bellemare avait remplacé 2 bataillons de mobiles de Seine-et-Marne par la légion des amis de la France. Elle comprenait environ 75.000 fantassins, dont plus de moitié de gardes mobiles, et 252 canons de campagne, proportion énorme et justifiée par la qualité médiocre des troupes d'infanterie.

Outre les canons de campagne, dès que la résolution avait été prise de se porter sur la Marne, artilleurs, sapeurs et ingénieurs avaient aussitôt déployé une fiévreuse énergie pour multiplier les batteries de position destinées à écraser de feux le terrain choisi pour la percée. Les redoutes et les épaulements pour abriter nos canons s'élevèrent comme par enchantement : entre la Seine et la Marne, de Maisons-Alfort à Créteil, on construisit 9 ouvrages avec 42 canons; dans la presqu'île de Saint-Maur, 10 ouvrages avec 86 canons; à Nogent, 5 avec 22 canons. En résumé, 400 pièces de position, y compris les canons des forts, devaient balayer notre front d'attaque et tracer la route à nos têtes de colonne. Les ingénieurs Krantz et Ducros firent des prodiges pour la construction des ponts de bateaux et pour leur transport de Gennevilliers au canal de Saint-Maur quand on eut renoncé à la marche sur Rouen. Par surcroît de précaution, l'amiral Saisset, ayant pour adjoint le colonel Stoffel, partit le 29 au matin avec une dizaine de mille hommes pour enlever le plateau d'Avron et y installer une cinquantaine de gros canons ayant vue sur la Marne.

Le 30 à l'aube, les deux premiers corps de la 2e armée passent la Marne entre Joinville et Nogent. Le 1er corps, Blanchard, prend à droite, enlève Champigny avec vigueur et place son artillerie sur la crête qui borde le chemin des Fours à chaux de façon à battre à la fois les pentes de Villiers, de Cœuilly, ainsi que l'espèce de cuvette qu'elles forment autour de la station du chemin de fer de Mulhouse, qui dessert ces deux villages. Le 2e corps, Renault, prend à gauche, le long de la route de Bry, les éclaireurs du quartier général et les francs-tireurs de la division Maussion en tête. Les avant-postes saxons évacuent rapidement le bois du Plant en nous laissant quelques prisonniers. La colonne continuant son chemin se voit arrêtée par une barricade, établie sous la voûte même du chemin de fer. « Nos jeunes soldats, dit Ducrot dans sa *Défense de Paris,* n'osent aborder l'obstacle. Sentant le danger d'un mouvement d'hésitation au début du combat, le GÉNÉRAL EN CHEF court sur la barricade... nos tirailleurs le suivent... le retranchement est enlevé. » Cet acte de témérité imposé dès les premiers coups de fusil à un général en chef par l'hésitation d'une tête de colonne, pourtant triée sur le volet, était de mauvais augure et justifiait les appréhensions des militaires expérimentés qui ne croyaient pas la victoire possible. Le général Ducrot ayant franchement reconnu l'inanité de sa tentative de sortie, nous résumerons son très véridique récit des batailles de Villiers-Champigny.

La division Berthaut appuie le mouvement de la division Maussion et à 10 heures, le 2e corps couronne toutes les crêtes du plateau de Villiers. Au centre, la division Malroy s'est mise, sur la route des Fours à chaux, à hauteur de la division Faron, maîtresse de Champigny. Vers dix heures, nos troupes occupaient donc complètement la presqu'île; leurs tirailleurs formaient une longue ligne appuyée d'un côté à la Marne, à l'est de Champigny, de l'autre aux grands parcs de Bry.

Les 1er et 2e corps étaient parvenus d'un premier élan sur la ligne de crête de Cœuilly et de Champigny, ils allaient maintenant se heurter sur les plateaux à des obstacles formidables. Après avoir repoussé les avant-postes allemands, il s'agissait d'enlever les deux points forts de la ligne d'investissement pour gagner la campagne et rejoindre l'armée organisée par M. de Freycinet. Ces deux points étaient constitués par les villages de Villiers et de Cœuilly. Villiers avait pour principale défense un grand parc dont la muraille de 400 mètres de longueur du côté de notre attaque était percée de meurtrières, le château situé du côté opposé servait de réduit et l'ensemble de la position allemande était protégé par de nombreuses batteries.

Le général Ducrot ne se faisait pas d'illusion sur la difficulté d'enlever les formidables défenses de Villiers par une attaque directe; aussi son dispositif de combat consistait-il à occuper les Allemands de front avec la division Maussion, pendant que la division Berthaut attaquerait par le sud et que le corps d'Exéa, après avoir franchi la Marne à Neuilly, se porterait rapidement sur Noisy-le-Grand pour prendre ensuite Villiers à revers. Le dispositif était logique et bien conçu, mais il était dit que rien ne nous réussirait dans cette guerre désastreuse et que la nature impatiente et violente du général Ducrot le pousserait à un acte de témérité. En effet, le corps d'Exéa, attendu à 9 heures, n'avait pas donné signe de vie à 11 heures.

« Il fallait donc longtemps encore, écrit Ducrot, rester passivement sous le feu terrible de Villiers et de Cœuilly.

C'était impossible. Notre artillerie souffrait cruellement ; notre infanterie, tenue immobile sous une pluie de projectiles, commençait à montrer une certaine inquiétude... Il devenait indispensable de brusquer l'attaque... le général en chef lança ses troupes sur le parc de Villiers. »

Le général Ducrot renouvela ainsi la faute commise par le général Lorencez à Puebla. Ses bataillons lancés contre des murs crénelés de deux mètres de haut, tourbillonnèrent sous le feu des Wurtembergeois et se replièrent en complet désordre. Pour éviter une déroute, Ducrot appelle à lui toutes les batteries disponibles de ce côté du champ de bataille ; il parvient à en réunir quinze qui se dévouent avec ce courage et cette abnégation qui ont toujours distingué l'artillerie française. Sous le feu incessant de nos canonniers, le général en chef et le général de Maussion remettent de l'ordre au milieu de leurs bataillons dont beaucoup étaient désorganisés.

A midi, on aperçoit une masse sombre qui s'avance de Noisy le long du plateau ; Ducrot croit d'abord que c'est le 3ᵉ corps, mais son espoir est bientôt déçu. Quelques intrépides éclaireurs Franchetti envoyés en reconnaissance annoncent que ce sont les Saxons qui viennent au secours des Wurtembergeois retranchés dans Villiers.

Le général en chef, raconte Ducrot lui-même, fait coucher ses hommes, et commande impérieusement de ne pas tirer... L'ennemi n'est plus qu'à quelques mètres, le général Ducrot s'écrie : Debout, joue, feu ! Une fusillade furieuse éclate sur toute la ligne. Nombre de Saxons tombent, les autres terrifiés, s'arrêtent, tourbillonnent... généraux, états-majors, cavaliers d'escorte, officiers, fantassins s'élancent sur eux... Tout cède... Un instant on s'aborde à l'arme blanche, et le général en chef brise son épée dans le corps d'un soldat allemand.

Les Saxons fuient en désordre, serrés de près par les nôtres ; mais bientôt les murs du parc sont de nouveau démasqués, le feu de tous les créneaux est dirigé sur nous ; nos troupes à leur tour, hésitent, reculent... maintenues par les généraux, par les officiers, on parvient cependant à les maintenir derrière la crête.

Ce récit, auquel nous avons conservé sa ponctuation, serait

à sa vraie place dans un drame militaire ; l'acte du général en chef Ducrot ferait honneur à un chef de bataillon, mais dénote tout simplement un profond désespoir chez un officier auquel incombe la direction suprême d'une grande armée. Le résultat de ce mouvement téméraire fut une perte de 500 hommes des meilleurs, car les braves gens sont toujours en majorité dans les coups de tête. Et en résumé, nos bataillons étaient plus désorganisés qu'auparavant, les Saxons reprenaient leur offensive à peine interrompue et notre artillerie continuait à supporter le poids de la lutte et à subir des pertes énormes.

La brigade Miribel de la division Berthaut avait également tenté une attaque sur la gauche du parc de Villiers, mais ne se trouvant pas sous la main de Ducrot, elle se replie en ordre sur sa première position.

Le 1er corps Blanchard n'avait pas été plus heureux sur la droite où il devait enlever Cœuilly, la seconde clé de la ligne allemande. Là aussi, se trouvait un parc entouré de longs murs et précédé d'un large fossé naturel formé par le ravin de Cœuilly ; ce vaste enclos offrait, à 1800 mètres environ de la crête, une ligne de défense extrêmement solide ; appuyé sur son front par des batteries fixes, soutenu en arrière par de grands bois, il avait comme réduit le château de Cœuilly, placé sur une position dominante. A leur gauche, les Allemands avaient mis en bon état de défense l'auberge Mon Idée et le village de Chennevières.

La division Faron est chargée de l'attaque qui devait être préparée par l'artillerie ; mais le village de Champigny est tellement encombré de troupes que les batteries chargées d'ouvrir le feu ne peuvent passer. Le général Faron, après les avoir vainement attendues, espère suppléer à l'artillerie en brusquant le mouvement et en jetant sur le plateau des masses d'infanterie. Le 35e de ligne marche en tête, soutenu à droite par deux bataillons de mobiles de la Vendée et deux du 114e de ligne commandés par le lieutenant-colonel Boulanger, à gauche par le reste des mobiles, du 114e et par le 42e de ligne ; le 113e est en réserve.

A 11 heures, ce premier mouvement a réussi comme d'habitude, mais il se transforme en recul devant un retour offensif des Wurtembergeois. Pendant cet engagement, notre artillerie a pris pied sur le plateau de Champigny où elle ne peut se maintenir sous le feu de Villiers qui prend nos batteries à revers et d'enfilade. Une deuxième attaque a le même insuccès ; les pertes sont énormes ; les régiments sont mélangés, groupés sur un petit espace, entassés dans le triangle formé par Cœuilly, Champigny et la maison Blanche. Le général Blanchard ordonne une troisième attaque et, à l'exemple du 2e corps, engage l'artillerie de ses deux divisions et six batteries de la réserve du corps, en tout 72 pièces. Le 42e de ligne, ce régiment modèle, s'avance fièrement avec les deux bataillons des mobiles et du 114e placés près de lui ; ils gagnent du terrain. Malheureusement, la droite se montre moins solide, les mobiles de la Vendée se mettent en déroute et abandonnent 150 prisonniers à l'ennemi.

Notre extrême droite refoulée, nous sommes sur le point d'être pris à revers, dit Ducrot. Le 35e qui fait face à Mon Idée, sérieusement menacé, se replie. Régiments, bataillons, compagnies, tout est mélangé. Cette masse d'hommes entassés les uns sur les autres, est assaillie par un feu terrible de mousqueterie et d'artillerie ; en quelques minutes le sol se couvre de cadavres et de blessés... foudroyés de tous côtés nos soldats reculent encore et se mettent à l'abri derrière la crête, près de Bel-Air ; *plusieurs* se précipitent en désordre dans Champigny. Néanmoins, la gauche du 42e, conduite par le commandant Cahen, arrivait près du parc de Cœuilly quand lui parvint l'ordre de battre en retraite.

Les soldats n'obéissent qu'à regret, ne pouvant croire au manque de ténacité des autres corps ; pénétrés des principes de la magnifique armée de Sébastopol, fiers de leur vieille réputation, ils avaient sans fléchir vu tomber plus de 800 de leurs camarades du régiment. Leur chef, le lieutenant-colonel Prévault, était tué ; le commandant Parade de la Plaigne l'avait dignement remplacé et Cahen ne devait pas tarder à mourir de la mort des braves. Que n'avions-nous une vingtaine de régiments et une centaine d'officiers de cette valeur sous la main d'un gouverneur plus ferme que Trochu et d'un général plus réfléchi, plus calme et moins passionné que Ducrot !

Jusqu'à 3 heures, le combat se maintint avec une alternative de mouvements sans portée, sous la protection de l'artillerie. Les quatre régiments engagés de la division Faron avaient perdu plus de 2.000 hommes et leurs colonels. Le général Blanchard, voyant ses soldats découragés et incapables d'un nouvel effort, avait ordonné aux divisions Faron et Malroy de se reporter en arrière et d'abandonner les positions avancées comme Champigny et les Fours à chaux.

Averti de ce mouvement rétrograde, le général Ducrot se mit dans une rage folle à en juger par le récit qu'il en fait dans sa *Défense de Paris* : « A la nouvelle de cet incroyable incident, le général Ducrot, dans un premier mouvement bien légitime, s'écria : Allez dire partout que, sous peine de mort, je défends d'abandonner aucune position. » Ces paroles sont d'un homme qui a perdu son sang-froid et le général fait montre d'une singulière présomption quand, six ans après son irréalisable tentative de sortie, il ose écrire que « les diverses attaques infructueuses contre Cœuilly ne pouvaient faire pressentir un mouvement rétrograde quelconque ». Au lieu de récriminer contre le respectable général Blanchard, Ducrot aurait mieux fait de l'imiter et d'ordonner la retraite générale, car les assauts contre de puissants retranchements ne se renouvellent pas du jour au lendemain. Ainsi, à Sébastopol où nous avions de meilleures troupes, de meilleurs officiers et plus d'expérience de ces attaques que Ducrot, pas une seule fois nous n'avons projeté de renouveler un assaut repoussé. Nous avons attendu quatre mois avant de recommencer, le 7 juin, l'attaque des Ouvrages Blancs où redoutes

Lavarande repoussée le 22 février, et remis au 8 septembre l'assaut de Malakoff du 18 juin.

Que faisait donc pendant ces combats le 3e corps d'armée, commandé par le général que Ducrot avait désigné comme le plus digne de lui succéder en cas d'accident? Le général en chef accusant son lieutenant d'Exéa de n'avoir pas marché assez vite au canon « par excès de prudence », il est nécessaire de donner des détails précis sur les causes de ce retard pour que l'on puisse se rendre compte du plus ou moins de justesse d'une aussi grave accusation.

Le 3e corps avait, le 29 au soir, reçu les instructions suivantes : la division Bellemare partira de Rosny de façon à être rendue à 7 heures moins un quart au rond-point de Plaisance; elle se formera en colonnes à gauche de la route de Strasbourg. La division Mattat et la brigade Reille suivront le mouvement de Bellemare et se placeront à droite de la route.

A 8 heures, le lieutenant-colonel de Courcy de la division Bellemare enlève Neuilly-sur-Marne à la tête du régiment des mobiles de Seine-et-Marne. A 9 heures, nos troupes occupent l'écluse de Chelles et le lieutenant-colonel de Courcy rétrograde pour rejoindre sa division et cède la garde de Neuilly à la brigade Reille qui met aussitôt le village en état de défense.

A 10 heures, nos pontonniers commencent la construction de deux ponts de bateaux à la Plâtrière, à 200 mètres en aval de Neuilly. — A 11 heures, le capitaine de frégate Rieunier traîne à la remorque les bateaux nécessaires pour jeter deux ponts à Bry-sur-Marne. A peine le travail est-il commencé que, un peu avant-midi, se dessine le retour offensif des Saxons qui tirent sur les pontonniers, la plupart civils. Rieunier, quoique blessé, veut les maintenir à leur poste, mais la peur les prend, ils se sauvent tous et les ponts sont abandonnés.

A midi, les ponts de la Plâtrière, moins exposés que ceux

de Bry, sont terminés et le général Bellemare commence aussitôt le passage quand d'Exéa, voyant les troupes de la division Maussion « en grand désordre », donne contre-ordre dans la crainte que Bellemare ne soit écrasé entre les Saxons et les Wurtembergeois ; il fait revenir sur la rive droite les compagnies déjà passées et replie sur Plaisance la division Mattat obligée de renoncer aux ponts abandonnés de Bry. Ducrot attribue ces ordres à « un excès de prudence », comme il a été dit ; il reconnaît toutefois que « sur les pentes de Noisy et de Villiers le combat prenait un caractère alarmant ; l'ennemi refoulait nos tirailleurs et avançait de plus en plus ».

Ce désordre, toujours suivant Ducrot, explique les perplexités du général d'Exéa sans les justifier, parce que le terrain entre Noisy et les ponts de la Plâtrière était battu par les feux croisés du Mont-Avron et des batteries de réserve du 3ᵉ corps. Enfin, une batterie de mitrailleuses bien postée au Perreux force les Saxons à se replier et d'Exéa ordonne à la division Bellemare de franchir les ponts.

Il était 2 heures, c'est-à-dire trop tard, à la fin de novembre, pour réparer les fautes commises. La combinaison des trois attaques simultanées contre Villiers n'était plus possible ; d'autant moins que d'Exéa avait négligé d'avertir le général en chef du mouvement si tardif de Bellemare. L'artillerie française tonnant avec une suprême énergie tenait les Allemands en respect, pendant que la division Faron reprenait, sur l'ordre impératif de Ducrot, les positions abandonnées, et que nos troupes garnissaient leur front de tranchées-abris et d'épaulements pour les canons. Sur toute la ligne, Saxons, Wurtembergeois, Français, exténués restaient sur la défensive.

A 4 heures, le général Ducrot considérant la journée comme finie arrivait à la Fourche-de-Champigny, quand tout à coup il entendit une vive fusillade. C'était la division Bellemare qui, enlevée par son jeune chef, avait résolument attaqué les Allemands et les avait chassés de Bry. Après ce premier avantage, la brigade Fournès essaie à son tour de s'emparer du parc de Villiers ; le 4e zouaves qui marche en tête perd un monde énorme. Ducrot arrive au galop, et ramasse quelques bataillons des divisions Maussion et Berthaut pour appuyer Bellemare. Ce dernier effort échoue comme les précédents, l'élite de nos soldats et de nos officiers se fait tuer ; le général en chef, convaincu un peu tard de l'inutilité de ces attaques, les arrête et fait cesser tout mouvement offensif. Des ordres sont donnés sur toute la ligne pour la reprise des travaux de retranchement sur les positions conquises, enlever les blessés, enterrer les morts.

Dans son livre, le général Ducrot se livre à des récriminations regrettables sur le retard apporté par d'Exéa à l'exécution des ordres généraux donnés la veille, et se plaint spécialement de la direction sur Bry prise par la division Bellemare qui devait au contraire remonter la rive de la Marne pour occuper Gournay, Champs et prendre Villiers à revers. L'inspection de la carte permet de réduire à leur valeur les injustes reproches de Ducrot ; le général impétueux qui, dans son impatience, a ordonné les attaques prématurées de Cœuilly et de Villiers est la seule et vraie cause du décousu des mouvements tactiques qui en ont été la conséquence. D'Exéa, voyant la division Maussion en déroute et les Saxons maîtres des pentes, n'a pas eu si tort de rappeler Bellemare menacé d'être pris entre deux feux. Ce n'est pas la faute de d'Exéa si les pontonniers de Bry ont lâché pied, abandonné les ponts et empêché la division Mattat de franchir la Marne pour appuyer à la fois Bellemare et la gauche du 2e corps. A 3 heures, le mouvement de la division Bellemare sur Noisy-le-Grand, Gournay et Champs était matériellement impossible, car sans soutien elle aurait été anéantie en une demi-heure. Donc, les reproches adressés à ses lieutenants par le commandant de la 2e armée sont d'un homme aigri et par suite enclin à rejeter sur autrui les responsabilités qui lui incombent. « Pourquoi, dit-il, et comment le mouvement (de Bellemare) s'est-il exécuté d'une autre façon ? C'est ce qui n'a jamais été bien éclairci... » Il fallait un aveuglement voulu pour ne pas voir ce pourquoi.

Pendant que le gros de la 2e armée opérait contre Villiers et Champigny, la division Susbielle du 2e corps exécutait une diversion importante pour arrêter les renforts envoyés de la Seine sur la Marne. A 8 heures du matin, cette division débouchant de Créteil prenait position vers le sud sur les pentes qui conduisent à Montmesly. Grâce au feu de nos batteries qui rendait le petit village de Mesly intenable pour les Allemands, les troupes de Susbielle purent tourner par la droite le mamelon de Montmesly qu'elles avaient inutilement essayé d'aborder de front. De ce côté encore, elles se heurtèrent à une énergique résistance. La 7e brigade du IIe corps prussien et la 3e brigade wurtembergeoise arrêtèrent notre mouvement sur les retranchements qui reliaient Montmesly à Bonneuil. Vers 1 heure, la division Susbielle fut obligée de battre en retraite et de renoncer à l'occupation du plateau d'Ormesson, destinée à protéger la droite de la 2e armée. Le combat avait été vigoureusement soutenu par les deux brigades Lecomte et de la Charrière dont le chef se fit bravement tuer. La retraite s'effectua sans encombre, grâce à une intelligente diversion que le général Vinoy, laissé sans instructions, eut l'heureuse idée de faire contre Choisy-le-Roi. Le contre-amiral Pothuau, après avoir enlevé pour la seconde fois la Gare-aux-Bœufs avec ses infatigables marins, poussait cette fois jusque dans les premières rues de Choisy, tandis que les chaloupes canonnières remontaient la Seine et ouvraient un feu redoutable. La Gare-aux-Bœufs resta au pouvoir de Pothuau, mais le général Vinoy prescrivit de l'évacuer à la tombée de la nuit, inspiration heureuse, parce que les Prussiens la firent sauter dans l'espoir que nos marins s'y trouvaient encore.

Nos pertes dans la funeste journée du 30 novembre étaient

graves, d'autant plus graves que les officiers et les soldats les plus vigoureux s'étaient fait tuer pour entraîner leurs camarades peu aguerris contre des obstacles infranchissables; elles s'élevaient à 5.236 hommes dont 1.236 pour la division Susbielle. Les Allemands comptaient 1.822 tués ou blessés et 222 prisonniers, en tout 2.044 appartenant presque tous aux deux premières brigades wurtembergeoises et à la 24e division saxonne; la 3e brigade wurtembergeoise et la 7e brigade prussienne engagées à Montmesly perdirent environ 200 hommes.

Certains auteurs ont le triste courage de compter Champigny comme une victoire; tel n'était pas l'avis du général Ducrot, le principal acteur du drame. Voici dans quels termes il expose la situation de son armée dans la soirée du 30 novembre :

> La nuit close, le général en chef, après avoir donné ses derniers ordres aux postes avancés, descendit du plateau de Villiers et se dirigea sur le château de Poulangis, son quartier général.
>
> Il eut immédiatement une longue conférence avec son chef d'état-major, général Appert, et les généraux Frébault et Tripier.
>
> Nul ne pouvait se faire d'illusion sur la gravité de la situation... l'opération était manquée... si nous avions encore quelques chances de succès, elles étaient bien faibles... si faibles que la sagesse et la raison commandaient de ne pas poursuivre une partie trop hasardeuse.
>
> Nous n'avions pu percer les lignes d'investissement, malgré d'énergiques efforts réitérés, dans lesquels nous avions perdu l'élite de nos soldats et de nos cadres.

Après ces lugubres constatations, au lieu de prendre le sage parti de repasser la Marne, le général Ducrot déclare avec un profond sentiment de tristesse que, par crainte de l'opinion publique surexcitée et pour éviter une terrible insurrection, il dut se résigner à proposer au gouverneur, installé au fort de Rosny, la continuation de la lutte. Rentré à 3 heures du matin à son quartier général, il put voir ses infortunés soldats grelottant sans tentes ni couvertures, ne pouvant allumer des feux à cause de la proximité de l'ennemi et cela par un froid de 20 degrés, température inconnue à Paris depuis le jour du retour des cendres de Napoléon Ier en 1840. Si encore il avait pu abréger les souffrances de son armée en recommençant la lutte à l'aube du 1er décembre; mais nos munitions d'infanterie et d'artillerie étaient épuisées en grande partie, beaucoup de canons hors de service et sans attelages. Vingt-quatre heures suffisaient à peine pour réapprovisionner les coffres et remplacer les chevaux tués.

Pour comble de disgrâce, en rentrant à Poulangis, Ducrot fut informé que le général de Bellemare avait évacué Bry pour le motif énoncé dans le passage suivant de la lettre qu'il adressait au commandant du 3e corps :

Il est plus que probable qu'on va nous attaquer très vigoureusement ce matin ; *nous ne sommes pas en mesure de résister* et nous risquons, les ponts venant à être détruits par les obus, d'être jetés dans la Marne ; je crois prudent de faire repasser de suite la Marne, *d'autant plus qu'il n'y a pas à penser à se porter en avant.*

Ducrot ne craint pas, d'accord avec Trochu, de blâmer cette détermination prise par un général d'une énergie peu commune, avec l'approbation *écrite* de son supérieur immédiat, le général d'Exéa. Quoi de plus naturel qu'un général intelligent et convaincu de l'absurdité d'une reprise immédiate de la lutte, absurdité reconnue et proclamée par Ducrot lui-même, ait cherché à soustraire ses troupes à un cataclysme inévitable, « l'ennemi étant en mesure de repousser victorieusement toute nouvelle tentative de notre part » ? Il ne pouvait supposer qu'un gouverneur aveuglé par un fanatisme sentimental et un général en chef imprudemment engagé par un serment trop solennel, sacrifieraient encore quelques milliers de braves gens à leur sentimentalité ou à leur amour- propre. Et dire que J. Favre ne se lassait pas de parler de l'admiration de l'Europe pour une ville absolument inconsciente des souffrances endurées par la ligne et la mobile dans la pénible garde des tranchées, et dont gouvernants, citoyens dits honnêtes, garde nationale se laissaient dominer par les chefs du parti démagogique et leurs bandes dont l'indiscipline n'avait d'égale que la lâcheté.

Le lendemain, 1er décembre, il y eut dès le matin un armistice tacite pour enterrer les morts et soigner les blessés ; à 3 heures, la trêve fut déclarée officiellement jusqu'à la nuit. Nos soldats travaillèrent avec ardeur à leurs retranchements ; de leur côté les Allemands mirent le temps à profit pour faire converger des renforts sur la ligne étroite de Noisy-le-Grand à Cœuilly, où allait se concentrer l'action des deux armées. Le général d'Obernitz, chef de la division wurtembergeoise, s'était déjà porté, dans l'après-midi du 30, entre Champigny et Chennevières avec des bataillons de son aile gauche ; la brigade du Trossel du IIe corps fut dirigée sur Cœuilly. Les deux divisions saxonnes se fortifièrent dans Villiers et Noisy-le-Grand ; le reste du IIe corps s'acheminait vers le champ de bataille par le pont de Villeneuve-Saint-Georges ; la 21e brigade du VIe corps appuyait à droite jusqu'à Chennevières ; enfin le prince Georges de Saxe, commandant le XIIe corps et provisoirement la 1re brigade wurtembergeoise, établit son quartier général à Villiers.

La concentration terminée, le général Fransecki résolut de prendre l'offensive. Conformément aux instructions du prince royal de Saxe, commandant l'armée de la Meuse, son plan était d'enlever à l'armée de Ducrot ses points d'appui de droite et de gauche, sur Champigny et Bry, d'attaquer ensuite vigoureusement le centre et de jeter les trois corps français dans la Marne. Ce plan échoua complètement, grâce à la valeur de quelques régiments puissamment soutenus par l'artillerie des forts, du plateau d'Avron et par les batteries de campagne dont la conduite, dans les journées du 30 novembre et du 1er décembre, restera comme un des plus brillants épisodes des glorieuses annales de cette arme d'élite.

Le 2 décembre, dès 6 heures du matin, Bry et Champigny étaient attaqués avec vigueur, le premier par les Saxons, le second par les Wurtembergeois. Les deux attaques faites à la faveur de l'obscurité avec des forces considérables réussissaient presque simultanément, bien que les Wurtembergeois se fussent heurtés dans Champigny à une résistance acharnée dont la gloire revient à l'héroïque 42e de ligne qui tint ferme au milieu de jeunes troupes de mobiles fort émues et en pleine déroute. Le vaillant général de la Mariouse, si digne de commander la brigade modèle, accourut au secours du 42e avec le 35e, son ancien régiment. Avec une brutalité voulue et des plus louables, il fit marcher son vieux régiment baïonnette basse contre les fuyards qui s'empressèrent de s'écouler par les rues latérales et permirent ainsi à La Mariouse d'aborder l'ennemi maître de la grande rue et de l'obliger à une retraite précipitée.

Dès qu'il fit jour, les batteries du plateau d'Avron, les forts de Rosny, de Nogent, les redoutes de la Faisanderie, de Gravelle et les batteries de position couvrirent l'espace compris entre Bry et Champigny d'une pluie formidable d'obus. Seules les batteries établies dans la presqu'île de Saint-Maur, sous le commandement du général Favé, tirèrent avec une mollesse qui permit aux Wurtembergeois de se maintenir toute la journée dans la portion est de Champigny. Malgré ce fâcheux incident, nos troupes reprirent vivement l'offensive pour reconquérir le terrain perdu. Il n'était plus question de percer les lignes d'investissement, mais, par égard pour les Parisiens, de conserver encore pendant une journée, au prix de sacrifices énormes, les positions si péniblement conquises dans la journée du 30 novembre. Pour cela, point n'était besoin de diversions, aussi Ducrot fit-il une concentration de ses forces, suffisante pour permettre à un homme du métier de voir que le projet de gagner Coulommiers était abandonné ; d'offensive au 30 novembre, notre attitude devenait purement défensive.

Dans le but de renforcer les 1er et 2e corps très éprouvés, le général d'Exéa reçut l'ordre de diriger la brigade Daudel, de la division Mattat, sur Bry, en la faisant passer sur les deux ponts abandonnés le 30 par les pontonniers civils, et achevés le lendemain par les marins du commandant Rieunier. La division Bellemare dut descendre la Marne de Neuilly au pont de Joinville et traverser ce pont pour servir de réserve au 2e corps. La division Susbielle, en retraite à Créteil, traversa ce même pont de Joinville pour se tenir prête à secourir le 1er corps Blanchard, très menacé par les nombreux bataillons que l'on voyait appuyer de la Seine à la Marne par le pont de Villeneuve-Saint-Georges, et par Boissy-Saint-Léger, Sucy et Ormesson.

Sur notre gauche, à Bry, la brigade Daudel du 3e corps, les divisions Maussion, Berthaut et un peu après midi la division Bellemare infligèrent au corps saxon une véritable défaite qui l'obligea à se retirer jusqu'à Noisy-le-Grand, mais malgré le feu du Mont-Avron et le dévouement de nos batteries de campagne, les murs crénelés du parc de Villiers continuaient à défier nos efforts. Les Saxons avaient perdu plus de douze cents hommes et laissé dans nos mains quelques centaines de prisonniers abandonnés à Bry dans la précipitation de leur retraite ; néanmoins le plateau de Villiers restait l'obstacle infranchissable, quoique la 1re brigade wurtembergeoise, chargée spécialement de la défense du parc, eût perdu plus de 200 hommes.

A Champigny, nos affaires périclitaient par suite de l'inaction obstinée du général Favé. Après une lutte acharnée entre Champigny, Cœuilly et le long du chemin des Fours à chaux, lutte sanglante dans laquelle les généraux Fransecki et Ducrot avaient engagé toutes leurs réserves et toutes leurs batteries disponibles, ce dernier voulut faire une tentative suprême pour enlever Champigny où tenaient encore quelques Allemands. Absorbé et un peu assourdi par le tumulte de la bataille, il s'aperçut tout à coup du silence des batteries placées sous les ordres du général Favé ; il était alors à peu près 2 heures de l'après-midi. La Marne séparait seule la division Faron des troupes de la presqu'île, de sorte que les trois bataillons de mobiles de l'Hérault qui gardaient les batteries auraient pu prendre part à la lutte avec leurs fusils et cependant les bords de la rivière paraissaient abandonnés. Aussitôt Ducrot envoya en toute hâte son sous-chef d'état-major, le lieutenant-colonel Warnet, pour demander des explications et prescrire de faire reporter en avant toute l'artillerie mobile dont on disposait et de faire agir également les pièces de gros calibre.

« Cet ordre fut transmis rapidement, dit Ducrot, mais sans résultat. Aux invitations pressantes et chaleureuses du sous-chef d'état-major, le général Favé répondit froidement : « Vous m'avez exposé vos idées ; j'ai l'habitude d'agir d'a» près les miennes. » Et en effet, il ne modifia en rien ses dispositions. »

Un ordre écrit fut la réponse immédiate du général en chef, ordre qui ne fut obéi qu'à moitié ; le gouverneur Trochu étant intervenu par l'envoi d'un de ses aides de camp ne fut pas mieux obéi ; il en fut de même pour le général Frébault, commandant en chef de l'artillerie de l'armée ; pour vaincre l'obstination de cet étrange général, il fallut le relever de son commandement et le remplacer dans la soirée, trop tard, hélas! par le lieutenant-colonel Warnet avec le chef d'escadron d'artillerie de Cossigny comme adjoint. Ces choix étaient judicieux, car ils tombaient sur deux officiers ayant assisté au siège de Sébastopol et par suite fort au courant du service dont on les chargeait.

La conduite du général Favé dans cette circonstance grave nous a paru si incompréhensible qu'avant d'écrire ces lignes par lesquelles nous reproduisons, en l'atténuant, la très nette accusation dirigée dans son livre par le général Ducrot contre un général d'artillerie, aide de camp de l'empereur et ancien commandant de l'École polytechnique, nous avons tenu à consulter un des principaux témoins de la pitoyable attitude de Favé. Nous nous sommes dans ce but adressé à un général alors capitaine, chargé de la construction des batteries et des épaulements destinés à abriter nos canons de position et de campagne. Il nous a confirmé le bien fondé dans tous ses détails de l'accusation de Ducrot; il attribue la conduite coupable du général Favé, non à la peur de s'attirer une riposte des batteries allemandes dans le cas où il ouvrirait le feu à proximité de Champigny, mais à une idée fixe tellement enracinée dans sa tête que sa révocation s'imposait. Cette idée saugrenue partait de la conviction que la 2e armée courait à un désastre et qu'au moment où une effroyable déroute la rejetterait sur les ponts de Joinville et de Nogent, elle serait trop heureuse de se voir protégée par les canons de la presqu'île de Saint-Maur avec un personnel et des munitions intacts. Il a donc agi en général en chef et non en subordonné; il a désobéi d'une façon si singulière que l'on peut le soupçonner d'avoir agi sous l'empire d'une émotion explicable chez un officier qui, quoique parvenu à un grade élevé, n'avait jamais vu le feu. Quand il donna l'ordre aux capitaines échelonnés le long de la Marne d'amener leurs avant-trains pour replier leurs pièces, plusieurs d'entre eux s'indignèrent et exigèrent un ordre écrit ; ils tenaient à bonne portée Wurtembergeois et Prussiens se ruant sur Bel-Air, Champigny, les Fours à chaux et il leur fallait abandonner leurs camarades en danger parce que leur mauvaise étoile les avait mis sous les ordres d'un général trop impressionnable.

Le général Trochu qui, d'accord avec Ducrot, avait exigé l'inutile sacrifice de quelques milliers d'hommes pour satisfaire « l'opinion publique », sut au moins remplir dignement son devoir de soldat et prendre sa part du danger ; au plus fort de l'action on le vit constamment sous les balles et les obus, encourageant les soldats avec le calme si apprécié chez les chefs et accordant des récompenses pour des actes de bravoure accomplis sous ses yeux. On peut regretter que ces deux vaillants, Trochu et Ducrot, n'aient pas trouvé à Champigny la mort du soldat qui leur eût évité bien des déboires, des chagrins et des calomnies.

A 3 heures la lutte d'infanterie est terminée, seuls une centaine de canons allemands couvrent nos troupes d'obus. Pour en finir, Ducrot met en ligne toutes nos batteries disponibles et ordonne à l'artillerie des forts un feu à outrance qui domine celui des Allemands et l'éteint rapidement. A 4 heures, la bataille est finie, le sacrifice consommé. Dans cette terrible journée du 2 décembre 1870, les Allemands avaient perdu 3.539 hommes dont 530 étaient prisonniers ; nos pertes s'élevaient à 429 officiers et 9.053 sous-officiers et soldats, dont environ 1.500 étaient prisonniers. Notre admirable artillerie avait fourni à cette hécatombe 31 officiers et 607 hommes ; la seule batterie Nismes, toujours au feu sous la conduite d'un chef indomptable, avait tiré 2.500 coups de canon, chiffre qui n'avait jamais été atteint dans aucune bataille.

En 1875, Amédée Le Faure osait écrire : « Le 2 décembre comme le 30 novembre, la victoire est bien à nous, victoire stérile puisqu'elle n'a pu rompre le cercle d'investissement, et que dans cette seconde journée, nous n'avons même pas essayé d'attaquer Villiers et Cœuilly. »

Il importe, dans l'intérêt de la vérité historique, de faire justice de ces légendes ridicules et mensongères qui présentent comme des victoires des batailles perdues, puisque nous n'avons pu atteindre le but que s'étaient proposé nos généraux. Nous insistons sur ce point, car on verra plus loin poindre la légende de l'armée du Nord commandée par Faidherde et constamment représentée comme victorieuse quand jamais elle n'a réussi à atteindre l'objectif convenu ; nous y insisterons avec d'autant plus de persistance que ces prétendues victoires ont été et sont encore l'objet d'une exploitation fructueuse pour les prétendus vainqueurs.

En 1876, le général Ducrot, après avoir exposé dans sa

Défense de Paris l'état d'épuisement de son armée, cède la parole à M. Chaper, ancien capitaine du génie, rapporteur de la commission d'enquête sur les événements du siège de Paris, dont il approuve implicitement les conclusions relatives à la bataille de Champigny. Ces conclusions sont la condamnation formelle du plan Trochu-Ducrot, nous les citons intégralement :

Voici, dit M. Chaper, comment l'état-major général prussien appréciait lui-même notre situation :

Il n'y avait pas d'armée de secours assez proche pour permettre à l'armée sortant de Paris de se réunir immédiatement à elle. Si l'armée du général Ducrot était parvenue à réussir dans sa tentative de percer, elle eût été hors d'état de faire le même jour une marche un peu forte, et elle aurait dû forcément camper pendant la nuit suivante auprès de Villiers, sous les yeux mêmes des troupes allemandes refoulées. Pendant ce temps, la garde et la majeure partie au moins du IVe corps se seraient concentrées, et auraient pu venir occuper dans la nuit une position bien choisie de l'autre côté de la Marne. Le lendemain matin, les troupes allemandes, qui se trouvaient entre Seine et Marne, n'auraient pas permis à l'ennemi de continuer son mouvement sans nouveaux combats, et on aurait gagné ainsi les délais nécessaires pour être en mesure de l'attaquer en rase campagne avec les troupes fraîches de la garde et du IVe corps.

Le blocus rigoureux de Paris eût pu, d'ailleurs, être momentanément abandonné sur le front nord sans grands inconvénients, jusqu'au moment où la 1re armée, qui revenait précisément d'Amiens, pût prendre les positions précédemment occupées par l'armée de la Meuse ; ce qui pouvait être exécuté quatre jours après l'ordre donné.

Et M. Chaper ajoute : « *L'écrivain prussien a raison ;* les conséquences ne sont pas difficiles à déduire. Même victorieuse le 2 décembre, l'armée sortie de Paris aurait rencontré d'incessants combats où elle était condamnée à vaincre chaque jour, sous peine de périr en entier avant d'atteindre les armées de province. »

M. Chaper et les membres de la commission d'enquête étaient tous sans exception sympathiques au général Ducrot ; c'est donc avec son assentiment que ces conclusions ont été formulées dans le rapport et rien ne le démontre mieux que la reproduction qui en a été faite dans l'ouvrage du général. Ces conclusions permettent d'apprécier la véracité, la bonne foi et la droiture de jugement des historiographes amis du gouvernement de la défense nationale.

Pendant toute la journée du 2, trente-trois bataillons de marche de la garde nationale avaient été tenus en évidence, sur la ligne du chemin de fer de Joinville à Nogent, pour faire croire à la présence de fortes réserves. Vers 3 heures de l'après-midi, quelques-uns de ces bataillons ayant passé la Marne se croisèrent avec le général Trochu qui leur annonça une belle victoire sur les Allemands ! et cela au moment où l'épuisement des troupes nous obligeait à renoncer à la continuation de la lutte. La même satisfaction se trouvait exprimée dans la dépêche qu'il adressa le soir au gouvernement.

Le 3 au matin, la 2e armée repassa la Marne sans être inquiétée par l'ennemi aussi fatigué que nous, et resta cantonnée aux abords du bois de Vincennes jusqu'au 31 décembre. Nous ferons grâce au lecteur des plans imaginés par les hommes de l'Hôtel de Ville pour réparer au plus vite l'échec de Champigny. « Ce qui paraissait très simple, dit Ducrot, à ces personnages dissertant après un bon repas, dans un cabinet bien chauffé, les pieds sur des tapis moelleux, n'était pas d'une exécution aussi facile pour nos malheureux soldats éprouvés depuis cinq jours par des fatigues excessives, des combats continuels, par la faim, par le froid. » Nous affirmons sans crainte de démenti qu'au lendemain de Champigny, troupes de ligne et mobiles considéraient unanimement la situation comme perdue ; quelques illusions subsistaient encore dans la garde nationale qui, adulée, prônée, excitée par certains membres du gouvernement et par les chefs de la démagogie, se croyait naïvement de taille à refouler les Prussiens dans une sortie *torrentielle* ; ces illusions exaspéraient la ligne et la mobile, furieuses d'être traitées avec dédain par les *pantouflards* et, de ce jour, la scission fut complète entre l'armée de Clément Thomas et les deux autres armées qui seules avaient combattu et souffert.

Jusqu'à la fin de l'année, le seul changement apporté à la constitution des armées de la capitale se réduisit à la dissolution du 1er corps Blanchard et à la suppression de la division Malroy de ce corps, dont les régiments furent répartis dans d'autres divisions. Ces changements étaient la conséquence d'une grave mésintelligence qui avait éclaté entre ces généraux et le commandant en chef Ducrot, le 3 au matin, pendant le mouvement de retraite. Blanchard reçut dans la 3e armée le commandement d'un nouveau corps formé avec les divisions Maudhuy, Corréard et Pothuau. Malroy remplaça le général Soumain dans le commandement de la 1re division de l'armée de Vinoy. Trop souvent, le gouverneur était obligé d'intervenir pour réparer le mal causé dans le service par les emportements du général Ducrot, incapable de maîtriser sa nature violente, irritable et dominatrice.

Les événements militaires du 30 novembre et du 2 décembre eurent d'abord sur l'esprit de la population de Paris l'effet heureux d'un drame à grande mise en scène joué à son intention, à l'exemple des effroyables naumachies et combats de gladiateurs des empereurs romains. Des communiqués savamment alambiqués donnaient à entendre que la retraite était une simple ruse de guerre dans le but de tromper les Allemands. On détourna l'attention publique avec le récit des épisodes héroïques des derniers combats. Des funérailles solennelles faites aux généraux Renault, de la Charrière et au commandant Franchetti étaient de nature à exalter les esprits, et c'est avec une tristesse tempérée par l'espoir que chacun participait à ces deuils auxquels s'était associé le gouvernement. Une cérémonie des plus sévères et des plus touchantes eut lieu dans la presqu'île de la Marne pour la sépulture des soldats français morts sur les champs de bataille du 30 et du 2. Sur toute la ligne, entre Noisy-le-Grand et Ormesson, les hostilités furent arrêtées par une suspension d'armes de trois jours, du 6 au 8 décembre. Le personnel des ambulances de la Presse, assisté des Frères de la doctrine chrétienne, ensevelit 685 soldats à gauche de lá route de Joinville à Villiers; la même triste cérémonie se renouvela sur d'autres points. Aujourd'hui des monuments commémoratifs élevés par les soins de la ville de Paris et des communes suburbaines, rappellent au passant la présence de ces humbles et glorieuses dépouilles.

CHAPITRE XXXVI

Les opérations en province pendant le mois de novembre et les premiers jours de décembre. — Disgrâce du général Steinmetz. — 1er novembre, dislocation de l'armée allemande de Metz. — Le général de Manteuffel remplace Steinmetz à la 1re armée.— Marche des Ier, VIIe et VIIIe corps vers l'ouest. — Concentration des Ier et VIIIe corps entre Compiègne et Noyon. — Marche sur Amiens. — 27 novembre, bataille d'Amiens ou de Villers-Bretonneux. — Retraite des Français sur les places du Nord. — 30 novembre, reddition de la citadelle d'Amiens.— Critique de la conduite de Farre. — Pertes des deux armées. — 1er décembre, Manteuffel marche sur Rouen. — 4 décembre, déroute du corps Briand à Buchy. — 6 décembre, occupation de Rouen par les Prussiens. — Evénements sur la Loire. — Organisation des 15e et 16e corps d'armée. — Beaux projets de la délégation de Tours. — Conseils de guerre des 24 et 25 octobre. — La marche sur Orléans est ajournée par d'Aurelle le 26.— 28, d'Aurelle apprend la capitulation de Metz. — Proclamations maladroites des gouvernants de Tours. — L'armée française se met en marche le 7 novembre. — 9 novembre, bataille de Coulmiers et réoccupation d'Orléans. — Retraite des Bavarois sur Artenay et Toury.

On a vu dans les chapitres précédents que, dès le 19 août, le général Steinmetz avait été réduit à un rôle effacé et placé sous les ordres du prince Frédéric-Charles, commandant en chef du blocus de Metz. Il était notoire que le général de Moltke n'était pas d'avis de confier un commandement d'armée au vieux Steinmetz, qu'il considérait comme trop bouillant malgré son âge, comme trop *sabreur*, pour employer une expression militaire. Le roi, pour ne pas désobliger un fidèle serviteur qui avait fait preuve d'énergie dans la campagne de Bohême, n'accéda pas au désir de son chef d'état-major. Il avait dû regretter plus tard sa détermination quand, le 6 août à Spickeren, Steinmetz, contrevenant aux instructions du grand état-major, lançait prématurément ses troupes sur la rive gauche de la Sarre ; puis quand, le 18 à Saint-Privat, il n'avait pas su attendre la fin du mouvement tournant de la garde royale et des Saxons et avait fait tuer inutilement beaucoup de monde en prescrivant aux VIIe et VIIIe corps d'enlever la position inexpuguable du Point-du-Jour. Après des tiraillements intérieurs dont rien n'a transpiré, un ordre du Cabinet du roi, en date du 13 septembre, appelait brusquement Steinmetz aux fonctions de gouverneur général du duché de Posen, que rien ne menaçait, et faisait passer la 1re armée sous les ordres du prince Frédéric-Charles, en lui conservant néanmoins son état-major spécial.

Le 23 octobre, l'état-major de Versailles, fixé par la mission du général Boyer sur la situation désespérée de l'armée de Bazaine, expédia coup sur coup plusieurs dépêches en prévision d'une capitulation certaine à très bref délai. La 1re armée, composée des Ier, VIIe, VIIIe corps, de la 3e division de réserve et de la 3e division de cavalerie, devait occuper Metz, faire les sièges de Thionville et de Montmédy, garder l'armée prisonnière et la faire escorter en Allemagne par les bataillons de landwehr de la division Kummer, la 3e, qui ne devaient plus revenir en France. Ces ordres exécutés, un corps devait occuper la ligne du chemin de fer des Ardennes et les deux autres corps d'armée marcher sur Saint-Quentin et Compiègne. La 2e armée, composée des IIIe, IXe, X^e^ corps et de la 1re division de cavalerie, recevait l'ordre impératif de ne pas perdre un instant pour se porter sur la Loire, en prenant sa direction générale par Troyes, car les rassemblements de troupes françaises commençaient à prendre de ce côté un caractère inquiétant pour l'armée d'investissement de Paris.

Le 29 octobre, le général de cavalerie baron de Manteuffel fut nommé, par décret royal, commandant en chef de la 1re armée. Cet officier d'une rare distinction avait les qualités requises pour remplir la difficile mission qui lui était confiée. Il était considéré à juste titre comme un des principaux collaborateurs du plan de réorganisation de l'armée prussienne conçu par le roi dès 1859, alors qu'il était encore régent, sous l'inspiration des généraux de Moltke, chef du grand état-major, et de Roon, ministre de la guerre. Manteuffel était à cette époque chef du Cabinet militaire de Guillaume, c'est-à-dire directeur général du personnel des officiers ; il sut comprendre les projets grandioses des grands chefs de l'armée, débarrasser les cadres des officiers usés, procurer à de Roon des éléments rajeunis par une sélection intelligente et aider de Moltke à faire de l'état-major prussien ce puissant rouage qui, plus que le maître d'école, a tant contribué aux victoires de son pays contre le Danemark, l'Autriche, la Confédération germanique et la France, en 1864, 1866 et 1870.

Aussitôt nommé, le général Manteuffel désigna la 14e division pour faire les sièges de Thionville et Montmédy parce que son chef, le général Kameke, ancien inspecteur général du génie, était plus apte que personne pour ce genre d'opérations. La 13e division occupa Metz, la 3e division de landwehr rentra en Allemagne avec les prisonniers, et les troupes de ligne attachées à la division Kummer formèrent une division mixte composée de 6 bataillons, 16 escadrons et 18 canons, sous les ordres du général-major Schuler de Senden. Le IIe corps, Fransecki, destiné à renforcer l'armée du blocus de Paris, avait été détaché de l'armée du prince Frédéric-Charles et transporté de Metz à Nanteuil-sur-Marne par le chemin de fer de l'Est, les 23 octobre et 1er novembre. Le général de Kameke commençait le siège de Thionville le 20 novembre ; cinq jours auparavant avait eu lieu l'investissement de Montmédy.

Le VIIIe corps détacha, le 30 octobre, quelques bataillons

pour renforcer les troupes qui assiégeaient Verdun. Cette place capitula le 9 novembre après une défense des plus honorables. Pendant qu'une fraction de la 1re armée exécutait les sièges dont il sera rendu compte plus loin, le général de Manteuffel prenait ses dispositions pour sa grande marche vers le nord-ouest. Le 7 novembre, il était prêt et lançait ses colonnes à travers la forêt de l'Argonne et les Ardennes, afin de purger les routes des bandes de francs-tireurs qui harcelaient sans cesse les postes des lignes d'étape allemandes, et de désarmer les populations. Il recommandait à ses commandants de colonnes d'agir avec une rigueur implacable et nos infortunés compatriotes savent si ses ordres ont été ponctuellement exécutés. Sous le prétexte d'assurer la sécurité de leurs communications, les Allemands fusillaient les paysans, rançonnaient villes et villages, brûlaient les propriétés, parfois des communes entières.

Le 12 novembre, la 1re division d'infanterie, de Bentheim, remplaçait devant Mézières la division de landwehr Selchow du XIIIe corps ; le 21, elle était rappelée au gros de la 1re armée et remplacée à son tour par la division Schuler de Senden. La 4e brigade, Zglinitzki, était désignée pour faire le siège de La Fère dont le grand état-major désirait la prise pour dominer l'important embranchement de Tergnier. Malgré ces opérations multiples, la 1re armée n'en continuait pas moins à avancer vers l'ouest et, le 20 novembre, le général de Manteuffel avait concentré entre Compiègne et Noyon les Ier et VIIIe corps ainsi que la 3e division de cavalerie ; la situation d'effectif du lendemain, insérée aux annexes de l'ouvrage du grand état-major, porte : 34.916 fantassins, 4.388 cavaliers, avec 174 canons, soit au moins 44.000 combattants. A la même date, il reçut à son quartier général de Soissons l'ordre de se porter sur Rouen et de négliger le nord où, d'après les derniers renseignements, les autorités n'avaient pu former encore que des rassemblements insignifiants au point de vue des opérations actives. Toutefois, on laissait le général de Manteuffel libre de marcher sur Amiens s'il le jugeait nécessaire.

Le mouvement vers l'ouest de l'armée d'investissement de Metz avait pour but de dégager les abords de Paris et de permettre à l'armée de blocus de rappeler les nombreux détachements qu'elle avait été obligée de faire rayonner dans tous les sens pour couvrir ses derrières. En conséquence, dès que la 1re armée eut gagné la ligne Compiègne-Noyon, le prince royal de Saxe fut invité à faire rentrer tous les corps disséminés.

Dès le 21 novembre, la division de cavalerie de Grœben avait poussé une pointe jusqu'à Ham que 1.500 mobiles avaient évacué la veille ; appuyés par quelques compagnies de chasseurs, les cavaliers allemands se répandirent audacieusement dans toutes les directions. Le 23, eut lieu un premier engagement au Quesnel ; le 25, à Mézières, tout près du Quesnel. Toutes ces reconnaissances signalaient des rassemblements de troupes du côté d'Amiens, de sorte que le général de Manteuffel résolut de les joindre et de les refouler, conformément aux prescriptions invariables du comte de Moltke, prescriptions aux termes desquelles il fallait toujours marcher droit sur les rassemblements de troupes actives, en négligeant les opérations secondaires. Sur-le-champ, il fit avancer le Ier corps de Noyon sur Amiens par Roye et le VIIIe de Compiègne par Montdidier ; le gros de la cavalerie en avant de l'aile droite de manière à éclairer le cours de la Somme. Le 27, l'armée prussienne était concentrée en avant d'Amiens, ayant devant elle un corps français de 20 à 22.000 hommes dont l'attitude indiquait qu'il était décidé à livrer bataille.

Il avait fallu des prodiges d'activité pour réunir cette troupe et une forte dose de jactance, de présomption et d'ignorance pour l'exposer à être anéantie dès la première rencontre. M. Testelin, nommé commissaire du gouvernement pour les départements de l'Aisne, du Nord, du Pas-de-Calais et de la Somme, était un brave médecin, républicain de la veille, grand ami de Gambetta. Prenant ses fonctions au sérieux, il comprit que son rôle consistait avant tout à organiser la défense du territoire. Loin de tourmenter les chefs militaires comme les grossiers proconsuls de Marseille et de Toulouse ou comme la plèbe de Lyon, Testelin leur demanda d'agir, s'en rapportant complètement à eux et leur promettant tous les crédits nécessaires. Ses intentions étaient excellentes, mais nous allons voir qu'à l'exemple du dictateur et de son délégué à la guerre, il ignorait la patience et prenait volontiers un rassemblement d'hommes pour une troupe de soldats capable de tenir la campagne.

Sa nomination de préfet du département du Nord datait du 4 septembre, mais le 30 seulement il reçut les pouvoirs de commissaire général ou de préteur des quatre départements précités. Le général Espivent, commandant de la division militaire de Lille, après son expulsion de Marseille, déclara qu'avec les dépôts des régiments du nord on pouvait tout au plus former de petites colonnes volantes pour inquiéter les communications de l'ennemi. Le colonel du génie Farre, directeur des fortifications de Lille, se montra plus confiant et sut faire la conquête du docteur Testelin en lui exposant un projet de groupement de ces dépôts en une division active.

Sur ces entrefaites, le général Bourbaki avait, sur les instances de M. Tachard, notre ministre en Belgique, offert ses services au gouvernement de Tours qui s'était empressé de le nommer, le 22 octobre, au commandement d'un 22e corps d'armée dont le colonel Farre, promu général de brigade, serait le chef d'état-major. Un accueil aussi blessant qu'injuste fut fait à l'ancien chef de la garde impériale par les soi-disant patriotes de Douai ; un peu plus on le considérait comme un traître. Naturellement, habitué à faire la guerre avec des soldats de premier ordre comme ceux d'Algérie, de Crimée, d'Italie et de la garde, il ne pouvait se faire la moindre illusion sur le sort réservé aux conscrits et aux mobiles qui figuraient sur les mirifiques tableaux de son chef d'état-major ou plutôt de celui de M. Testelin. Dans une conférence qu'il eut, le 8 novembre, à Lille, avec M. Testelin et les préfets de la Somme et du Pas-de-Calais, il déclara vouloir se borner à la défense des places fortes et ne pas aventurer les 15.000 hommes de troupes passables dont on disposait dans une rencontre en rase campagne.

Les trois stratèges préfectoraux ne se rangèrent pas à cet avis ; M. Lardière, préfet de la Somme, signalait la faiblesse des détachements prussiens qui occupaient Beauvais, Clermont, Gisors, Chantilly, dont les effectifs réunis ne dépassaient pas 6.000 hommes, d'après des renseignements certains? Il demandait qu'on les enlevât par un coup de main hardi avec la division prête à marcher qu'on avait sous la main depuis deux jours. Il est vrai que cet étonnant homme de guerre ne tenait aucun compte des moyens de concentration employés avec tant d'habileté par les Allemands.

Bourbaki, fixé sur la valeur des conscrits et des mobiles mis à sa disposition, ne se départit pas de son système défensif. Le préteur Testelin soumit le dissentiment à Gambetta qui, avec son ignorante présomption, répondit dès le lendemain 9, par télégramme, qu'il ne fallait pas se borner à défendre les places, mais s'organiser pour l'attaque. Pas plus que sur la Loire, le farouche dictateur ne voulait donner le temps aux hommes du métier d'instruire leurs troupes. Le général résista et, le 18 novembre, sur la *demande de Testelin*, Gambetta rappela Bourbaki à Tours et le remplaça par le général Faidherbe, commandant de la province de Constantine, né à Lille et fort estimé de ses compatriotes. Le choix était excellent. Faidherbe, à peine chef de bataillon, avait rempli d'une façon remarquable les difficiles fonctions de gouverneur du Sénégal et fait preuve d'aptitudes remarquables dans tous les services dont on l'avait chargé plus tard en Algérie.

Mais le général était loin de Lille et, en attendant son arrivée, le chef d'état-major Farre prit le commandement des troupes dont les cadres venaient fort heureusement de recevoir un renfort inattendu d'environ trois cents officiers évadés de Metz. Grâce aux crédits alloués par M. Testelin, on était parvenu à armer, équiper et habiller d'une façon passable 3 brigades d'infanterie, chacune d'un effectif moyen de 5.500 hommes, commandées : la 1re par le général Lecointe, ex-colonel des grenadiers de la garde ; la 2e par le colonel Derroja, ex-lieutenant-colonel des voltigeurs de la garde ; la 3e par le colonel Dufaure de Bessol, ex-chef de bataillon des chasseurs à pied de la garde ; tous officiers de grand mérite, intelligents, énergiques et que nous avons vus depuis à la tête de corps d'armée. Les principaux chefs ayant été pris dans l'ex-garde, on peut rendre cette justice à M. Testelin qu'il savait faire abstraction de ses sentiments politiques quand le salut de la patrie était en jeu.

Une 4e brigade était en formation sous la direction d'un officier supérieur. Le 22e corps comprenait en outre 2 escadrons de dragons, 2 escadrons de gendarmes, 7 batteries, dont quatre de 4 et trois de 12 ; son effectif total ne dépassait pas 17.500 hommes qui, réunis aux 8.000 hommes de la garnison d'Amiens, sous les ordres du général Paulze d'Ivoy, formaient un total d'environ 25.000 combattants dont plus de moitié de la garde mobile, avec 60 canons de campagne dont 18 pour les troupes d'Amiens.

Quand on apprit à Lille la marche de Manteuffel, il fut décidé qu'Amiens ne serait pas livré sans défense, et le général Farre opéra la concentration des troupes disponibles. Les deux premières brigades fournirent chacune 7 bataillons, dont 1 de chasseurs, 3 d'infanterie de marche et 3 de garde mobile ; la 3e brigade ne put donner que 6 bataillons ; la garnison d'Amiens détacha également 6 bataillons. Le général en chef provisoire, se conformant aux vues stratégiques du commissaire Testelin, renonça à prendre une attitude expectante sur la rive droite de la Somme d'où il eût été difficile à l'ennemi de le débusquer, car il lui aurait ainsi livré la ville d'Amiens. Pour protéger cette importante cité, fort convoitée par les Prussiens, Farre établit ses troupes en avant de la ville sur la rive gauche. Tous les ponts entre Péronne et Corbie furent détruits, et l'on ne conserva que les plus rapprochés d'Amiens par lesquels l'armée française pouvait opérer sa retraite en descendant les pentes douces de la rive gauche.

Les trois brigades actives furent disposées en arc de cercle sur les crêtes comprises entre la Somme et l'Avre, le général Farre ayant reconnu que les fortifications de campagne élevées à la hâte autour d'Amiens avaient un développement trop considérable pour ses effectifs et un profil trop faible. Le point saillant de la position était à Villers-Bretonneux ; les principaux appuis se trouvaient constitués, à gauche par le village de Blangy, au centre par ceux de Cachy et de Gentelles, à droite par celui de Boves sur l'Avre. A l'extrême droite et un peu en arrière, sur les deux routes de Breteuil, se trouvait la garnison d'Amiens commandée par le général Paulze d'Ivoy et chargée aussi de garder les retranchements de ce côté. La 3e brigade, du Bessol, occupa Villers-Bretonneux, les bois de Blangy et de Cachy ; la 1re brigade, Lecointe, Gentelles et Cachy ; la 2e brigade, Derroja, Boves ; les troupes d'Amiens, Longueau, Saint-Fuscien et Dury. Les 3 bataillons de la 4e brigade déjà formés durent couvrir les ponts de Corbie. Le général du Bessol obligé de couvrir un front de plus d'une lieue avec 6 bataillons de troupes médiocres et, de plus, exposé à des attaques de flanc à cause de la situation trop saillante de Villers, insista pour avoir des renforts. Sa juste observation fut accueillie et il reçut 2 bataillons de la brigade Lecointe, la moitié du 2e bataillon de chasseurs et 2 batteries.

Le 27 novembre au matin, l'armée de Manteuffel marcha à l'attaque, ayant : à sa droite le Ier corps, dont le général Bentheim venait de recevoir le commandement, le long de la

Luce ; à sa gauche, le VIIIe corps séparé du Ier par l'Avre qui constituait un obstacle sérieux et obligeait les deux corps prussiens à combattre séparément. La 3e division de cavalerie mise à la disposition de Bentheim, occupait l'extrême droite du côté de la Somme dont elle devait surveiller les bords.

La brigade Lecointe, vivement attaquée à Gentelles, prit aussitôt l'offensive et repoussa bravement les Prussiens jusqu'au bois de Domart. Ce mouvement mit un instant en danger le général de Manteuffel, parce que son lieutenant Bentheim, pour faire effort contre le saillant de Villers, avait ramené sur sa droite son corps d'armée et découvert la route de Roye par laquelle s'avançait le général en chef avec un seul bataillon et un escadron de hussards d'escorte. A Boves, la brigade Derroja résistait énergiquement ; mais la brigade du Bessol, contre laquelle était dirigé le principal effort du Ier corps prussien, se maintenait difficilement. Vers 3 heures, l'ennemi enlevait Villers-Bretonneux et les soldats de du Bessol se repliaient en complète déroute, les uns sur Amiens, les autres sur Corbie.

Sur notre droite, les troupes de Paulze d'Ivoy avaient été facilement refoulées par les 20.000 hommes du VIIIe corps d'Hébecourt sur les retranchements d'Amiens, ce qui permettait aux Prussiens de prendre à revers les positions défendues jusqu'à la nuit tombante par les brigades Derroja et Lecointe. Grâce à l'obscurité, les Français ne furent pas poursuivis.

Le général Farre ayant été maintenu sans limite d'âge « pour services rendus à la patrie dans le commandement en chef exercé par intérim à Villers-Bretonneux », nous donnerons la parole à M. Daussy, bâtonnier de l'ordre des avocats à la cour d'Amiens, auteur d'un ouvrage très documenté sur la campagne du Nord et très élogieux pour les chefs de cette armée.

Le général Farre se disposait, paraît-il, à continuer la lutte le lendemain, malgré la désorganisation complète de la plus grande partie de ses troupes, et il songeait à établir ses batteries sur les hauteurs de Sainte-Colette, derrière Corbie.

Mais, d'autre part, à Amiens, on tint conseil à la Préfecture pendant la nuit. Le général Paulze d'Ivoy, dont les troupes, protégées par les retranchements, avaient fait bonne contenance, était d'avis de persévérer. On lui objecta que nous avions été battus à Villers ; que nous avions perdu l'importante position de Boves; que les troupes, surtout les mobiles, étaient revenues en désordre; que pour tenir derrière les retranchements, il fallait des canons qui manquaient et des munitions dont on était fort dépourvu ; que d'ailleurs la position pouvait être tournée, sur la gauche de la Celle, par les hauteurs trop insuffisamment défendues de la ferme de Grâce.

Le général Lecointe, estimant qu'on ne devait pas exposer à un anéantissement complet cette jeune armée du Nord qui pouvait être appelée à rendre des services, et qui, quoique à peine formée, venait de prouver sa vaillance, fit prévaloir l'opinion qu'il fallait se retirer sur Arras.

Voici où le récit non contredit de M. Daussy devient tout à fait intéressant :

La retraite fut donc résolue; le *général Farre* en fut informé et il fit partir ses troupes de Corbie dans la nuit même. A Amiens, la retraite s'effectua dans les conditions les plus fâcheuses, avec une précipitation qui la convertit en un véritable désastre.....

De sorte que pendant que les Prussiens, meurtris de la lutte, se recueillaient avant de tenter une nouvelle bataille, l'armée du Nord fuyait éperdue sur les routes qui conduisent à Arras. Amiens était abandonné à l'ennemi et l'armée du Nord en déroute. Tels étaient les résultats de la journée du 27.

M. Daussy nous apprend encore que « dans la confusion de la déroute, *on* oublia de prévenir les braves soldats du 43e et du 20e chasseurs, qui avaient vaillamment combattu à Gentelles et Cachy, et qui, le soir à huit heures, tenaient encore ces positions, oubli par suite duquel bon nombre de ces braves gens furent faits prisonniers ».

Ainsi, c'est pour avoir livré une *bataille de complaisance* que le général Farre, quoiqu'il ait très peu paru sur le champ de bataille et oublié deux bataillons de la brigade du colonel du Bessol qu'une blessure avait obligé de se rendre à l'ambulance, a été maintenu indéfiniment sur les cadres d'activité. Car c'est bien pour complaire au fougueux M. Testelin et à ses préfets qu'il a inconsidérément aventuré en rase campagne 20.000 conscrits devant 40.000 Prussiens aguerris et dirigés par Manteuffel et Gœben, deux des plus remarquables lieutenants du roi Guillaume. Exécuteur de toutes les sottises, de toutes les mauvaises actions, cet homme médiocre a intrigué, en 1880, pour se faire nommer ministre de la guerre en promettant à la camarilla gambettiste d'exclure de l'armée territoriale les officiers supérieurs royalistes qui y avaient été maintenus avec les grades acquis pendant la guerre. Il est juste d'ajouter que le premier acte de Gambetta, en prenant la présidence du Conseil, fut de se débarrasser de ce ministre inepte et de son secrétaire Richard, ex-intendant en chef de l'armée du Nord, à l'instigation duquel il avait usé de son influence en faveur de Farre pour lui faire obtenir le portefeuille de la guerre.

Le 28 au matin, le général de Gœben occupait Amiens, et la citadelle se rendait le 30, avec les 450 hommes de garnison et les 40 pièces de canon lisses qu'on avait imprudemment laissées dans cette bicoque. Une sommation adressée au capitaine Vogel, commandant la citadelle, ayant été repoussée, les Prussiens ouvrirent le feu qui coûta la vie à ce brave officier ; alors les mobiles de l'arrondissement qui formaient la garnison préférèrent capituler que de tirer sur leurs propres demeures.

La bataille d'Amiens n'en est pas moins honorable pour une armée aussi rapidement improvisée que l'armée du Nord ; il est vrai que ces jeunes troupes étaient conduites au feu par près de trois cents officiers de l'armée du Rhin, de ceux que les amis d'Esquiros, de Duportal et d'autres préfets appelaient « les capitulards ». La marine et le régiment du génie d'Arras avaient fourni de précieux éléments pour encadrer la brave jeunesse du Nord animée, par tempérament, de l'esprit de discipline. Par exemple, de même que dans toutes les armées de formation récente, les lendemains d'un combat, peu d'hommes avaient rallié le drapeau dans la matinée, car la veille ils s'étaient éparpillés pour chercher un gîte et une nourriture chaude. Il fallait l'inexpérience du général Farre pour avoir songé un seul instant à reprendre la bataille le 28 au matin ; du reste, dans la légende des victoires de l'armée du Nord, ses chefs se sont soigneusement abstenus de publier, à l'appui de leurs récits, les situations d'effectif du lendemain de chaque bataille. Nous les avons eues sous les yeux et avons pu constater que plus de la moitié et, dans certains corps, plus des trois quarts des hommes manquaient à l'appel ; les chiffres avoués pour les pertes ne peuvent donc être qu'approximatifs. Pour la bataille d'Amiens ou de Villers-Bretonneux, le livre de Faidherbe donne le chiffre de 266 tués et 1.117 blessés. Les Prussiens avaient une perte de 74 officiers et de 1.300 hommes, et ont fait 1.500 prisonniers y compris la garnison de la citadelle. Ce résultat est surprenant au premier abord, quand on songe que le 22e corps n'avait que 42 pièces de qualité inférieure à opposer aux 168 canons en acier fondu de l'armée de Manteuffel ; mais on est en droit de douter de l'exactitude des situations françaises.

Convaincu que l'armée du Nord ne pourrait tenir la campagne de quelques semaines, le général de Manteuffel ne laissa autour d'Amiens que 6 bataillons, 2 régiments de cavalerie et 3 batteries, avec mission de couvrir cette ville ainsi que la ligne de la Somme et le chemin de fer d'Abbeville à La Fère.

Cette place avait capitulé le 27 novembre après deux jours de bombardement. Le général Zglinitzki reçut immédiatement l'ordre de rejoindre avec sa brigade le gros de l'armée en marche sur Rouen. Le VIIe corps, Zastrow, ayant dû être maintenu provisoirement à Metz et sur la ligne des Ardennes, la responsabilité du général Manteuffel devenait très lourde, puisque avec deux corps d'armée et une division de cavalerie il devait conquérir et garder ensuite la ligne de plus de soixante lieues de développement qui s'étend de Pont-Audemer à Saint-Quentin, en passant par Rouen, Dieppe, Amiens et Ham.

Pour achever la première partie de la tâche qui lui était dévolue, la conquête, Manteuffel institua l'intendant militaire Sulzer en qualité de préfet ou de gouverneur civil de la Somme ; des détachements partis d'Amiens coupèrent les chemins de fer d'Abbeville et d'Arras ; Saint-Quentin fut occupé après une courte résistance fort honorable pour la population ouvrière et pour le préfet de l'Aisne, Anatole de la Forge, qui y reçut une blessure à la jambe. Les reconnaissances poussées aussi loin que possible constatèrent que l'armée du Nord s'était, comme l'avait supposé le général prussien, repliée sur ses dépôts pour s'y refaire et compléter son organisation à peine ébauchée. Les canons français pris à La Fère servirent à renforcer l'artillerie de siège devant Mézières.

Ces soins pris, Manteuffel se mit en marche sur Rouen avec le gros de son armée, le 1er décembre : le VIIIe corps formant l'aile droite s'avançait par Poix et Forges, le long du chemin de fer d'Amiens à Rouen ; le Ier corps faisait un crochet par Breteuil et Gournay pour rallier les détachements laissés en arrière et menacer le flanc gauche du corps français commandé par le général Briand. Le 3 décembre, les deux têtes de colonne atteignaient Forges et Gournay ; le lendemain, la 1re armée recevait comme renfort la brigade des dragons de la garde qui fut placée sur la droite du VIIIe corps.

Le général Briand avait pour mission de couvrir le Havre et Rouen avec un petit corps composé de 2.000 marins, 6 bataillons de mobiles, 8 compagnies des éclaireurs Mocquart, 2 escadrons de hussards, 3 batteries et quelques bataillons de gardes nationaux mobilisés, en tout 16.000 hommes. Vers la fin de novembre, il s'était avancé au-delà de l'Andelle, affluent de droite de la Seine, à l'aval des Andelys, et menaçait

Gisors, quand le 29, à Etrépagny, il surprit un détachement saxon de 2 compagnies, 2 escadrons et 2 canons que le comte de Lippe avait imprudemment lancé en avant de son front. Les Saxons furent mis en pleine déroute et nous laissèrent une centaine de prisonniers ; le lendemain ils revinrent en force, incendièrent la ville et fusillèrent quelques habitants sous le prétexte souvent renouvelé qu'ils auraient dû les prévenir de l'approche de leurs compatriotes. A la suite de cet incident, le général Briand se replia sur Rouen qu'il s'était engagé à défendre. Afin de retarder la marche de Manteuffel, il envoya vers Buchy, sur la ligne Amiens-Rouen, une dizaine de mille hommes sous les ordres du capitaine de vaisseau Mouchez. Ce détachement fut attaqué le 4 décembre par l'armée prussienne. Les marins et les éclaireurs de Mocquart firent bonne contenance, mais les gardes mobiles et mobilisés se débandèrent en laissant 400 des leurs aux mains de l'ennemi qui perdit à peine quelques hommes. La ville de Rouen, surprise par l'arrivée des Prussiens, ne fit aucune résistance et le général de Gœben y entra le 5 au soir ; le général Manteuffel, le 6. Dans la matinée du 5 décembre, le général Briand qui, dans la nuit du 4 au 5, avait promis au Conseil municipal d'essayer une défense impossible, exécutait une retraite sur le Havre dans des conditions déplorables. Après une marche précipitée de 20 lieues en trente heures, il arrivait à Honfleur, la moitié de ses soldats ayant abandonné les rangs. Les stratèges de cabinet ont vivement critiqué la conduite de Briand et prétendent qu'il aurait dû se concerter avec le général Farre pour réunir leurs prétendus corps d'armée. On peut leur répondre par le mot du maréchal Bugeaud quand on lui annonçait une concentration des Arabes d'Abd-el-Kader : « Tant mieux, plus ils seront nombreux, plus vite j'en aurai fini avec eux. » Réunis, les deux corps d'Amiens et de Rouen auraient été mis en déroute ensemble et évité à Manteuffel une double opération. Le général prussien ne perdit pas de temps pour exploiter la riche

Normandie ; il installa un préfet allemand à Rouen et envoya des colonnes mettre à contribution les opulents arrondissements de Dieppe, Pont-Audemer, Bernay, Evreux et Vernon.

Pendant que la 1re armée allemande exécutait sans grande difficulté sa marche victorieuse de Metz à Rouen, des événements plus graves se passaient sur les bords de Loire où la délégation de Tours avait concentré ses principaux éléments de défense. A la fin du chapitre XXXII, nous avons laissé le général d'Aurelle installé à Salbris au milieu du 15e corps d'armée. Cet officier avait la fermeté, l'énergie et les connaissances pratiques indispensables pour soumettre des rassemblements de troupes à une discipline sévère et pour les organiser rapidement. En même temps, le général Pourcet rappelé d'Algérie continuait à Blois la formation du 16e corps ébauchée par d'Aurelle qui, en arrivant à Salbris, le 16 octobre, y trouva sa nomination de commandant en chef des 15e et 16e corps. Huit jours plus tard, grâce aux efforts réunis de l'administration et du commandement, les deux corps présentaient la composition suivante, avec des effectifs convenables et des batteries bien attelées :

15e *corps d'armée*. Commandant, général d'Aurelle de Paladines ; chef d'état-major général, général Borel ; commandant de l'artillerie, général de Blois ; commandant le génie, colonel de Marsilly ; intendant, Bouché. — 1re division d'infanterie, général Martin des Pallières ; 1re brigade, général de Chabron ; 2e brigade, général Bertrand ; — 2e division, général Martineau des Chenez ; 1re brigade, général Dariès ; 2e brigade, général Rébillard ; — 3e division, général Peytavin ; 1re brigade, général Peytavin ; 2e brigade, général Martinez ; — division de cavalerie, général Reyau ; 1re brigade, général Galand de Longuerue ; 2e brigade, général de Brémond d'Ars ; — brigade de cavalerie Michel ; — brigade de cavalerie, colonel d'Astugue.

Chaque division d'infanterie avait 3 batteries d'artillerie et 1/2 compagnie du génie. La réserve du 15e corps se composait de 8 batteries, colonel Chappe ; d'une demi-compagnie du génie ; d'une division mixte comprenant une brigade d'infanterie et une brigade de cavalerie. Effectif total : 60.000 rationnaires.

16e *corps d'armée.* Commandant, général Pourcet, puis Chanzy ; chef d'état-major, général Renault ; commandant l'artillerie, colonel Robinot-Marcy ; commandant le génie, colonel Javain ; intendant Brou. — 1re division, X... ; 1re brigade, général Maurandy ; 2e, général Deplanque ; — 2e division, général Barry ; 1re brigade, général Gaulard ; 2e X... ; — 3e division, général Chanzy ; 1re brigade, général Bourdillon ; 2e, général Séatelli. — Division de cavalerie, général Ressayre ; 1re brigade, général Tripart (brigade de réserve du 15e corps) ; 2e et 3e brigades, général Abdelal. — 11 batteries de réserve, lieutenant-colonel Carré. Effectif total : 35.000 rationnaires. Le général d'Aurelle avait donc sous ses ordres 95.000 hommes répartis dans 6 divisions et 1 brigade d'infanterie, 6 brigades de cavalerie, avec 37 batteries ou 222 pièces de campagne. Ces chiffres et ces noms sont tirés des documents officiels qui devenaient inexacts du jour au lendemain, puisque les formations successives de 26 corps d'armée entraînaient des mutations fréquentes. Ainsi les tableaux précités remis au général en chef mentionnaient trois divisions au 16e corps, quand au commencement de novembre il n'y en avait encore que deux en état de marcher.

Ce corps d'armée occupait des positions disséminées en avant de Blois, de la forêt de Marchenoir à Mer, et se trouvait ainsi séparé par la Loire du 15e corps, toujours cantonné sur la rive gauche de la Sauldre ; les francs-tireurs de Lipowski éclairaient la gauche de l'armée vers Châteaudun ; les volontaires vendéens de Cathelineau fouillaient le terrain sur la droite et poussaient jusqu'aux environs d'Orléans ; enfin, un détachement de l'énorme division des Pallières occupaitGien. Quelques jours plus tard, l'armée recevait encore la division Faye, forte de 12.000 hommes, ce qui portait l'ensemble des forces soi-disant disponibles à plus de cent mille hommes. On conçoit que la délégation de Tours désirât vivement utiliser un pareil rassemblement, très fort numériquement, mais qui manquait encore de la cohésion nécessaire pour manœuvrer en rase campagne. Avec son inflexible fermeté et une sollicitude de tous les instants, le général d'Aurelle avait obtenu des résultats appréciables. Cependant il ne jugeait pas ses troupes assez solides et demandait encore une quinzaine de jours, indispensables surtout au 16e corps dont l'organisation était encore très défectueuse. Les cadres laissaient beaucoup à désirer et des actes fréquents d'indiscipline obligeaient souvent de déférer les coupables aux cours martiales récemment instituées.

Mais qu'importaient aux stratèges de Tours ces vulgaires nécessités d'organisation matérielle ! Penchés sur une carte à côté d'un bon feu, ils ne comprenaient pas que des hommes mal habillés et encore plus mal équipés par leurs préfets pussent souffrir du froid ; en voyant les omnibus et les camions rouler au grand trot dans les rues de la ville, il leur semblait que rien n'était facile comme de concentrer 150 ou 200 bouches à feu sur un point quelconque. Et puis J. Favre leur avait adressé, le 17 octobre, une dépêche pressante pour les solliciter de marcher au secours de Paris. M. de Freycinet tint à honneur d'envoyer *ses* troupes à la délivrance de la capitale et s'occupa de dresser un plan de marche sur Paris. A cette époque, la manie des plans était devenue endémique en France ; chaque avocat, chacun des ingénieurs *distingués* de la camarilla de Tours avait le sien et faisait mouvoir, comme au champ de Mars, d'immenses armées sur le vaste échiquier qui s'étendait de Strasbourg à Rouen, bien entendu sans s'inquiéter de l'hiver, de l'état des routes, du moral des soldats.

Le 24 octobre, le délégué à la guerre se rendit à Salbris

pour soumettre au général d'Aurelle le résultat des travaux du conseil aulique civil de Tours. A cette occasion, il y eut au quartier général une conférence à laquelle assistèrent : MM. Sourdeaux et de Serres, attachés au cabinet du ministre, les généraux d'Aurelle, des Pallières, Pourcet et Borel. M. de Freycinet, préoccupé du ravitaillement de Paris, rêvait de marcher tout de suite sur la capitale, mais en résumé on se borna à discuter le meilleur moyen d'enlever Orléans. D'Aurelle fit diverses observations basées sur la jeunesse et l'inexpérience des troupes ; à la fin tout le monde fut d'accord et l'on convint de se réunir le lendemain 25 à Tours, sous la présidence de Gambetta, aux lumières duquel les membres civils du conseil aulique jugeaient utile de s'adresser ! Peut-être avaient-ils raison ? car il est constant qu'à la fin d'octobre 1870, tous les officiers intelligents et instruits étaient d'avis de traiter avec M. de Bismarck. Les partisans de la guerre à outrance se composaient exclusivement des ignorants des choses de la guerre ; et, parmi les plus ardents, se distinguait précisément cette multitude d'employés et de fonctionnaires qui avaient la douce certitude de ne jamais aller au feu.

L'idée principale du projet de M. de Freycinet n'était pas mauvaise. Afin de profiter de la supériorité numérique de l'armée de la Loire, ce projet consistait à envelopper le corps bavarois, en l'attaquant de front avec le gros de l'armée composé de deux divisions du 15e corps, des deux divisions disponibles du 16e corps et d'une nombreuse cavalerie, environ 70.000 hommes, qui devaient se concentrer en avant de Blois, sur la rive droite de la Loire, tandis que des Pallières, avec sa grosse division de 25.000 hommes, partirait de Gien, se rabattrait sur Orléans, sous le couvert de la forêt qui s'étend de cette ville à Ouzouer-sur-Loire sur une longueur d'une dizaine de lieues. La délégation de Tours évaluait les forces de von der Tann à 60.000 hommes, quand en réalité elles ne s'élevaient pas à la moitié de ce chiffre. A Orléans ne se trouvaient que le 1er corps bavarois, 1 régiment de chevau-légers, la brigade de cuirassiers bavarois et la 2e division de cavalerie prussienne, en tout 19.000 fantassins, 5.000 cavaliers avec 130 canons. — Pour amoindrir l'échec des Bavarois, le grand état-major de Berlin a singulièrement faussé les chiffres des effectifs ; même ses additions présentent des erreurs évidemment voulues. — La 22e division d'infanterie et la 4e division de cavalerie avaient été envoyées à Chartres et n'étaient plus à portée de secourir von der Tann.

Le mouvement décidé à Tours, le 25, commença le lendemain. Les deux divisions du 15e corps chargées d'opérer avec le 16e furent transportées de Salbris à Blois en passant par Vierzon et Tours. La marche sur Orléans devait commencer le 29, mais le 28 au soir, d'Aurelle donna contre-ordre parce que le temps était mauvais, les chemins difficiles; l'insuffisance des quais de débarquement avait retardé la concentration des troupes ; l'artillerie n'avait pas tous ses attelages et l'équipement des gardes mobiles était encore trop défectueux. A cette occasion, M. de Freycinet adressa au commandant en chef une lettre, datée du 29 octobre, qui donne une idée de l'infatuation de ce stratège improvisé et dont l'irritante insolence n'avait d'égale que son ignorance des difficultés du métier militaire. Le délégué à la guerre se permettait d'écrire à un officier blanchi sous le harnais et ayant donné mainte preuve d'endurance en Algérie et pendant les deux terribles hivers de Crimée : « Mais, puisque nous devons renoncer à vaincre étant deux contre un, alors qu'autrefois on triomphait un contre deux, *n'en parlons plus*, et tâchons de tirer le meilleur parti de la situation. » En réponse à cette missive, le général d'Aurelle aurait dû donner sa démission et laisser la direction exclusive des opérations aux membres du conseil aulique civil.

La situation de la France paraissait d'autant plus désespérée aux officiers généraux et supérieurs que, le 28 au soir, un parlementaire du général von der Tann avait apporté au général Tripart une lettre de remercîments pour un acte de courtoisie, lettre qui se terminait par l'annonce *confidentielle* de la capitulation de Metz. Le 30, les triumvirs de la délégation Crémieux, Glais-Bizoin et Gambetta, rendirent la nouvelle publique par une proclamation injurieuse à la fois pour Bazaine, pour tous les généraux et pour les armées impériales.

L'armée de la France, écrivaient-ils, dépouillée de son caractère national, devenue sans le savoir un instrument de règne et de servitude, est engloutie, malgré l'héroïsme des soldats, *par la trahison des chefs*, dans les désastres de la patrie...

On a vu plus haut que cette proclamation insensée n'a pas peu contribué à la rupture de la négociation entamée par M. Thiers à Versailles.

Le surlendemain, 1er novembre, Gambetta brochant sur le thème développé de concert avec ses collègues, adressa aux troupes une proclamation leur dénonçant « l'ineptie et la trahison de chefs indignes ». Ces factums odieusement ridicules et emphatiques, dans lesquels on signalait aux soldats la trahison de leurs chefs, produisirent un effet déplorable dans l'armée et faillirent avoir les plus funestes conséquences. Le général d'Aurelle dit dans son livre que :

La discipline fut vivement ébranlée par une telle dénonciation et que, dans certains corps, des sous-officiers et des soldats mirent en délibération s'ils ne s'affranchiraient pas de l'obéissance envers des chefs qui les trahissaient. D'autre part, des officiers généraux et des officiers supérieurs protestèrent avec énergie contre de calomnieuses imputations, et un assez grand nombre d'entre eux furent sur le point de donner leur démission, ce qui eût été un grand malheur, à cause de la pénurie d'officiers de tous grades et particulièrement des grades supérieurs.

Le jour même où paraissait la proclamation de Gambetta, le général d'Aurelle se rendait au quartier général du 16e corps à Marchenoir où avaient été convoqués tous les généraux, colonels et chefs de service. Les visages étaient tristes, soucieux, mécontents ; la proclamation du dictateur avait soulevé une indignation générale qui éclatait en plaintes amères. Le général en chef qui, de son aveu, partageait leur indignation, s'efforça de calmer ses officiers et y parvint assez promptement. Peut-être eût-il mieux fait en exécutant à Tours un petit 18 Brumaire et en débarrassant son pays d'une délégation incapable qui ne lui a causé que d'énormes sacrifices d'hommes et d'argent, pour arriver de défaite en défaite à un traité plus humiliant encore que la capitulation de Metz.

Enfin, le 7 novembre, après dix jours employés à mettre les deux corps d'armée, principalement le 16e, sur un pied convenable, le mouvement convenu le 25 octobre fut mis à exécution. Peu de jours auparavant, le général Pourcet, malade, avait été remplacé par Chanzy dans le commandement du 16e corps ; le contre-amiral Jauréguiberry nommé chef de la 1re division, et le général Michel appelé au commandement en chef de l'armée des Vosges en remplacement du général Cambriels, très souffrant de la blessure qu'il avait reçue à Sedan. D'Aurelle avait prescrit les dispositions suivantes : à droite les deux divisions du 15e corps remontaient la rive droite de la Loire ; à leur gauche le 16e corps ; à l'extrême gauche la cavalerie de Reyau, précédée au loin par les francs-tireurs de Lipowski, devaient suivre le mouvement de l'aile droite en se rabattant peu à peu sur Orléans. Des Pallières avait franchi le fleuve à Gien et commençait sa longue marche sur les derrières des Bavarois.

Von der Tann, averti de l'approche de gros rassemblements de troupes, fit exécuter dans la même matinée du 27 par le général de Stolberg, commandant la 2e division de cavalerie, une grande reconnaissance composée de trois régiments de sa division, appuyés par deux batteries, 6 compagnies et plusieurs escadrons des cuirassiers bavarois. La tête de cette colonne se heurta contre la brigade Bourdillon au moment où celle-ci débouchait de la forêt de Marchenoir par la route de Marchenoir à Ouzouer-le-Marché ; vivement repoussée sur Ouzouer, elle fut prise en flanc par la cavalerie du général Abdelal qui lui tua une soixantaine d'hommes et lui fit une centaine de prisonniers. Le général von der Tann, prévenu du danger qui le menaçait, avertit sur-le-champ la 22e division d'infanterie et la 4e division de cavalerie d'accourir à son secours. Les deux généraux prussiens lui promirent d'être, le 9, à Orgères avec la cavalerie et à Boves avec l'infanterie.

Certain d'être secouru, von der Tann comprenant qu'il était perdu s'il se laissait envelopper dans Orléans par des forces triples des siennes, s'empressa d'évacuer la ville pour prendre position avec les quatre brigades de son corps d'armée et sa nombreuse cavalerie sur la ligne s'étendant du village de Huisseau-sur-Mauves, des châteaux de la Renardière et de Baccon, à gauche, au village de Saint-Sigismond, à droite ; au centre, les villages de Coulmiers, de Rozières et de Gémigny constituaient d'excellents points d'appui. Les châteaux, parcs et maisons furent mis en état de défense et le terrain découvert se prêtant aux évolutions, la cavalerie fut répartie, deux brigades derrière l'infanterie et deux brigades à l'aile droite près de Saint-Sigismond. Un régiment d'infanterie, 2 escadrons de cavalerie et une section de 2 pièces de canon furent chargés de la garde des magasins et des ambulances d'Orléans, avec ordre d'être prêts à rejoindre le gros de l'armée suivant les circonstances.

Le 9 au matin, commençait la bataille de Coulmiers, le premier et l'unique succès incontesté de toute la guerre. Peu important comme lutte en rase campagne, ce combat n'en est pas moins intéressant, car il montre avec quelle rapidité on peut transformer les recrues françaises en soldats, pour peu que l'on s'occupe à l'avance de l'organisation des cadres et que des gens incompétents ne viennent pas entraver le travail des officiers et des sous-officiers par des opérations hâtives et de trop vastes formations ; la multiplicité des corps d'armée a tout énervé, cadres et soldats. Le général d'Aurelle a fait de la bataille un récit très mouvementé, dont l'exactitude a été reconnue même par les écrivains allemands ; on ne peut donc que suivre ce récit, en l'abrégeant un peu, car il contient quelques longueurs.

Le 9 novembre, dit le général en chef, les troupes sont de bonne heure sur pied ; elles n'ont pu faire de feux de bivouac à cause de la proximité de l'ennemi. Le temps est froid et sombre, mais au jour le brouillard commence à se dissiper. A 8 heures les régiments se dirigent en silence vers les positions indiquées la veille. Le général d'Aurelle arrive à 7 heures et demie devant Baccon. L'armée française est rangée en bataille sur deux lignes, dans un ordre admirable ; tout en elle annonce la confiance.

L'armée allemande, retranchée dans des villages, des châteaux et des fermes, les a crénelés, barricadés à l'intérieur, et en a défendu l'approche à l'extérieur par des ouvrages de fortification passagère. Elle est prête à recevoir la bataille et nous attend de pied ferme.

La vue s'étend au loin; elle est bornée vers la Loire par des bois et des massifs d'arbres qui entourent de nombreux châteaux et de riches fermes. Les terres, cultivées en céréales, sont dépouillées de leurs récoltes. Elles n'offrent aucun obstacle au déploiement de l'infanterie, à la marche de la cavalerie et aux mouvements de l'artillerie qui cependant ne peut manœuvrer aux allures vives, parce que le terrain est encore détrempé par les pluies des jours précédents.

La division Martineau occupait ladroite près du village Les Fontaines, la division Peytavin à sa gauche devant Baccon, le 16e corps à la gauche du 15e. Baccon, bourg assez considérable, est bâti sur une hauteur d'où l'on découvre toute la plaine ; son clocher a dû souvent servir aux Bavarois d'observatoire pour suivre nos mouvements. En avant de ce bourg, environ à 3.000 mètres près du hameau de Champdry, se dresse un mamelon bien situé pour y établir nos batteries d'attaque. Le général en chef y fit placer deux batteries de 4 et le feu commença. Les pièces ne produisant pas l'effet désiré, le colonel Chappe les remplaça par deux batteries de 8 qui tirèrent avec une précision remarquable. Sous leur protection, les tirailleurs du 33e de mobiles s'avancent résolument sur Baccon, pendant que les régiments les suivent. Les Bavarois répondent à notre fusillade derrière leurs murailles crénelées.

Nos soldats gagnent du terrain; animés par l'exemple de leurs officiers, ils enlèvent Baccon et, sous l'impulsion du général Peytavin, marchent sur le château de la Renardière, où recommence une lutte acharnée. Les Bavarois, après avoir cédé du terrain, se rallient et tentent un retour offensif. D'Aurelle, qui s'aperçoit de ces préparatifs, fait avancer cinq nouvelles batteries et à midi nos soldats enlèvent le château à la baïonnette.

Le 16e corps, de son côté, avait attaqué les positions vaillamment défendues de Coulmiers, Rozières, Vaurichard et Gémigny ; tous ces villages avaient été mis en parfait état de défense. Le général Chanzy faisait avancer ses troupes avec ordre, pendant que le général Reyau, avec neuf régiments de cavalerie, couvrait sa gauche et la protégeait contre tout mouvement tournant. La cavalerie était éclairée sur sa gauche par les francs-tireurs de Lipowski.

La division Barry qui occupait la droite du 16e corps en face de Coulmiers et de Rozières, avait marché lentement de façon qu'elle arriva seulement vers midi à Saintry. Le général Barry avait un peu exagéré les précautions ; l'ennemi nous attendant sur des position fortifiées, la défense se concentrait évidemment dans ces positions même. La brigade Deplanque de la 1re division marchait sur Gémigny ; elle fut reçue vigoureusement par l'artillerie établie dans ce village, par celle de Coulmiers sur sa droite et celle de Saint-Sigismond sur sa gauche. Les batteries de la division Barry qui avaient pris position à Saintry, ouvrirent le feu vers midi, et, à partir de ce moment, cette division fut sérieusement engagée. Son action et ses efforts se portèrent particulièrement sur Coulmiers qu'elle attaqua avec élan ; bientôt, par sa vigoureuse offensive, cette division avait réparé le temps perdu par elle dans la matinée.

C'était en ce moment un spectacle imposant que celui de cette jeune armée de la Loire ; elle combattait sur tous les points à la fois avec une ardeur admirable. Si le général Trochu avait pu la voir dans ce moment, il en aurait parlé avec moins de dédain devant l'Assemblée nationale. (Ce reproche du général d'Aurelle est d'une suprême injustice et ne peint que son mauvais caractère bien connu dans l'armée. Trochu a très sainement apprécié le succès de Coulmiers où notre supériorité numérique était écrasante ; du reste la conduite ultérieure et très prudente du général d'Aurelle a amplement justifié les assertions du général Trochu, dans son discours du 14 janvier 1872, publié en brochure quelques jours après.)

La cavalerie du général Reyau avait reçu des instructions précises et formelles. Sa mission était de couvrir notre flanc gauche du côté de Chartres, en se dirigeant sur Saint-Péravy. Le général Reyau s'était complètement écarté des ordres qui lui avaient été donnés. Au lieu de se conformer à ses instructions, il avait fait attaquer le village de Saint-Sigismond par son artillerie, et s'était jeté sur des obstacles où la valeur brillante de ses escadrons avait été brisée sans résultat. Il avait, il est vrai, dirigé une reconnaissance sur sa gauche ; mais, par une erreur inconcevable, elle prit les francs-tireurs de Lipowski pour des Prussiens. Le général Reyau n'eut pas la pensée, si naturelle en pareille circonstance, de faire cesser toute incertitude en ordonnant une nouvelle reconnaissance, et il fit prévenir le général Chanzy que son flanc gauche était menacé. Comment le général Chanzy, habituellement si prudent, si bien inspiré, n'a-t-il pas immédiatement éclairci ses doutes? La cavalerie fit des pertes inutiles, ses escadrons furent décimés par l'artillerie ennemie ; la sienne épuisa ses munitions, et, par suite de cette fatale erreur, le général Reyau battit en retraite pour aller reprendre, avec ses escadrons accablés de fatigue, la position de Prénouvellon, d'où il était parti le matin ; il laissait ainsi libres les routes de Chartres et de Paris.

Chanzy ne pouvait avoir de doutes sur le rapport du général Reyau. Le grand tort du ministre de la guerre est d'avoir confié un commandement important de 10 régiments de cavalerie à un vieillard, encore vigoureux physiquement, mais qui n'avait d'autres campagnes que celles du champ de manœuvres de Lunéville et d'autre instruction que celle du Saumur de Louis-Philippe, où l'on apprenait le littéral du service en campagne!

Vers les 3 heures, le 15e corps avait conquis les positions de Baccon, les châteaux de la Touanne, de la Renardière, de Huisseau-sur-Mauves, du Grand-Lus, les fermes et la lisière du bois de Montpipeau. Le 16e corps était engagé sur toute la ligne, la division Barry devant Coulmiers où la résistance était des plus opiniâtres. Déjà les tirailleurs et quelques compagnies avaient franchi les premiers obstacles et pénétré dans le village. Mais les Allemands, s'abritant derrière chaque arbre et les pans de muraille écroulés, par de nouveaux efforts désespérés, avaient chassé nos soldats du village et repris la position. Le général Barry mettant alors pied à terre, se place à la tête de ses troupes, les enlève aux cris de : *En avant! vive la France!* et à son tour force l'ennemi à reculer. La lutte se prolonge dans le village en flammes. Le général en chef fait placer deux batteries de 8 derrière le parc du Grand-Lus, dans un endroit favorable masqué par les arbres. Elles balayent la route de Coulmiers aux Ormes que suivent les Bavarois en retraite vers Patay. En même temps le général d'Aurelle fait approcher la brigade Dariès qui avait formé la réserve du 15e corps pendant la journée ; il lance cette brigade sur le village. Ces troupes sont enlevées avec un irrésistible élan par leur vaillant général. Bientôt Coulmiers est emporté d'assaut par la division Barry et la brigade Dariès, rivalisant de courage et d'ardeur.

Le succès de la journée était assuré, il fallait le compléter et le consolider. Le général Chanzy dirige ses efforts sur Gémigny et Rozières : la brigade Deplanque s'empare de ces deux villages malgré la résistance désespérée des Bavarois, mais en éprouvant les pertes les plus sensibles. La brigade Bourdillon, formant l'aile gauche du 16e corps, avait enlevé avec une grande vigueur les villages de Champs et d'Ormeteau, vaillamment disputés par l'ennemi. Arrivé la veille pour prendre le commandement de sa division, l'amiral Jauréguiberry, par son sang-froid et son audace, étonna nos jeunes soldats. Electrisés par son exemple, ils s'étaient emparés à la baïonnette de Champs et d'Ormeteau. La brigade Bourdillon qui, jusque-là, avait servi de réserve au 16e corps s'empara ensuite de Saint-Sigismond. La nuit était arrivée, l'armée de la Loire avait vaincu ; mais une faute regrettable lui enlevait une partie des avantages que faisait espérer le succès de la journée. L'armée établit ses bivouacs sur le champ de bataille et se tint prête à faire face à un retour offensif de l'armée. Le général en chef établit son quartier général au château du Grand-Lus.

Tel est le récit de la bataille de Coulmiers fait par le général d'Aurelle. Cette victoire de l'armée française fut comme un rayon de soleil dans un ciel sombre, mais de gros nuages noirs ne devaient pas tarder à faire disparaître cette lueur fugitive. La perte des Français fut de 1.500 tués ou blessés ; celle des Allemands, de 54 officiers et 1.112 hommes tués ou blessés, plus 2.500 prisonniers. Le commandant de Lambilly, chef d'état-major de Jauréguiberry, officier remarquable par son intelligence et son audace, enleva avec le peloton d'escorte de l'amiral, le 10 au point du jour, une colonne comprenant 2 pièces de canon, des caissons et des voitures de bagages. Malheureusement, la regrettable faiblesse du général Reyau permit au corps bavarois de se replier tranquillement sur Artenay et Toury où il fit sa jonction avec la 22e division d'infanterie et la 4e division de cavalerie accourues de Chartres à l'appel de von der Tann et qui le 10 l'attendaient entre Janville et Allaines.

La relation du grand état-major allemand nous apprend

que, en entendant le canon, la garnison d'Orléans avait rapidement marché sur Saint-Ay en longeant la Loire par la route de Tours. Le soir, les mêmes soldats durent battre en retraite sur Cercottes et abandonner quelques centaines d'hommes exténués. La conduite de Reyau est appréciée avec un dédain peu dissimulé, mais justice est rendue à l'intrépidité et au coup d'œil de Jauréguiberry qui avait un adversaire digne de lui dans le général Orff, chef de la 2e brigade bavaroise. Cet officier, voyant que la cavalerie française se retirait sur Prénouvellon au lieu de couper la retraite aux Allemands, sacrifia ses troupes pour maintenir le 16e corps jusqu'à la nuit et protéger la retraite de von der Tann par la ligne directe de Gémigny et de Saint-Péravy sur Artenay.

Gambetta transforma le succès de Coulmiers en une victoire d'une portée incalculable ; il n'en fut pas de même du général d'Aurelle qui, en dépit de quelques passages dithyrambiques de son récit de la bataille, ne se faisait aucune illusion sur les défauts de ses jeunes régiments. Avec 60.000 combattants contre environ 30.000, il avait été obligé d'engager ses dernières réserves, les brigades Dariès et Bourdillon ; les louanges et les récompenses dont son armée fut littéralement accablée ne pouvaient donc l'éblouir. Dès le 9 au soir, le colonel de Cathelineau était entré dans Orléans par la rive gauche avec ses volontaires vendéens. La division des Pallières, dont la marche avait été calculée dans l'hypothèse que von der Tann livrerait bataille le 10, marcha pendant quatorze heures au canon, dans la journée du 9, et malgré ses efforts ne put arriver jusqu'à la route de Paris pour couper la ligne de retraite négligée par le général Reyau.

CHAPITRE XXXVII

Etrange opinion de M. de Freycinet sur les conséquences possibles de la victoire de Coulmiers. — Suite des opérations en province pendant le mois de novembre et les premiers jours de décembre. — Mouvements de la division des Pallières avant et après la bataille de Coulmiers. — Le grand-duc de Mecklembourg-Schwerin est nommé commandant en chef de l'armée d'observation sur la Loire. — Marche du prince Frédéric-Charles de Metz sur Orléans. — Débandade de l'armée de l'Ouest à Nogent-le-Rotrou. — Incursions de Mecklembourg vers la basse Seine; il redescend au sud-est jusqu'à la Ferté-Bernard. — Conseil de guerre de Villeneuve-d'Ingré présidé, le 12 novembre, par Gambetta. — Ordre général relatif à la défense d'Orléans. — Formation des 17e, 18e et 20e corps d'armée. — Création d'éclaireurs à cheval. — Lutte intestine entre d'Aurelle et le ministère de la guerre. — Effectifs des armées en présence sur la Loire à la date du 15 novembre. — Positions qu'elles occupent à la fin de novembre. — 24 novembre, petits combats de Ladon et de Maizières. — 28, combat de Beaune-la-Rolande. — Ligne de bataille des Allemands le 30. — 1er décembre, combat de Villepion. — Le 2, bataille de Loigny. — Le 3 et le 4, bataille d'Orléans et occupation de la ville. — 6 décembre, révocation de d'Aurelle et formation de deux armées dites de la Loire.

Il est difficile de contenir son indignation à la lecture des appréciations de M. de Freycinet sur les conséquences possibles de la victoire de Coulmiers. Voici ce qu'a osé en dire ce néfaste personnage, en 1872, dans son mauvais roman *La guerre en province* :

Après la prise d'Orléans, si l'on avait marché tout de suite sur Paris, il *parait établi que l'on aurait réussi*. On n'aurait pas trouvé sur la route une grande résistance et les lignes d'investissement n'étaient pas très difficiles à rompre. *En tout cas*, on aurait détruit *l'armée* bavaroise avant qu'elle eût reçu des renforts. Les Allemands s'attendaient à cette manœuvre et l'on en concevait, à Versailles, une grande inquiétude ; c'est du moins ce qu'assurent les rapports qu'on a eus depuis. On va même jusqu'à prétendre que les préparatifs du départ étaient faits pour le cas où l'armée de la Loire et la garnison de Paris tenteraient un vigoureux effort pour se donner la main.

Autant de mots, autant d'inexactitudes voulues. D'abord, il est établi, même par les amis de M. de Freycinet, que l'on aurait échoué. La résistance sur la route de Paris aurait été sérieuse et le général Ducrot a pu constater à ses dépens que les lignes d'investissement étaient très difficiles à rompre. Ensuite, en aucun cas on n'aurait détruit le 1er corps bavarois et non l'armée bavaroise, comme le dit avec affectation M. de Freycinet, avant qu'elle eût reçu des renforts, pour l'excellente raison que, le lendemain de la bataille, von der Tann était renforcé par la 22e division prussienne et la 2e division de cavalerie. Or, d'Aurelle ayant dû engager toutes ses réserves pour battre, à deux contre un, le premier corps bavarois, aurait probablement été mis en déroute s'il avait marché sur Artenay avec ses jeunes soldats exténués par le combat du 9. En ce qui concerne les inquiétudes et les préparatifs de départ du quartier général de Versailles, c'est une de ces légendes ridicules qui font sourire les hommes du métier.

La vérité est que le général von der Tann avait échappé à un désastre complet grâce à l'incapacité du commandant de notre cavalerie et à son habile mouvement qui, en avançant la bataille d'un jour, empêcha des Pallières d'arriver à temps sur la route de Paris. Le 10, il était trop tard.

Le grand état-major allemand, enorgueilli par des succès constants, avait commis la faute de ne pas croire à l'existence d'une armée de la Loire. Cependant, le 7 novembre, à la suite d'avis inquiétants adressés par von der Tann, le roi avait confié au grand-duc de Mecklembourg-Schwerin le commandement en chef des corps d'armée et des divisions chargés de couvrir au sud-ouest l'armée d'investissement de Paris. On ajouta la 17e division d'infanterie et la 6e division de cavalerie au 1er corps bavarois, à la 22e division, aux 2e et 4e divisions de cavalerie. Le tout formait environ cinquante mille combattants, les effectifs ayant été réduits de plus du tiers par les marches, les combats et la rigueur de la température. Dans les deux semaines qui suivirent la bataille de Coulmiers, des renforts importants affluèrent aux armées en présence sur la Loire ; bientôt elles atteignirent les effectifs formidables du mois d'août ; il est donc intéressant de savoir comment on était parvenu à rassembler ces troupes.

On a vu plus haut que, dès le 23 octobre, l'armée du blocus de Metz avait reçu des ordres de mouvement en prévision d'une capitulation prochaine. La 1re armée avait été reconstituée sous le général de Manteuffel, et le 2e corps dirigé sur Paris où il prit une part active à la bataille de Champigny. Les instructions de M. de Moltke contenaient le paragraphe suivant : « La 2e armée, IIIe, IXe, Xe corps et la 1re division de cavalerie, rompra le plus promptement possible, pour se porter sur la Loire moyenne, en prenant sa direction générale par Troyes. Le flanc gauche de la 2e armée sera couvert du côté de Lyon par le XIVe corps. » Le prince Frédéric-Charles commença son mouvement le 2 novembre : le IXe corps et la 1re division de cavalerie occupaient la droite, le IIIe le centre, le Xe la gauche. Le 10 novembre, la 2e armée occupait la ligne Troyes-Chaumont, sur le chemin de fer Paris-Belfort ; le Xe corps détachait de Chaumont une brigade mixte chargée d'observer la place de Langres. Le 13, le prince recevait la nouvelle de la défaite de von der Tann, de l'évacuation d'Orléans et de la concentration à Toury des troupes du duc de Mecklembourg. Il donna sur-le-champ des ordres pour que, du 14 au 19, ses trois corps fussent établis sur la ligne Fontainebleau-Nemours-Joigny, à une ou deux journées de marche de l'armée de la Loire. Le IXe corps, arrivé le 14 à Fontainebleau, dut continuer sa route par ordre du grand quartier général qui prescrivait au prince de couvrir Paris au sud, en remplacement de Mecklembourg envoyé plus à l'ouest. Le 17, le IXe corps arrivait à Angerville, sur la ligne d'Orléans-Etampes-Paris, protégé en avant par la 2e division de cavalerie à Toury, et la 1re à Bazoches-les-Gallerandes. Le IIIe corps, qui avait passé par Nemours, arrivait le 20 à Pithiviers ; le même jour, le Xe corps atteignait Montargis. La 2e armée occupait ainsi sur le flanc droit de l'armée de la Loire, une ligne oblique s'étendant d'Angerville à Montargis, localités distantes d'une quinzaine de lieues.

Le grand-duc de Mecklembourg qui se trouvait le 12 novembre à Toury, fut averti par ses reconnaissances que de gros rassemblements se montraient du côté de Chartres et de Châteaudun. Ces renseignements paraissaient confirmer les prévisions du grand état-major dont les travaux exécutés par nos troupes dans la presqu'île de Gennevilliers avaient attiré l'attention. Ces travaux commencés en vue d'une grande sortie vers la basse Seine devaient, d'après le général de Moltke, être le prélude d'une action combinée. Il ne pouvait deviner que les stratèges civils de Tours se refuseraient à accepter un plan logique élaboré par les généraux Trochu et Ducrot ; pour *lui*, les rassemblements signalés devaient appartenir à l'armée du général d'Aurelle. Ce n'était cependant que la soi-disant armée de l'Ouest réunie sous les ordres du général d'artillerie Fiéreck et que le gouvernement de Tours avait imprudemment engagée en avant de Châteaudun sur les bords du Loir. Voici ce que dit de ces troupes d'Aurelle dont le témoignage ne saurait être taxé de malveillance :

Ces troupes étaient sans organisation, sans discipline, presque sans chefs, et par conséquent incapables de tenir tête à l'armée allemande. Le général Fiéreck qui les commandait, n'avait pour le seconder ni généraux, ni officiers supérieurs ; presque tous les officiers sous ses ordres, nommés à l'élection, ne connaissaient rien au service militaire ;

il ne pouvait seul, malgré ses efforts, son intelligence, sa vigueur bien connue, opérer des miracles. Les bandes qu'il commandait, car on ne saurait leur donner un autre nom, furent attaquées en avant de Nogent-le-Rotrou ; ces mobiles indisciplinés s'enfuirent au premier coup de fusil, les uns dans la direction du Mans, les autres vers la Normandie.

Avant de se réfugier à Nogent-le-Rotrou, les mobiles de l'Ouest avaient encore commis la faute de faire sauter le pont de pierre de Varize, sur la Conie, qui était des plus utiles à l'armée de d'Aurelle. Et c'est avec de pareilles troupes que les hommes du 4 septembre avaient la prétention d'obliger les généraux à tenir la campagne, et que M. de Freycinet, entouré de ses conseillers civils, imaginait des plans gigantesques et des opérations à grande envergure.

Le grand-duc, sans s'inquiéter des bandes qui se montraient dans les départements d'Eure-et-Loir, de l'Eure et même dans Seine-et-Oise, se mit à rançonner sans merci ces riches contrées. Le 15 novembre, son mouvement vers l'Ouest était nettement dessiné : la 17ᵉ division était à Rambouillet ; la 22ᵉ à Chartres ; le 1ᵉʳ corps bavarois à Auneau ; la 6ᵉ division de cavalerie à Chartres ; la 4ᵉ à Voves, au sud-est de Chartres ; la 2ᵉ à Toury pour masquer le mouvement de l'est à l'ouest des armées de Mecklembourg et de Frédéric-Charles.

A Rambouillet, la 17ᵉ division, de Treskow, se trouvait au milieu des cantonnements de la 5ᵉ division de cavalerie et opéra de concert avec elle. Le 17, ces deux divisions occupaient Dreux, et la 22ᵉ division, de Wittich, mettait à contribution Châteauneuf. Après avoir vidé les caisses et les granges, le grand-duc descendit plus au sud sur Nogent-le-Rotrou, à la recherche de l'armée de la Loire. Le 20, il aperçut le rassemblement dirigé par Fiéreck, « mais, dit le rapport allemand, l'ennemi, évitant la rencontre sur toute la ligne, se repliait par Nogent-le-Rotrou sur le Mans. Le 21 seulement, on parvenait à atteindre son arrière-garde à laquelle on enlevait une bouche à feu et quelques centaines de prisonniers ». Enfin, le 22, l'armée de Mecklembourg était à cheval sur l'Huisne, à hauteur de Nogent-le-Rotrou, la droite à Bellême, la gauche à Authon, avec avant-garde à La Ferté-Bernard. Le peu de résistance que le grand-duc avait rencontré dans ses courses, indiquait au quartier général de Versailles que décidément l'armée de la Loire ne s'était pas portée vers l'ouest, comme il l'avait d'abord supposé ; en outre, un mouvement de l'armée des Vosges, signalé par le général de Werder, montrait clairement que la délégation de Tours concentrait des forces imposantes autour d'Orléans. Une grande collision était donc inévitable.

Le 12 novembre, trois jours après la victoire de Coulmiers, Gambetta se rendit à Villeneuve-d'Ingré, auprès du général d'Aurelle, pour y présider un conseil de guerre auquel assistèrent : M. de Freycinet, le général en chef, le général Borel et le général des Pallières qui, le 14, était définitivement nommé commandant en chef du 15e corps. On y décida l'établissement d'un camp retranché autour d'Orléans pour servir ou de base d'opération contre Paris, ou de barrière contre une attaque des armées allemandes. 54 grosses pièces de marine furent envoyées des ports pour armer de formidables batteries habilement disposées autour de la ville, et le général d'Aurelle rédigea un ordre général que rien ne saurait suppléer pour la clarté et la précision des mesures de défense à prendre par l'armée française. Voici cet ordre :

L'ensemble du projet de défense est basé sur une forte occupation de la forêt et sur une ligne de retranchements et de batteries qui, partant de Chevilly, va aboutir vers le village de La Chapelle en passant par Gidy, Boulay, les Ormes. Mais avant de se retirer dans cette position, il y a lieu de tenir une ligne d'avant-postes fortifiés de manière à retarder la marche de l'ennemi, en lui faisant éprouver le plus de pertes possible.

La ligne de ces avant-postes passerait, en partant de la droite, par Provenchère, Huêtre, Coinces, le Chêne, Saint-Péravy, Coulimelle, Saint-Sigismond et Coulmiers.

Pour l'exécution de ce projet, il est nécessaire de modifier l'emplacement des troupes. Si le 16e corps était attaqué dans sa position actuelle, il lui serait très difficile de suivre sa ligne de retraite qui est la grande route de Châteaudun à Orléans, et dans le cas où son centre serait forcé, il ne pourrait plus se retirer que par Gémigny et Rozières, et peut-être même serait-il jeté plus à gauche sur Ouzouer-le-Marché. Le même danger menacerait aussi toute notre cavalerie qui se trouve sur la gauche de Saint-Péravy. D'un autre côté, Chevilly, qui est le point le plus avancé et qui sert de pivot à la ligne de défense, doit être très fortement occupé. Enfin le 15e corps dont la 1re et la 2e division sont entre Chevilly et Gidy, avec la 3e division à l'extrême gauche, devra occuper fortement les positions qui lui sont assignées. Pour la facilité du commandement, il importe de concentrer les troupes des 15e et 16e corps comme il suit :

15e *corps d'armée.* 1re division entre Chevilly et Saint-Lyé ; 2e division entre Gidy et Boulay, occupant les avant-postes fortifiés de la Provenchère et de Huêtre ; 3e division entre Gidy et Boulay, occupant Bricy qui devra être mis en état de défense.

16e *corps d'armée.* Une division à Saint-Péravy, occupant les villages de Coinces, le Chêne, Coulimelle, Saint-Sigismond, Gémigny, Rozières et Coulmiers. Une division aux Barres et à Bucy-Saint-Liphard. Toute la cavalerie du 15e corps qui est à la gauche, moins une brigade, quittera celle du 16e corps et s'établira à Saint-Lyé, sur la droite de Chevilly. Dans le cas où l'ennemi nous obligerait à quitter la ligne des avant-postes, le 15e corps se replierait en arrière des retranchements, de manière à défendre la ligne Chevilly-Boulay. Le 16e corps, après avoir reporté en arrière et rallié ses troupes d'avant-postes, aurait à défendre tout le terrain au nord de la route de Châteaudun, sa droite aux Barres comme pivot et se servant des bois dont le pays est couvert, pour arrêter ou tout au moins retarder la marche de l'ennemi.

Le lendemain, 13 novembre, d'Aurelle était informé par le ministère de la guerre que le 17e corps d'armée, en formation à Mer et à Blois, et commandé par le général Durrieu, sous-gouverneur général de l'Algérie, ferait partie de l'armée de la Loire. Ce corps avait la composition suivante :

17e *corps d'armée.* Commandant, général Durrieu ; chef d'état-major, colonel Bouillé ; artillerie, colonel de Langlade ; génie, colonel Charrier ; intendant, Airolle. — 1re division, général de Roquebrune ; 1re brigade, général Paris; 2e brigade, colonel Faussemagne ; — 2e division, général de Jancigny ; 1re brigade, colonel Koch ; 2e brigade, lieutenant-colonel

Thibouville; — 3e division, général de Flandre; 1re brigade, colonel Jouffroy d'Abbans ; 2e brigade, colonel Sautereau. — Division de cavalerie, général de Longuerue ; 1re brigade, général de Landreville ; 2e brigade, général Guépratte. —Chaque division d'infanterie avait 3 batteries et 1/2 compagnie du génie ; la réserve d'artillerie comprenait 8 batteries, celle du génie 1/2 compagnie. Ces troupes encore très imparfaitement organisées furent laissées en seconde ligne : la 1re division à Ouzouer-le-Marché ; la 2e entre Beaugency et Josne ; la 3e à Marchenoir ; la cavalerie un peu plus en avant entre Charsonville, Binas et Ecoman. Toutes les divisions étaient composées, moitié de bataillons ou régiments de marche, moitié de mobiles ; en résumé, tous conscrits dont les uniformes seuls différaient.

Le capitaine de vaisseau Ribourt fut envoyé de Cherbourg à Orléans avec des compagnies d'artillerie de marine pour le service des grosses pièces du camp retranché. Lipowski tenait la campagne bien en avant des lignes françaises. Dans la nuit du 14 au 15, ayant appris que le prince Albrecht s'était avancé jusqu'à Viabon, au nord d'Orgères, avec un régiment de ulans et 2 bataillons, il résolut de l'enlever. Les Prussiens surpris s'enfuirent dans le plus grand désordre, mais le prince eut le temps de monter à cheval ; sa fuite fut si précipitée qu'il oublia sur la table un ordre de mouvement très important qu'il venait de recevoir du grand-duc de Mecklembourg.

Le 19 novembre, M. de Freycinet informait d'Aurelle que deux nouveaux corps, les 18e et 20e, feraient partie de l'armée de la Loire. Le 20e corps n'était autre que l'ancienne armée des Vosges dont la colonne mobile et la réserve formèrent une 3e division sous les ordres du lieutenant-colonel Ségard, nommé général auxiliaire, et des colonels Durochat et Girard. On leur donna un renfort de 1 bataillon du 78e de marche, 2 bataillons de mobiles et 1 régiment de cuirassiers de marche. L'artillerie restait d'une faiblesse regrettable, surtout avec de jeunes troupes ; elle se réduisait à 6 batteries de canons, 1 de mitrailleuses et 2 d'obusiers de montagne. Le général d'artillerie Crouzat, un bon officier, avait remplacé le 8 novembre le général Michel dans le commandement de ce corps. Ce dernier, quand il fut nommé en remplacement de Cambriels, avait déclaré avec une louable modestie qu'il ne se croyait pas l'aptitude nécessaire pour exercer un commandement de cette importance et demandé à être remis à la tête d'une simple division de cavalerie. Il est fâcheux que cet exemple ait eu peu d'imitateurs, car jamais troupes ne furent plus médiocrement commandées que celles de la délégation. Il fallait traiter et renoncer à vouloir recruter à la vapeur des chefs capables de remuer sans heurts et sans trop de fatigue des masses de plus de cent mille hommes. Le 17 novembre, le 20e corps, alors à Chagny, près de Chalon-sur-Saône, fut transporté en trois jours à Gien.

Le 18e corps fut organisé à Nevers ; le général d'Aurelle en donne dans son ouvrage sur l'armée de la Loire une situation approximative, attendu que les cadres supérieurs et inférieurs variaient du jour au lendemain :

18e *corps d'armée*. Commandant, X... ; chef d'état-major, colonel Billot ; artillerie, lieutenant-colonel d'Artiguelongue ; génie, colonel de la Berge ; intendant, de Neuvier. — 1re division, général Feillet-Pilatrie ; 1re brigade, général Gadoy ; 2e brigade, général auxiliaire Robert. — 2e division, contre-amiral Penhoat ; 1re brigade, colonel Perrin ; 2e brigade, général auxiliaire Perreaux. — 3e division, général de Chabron ; 1re brigade, colonel Goury ; 2e brigade, colonel Marcq Saint-Hilaire. — Division de cavalerie, général Brémond d'Ars ; 1re brigade, général Charlemagne ; 2e brigade, général Guyon-Vernier.

Le commandement en chef direct du 18e corps était en réalité exercé par M. de Freycinet qui, avec une présomption égale à celle du major général Le Bœuf, se figurait pouvoir non seulement tracer des plans de campagne, mais encore diriger les mouvements de détail du fond de son cabinet. Plus arrogant encore que présomptueux, il semble s'enorgueillir d'avoir fait sottise sur sottise, gaspillé l'argent et fait couler le sang de ses compatriotes. Dans son roman malsain, il ose dire, non sans ostentation :

Les opérations commencèrent le 24 au matin, selon le plan indiqué. Elles offrirent ce caractère particulier qui, pendant toute la période du 10 octobre au 9 février, ne s'est retrouvé dans aucune autre entreprise, *d'être conduites directement par l'administration de la guerre.*

Nous allons voir ces opérations d'une importance capitale se dérouler dans les plus déplorables conditions, et le néfaste Freycinet s'empresser d'en décliner la responsabilité du moment que la fortune des armes se prononçait contre nous. Il commet une erreur en prétendant s'être abstenu d'intervenir dans la direction des opérations ultérieures ; il oublie son confident, l'ingénieur polonais de Serres, qui n'a pas cessé un instant de peser sur les décisions du général Bourbaki et de prier *humblement* le grand Garibaldi de vouloir bien exécuter tel ou tel mouvement.

La situation du 18e corps adressée au général d'Aurelle était inexacte comme la plupart des assertions contenues dans l'ouvrage de M. de Freycinet, qui, on ne saurait trop le faire remarquer, s'est toujours soigneusement abstenu de fournir une seule situation d'effectif. Aucun général n'ayant osé accepter le commandement du 18e corps, la transmission des ordres du ministre se fit par l'intermédiaire du colonel chef d'état-major Billot. La 3e division n'existait que sur le papier et les quelques bataillons qui la composaient étaient sous les ordres du colonel Goury, chef d'état-major du génie, excellent officier qui commandait en Italie les sapeurs de la garde impériale. La plupart des commandants de division et de brigade n'étaient pas encore arrivés quand le corps se mit en mouvement sur Gien, où il s'établit le 24 novembre ; la division de cavalerie n'avait pas un seul de ses trois généraux. Par un heureux hasard, le colonel Billot déploya tant d'activité, de tact et d'intelligence que le 18e corps ne tarda pas à compter parmi les meilleurs et que, fait plus étonnant, les supérieurs en grade de Billot l'acceptèrent d'un commun accord pour leur chef. On a reproché à cet officier d'avoir fait trop de politique ; le reproche ne manque peut-être pas de fondement, mais en Algérie, au Mexique, à l'armée de Metz et à celle de la Loire, il a toujours fait preuve de brillantes qualités militaires.

En résumé, les 18e et 20e corps étaient dans de mauvaises conditions pour tenir la campagne et l'on ne saurait s'étonner du peu de résultats qu'ils ont obtenus contre un ennemi numériquement très inférieur, en apparence du moins ; car il y avait en réalité un déchet énorme sur les gros effectifs que MM. Gambetta et de Freycinet faisaient miroiter aux yeux de la France dans le but de ranimer son ardeur très refroidie depuis la capitulation de Metz. Des régiments entiers se débandaient souvent, en proie au découragement résultant soit de la rigueur de la température, soit d'un combat malheureux.

Les rapports officiels d'un corps d'armée qui avait conservé le plus d'ordre et de discipline prouvent que des escadrons entiers parcouraient les villages pour en faire déguerpir les soldats et aussi les officiers qui y avaient cherché un refuge contre le froid. La misère les affectait plus que le danger, et ceux qui ont fait la guerre pendant l'hiver savent combien sont alors cruelles les souffrances des soldats. Néanmoins, au milieu du désordre inhérent à toute organisation hâtive, les généraux, éclairés par une triste expérience, surent apporter au service de la cavalerie les utiles modifications vainement réclamées à l'armée du Rhin et appliquées sur une vaste échelle depuis la guerre sous la vigoureuse impulsion des généraux du Barail et de Galliffet. On emprunta aux différents escadrons un certain nombre d'officiers et de soldats intelligents et énergiques pour constituer un service d'éclaireurs autorisés au besoin à s'habiller en citadins ou en paysans de façon à n'éveiller l'attention de personne. Chanzy et Billot organisèrent ce service d'une manière remarquable sous la direction spéciale du chef d'état-major de la division de cavalerie de leurs corps respectifs, et évitèrent ainsi ces surprises si fréquentes à l'armée du Rhin que ni à Wissembourg, ni à Borny, ni à Baumont, sa cavalerie n'avait jamais su renseigner sur les mouvements de l'ennemi. Les chefs de l'armée française avaient enfin compris que, dans les guerres modernes, les grandes agglomérations de chevaux ne donnent que de mauvais résultats. En 1866, le prince Albrecht, frère du roi, ne put rendre de services avec sa cavalerie comprenant plusieurs divisions ; le général Reyau n'en rendit pas davantage à Coulmiers.

L'intention du général d'Aurelle était d'attirer l'armée allemande sur Orléans afin de lui livrer bataille sur une position étudiée à l'avance. Il comptait éviter ainsi les marches-manœuvres toujours dangereuses avec de jeunes troupes, mal pourvues de cadres et commandées par des généraux souvent sans instruction et sans expérience. Mais d'un côté les stratèges de Tours, et de l'autre l'énergique et ambitieux Chanzy s'accommodaient mal de la politique de temporisation du général en chef. Chanzy prit la contre-partie de d'Aurelle en proposant d'entamer une vigoureuse offensive contre l'armée de Mecklembourg. Il est à remarquer que plus tard, quand il eut été nommé commandant en chef, jamais il ne se risqua à l'offensive, tout en faisant preuve de grands talents militaires. A l'exemple de Faidherbe, de Farre, de Lecointe, de Billot, de Jaurès, de Jauréguiberry, de Loysel et d'autres généraux relativement jeunes, Chanzy, en se montrant fougueux au mois de novembre, savait qu'il flattait le penchant du dictateur et de son délégué pour les grandes opérations de guerre, et que la première condition pour ne pas être brisé sous le premier prétexte venu était d'entrer ou de paraître entrer dans les vues des gouvernants du jour. Les vieux généraux, habitués à un service réglé avec soin, ne pouvaient se plier aux allures cassantes et parfois extravagantes des gens du 4 septembre, aussi les vit-on disparaître rapidement presque tous.

Dans la dernière quinzaine de novembre, la correspondance entre le général d'Aurelle et le ministère avait pris un ton aigre et acrimonieux des plus regrettables. Le 19, M. de Freycinet adressa au général en chef une lettre dans laquelle, évaluant avec son exagération habituelle l'ensemble des forces réunies dans le bassin de la Loire et comprises dans les 15e, 16e, 17e, 18e et 20e corps, il les estimait au chiffre formidable de 250.000 hommes. Peut-être y avait-il réellement ce nombre de rationnaires, c'est-à-dire d'hommes touchant la solde et les vivres, mais d'Aurelle qui vivait au milieu de ses soldats, savait à quoi s'en tenir sur le peu de solidité des trois corps de formation nouvelle ; aussi répondit-il par le retour du courrier que les chiffres du délégué à la guerre devaient être réduits dans de notables proportions. Pour mettre fin au débat, Gambetta écrivit lui-même, le 20 novembre, au général en chef une lettre débutant ainsi : « Général, la lettre que vous avez reçue de M. de Freycinet a été délibérée avec moi, et je vous prie de la considérer comme l'expression sérieuse et rigoureuse de mes vues. » Puis il l'engageait à continuer l'éducation de son armée, il maintenait l'exactitude des chiffres donnés par son délégué, enfin il invitait le général d'Aurelle « à méditer un projet d'opérations ayant Paris pour suprême objectif ».

On ne saurait blâmer un avocat ignorant les choses de la guerre d'avoir pesé à ce point sur les décisions d'un commandant d'armée, car Gambetta venait de recevoir du gouvernement central un avis lui annonçant comme imminente la grande sortie sur Champigny. Mais le général d'Aurelle, qui considérait une marche en avant comme une opération dont l'issue ne pouvait être que désastreuse, aurait dû solliciter son remplacement par son lieutenant Chanzy qui avait confiance dans le succès. Singulière situation que celle d'un pays envahi où les chefs des deux principales armées, d'Aurelle et Trochu, n'avaient aucune foi dans les entreprises audacieuses et subissaient l'influence d'une réunion de rhéteurs pour lesquels ils éprouvaient, surtout d'Aurelle, un vif sentiment de répulsion. Il leur a fallu beaucoup de patriotisme et une résignation plus chrétienne que virile pour accepter une situation si pénible. Les hommes du 4 septembre n'ont du reste témoigné aucune reconnaissance aux braves gens qui se sont modestement dévoués à la défense nationale; ils n'exaltent dans les livres, les brochures publiés et les discours prononcés depuis la guerre, par eux ou sous leur inspiration, que les généraux ambitieux qui partageaient leurs opinions politiques ou qui se sont humiliés au point de vanter leurs mérites et de leur consacrer des dédicaces louangeuses.

Pour l'intelligence des opérations exécutées autour d'Orléans dans les journées qui ont précédé et suivi le 1er décembre, il faut connaître le plus exactement possible les effectifs des armées en présence. A la date du 15 novembre, d'après les ordres de bataille annexés à l'ouvrage du grand état-major, l'armée du prince Frédéric-Charles comprenait les IIIe, IXe, Xe corps et la 1re division de cavalerie formant un total de 73 bataillons, 52 escadrons avec 264 canons ; — l'armée de Mecklembourg, les 17e et 22e divisions d'infanterie, le 1er corps bavarois, les 2e, 4e, 5e et 6e divisions de cavalerie avec 232 canons. — Total général : 125 bataillons, 186 escadrons, avec 496 canons et 15 compagnies de pionniers qui représentent au moins 100.000 fantassins, 22.000 cavaliers et 15.000 artilleurs et pionniers, soit 137.000 combattants. Tous étaient des soldats aguerris, fiers de leurs succès récents, parfaitement commandés, pourvus de cadres excellents et dirigés par un chef d'état-major incomparable, le général de Moltke, qui exposait tranquillement ses plans au roi Guillaume et ne perdait pas son temps à discuter avec des ignorants en art militaire d'autant plus prétentieux que, sortis de l'Ecole polytechnique dans les services civils, ils se considéraient avec une sincère naïveté comme des êtres très supérieurs aux sapeurs, aux artilleurs et *a fortiori* aux fantassins et aux cavaliers.

Il suffit de lire les relations des généraux d'Aurelle, des

Pallières et Chanzy pour se convaincre que les 250.000 rationnaires de MM. Gambetta et de Freycinet ne produisaient certainement pas plus de 150.000 combattants, et les personnes qui ont parcouru les champs de bataille de province ont pu s'assurer en interrogeant les habitants que, même dans les moments les plus critiques, les hôtels, les auberges, et les maisons particulières étaient encombrés de militaires, parmi lesquels beaucoup d'officiers. En évaluant le 15e corps à 50.000 combattants et chacun des 16e, 17e, 18e et 20e à 25.000, on est certainement plutôt au-dessus qu'au-dessous de la vérité; le chiffre des cavaliers à opposer aux 22.000 cavaliers allemands dans les vastes plaines de la Beauce ne dépassait pas 10.000, et celui des canons 450, parmi lesquels un grand nombre de pièces de 4 et quelques obusiers de montagne dont l'infériorité trop manifeste ajoutait encore à la faiblesse inhérente aux troupes de nouvelle levée.

Le 22 novembre dans la soirée, le grand-duc de Mecklembourg, dont l'armée était concentrée autour de Nogent-le-Rotrou, sur la ligne de Paris au Mans, reçut directement du grand quartier général un télégramme lui prescrivant de ne plus poursuivre les Français dans la direction du Mans et de se rabattre immédiatement sur la Loire vers Beaugency. Le 25, il était à Authon, quand il fut informé que, jusqu'à nouvel ordre, il serait sous la direction immédiate du prince Frédéric-Charles. Le 17e corps français ayant fait ce jour-là un mouvement sur Châteaudun et Brou, le grand-duc marcha dans cette direction. Le 27, il atteignait Châteaudun sans combat, le 17e corps s'étant replié précipitamment, parce qu'il se croyait en présence de forces écrasantes. Le 30 novembre, l'armée de Mecklembourg occupait les positions suivantes : quartier général à Janville, 22e division à Toury, la 17e à Allaines, le 1er corps bavarois à Orgères, la 4e division de cavalerie à Baigneaux, les 2e et 6e en avant de Toury avec mission d'établir la communication entre les deux armées.

Les troupes du prince qui, le 20 novembre, étaient disséminées sur la longue ligne d'Angerville à Montargis, resserraient leurs cantonnements dans les journées des 21, 22 et 23. Le IXe corps se porta d'Angerville à Toury; le IIIe occupa Bazoches-les-Gallerandes avec la 6e division et Pithiviers avec la 5e; le Xe corps continuant son mouvement vers l'ouest quittait Montargis pour se concentrer à Beaune-la-Rolande; les 1re et 2e divisions de cavalerie reçurent l'ordre de pousser leurs avant-postes aussi loin que la nature du pays et les dispositions de l'adversaire le permettraient. A vol d'oiseau, la distance de Toury à Beaune-la-Rolande est de 40 kilomètres; le prince ne méconnaissait pas le danger que couraient ses corps d'armée d'être écrasés par une attaque en masse sur une ligne si étendue, danger d'autant plus grand que les routes transversales y sont rares. « Toutefois, dit la relation officielle de l'état-major prussien, la confiance que l'on mettait dans la supériorité des troupes allemandes était telle que ce danger ne lui parut pas à craindre; bien au contraire on était certain du succès final dans le cas où l'adversaire oserait sortir de sa position bien couverte et fortifiée, pour venir nous attaquer dans les terrains découverts de la Beauce. Quant à enlever de vive force cette position, cela constituait une tâche bien autrement difficile... » Le général d'Aurelle exprime tout à fait le même avis, et comme son histoire de la 1re armée de la Loire a paru avant la relation officielle allemande, on est en droit de conclure que d'Aurelle avait raison et que le conseil aulique de Tours doit porter la responsabilité des désastres dont le récit va suivre.

Pendant que les Allemands resserraient leurs lignes, le délégué à la guerre étendait démesurément celles de l'armée française en portant de sa seule autorité le 17e corps à Châteaudun, le 22 novembre. Ce corps était à la même date placé sous les ordres du général de Sonis, jeune et vigoureux colonel de la cavalerie d'Algérie, que le général d'Aurelle avait lui-même désigné pour remplacer le général Durrieu qui déplaisait à l'entourage de Gambetta. Le grand mouvement offensif devant commencer par la droite, M. de Freycinet avait envoyé, le 21 novembre, au général d'Aurelle l'ordre formel de diriger sur Pithiviers la 1re division du 15e corps, soit une trentaine de mille hommes, sous le commandement de des Pallières en personne. Sur les observations de d'Aurelle, le mouvement de cette division fut arrêté à Chilleurs-aux-Bois, au débouché de la forêt d'Orléans, sur la route de Pithiviers.

Le 20e corps, concentré entre Gien et Briare, se porta le 22 à Ouzouer-sur-Loire et fut remplacé à Gien par la division Pilatrie du 18e ; le 23, le général Crouzat remontait au nord et campait à Chatenoy, près du canal d'Orléans ; le lendemain 24, les trois divisions du 20e corps franchissaient le canal pour prendre position entre Bellegarde et Bois-Commun. Deux fortes avant-gardes lancées sur Ladon et Maizières rencontrèrent sur ces points des détachements du Xe corps prussien qui opposèrent une vive résistance. Après un violent combat, les troupes du 20e corps se replièrent sur leurs divisions respectives avec une perte d'environ 250 hommes. M. de Freycinet aussitôt informé par Crouzat que son corps se trouvait devant des forces considérables, prescrivit au général Billot de porter les trois divisions du 18e corps de Gien, où elles étaient arrivées le 24, sur Montargis, pour appuyer la droite de Crouzat. Enfin, le 26 novembre, le délégué adressait aux généraux Crouzat et Billot la dépêche suivante, qui montre à quel point il paralysait l'initiative des chefs militaires en s'immisçant dans les détails des opérations :

Tours, 26 novembre, 11 heures 30 du soir. — Sans nouvelles de vous, je suppose que vous occupez l'un et l'autre les positions prescrites dans ma dépêche d'hier. Sur cette base, je vous envoie pour demain dimanche 27 courant les instructions suivantes : vous vous concerterez (Crouzat, Billot) pour agir en commun en vue d'occuper avant la nuit Beaune-la-Rolande, Maizières et Juranville. — Crouzat commandera le mouvement.

Le 20e corps, Crouzat, occupera de bonnes positions dans le voisinage de Beaune, telles que Batilly et Nancray. Le 18e corps pourra occuper de bonnes positions, près Maizières, comme Juranville, Saint-Loup.

On coupera la route de Beaumont à Maizières, et on la rendra impraticable sur la plus grande longueur. On se retranchera avec soin dans les positions que l'on occupera et on attendra de nouveaux ordres. Envoyez deux fois par jour des dépêches au général d'Aurelle et au ministre.

On se se douterait jamais que ces minutieuses instructions étaient envoyées à des commandants de corps d'armée par un ingénieur des mines n'ayant jamais vu un soldat et qui combinait tranquillement ses mouvements stratégiques dans un cabinet bien chauffé, pendant que *ses lieutenants* et leurs troupes campaient dans la neige ou dans la boue à 30 ou 40 lieues de là. L'infatuation des élèves de certaines écoles et celle de certains diplômés explique ces audaces ; polytechniciens, normaliens, docteurs en médecine et licenciés en droit n'ont plus rien à s'envier sous ce rapport ; tous mandarins à bouton de jade, le reste des Français doit être trop heureux de s'incliner devant leur indiscutable supériorité.

Le 28 novembre, à 6 heures du matin, le 18e et le 20e corps réunis sous le commandement de Crouzat attaquent avec vigueur les positions occupées par le Xe corps, Voigt-Rhetz, autour de la Beaune-la-Rolande. Le 18e corps venant de Montargis occupe la droite et enlève successivement les villages de Maizières, Lorcy, Juranville et les Cotelles où les Prussiens perdent un canon de 80mm entre 3 et 4 heures ; le 20e, venant de Bois-Commun, occupe la gauche et repousse l'ennemi de Saint-Loup, Nancray, Batilly, mais échoue devant Beaune-la-Rolande. Dans les différentes attaques, le 20e corps a également pris un canon de 70mm vers midi et demi ; la prise de ces deux canons reconnue par le grand état-major prussien mit fin à un différend qui s'était élevé entre les deux corps d'armée au sujet de la seule pièce que l'on croyait avoir enlevée.

Une dernière attaque tentée par le général Crouzat après la chute du jour fut suivie d'une légère panique que l'on retrouve entre les lignes du rapport officiel. Le maire de Beaune-la-Rolande prétend que si l'on avait soutenu le 3e zouaves de marche déjà maître d'une rue, le 20e corps était maître de la ville ; d'autres tacticiens de la même école soutiennent que Crouzat, n'ayant pas laissé assez d'intervalle entre ses brigades rangées en arc de cercle au sud-est de Beaune, les a obligées de se resserrer à mesure qu'elles avançaient, au point que les tirailleurs et les têtes de colonne n'avaient plus la liberté de leurs mouvements et souffraient beaucoup du feu de l'ennemi par suite de leur agglomération forcée. Somme toute, nos jeunes troupes s'étaient battues convenablement et avaient obligé le Xe corps à faire appel au concours de la 5e division du IIIe corps et de la 1re division de cavalerie. Les pertes officielles des Prussiens en tués et blessés s'élevaient à 38 officiers et 860 sous-officiers et soldats. Le 18e corps avoue une perte de 1600 hommes, le 20e de 1200 ; sans doute les 1800 prisonniers faits par les Allemands sont compris dans ces chiffres que le désordre de la retraite a empêché de contrôler. Ce nombre énorme de prisonniers perdus dans un mouvement offensif est un indice certain de la médiocrité des troupes.

Le mouvement dessiné par l'aile droite de l'armée de la Loire qui, le 28 novembre, se trouvait à 70 kilomètres de l'aile gauche, avait éclairé le prince Frédéric-Charles sur les dispositions à prendre. Ainsi qu'il a été dit, Mecklembourg, au lieu de se diriger sur Beaugency, avait pris position entre Orgères et Toury ; le IXe corps avait appuyé à gauche sur Bazoches-les-Gallerandes, le IIIe sur Pithiviers et Boynes d'où sa 5e division s'était, le 28, portée au secours de Voigt-Rhetz à Beaune-la-Rolande. Le prince tenait donc toutes ses troupes sous la main et pouvait les concentrer rapidement suivant les circonstances.

Pendant l'exécution des nombreux changements de position des troupes françaises et allemandes, il ne s'était passé rien de bien important, tout au plus quelques combats d'avant-postes. Cependant, sur la foi des rapports du 17e corps, le général d'Aurelle raconte que le 25 novembre, le général de Sonis, alors à Châteaudun, « en faisant une pointe sur Illiers, rencontra l'ennemi en force, l'attaqua avec son impétuosité naturelle, le culbuta, le poursuivit jusqu'à Brou, et rentra à Châteaudun dans la nuit, après une marche pénible qui avait exténué ses troupes ». Le lendemain une espèce de panique se répandit à travers les lignes de l'armée française jusqu'à Tours. La délégation se croyant menacée demanda un régiment pour la protéger et prescrivit à de Sonis de battre sur-le-champ en retraite sur Ecoman, à l'ouest de la forêt de Marchenoir derrière laquelle le 17e corps devait s'abriter. Les troupes arrivèrent à Ecoman et à Marchenoir dans un état de complète désorganisation.

En présence du récit navrant du général en chef d'Aurelle, nous avons été stupéfait de lire dans la relation officielle du major Blume que le 26, le grand-duc de Mecklembourg atteignait Brou, Courtalai et Droué « sans rencontrer l'ennemi », et que le 27, « il atteignait le Loir sans combat ». L'ouvrage du grand état-major a réparé la légère omission de M. Blume en indiquant que, le 25 novembre, le 17e corps avait bousculé un convoi du train du 1er corps bavarois que son escorte d'infanterie précédait à trop grande distance. Le général de Krosigk, de la 4e division de cavalerie, se précipita au secours du convoi et l'avant-garde du 17e corps se retira sans engager l'action. L'incident était donc insignifiant et le major Blume ayant à traiter l'ensemble de la guerre, de Sedan à la bataille d'Héricourt, l'avait négligé comme les innombrables petits faits de cette gigantesque campagne. Quoi qu'il en soit, la désorganisation du 17e corps qui se produit subitement sans combat et l'affolement des gouvernants de Tours expliquent bien des défaites et prouvent une fois de plus l'étrange aveuglement du gouvernement et l'ambition malsaine des généraux qui se prétendaient en mesure de lutter convenablement dans de pareilles conditions. Il importe que la vérité soit connue, quelque douloureuse qu'elle puisse être, car un grand peuple malheureux doit être éclairé sur ses fautes, sur ses défaillances, et ne pas chercher de consolations dans des histoires mensongères qui dénaturent les faits pour flatter la vanité nationale.

Les 20 et 30 novembre, des combats d'arrière-garde furent livrés entre les IIIe et X^e corps prussiens, et les 18e et 20e corps français. Une brigade de ce dernier corps postée à Saint-Loup, en avant de Bois-Commun, fut obligée de se replier le 30. Le même jour, les Prussiens essayèrent de déloger l'arrière-garde du 18e corps du village de Maizières. Le bataillon de tirailleurs algériens et 4 compagnies d'infanterie légère d'Afrique, exclusivement composés d'anciens soldats, arrêtèrent net les efforts de l'ennemi sans se laisser effrayer par sa supériorité numérique. Les noms des localités où ont eu lieu ces combats indiquent qu'à notre extrême droite Français et Prussiens étaient restés immobiles après la rencontre de Beaune-la-Rolande.

A la même date du 30, arrivait à Tours une dépêche de la plus haute importance : la grande sortie du général Ducrot avait enfin lieu. Malheureusement le ballon chargé de l'annoncer, parti le 24 de Paris, était allé tomber en Norwège, où les aéronautes faillirent à la fois périr de froid et être dévorés par les loups. Comme le général Ducrot devait franchir la Marne, traverser ensuite la Seine à hauteur de Melun et se diriger sur Fontainebleau, l'armée de la Loire devait marcher dans la même direction. Le soir même, à 9 heures, M. de Freycinet se rendit au quartier général, à Saint-Jean-de-la-Ruelle, près d'Orléans, où eut lieu un conseil de guerre auquel assistèrent les généraux d'Aurelle, Chanzy, Borel et l'inévitable M. de Serres, l'inséparable compagnon du délégué. Vu les circonstances, les généraux furent unanimes à déclarer qu'il fallait sur-le-champ marcher au secours de Ducrot, tout en déplorant le contre-temps qui avait retardé la dépêche de quatre jours pleins, quand un répit de 48 heures était presque indispensable pour coordonner les mouvements à faire exécuter par une masse de 200.000 hommes.

Le plan à suivre était indiqué par les positions respectives des deux armées. Comme on ne pouvait commencer le mouvement par Montargis, Beaune et Pithiviers, en laissant sur son flanc gauche l'armée de Mecklembourg, il fut convenu que toute la droite française, d'Artenay à Montargis, attendrait que le 16e corps à l'extrême gauche et les 2e et 3e divisions du 15e eussent achevé un grand mouvement de conversion à droite en refoulant devant eux l'armée du grand-duc. Le 17e corps devait d'abord appuyer ce mouvement de conversion, puis couvrir Orléans avec le concours de l'ancienne armée de l'Ouest de Fiéreck que l'on venait de transformer en un 21e corps sous le commandement du capitaine de vaisseau Jaurès, nommé général auxiliaire.

Ainsi, en partant de la droite, les 18e, 20e corps et la 1re division du 15e ne devaient pas bouger ; à partir de cette division campée à Chilleurs-les-Bois, les 2e et 3e divisions du 15e corps et le 16e corps devaient décrire un vaste arc de cercle.

Le général Chanzy, commandant de l'aile marchante, d'accord avec le chef d'état-major général Borel, rédigea avec sa lucidité ordinaire les instructions destinées à son corps d'armée et qui reçurent l'entière approbation du général en chef. Le 1er décembre au matin, le 16e corps quitta ses campements situés entre Saint-Péravy et Boulay pour se porter en avant dans l'ordre suivant : à gauche la 1re division, Jauréguiberry ; au centre la 2e, Barry ; à droite la 3e, Maurandy. La cavalerie, sous les ordres du général Michel revenu de l'armée des Vosges, devait essayer de déborder la droite de Mecklembourg. La division Jauréguiberry, bien secondée par la cavalerie de Michel, enleva successivement les villages de Gommiers, de Guillonville ; à 3 heures, pendant que la brigade Deplanque avançait sur la gauche, la brigade Bourdillon se rendit maîtresse du village de Faverolles et du château de Villepion. Le 1er corps bavarois qui occupait ces positions plia sous ces chocs répétés et battit en retraite sur Loigny et Orgères. A la nuit, le 16e corps campa : Jauréguiberry à Faverolles et à Villepion ; Barry à Terminiers et en arrière à Muzelles ; Maurandy à Sougy. Le combat dit de Villepion fit le plus grand honneur à Jauréguiberry qui avait battu à nombre égal les trois quarts de l'infanterie du corps von der Tann soutenu par une nombreuse cavalerie et toute son artillerie. Les pertes des Bavarois étaient de 42 officiers et de 894 soldats ; les nôtres s'élevaient au même chiffre. Ce brillant combat, vigoureusement mené par des généraux énergiques et par une des meilleures, sinon la meilleure division de l'armée de la Loire, inspira malheureusement à Chanzy une confiance qui devait être cruellement trompée dès le lendemain.

Dans la journée du 1er décembre, le gouvernement de Tours reçut par le ballon le *Jules Favre*, l'avis de la grande victoire de Champigny !!! M. de Freycinet s'empressa d'annoncer aux armées « que les lignes d'investissement avaient été rompues, culbutées avec un héroïsme admirable, et que le général Ducrot s'avançait vers la Loire avec son armée décidée à vaincre ou à mourir ». Gambetta, agissant comme ministre de l'intérieur, allait plus loin encore dans sa dépêche aux préfets. Trochu y était comparé à Turenne et l'amiral La Roncière s'était avancé sur Lonjumeau après avoir enlevé *Epinay*. Pour terminer, il affirmait que *tous* les renseignements étaient officiels. Il est inutile d'insister sur de pareilles dépêches et d'Aurelle est certainement véridique quand il affirme que ces dépêches emphatiques ne produisirent pas dans l'armée l'effet qu'on en espérait. L'exagération a ses inconvénients et les soldats ne furent pas dupes des mensonges du gouvernement.

Le général en chef de l'armée de la Loire n'en prit pas moins les dispositions voulues pour gagner la forêt de Fontainebleau. Le 2 décembre, la 2e division, Martineau, du 15e corps, fut portée à Aschères en avant et à droite d'Artenay ; la 3e division, Peytavin, à Lumeau ; d'Aurelle transporta son quartier général à Chevilly; des Pallières était toujours à Chilleurs et à Neuville-aux-Bois avec sa 1re division; la tête de colonne du 17e corps avait atteint Patay dans la nuit du 1er au 2, mais son arrière-garde n'avait pas dépassé Coulmiers. Chanzy, surexcité par le succès de Villepion, donna au 16e corps des instructions détaillées pour occuper la position Allaines-Janville-Toury, sur les derrières des Prussiens.

La nuit fut très calme quoique les deux armées fussent campées à proximité l'une de l'autre et qu'un froid de 4 degrés eût décidé les soldats à allumer des feux de bivouac impossibles à dissimuler dans ces immenses plaines de la Beauce. L'absence de haies, de clôtures, d'arbres, fait ressembler ces riches campagnes au désert dès que les moissons ne sont plus là pour témoigner de leur fertilité. Pour rendre l'exploitation plus facile, les habitations y sont très éparpillées et les villages populeux excessivement rares. Partout ce ne sont que grandes fermes espacées de deux en deux kilomètres qui ont toutes les apparences des grandes haciendas des prairies du nord du Mexique. Ce terrain plat et découvert ne pouvait être avantageux pour de jeunes troupes qui cherchent instinctivement des points d'appui et des accidents de terrain à l'abri desquels il leur soit possible de se remettre des violentes émotions de la lutte. Si ces espèces de relais leur manquent, les mouvements de recul, en se prolongeant, dégénèrent rapidement en fuite, puis en débandade et en déroute complète.

Le grand-duc, fixé par le combat de Villepion sur les intentions de son adversaire, avait replié tous ses avant-postes et formé sa ligne de bataille à une demi-lieue au nord, parallèlement au chemin qui d'Artenay dessert les villages de Poupry, Lumeau et Loigny. A l'aile droite, le 1er corps bavarois et la 4e division de cavalerie étaient en face de Loigny, ayant à leur gauche la 17e division ; plus à gauche, à Baigneaux, la 22e division, couverte en avant et sur sa gauche par les 2e et 6e divisions de cavalerie qui s'étendaient jusqu'à Toury et Bazoches-les-Gallerandes, vers lesquels le prince Frédéric-Charles faisait revenir le IXe corps de Pithiviers, pour soutenir Mecklembourg.

D'après les instructions de Chanzy, la division Barry devait enlever Loigny, avec l'appui de la division Jauréguiberry, chargée, une fois Loigny pris, d'attaquer le château de Goury situé au nord-est. La 3e division, Maurandy, avait pour mission de prendre Lumeau ; la division Peytavin du 15e corps couvrait Poupry et Artenay ; la division Martineau, postée entre Ruan et Aschères, se tenait prête à compléter le succès de Chanzy.

A 9 heures du matin, la division Barry commençait la bataille en abordant résolument le corps bavarois qui se portait également sur Loigny. Von der Tann ayant plié, le grand-duc le fit aussitôt soutenir par la 4e division de cavalerie et par la division Treskow qui prit les troupes de Barry en flanc par une conversion à droite. L'amiral Jauréguiberry s'élança au secours de son collègue Barry, mais, après une lutte opiniâtre, les deux divisions de gauche du 16e corps sont délogées de Loigny et se replient dans le plus affreux désordre. Chanzy demande alors le concours du général de Sonis qui s'avance à la tête du 17e corps, soutenu par la cavalerie de Michel et les zouaves pontificaux commandés par l'intrépide Charette. Accueilli par une grêle d'obus, ce renfort ne tarde pas à tourbillonner sous le feu des batteries allemandes ; de Sonis, son chef d'état-major Bouillé et Charette tombent grièvement blessés ; les braves qui les ont suivis sont blessés ou pris, les autres s'enfuient vers Orléans. Le général Maurandy aurait pu avec sa division dégager la gauche s'il avait vigoureusement attaqué Lumeau, mais cet officier, dont l'impéritie et la faiblesse devaient se manifester peu de jours après d'une manière encore plus fâcheuse, ne sut pas faire son devoir et laissa ses troupes se débander en abandonnant plusieurs pièces de canon à la seule apparition de la division Wittich dont l'artillerie lança quelques obus sur les fuyards. Le général prussien n'ayant plus personne devant lui se jeta sur Poupry où défilait vers midi un convoi de 450 voitures chargées de vivres pour Maurandy et... pour Ducrot. Le général Peytavin, en ce moment à Artenay, se porta rapidement au-devant de la division prussienne et un combat opiniâtre s'engagea autour du village de Poupry. — Déjà, lors de la prise d'Orléans par von der Tann, le général de Lamotterouge s'était plaint officiellement de l'inertie au feu du général de brigade Maurandy. Au lieu de le casser aux gages, le délégué à la guerre lui confia une division !

Vers 10 heures et demie, le général d'Aurelle apercevant des mouvements inquiétants sur sa gauche, se rendit de Chevilly à Artenay. A ce moment, Jauréguiberry et Barry tenaient encore à Loigny, mais Maurandy était déjà en pleine déroute et Peytavin fort engagé à Poupry, tandis qu'Artenay, le centre de toutes les positions françaises, n'avait qu'un seul bataillon. Aussitôt le général en chef fait placer près du village d'Autroches, à gauche d'Artenay, les batteries de 12 de la réserve pour contrebattre l'artillerie prussienne qui a dépassé Poupry de plus de mille mètres, et envoie un officier d'état-major porter au général Martineau l'ordre d'abandonner Ruan et Aschères pour porter sa division à Artenay menacé par la cavalerie de Stolberg. L'armée de Mecklembourg qui fut seule engagée perdit 201 officiers et 3.938 hommes dont 542 disparus ou prisonniers, fit 2.000 prisonniers et prit 7 canons. Cette journée du 2 décembre s'appelle chez nous la bataille de Loigny, chez les Allemands de Loigny-Poupry.

Le lendemain, la déroute prit des proportions énormes ; seuls d'Aurelle et des Pallières ont franchement avoué l'immensité du désastre ; Chanzy, pour justifier sa malencontreuse idée d'offensive, a parlé de combats soutenus par les

16e et 17e corps, où la division Jauréguiberry conservait seule quelques bataillons en ordre ; si combats il y a eu, ils ont été insignifiants, car les troupes lancées à la poursuite de ces corps perdirent très peu de monde à Trogny et à Donzy où Chanzy essaya de les arrêter.

Le prince Frédéric-Charles, informé des succès de Mecklembourg, sollicité par le grand quartier général d'enlever Orléans le plus tôt possible et bien secondé par son chef d'état-major de Sthiele, combina, dans l'après-midi du 2, un mouvement des plus hardis pour percer le centre de l'armée de la Loire et atteindre le but assigné par le roi. Il concentra ses cinq corps d'armée à droite et à gauche de Toury. Le 1er corps bavarois appuya de Loigny sur Lumeau, ayant à sa gauche la 17e division et plus loin la 22e à Poupry. Le IXe corps venait d'atteindre Toury et Bazoches-les-Gallerandes, toujours relié à la 22e division par la cavalerie de Stolberg ; le IIIe corps avait été appelé à Escrennes, au sud de Pithiviers ; le Xe corps, sans plus s'inquiéter des 18e et 20e corps qui étaient censés l'observer, que Blücher de Grouchy à Waterloo, quittait Beaune-la-Rolande et marchait sur Chilleurs-aux-Bois et Villereau de façon à former une réserve aux IXe et IIIe corps pendant leur mouvement offensif.

Le conseil aulique de Tours, convaincu enfin de l'inanité de ses plans d'opérations, avait adressé le 2 décembre, à 4 heures du soir, une dépêche à d'Aurelle pour lui annoncer que les 17e, 18e et 20e corps seraient à l'avenir sous ses ordres directs. Gambetta, le signataire de cette pièce curieuse, disait ingénument : « J'avais dirigé jusqu'à hier les 18e et 20e corps, et par moments le 17e. Je vous laisse ce soin désormais. » Il faut qu'un pays soit dans un état d'esprit singulier pour surfaire à l'excès la réputation d'un jeune avocat qui se permet de commander du fond de son hôtel trois corps d'armée, c'est-à-dire 100.000 hommes. Naturellement, le général d'Aurelle était averti trop tard pour attirer à lui Billot et Crouzat qui restèrent l'arme au bras devant quelques postes laissés par le Xe corps autour de Beaune-la-Rolande pour masquer son départ. Il ne restait ainsi en face des troupes allemandes qu'une seule division intacte, la 1re division du 15e corps, campée en avant de Chilleurs-aux-Bois ; les divisions Martineau et Peytavin postées à Artenay et à Poupry, quoique entamées la veille, faisaient encore bonne contenance.

Le 3, vers 10 heures du matin, les trois divisions du 15e corps sont attaquées simultanément par la 22e division qui enlève Poupry ; par le IXe corps qui s'empare d'Artenay ; et par le IIIe corps qui rejette des Pallières sur Loury. Ce dernier bat en retraite dans un tel désordre qu'il oublie sur sa droite, à Courcy, deux bataillons du 38e avec deux batteries de montagne qui durent à une heureuse chance de ne pas être enlevés. Pendant que la 1re division se replie à travers la forêt, les divisions Martineau et Peytavin chassées d'Artenay et de Poupry se réfugient dans les tranchées creusées autour de Chevilly pour la défense d'Orléans. Les batteries servies par les marins arrêtent jusqu'au soir les Prussiens, néanmoins d'Aurelle reconnaît que tous les efforts sont impuissants pour conserver cette importante position et ordonne au général Martineau de se retirer sur Cercottes pour y établir son bivouac des deux côtés de la route. « Le 3 au soir, dit le général en chef, j'établis mon quartier général au village de Saran. Je partis de Chevilly à 5 heures et demie. Chemin faisant, je fus douloureusement impressionné : les soldats encombraient la route, des compagnies entières avec leurs officiers qui, une heure auparavant, disputaient vaillamment et pied à pied le terrain à l'armée prussienne, avaient quitté leurs régiments, s'étaient débandées et fuyaient vers Orléans. Arrivé à Cercottes, aidé de tous les officiers de mon état-major, de mes aides de camp, des gendarmes de la prévôté, des cavaliers de mon escorte, je fis d'impuissants efforts pour ramener les fuyards au sentiment du devoir et de l'honneur. Persuasion et menaces, tout fut employé, mais en vain... »

On ne peut rien ajouter à ce récit lamentable qui prouve une fois de plus le peu que valent les armées improvisées ; et dire que les improvisateurs de ces armées se font décerner des éloges publics pour leur œuvre néfaste et se laissent dire sans sourciller qu' « ils ont sauvé l'honneur de la France » !

Les débris du 16e corps avaient regagné leurs anciennes positions fortifiées entre Saint-Péravy, Boulay, Gidy, Coinces et Bricy ; ceux du 17e s'étaient repliés plus à l'ouest, sur Saint-Sigismond, Gémigny, Rozières et Coulmiers. Le général Guépratte, brave homme qui depuis quinze ans était attaché au service des remontes, prit le commandement provisoire du 17e corps ; Chanzy fut investi du commandement supérieur des 16e et 17e corps.

Les Prussiens vigoureusement conduits poussèrent leurs avantages sans perdre de temps ; le 3, le IXe corps, les 17e et 22e divisions, au centre, bivouaquèrent autour de Chevilly ; les Bavarois, à droite, en avant de Sougy ; le IIIe corps, à gauche, en avant de Chilleurs. Plus de 100.000 Allemands étaient donc entrés comme un coin dans le centre de l'armée de la Loire dont les tronçons épars ne pouvaient plus se rejoindre. D'Aurelle passa la lugubre nuit du 3 au 4 à discuter avec son chef d'état-major Borel, les moyens de couvrir et de défendre Orléans. Celui-ci, homme de sang-froid et doué de coup d'œil, qui, dans une lettre adressée à son général en chef le 4 novembre, dix jours avant Coulmiers, s'était vivement élevé contre le projet d'occuper Orléans, se prononça énergiquement pour l'évacuation, les troupes étant trop démoralisées pour opposer une résistance efficace. La lettre précitée fait grand honneur à Borel qui avait le courage de prédire une défaite certaine dans le cas de l'arrivée du prince avec l'armée de Metz et qui consignait son avis par écrit, vu l'importance de la question que lui posait son commandant en chef.

La journée du 4 fut encore plus lamentable que la précédente : Chanzy, définitivement coupé d'Orléans par les Bavarois qui avaient gagné Ormes et Ingré, se mit en route sur Huisseau et Meung que les fuyards des 16e et 17e corps avaient dépassés depuis la veille. D'Aurelle, qui avait fondé un dernier espoir sur la 1re division du 15e corps pour protéger l'évacuation d'Orléans, dut y renoncer en constatant que les officiers supérieurs eux-mêmes étaient complètement découragés. Pendant toute la journée les fuyards défilèrent par les deux ponts de la Loire pour se rendre à la Ferté-Saint-Aubin, la Motte-Beuvron et Salbris. Le brave des Pallières, avec ce qu'il put réunir de ses trois divisions, couvrit les abords du chemin de fer et les faubourgs de la rive droite. Une mention honorable est également due aux marins qui restèrent à leur poste jusqu'au dernier moment ; parmi les servants de la batterie des Acacias, située à droite du chemin de fer de Vierzon, se trouvait le prince de Joinville qui, sous le nom de Lutherotti, avait tenu à tirer le canon contre les ennemis de son pays.

Le 4 décembre, à 11 heures et demie du soir, le général des Pallières quittait Orléans à la suite d'une convention passée avec le grand-duc de Mecklembourg qui occupait la ville à minuit.

Les Allemands eux-mêmes s'étonnent de la facilité avec laquelle ils purent achever, dans les journées des 3 et 4 décembre, la défaite des 15e, 16e et 17e corps. Leurs deux armées perdirent en tout 123 officiers et 1.623 soldats. Les pertes de l'armée de la Loire sont totalement inconnues ; on sait seulement par le grand état-major de Berlin que, dans les différentes rencontres du 24 novembre au 4 décembre, les Allemands ont fait plus de 25.000 prisonniers, dont 18.000 dans les journées des 3 et 4.

Les pertes des Allemands furent de 896 officiers et soldats à Beaune-la-Rolande, de 936 à Villepion, de 4.139 à Loigny, de 1.746 à Orléans les 3 et 4 décembre, en tout 7.177. Qu'on était loin des 44.000 Prussiens mis hors de combat dans les trois grandes batailles de Metz du 14 au 18 août 1870 :

6.000 à Borny, 17.000 à Rezonville et 21.000 à Saint-Privat !! cependant l'armée de Metz était moins nombreuse que celle de la Loire dont on s'évertue à vanter les hauts faits.

Les 18e et 20e corps, placés sous le commandement en chef du général Bourbaki, n'avaient pu exécuter l'ordre de gagner Orléans donné le 2 au soir par d'Aurelle. Arrêté à Fay-aux-Loges, le 20e corps franchissait la Loire, le 4, à Jargeau ; le 18e corps, qui n'avait pas dépassé Combreux, passait le fleuve au pont de Sully pour, de là, gagner Gien.

Le 6 décembre, le général d'Aurelle recevait avis de sa révocation sous la forme dérisoire d'une nomination au commandement des lignes *stratégiques* de Cherbourg ; les 15e, 18e et 20e corps étaient réunis sous le général Bourbaki pour former la 1re armée de la Loire ; les 16e et 17e, sous Chanzy, devaient former la 2e armée de la Loire. Conformément à la tradition révolutionnaire, MM. Gambetta et de Freycinet, au lieu de faire leur examen de conscience, signalèrent à l'animadversion de la foule les généraux d'Aurelle et des Pallières et s'efforcèrent d'accréditer la légende des incapacités militaires ; mais les gens sensés ne furent pas dupes de leurs accusations mensongères. La responsabilité de cet affreux désastre remonte à ses véritables auteurs, aux stratèges de la délégation de Tours.

CHAPITRE XXXVIII

La diplomatie de la Défense nationale après la rupture des négociations de M. Thiers.—La guerre à outrance.—Idées guerrières de Gambetta. — Efforts de M. de Chaudordy auprès des neutres. — Déclaration du *Staatsanzeiger* de Berlin, le 30 octobre. — Le czar nomme maréchaux le prince royal et Frédéric-Charles. — Dénonciation de l'acte de 1856 par la Russie. — Effet en Angleterre. — Froideur témoignée à la Russie par l'Autriche et l'Italie. — La circulaire est notifiée à la France. — M. de Bismarck propose une conférence. — 26 novembre, la Prusse invite les puissances à se réunir à Londres. — Les puissances acceptent l'invitation. — Prétentions de MM. Gambetta et J. Favre, leur correspondance.— M. Vitet et la *Revue des deux Mondes* du 1er décembre. — 5 décembre, lettre du général de Moltke au gouverneur de Paris. — 9 décembre, la Délégation va de Tours à Bordeaux. — La Prusse refuse tout accommodement.—Découragement de M. de Chaudordy. — Etat politique des départements du Midi. — M. Challemel-Lacour à Lyon. — M. Esquiros organise à Marseille la ligue du Midi. — M. Duportal organise à Toulouse la ligue du Sud-Ouest.

Les batailles de Villers-Bretonneux, de Champigny et d'Orléans, livrées à quelques jours d'intervalle, du 27 novembre au 3 décembre, marquent la fin de la seconde période de la guerre, celle pendant laquelle la proclamation de la République et l'effervescence qui en était résultée avaient fait naître dans les foules des illusions qui ne pouvaient persister après les insuccès presque simultanés des armées du Nord, de Paris et de la Loire. Dans l'est, des opérations secondaires tentées par la délégation n'avaient pas mieux réussi et nos places fortes assiégées tombaient les unes après les autres, comme on le verra dans les chapitres suivants.

Par suite des fautes répétées de nos gouvernants, notre diplomatie avait peu de chance d'aboutir à des résultats sérieux. A Paris, MM. Trochu, J. Favre et leurs collègues étant condamnés à l'héroïsme par leurs déclarations et par les exigences de la partie révolutionnaire de la garde nationale, la rupture des négociations de M. Thiers ne modifia en rien le fatalisme qui leur attirait une pitié presque sympathique de la part des personnes qui n'étaient pas atteintes de la fièvre guerrière et républicaine. A Tours, il n'en était pas de même. Gambetta, en voyant les bataillons, les escadrons et les batteries se ranger sous sa bannière, ne rêvait que plans de campagne, victoires, batailles ; à l'en croire, la France répugnait à l'armistice et réclamait une dictature. M. de Freycinet le maintenait dans ces idées avec son exposé de la puissante organisation de son ministère et des ressources en hommes et en matériel dont disposait encore la France. Le succès de Coulmiers, le 9 novembre, acheva de tourner la tête du jeune avocat improvisé généralissime et de son entourage de politiciens. M. Albert Sorel nous fait connaître que M. Thiers revenu de Versailles n'avait pas changé d'avis sur l'impérieuse nécessité de faire les élections, même sans armistice avec ou sans ravitaillement. M. Thiers l'a du reste dit dans sa déposition devant la commission d'enquête, mais le témoignage de M. Sorel est précieux à cet égard, puisque le jeune attaché au cabinet de M. de Chaudordy croyait alors à la valeur des armées de la délégation et que M. Thiers ne se faisait pas la moindre illusion sur l'impossibilité de battre les Allemands avec ces troupes.

Néanmoins, M. de Chaudordy ne perdit pas courage et en présence de l'attitude nettement antipathique de la Russie et des déclarations hautaines de la Prusse, il tenta de nouvelles démarches pour gagner le concours de l'Angleterre. Comme suite aux circulaires du comte de Bismarck relatives aux annexions projetées, le 30 octobre, trois jours après la capitulation de Metz, le *Staatsanzeiger*, journal officiel de la Prusse, publiait un article dans lequel on pouvait lire : « Ce qui excite en nos soldats une joyeuse fierté, c'est qu'ils ont conscience d'avoir conquis, dans la place d'armes dont ils viennent de triompher, le plus fort boulevard pour la défense future de l'Allemagne du côté de l'ouest, et la plus sûre garantie du maintien de la paix. » Cette déclaration confirmait une fois encore l'intention bien arrêtée du gouvernement de Berlin de s'annexer l'Alsace-Lorraine avec ses deux grandes forteresses, Metz et Strasbourg. De son côté, l'empereur Alexandre II, le jour même où M. Thiers quittait Versailles, afin de marquer l'accord qui l'unissait à son oncle Guillaume, chargeait le général Annenkof de remettre au prince royal de Prusse et à son cousin le prince Frédéric-Charles le brevet de feld-maréchal russe. Huit jours avant cette démonstration significative, le gouvernement de Saint-Pétersbourg en avait commencé une autre de la dernière gravité et dont M. de Chaudordy espérait pouvoir tirer profit dans l'intérêt de la France.

Le 29 octobre, le chancelier de Russie, prince Gortschakoff, adressait aux puissances signataires du traité de Paris du 30 mars 1856, France, Angleterre, Autriche, Prusse, Italie, Turquie, une circulaire par laquelle il leur notifiait que la Russie dénonçait l'article 2 de ce traité. Cet article posait en principe la neutralisation de la mer Noire et une convention annexée à ce traité stipulait que les Russes ne pourraient y entretenir que des forces maritimes très limitées. Le chancelier ne craignait pas d'écrire : « Il serait difficile d'affirmer que le droit écrit, fondé sur le respect des traités, comme base du droit public et règle des rapports entre les Etats, ait conservé la même sanction morale qu'il a pu avoir en d'autres temps. » Ce qui, traduit en langage ordinaire, signifiait que l'on respecte les traités désagréables jusqu'au jour où l'on se croit de force à les déchirer. Dans l'espèce, les Etats signataires, principaux intéressés, l'Angleterre, l'Autriche, l'Italie et la Turquie, paraissaient de taille à faire reculer la Russie, mais il était écrit que le mot de M. de Beust : « Je ne vois plus d'Europe ! » serait pleinement justifié.

Après l'entrée à Rome des Italiens, c'était une nouvelle épreuve imposée à la France ; pour l'Angleterre, l'humiliation était cruelle. La dépêche du 29 octobre, nous apprend M. Sorel, était accompagnée d'instructions spéciales pour chacun des signataires du traité de Paris. Ces instructions, nuancées suivant les dispositions ou la situation des destinataires, étaient toutes datées du 1er novembre, mais ne furent pas toutes envoyées le même jour.

L'Angleterre reçut la circulaire le 9 novembre ; les instructions qui l'accompagnaient contenaient une phrase blessante que M. de Brunnow, ambassadeur de Russie à Londres, eut soin de répéter à lord Granville. Un conseil de cabinet se réunit le jour même de la remise de la circulaire et, le lendemain, 10 novembre, le chef du Foreing-Office adressait à sir A. Buchanam, ambassadeur de la reine à Saint-Pétersbourg, une dépêche assez vive, mais dont la fin atténuait singulièrement les expressions menaçantes du début. Après avoir déclaré « qu'il était impossible au gouvernement anglais de sanctionner, en ce qui le concerne, la conduite annoncée par le prince Gortschakoff, » le comte de Granville ajoutait que « si la Russie avait employé une autre forme, l'Angleterre ne se serait pas refusée à examiner, d'accord avec les puissances cosignataires, certaines modifications que l'on pourrait apporter au traité ». C'était une porte d'autant plus largement ouverte à une négociation, que l'Angleterre, à force de se désintéresser des affaires de l'Europe, était hors d'état de soutenir une guerre. Au fond, les ministres anglais éprouvaient une vive émotion et, dans leur impatience anxieuse de savoir où en était l'entente de la Russie et de la Prusse, ils firent partir sur-le-champ pour Versailles un envoyé extraordinaire muni des instructions les plus larges et autorisé à prononcer le mot de guerre. Il est bon de remarquer que M. Odo Russel, chargé de cette mission, avait une réputation d'homme pacifique qui en atténuait le caractère comminatoire.

M. de Beust accueillit avec une froideur marquée la communication du prince Gortschakoff et y fit une réponse assez raide. Le Cabinet italien, dont les troupes avaient pris part à la guerre de Crimée, exprima également le déplaisir que lui causait la désinvolture avec laquelle la Russie dénonçait un traité signé de toutes les puissances de l'Europe. La situation pouvait paraître favorable à un diplomate avisé comme le comte de Chaudordy pour obtenir, à l'aide d'une médiation, un adoucissement aux conditions posées par le gouvernement prussien. Mais il était écrit que l'incurable infatuation de nos gouvernants paralyserait toujours l'action de ses meilleurs agents, civils ou militaires, et que les politiciens installés par eux dans les ministères et dans les départements ne cesseraient d'inspirer un profond dédain aux cabinets étrangers même les mieux disposés en notre faveur.

Le chancelier de Russie, mal intentionné à cette époque pour la France, fit cruellement sentir à la délégation de Tours en quelle piètre estime il la tenait. Le 17 novembre seulement, quand toute l'Europe la connaissait, M. Okounef remit à M. de Chaudordy une expédition de la circulaire du 29 octobre et lui donna lecture de ses instructions dans lesquelles le chancelier conseillait à la France, vaincue et malheureuse, de renier la guerre de Crimée, et cela dans un langage plein d'allusions frisant l'impertinence.

Bien que le gouvernement qui dirige actuellement les affaires de la France, écrivait le prince Gortschakoff, *n'ait pour but que la défense nationale*, cette puissance occupe une trop grande place en Europe pour que le Cabinet impérial puisse tarder à lui faire part de cette modification apportée à un traité dont elle est signataire. Vous êtes en conséquence autorisé à communiquer la circulaire en question. Je n'y ajouterai qu'une seule réflexion. La guerre de 1854 et le traité de 1856 ont été le premier pas accompli dans la voie des perturbations politiques qui ont ébranlé l'Europe et ont abouti à de si fâcheuses conséquences. Quel que soit le gouvernement qui s'établisse définitivement en France, sa tâche sera de réparer les maux causés par un système politique dont le résultat a été si fatal.

Il était difficile de se montrer plus hautain et plus dédaigneux envers un gouvernement improvisé qui, malheureusement pour la France, justifiait dans une certaine mesure le peu de considération qu'on lui témoignait. M. de Chaudordy se montra froid et réservé envers M. Okounef, en lui insinuant adroitement que, du moment que les puissances désiraient voir en France un gouvernement régulier, elles devraient l'aider à en constituer un au moyen d'un armistice, condition indispensable pour des élections.

M. Okounef tint compte de l'observation et revint le lendemain pour engager M. de Chaudordy à ne pas pousser la délégation aux résolutions brusques, « de manière à permettre à la France de s'asseoir autour du tapis vert d'un congrès européen et de se ménager peut-être ainsi un concours qui pourrait lui conserver l'Alsace et la Lorraine ». C'était encore une de ces promesses vagues comme les diplomates en faisaient toujours au gouvernement du 4 septembre et qui ne les engageaient à rien. M. de Beust seul témoigna un peu d'énergie, mais à la suite d'un échange de notes savantes entre les diverses chancelleries, on tomba d'accord sur la réunion d'un congrès à Saint-Pétersbourg. L'Angleterre ayant présenté quelques objections, la Russie fit volontiers un insignifiant sacrifice d'amour-propre et il fut convenu que la conférence se réunirait à Londres et que la *Prusse* serait chargée d'y convier les puissances signataires, à l'exception de la France que l'Angleterre se réservait d'inviter.

Du 26 novembre au 2 décembre, l'Angleterre, la Russie, l'Italie, l'Autriche et la Turquie firent connaître leur adhésion. Restait la France, où MM. J. Favre et Gambetta, qui avaient le plus d'influence sur les relations, ne pouvaient commettre que des fautes dans cette conjoncture. M. Sorel a pu en donner des preuves convaincantes tirées des archives mêmes du quai d'Orsay. Le 16 novembre, Gambetta, grisé par le succès de Coulmiers, écrivait à J. Favre :

Nous profitons de l'occasion qui nous est offerte de relever hardiment la tête et de parler comme il convient à une grande puissance que beaucoup croyaient abattue et qui n'a rien perdu de son prestige et de sa force... Ne distinguez plus entre la République et la France. C'est désormais une seule et même puissance dont l'Europe reconnaît l'indivisibilité, avec laquelle les puissances comptent et qu'il est de notre honneur de républicains et d'hommes d'Etat de ne laisser ni amoindrir ni entamer.

En s'exprimant avec cette emphase, le tribun populaire répondait au sentiment de la foule et plus encore à celui de son entourage plein de mépris pour les diplomates de carrière. Plus tard, quand on sut que le comte de Bismarck avait eu le talent de se faire charger des invitations à la conférence de Londres, le gouvernement central et la délégation furent saisis d'une défiance bien explicable, mais qui ne justifiait pas la dépêche que M. J. Favre adressait le 2 décembre à M. de Chaudordy, après l'avoir soumise à l'approbation de ses collègues :

La France, disait-il, est trop occupée de ses propres affaires pour se mêler de celles de l'Europe. Elle se réserve sa liberté d'action. Il n'y a qu'un moyen de la faire changer d'attitude... Que les puissances proposent un protocole préliminaire dans lequel on conviendra de prendre pour base l'intégrité du territoire français et nous donnerons notre adhésion à la conférence, pourvu, bien entendu, qu'on la fasse précéder d'un armistice avec ravitaillement. Hors de cela, nous resterons tout entiers à notre malheur, à notre défense et à la résolution inébranlable de ne rien céder tant que nous aurons un tronçon d'épée dans la main.

Il était impossible de réunir plus d'inepties en aussi peu de lignes ; naturellement le conseil approuva d'enthousiasme ces phrases sonores, dignes de figurer dans un drame patriotique. J. Favre les avait écrites entre les deux batailles de Champigny que Trochu et Ducrot annonçaient comme le prélude d'une campagne victorieuse. Les gardes nationaux criaient qu'on « ne laisserait pas fuir les Prussiens sans leur faire payer une bonne rançon » ; c'était la voix du peuple, chère à notre ministre des affaires étrangères. Deux jours après, le 4 décembre, quand l'armée de Ducrot eut exécuté sa retraite et que l'on ne vit pas apparaître l'armée de secours organisée par M. de Freycinet, J. Favre, comprenant qu'il s'était quelque peu illusionné sur la valeur de nos nouvelles armées, rabattit de ses prétentions, tout en les maintenant excessives. Il écrivit le 5 décembre à M. de Chaudordy :

Je ne voudrais pas que vous vous méprissiez sur le sens de ma dernière dépêche... Si ce que je préfère est impossible, j'accepterais ce qui est possible, pourvu que l'intérêt et l'honneur du pays ne fussent pas blessés, c'est-à-dire la proposition d'un congrès qui laisserait toutes les questions à débattre. Seulement je demanderais, et ceci serait ma condition *sine qua non*, que la réunion de ce congrès fût précédée d'un armistice d'une durée maximum de trente jours avec ravitaillement... Mais si la guerre continue telle qu'elle est engagée,... mon esprit se révolte à la pensée d'une conversation diplomatique sur la mer Noire, conversation dans laquelle un plénipotentiaire français discuterait gravement des embouchures du Danube et des Dardanelles, pendant que son voisin le Prussien ouvrirait une dépêche lui annonçant que Paris est en flammes, bombardé par les philosophes qui le tiennent à la gorge pour le piller et le détruire. Je n'accepterai jamais une telle humiliation. Je ne consens pas à ce que ma malheureuse patrie, trahie, abandonnée par ceux qui devraient la soutenir, écrasée par la force de ceux qui abusent de leur victoire, aille, en compagnie des potentats qui la perdent, jouer le jeu dérisoire qu'on voudrait lui imposer.

Cette dépêche a dû faire sursauter M. de Chaudordy, car son attaché M. Sorel l'accompagne sèchement de la réflexion suivante : « Pour éviter à la République de jouer le jeu dérisoire des potentats, M. J. Favre ne se doutait pas qu'il lui faisait jouer le jeu de la Prusse. » Un autre académicien, M. Vitet, s'est montré aussi ingénu que son collègue, en écrivant dans la *Revue des Deux Mondes* du 1er décembre cette phrase monumentale : « Ce ne serait pas un présent sans danger que cet intermède électoral de vingt à vingt-cinq jours, coupant court aux *mâles habitudes*, à la vie de rempart », quand ces mâles habitudes consistaient à jouer au bouchon et à boire beaucoup.

Sur ces entrefaites, une dernière faute acheva de ruiner les espérances de M. de Chaudordy. Le 5 décembre, le général de Moltke adressa au général Trochu une lettre qui lui annonçait la défaite de l'armée de la Loire et lui offrait en même temps un sauf-conduit pour un officier de son état-major qui pourrait ainsi constater l'état des troupes du général d'Aurelle. Le gouverneur, dont les facultés baissaient visiblement, déclina l'offre du chef d'état-major prussien, avec l'approbation de la majorité du Conseil. MM. Picard et J. Favre, complètement édifiés sur le compte des armées de la Défense, insistèrent inutilement sur l'impérieuse nécessité de traiter. Quoique convaincus, après la journée de Champigny, de l'impossibilité de forcer le blocus et d'en être réduits à une capitulation désormais inévitable, nos gouvernants opinèrent en faveur du général Trochu ancré dans son idée de faire de l'humus pour les générations futures. Gambetta, dès qu'il eut connaissance de l'envoi de cette lettre, écrivit au gouverneur : « La France entière applaudit à la réponse que vous avez faite au piège de Moltke. » Ce qui était faux, car nous nous rappelons très bien la colère indignée avec laquelle la nouvelle de la décision du gouvernement fut accueillie par les militaires de l'armée active et de la mobile ; ils en avaient assez des gens du 4 septembre, de la garde nationale et des révolutionnaires.

Tous ces sottises enchantaient M. de Bismarck qui voyait les puissances étrangères s'éloigner de nous, décidées à abandonner à son sort un pays dominé par les factions. Le 9 décembre, le prince Frédéric-Charles ayant fait une démonstration sur Tours, la délégation partit pour Bordeaux. La Prusse, assurée désormais de la victoire définitive sans grand effort, refusa prérèmptoirement toute modification à ses conditions qui étaient : conclusion d'un armistice avec préliminaires de paix et élections générales. M. de Chaudordy écrivit le 16 décembre à M. J. Favre : « Nos dernières démarches pour l'armistice avec ravitaillement, même bien court, n'ont pu aboutir ; il faut y renoncer, à moins de le faire précéder des préliminaires de paix. » Il est clair qu'il considérait la conférence comme notre dernière planche de salut ; nous verrons plus tard que cet espoir devait être déçu comme les précédents.

Nous venons de voir les tristes résultats de la diplomatie et de l'administration militaire du gouvernement de la défense nationale. L'état politique de la capitale investie s'est manifesté avec tous ses dangers dans la journée du 31 octobre où Flourens et les révolutionnaires ont pu un instant se croire maîtres de Paris. Il nous reste à examiner si Gambetta a été plus heureux dans l'accomplissement de la haute mission politique dont il avait été chargé en province par ses collègues. Notre réponse sera nettement négative, car s'il s'est produit après nos désastres une violente réaction royaliste, ce mouvement inattendu avait surtout pour cause la politique outrancière et incohérente de la délégation. Gambetta, en manifestant ouvertement son opposition à la réunion d'une Assemblée nationale par crainte d'élections trop modérées à son gré, ainsi que son amour pour la dictature sans contrôle et sans frein, avait fait des prosélytes parmi les frères et amis qu'il avait envoyés dans les départements, le 4 septembre, au moment où il entrait en maître au ministère de l'intérieur.

Cette partie de l'histoire de la guerre franco-allemande est peu connue, parce que les écrivains indépendants manquaient de documents ou ne pouvaient, dans les premières années que Paris était sous le régime de l'état de siège, traiter le sujet si délicat de la politique intérieure. La tâche aurait été d'autant moins aisée qu'elle obligeait à critiquer les rapports de la commission d'enquête sur les actes du gouvernement de la défense nationale, rapports rédigés par des représentants légitimistes et cléricaux, et chose plus grave, à examiner la conduite d'une foule de fonctionnaires frappés par les conseils de guerre ou en exil. Le silence sur les faits politiques de cette époque tourmentée, commandé du reste par l'état de siège, fut donc observé par tous les écrivains. C'est pour ce motif que nous avions, en 1872, laissé de côté tout ce qui concernait les tentatives de fédéralisme projetées sous les vocables de ligue du Midi et de ligue du Sud-Ouest.

Amédée Le Faure a observé la même réserve, car, après avoir copieusement traité les questions de tactique et de stratégie relatives à la guerre, l'estimable historien se borne à dire que « *quelques jours* suffirent à Gambetta pour mettre fin à cette organisation bruyante et dangereuse des ligues séparatistes ». Il savait que rien n'était moins exact et que loin d'être calmées en quelques jours, ces idées ont germé jusqu'à la fin de la guerre et pris une forme concrète par la proclamation de la Commune de Paris, le 18 mars 1871.

Dans la matinée du 4 septembre 1870, quand fut affichée la dépêche du général de Palikao annonçant le désastre de Sedan, les révolutionnaires de la plupart des grandes villes, sans attendre la proclamation de la déchéance de l'empereur prisonnier et de l'installation des députés de Paris à l'Hôtel de Ville pour constituer le gouvernement central de la France, opérèrent de véritables révolutions locales. A Lyon, à Marseille et à Toulouse, surgirent comme par enchantement des comités de salut public décidés à n'accepter les ordres de la capitale que s'ils étaient conformes à leurs désirs, à leurs ambitions et à leurs intérêts. Ces aspirations étaient celles de toutes les juntes révolutionnaires des pays latins: subordination de l'autorité militaire à l'autorité civile ; indemnités à tous les membres des conseils électifs ; collation des emplois à leurs coreligionnaires politiques ; magistrature et police oppressives ; dépenses excessives sans contrôle ; emprunts forcés prélevés sur la gent capitaliste. Passons rapidement en revue les principaux actes des juntes des trois villes précitées et l'on constatera l'exactitude de cette énumération de leurs appétits.

A Lyon, un Comité de Salut public fonctionne dès le 4 septembre à la nouvelle de la captivité de l'empereur. Il décrète immédiatement la Commune et arbore le drapeau rouge à l'hôtel de ville ; puis il fait procéder à la mise en liberté des prisonniers politiques et à l'arrestation du préfet et des hauts fonctionnaires. Le Conseil de la Commune se sudivise en comités des Finances, de la Guerre et des Intérêts publics. Ces comités provoquent : la nomination de Garibaldi et de Cluseret comme généraux de la Révolution ; l'armement des prêtres et des séminaristes ; l'abolition de l'octroi et son remplacement par un impôt de 50 centimes par cent francs de capital ; la vente des biens des corporations religieuses ; la confiscation des biens des *émigrés* ; une contribution forcée de 20 millions ; enfin, l'allocation de jetons de présence aux membres du Comité de Salut public.

M. Challemel-Lacour, nommé préfet de Lyon, débarqua le 6 septembre. Sa situation fut des plus difficiles, mais il eut le courage de lutter jusqu'au dernier jour de la guerre contre les énergumènes et, pour qui veut bien lire entre les lignes du rapport outrageusement partial de M. de Sugny, il est clair que les rares concessions faites par le préfet aux révolutionnaires, l'ont été dans le seul but d'éviter la guerre civile. Au début, il obtint des élections municipales ; il est vrai que les nouveaux conseillers ne valaient guère mieux que les membres du Comité de Salut public.

Le 28 septembre, sous la pression de l'émeute, le Conseil municipal vota un emprunt de 200 millions, l'arrestation du général Mazure commandant à Lyon, la destitution en masse des officiers de l'armée régulière et la nomination de Cluseret à l'emploi de général en chef des armées révolutionnaires et fédératives du Midi. Le condottière cosmopolite, reniant sa qualité d'ancien élève de Saint-Cyr, s'engage à débarrasser l'armée de ses anciens camarades qui, seuls, savaient leur métier. Heureusement le vent tourne, l'émeute se calme et

Cluseret décrété d'arrestation s'enfuit prestement à Marseille où nous le retrouverons tout à l'heure.

Le rôle joué par M. Challemel-Lacour dans ces circonstances paraît assez obscur. A-t-il obéi à ses instincts de républicain toujours disposé à subordonner les généraux aux préfets, même dans l'état de guerre ? a-t-il agi sous la pression de quelques misérables ? Ce qu'il y a de certain, c'est l'arrestation du distingué général d'artillerie Mazure en vertu d'un ordre donné par M. Challemel, à la date du 1er octobre, avec l'approbation des deux fantoches Crémieux et Glais-Bizoin. L'amiral Fourichon, irrité par ce déni de justice, se retira de la délégation où sa place de ministre de la guerre fut prise par Gambetta qui, dès son arrivée à Tours, donna l'ordre impératif de mettre le général Mazure en liberté, sans s'inquiéter de ses deux ridicules collègues.

Le 20 décembre, une émeute des plus sérieuses éclata à la Croix-Rousse. Un vieux républicain, le commandant de la garde nationale Arnaud, ayant tenté d'apaiser les agitateurs, fut lâchement assassiné après un odieux simulacre de jugement, comme l'avaient été, en juin 1848, le général Bréa et son aide de camp Mangin, comme le furent le 18 mars 1871 les généraux Lecomte et Clément Thomas. M. Challemel, d'accord cette fois avec le général Crouzat, fit arrêter et traduire en jugement les meurtriers. Pendant l'exercice de son gouvernement de la province de Lyon, M. Challemel-Lacour a toujours refusé de seconder la ligue du Midi et repoussé sur ce sujet les invites de son collègue Esquiros de Marseille ; les légions de mobilisés organisées à Lyon ont été envoyées devant l'ennemi ; mais les marchés destinés à les armer et à les équiper ont été passés dans les conditions les plus défectueuses et les plus blâmables. Pendant la durée de la guerre, le drapeau rouge a seul flotté sur l'hôtel de ville.

Marseille se distingua de façon particulière par son agitation stérile, dès que ses habitants purent lire à leur réveil la proclamation du ministère Palikao qui annonçait à la France la catastrophe de Sedan. Ceux qui connaissent les populations du Midi comprendront à quels excès allait se livrer une foule tout à la fois frappée de stupeur, enflammée de colère, humiliée dans son orgueil et dont les agitateurs politiques avaient depuis longtemps surexcité les ardeurs.

A l'exemple de Lyon, un comité de Salut public fut institué sous le titre de commission départementale et M. Labadié proclamé préfet à la place de M. Levert. La préfecture fut envahie par une poignée de drôles ; sous le nom de gardes civiques, ils s'installèrent dans la somptueuse demeure qui, sous l'Empire, avait été affectée au logement de l'administrateur du département des Bouches-du-Rhône. Le premier soin de ces bandits fut de piller les effets particuliers du préfet Levert ; les bijoux de sa femme et la cave ne furent pas épargnés ; ils tinrent table ouverte dans la salle à manger.

Le 7 septembre, M. Esquiros, un vieux révolutionnaire imbu des idées de 1793 et d'une incorrigible faiblesse de caractère, arriva à Marseille avec le titre d'administrateur supérieur des départements formés avec l'ancienne Provence. Il approuva sans observation les arrêtés du Comité de Salut public destituant le général d'Aurelle de Paladines, récemment rappelé de la réserve pour remplir les fonctions de commandant de la division militaire, le colonel Camô, commandant la place, et les principaux magistrats et chefs de la police. Pour combler la mesure, M. Brissy, sous-intendant militaire, fut nommé commandant de Marseille et ce fonctionnaire chargé de veiller à l'exécution des lois militaires eut le triste courage d'accepter cet emploi. Cette violation des lois et des règlements, cet acte flagrant d'indiscipline lui valut plus tard une condamnation à mort, bientôt suivie d'une commutation de peine et plus tard d'une grâce entière.

Débarrassé des militaires, le préteur Esquiros prend résolument la direction de la fameuse ligue du Midi que trop de

Français considèrent aujourd'hui comme une plaisanterie. Voici de quoi les faire revenir de leur erreur et leur démontrer les dangers d'une fédération toujours à l'état latent.

Le 18 septembre, une foule d'envoyés des comités révolutionnaires étant arrivés à Marseille, M. Esquiros présida une grande réunion, assisté du préfet et du Conseil départemental. « Nous avons, dit-il au début de la séance, envoyé une dépêche au gouvernement pour lui faire savoir que nous considérons comme urgent de donner aux départements du Midi *une liberté d'action entière* pour l'organisation de la défense nationale. Nous lui avons dit de nous répondre dans le *délai de trois jours*, ce délai est écoulé... C'est une défense *régionale* et *provençale* que nous voulons former. »

Les départements appelés à faire partie de la *Ligue du Midi pour la défense de la République* étaient : les Bouches-du-Rhône, le Var, les Alpes-Maritimes, les Basses-Alpes, les Hautes-Alpes, l'Isère, le Rhône, la Haute-Loire, l'Ardèche, la Drôme, Vaucluse, le Gard, l'Hérault. Chaque département devait envoyer trois délégués au comité central. Pour constater leur identité, M. Esquiros leur délivra des cartes spéciales portant : « Au nom de la République, l'administration supérieure de Bouches-du-Rhône, en vertu des pouvoirs qui lui sont conférés, le citoyen ... est délégué, etc.

» L'administrateur supérieur,

» A. Esquiros. »

Ensuite, dans le but de faciliter les réunions de la Ligue, le même Esquiros adressait au chef du mouvement de la Compagnie Paris-Lyon-Méditerranée, la réquisition suivante :

« Marseille, le 19 septembre.

» Monsieur, je vous requiers de délivrer des bons de circulation pour les lignes (de Marseille à Lyon et Grenoble, de Marseille à Montpellier et *Bordeaux* et de Marseille à Nice), aux citoyens délégués des départements faisant partie de la ligue du Midi pour la défense nationale de la République dont les noms suivent. »

Les littérateurs du Conseil de la Ligue s'occupaient de rédiger des proclamations mirifiques, de demander de l'argent, beaucoup d'argent, et de former... des commissions : des levées militaires ; des manufactures d'armes et achats ; cavalerie et équipages ; équipements et armements ; approvisionnements et subsistances ; des voies et *moyens financiers* ; des rapports et réclamations patriotiques ; des correspondances et dépêches. En tout, huit commissions pour se donner de l'importance, s'emparer des caisses publiques et donner des marchés avantageux aux parents, aux amis et aux connaissances. »

Le 3 octobre, le Conseil des Ligueurs se nomme un commissaire général et lui confère les pouvoirs suivants, sous le contrôle de l'assemblée. « Il est investi de tous les pouvoirs sur les départements de la Ligue, dans l'intérêt de la défense nationale et de la République Française une et indivisible. » Avec un pareil blanc-seing, le titulaire du commissariat central pouvait faire beaucoup plus de mal que de bien. Heureusement, le choix du Conseil se porta sur M. Gent, un fort honnête homme qui, appelé à la fin d'octobre à remplacer l'inepte Esquiros, sut accomplir sa délicate et difficile mission avec un courage, un tact et une probité auxquels la commission d'enquête de l'Assemblée réactionnaire de Versailles a rendu justice pleine et entière.

Le 7 octobre, Marseille est tout à la joie de contempler un héros. Le préfet annonce ainsi à Tours l'arrivée du général : « Garibaldi arrive à dix heures du soir, entrée aux flambeaux. Enthousiasme indescriptible. Toute la ville illuminée. Cris de vive Garibaldi ! Vive la République universelle ! Le général part demain pour Tours. »

A lire les proclamations, les dépêches et les ordres d'Esquiros, on pourrait le prendre pour un horrible tyran, quand au contraire il était, du jour de son arrivée, tombé au pouvoir des gardes civiques installés à demeure dans la Préfecture. On n'arrivait à l'infortuné administrateur supérieur qu'à travers une haie d'hommes armés jusqu'aux dents, qui se tenaient dans son cabinet, surveillaient toutes les audiences et assistaient à ses repas. On était souvent insulté, et quand, au moyen d'un sauf-conduit, on avait pu pénétrer jusqu'à l'administrateur supérieur, on était enchanté à la sortie de s'éloigner de cette caverne de bandits.

Dans cette situation, ce pauvre Esquiros faisait et ne pouvait que faire sottise sur sottise. Gambetta obsédé de ses excentricités lui télégraphia sèchement, le 16 octobre : « La démission de M. Alphonse Esquiros est acceptée. M. Delpech reste chargé de l'administration. ». M. Delpech venait de succéder comme préfet à M. Labadié.

M. Esquiros, appuyé par le Conseil départemental et condamné à obéir aux civiques, refusa de quitter la place : M. Marc Dufraisse, désigné par la délégation pour remplacer Esquiros, est retenu prisonnier à la préfecture et les chefs de la résistance préviennent Gambetta que l' « on mettrait le feu à Marseille plutôt que de laisser partir Esquiros ». Le dictateur de Tours avait le choix entre le maintien de ce malheureux qui aurait été ravi de sortir de cette galère et la guerre civile. Jusqu'à la fin d'octobre, il se passe à Marseille des scènes stupéfiantes ; Gambetta veut faire exécuter ses ordres, proclamer Marseille en état de siège. Esquiros, Delpech, Marie, général de la garde nationale, ne savent plus où donner de la tête ; l'anarchie règne en souveraine et les meneurs installent, le 31 octobre, la Commune révolutionnaire avec un nommé Carcassonne comme président. Cluseret, évidemment prévenu du mouvement, arrive juste à point pour se faire décerner le titre de général de la garde nationale et de toutes les troupes de la ligue du Midi.

De splendides proclamations furent adressées aux pays de la Ligue ; celle de Cluseret peut être considérée comme un modèle du genre : « Citoyens, écrivait-il, grâce à l'énergique action de la ligue du Midi, grâce surtout à l'initiative patriotique de Marseille, la France républicaine va posséder enfin une armée républicaine. Appelé par la volonté du peuple à la commander, je remplirai ma mission et je justifierai sa confiance.

» Je saurai maintenir l'ordre et la discipline, car vingt années de guerre en Afrique, Crimée, Italie, Amérique, m'ont appris que sans organisation et sans discipline les armées ne sont que des troupeaux que l'on mène à l'abattoir.

» Fille de l'austérité républicaine, la victoire se rendra aux mâles embrassements d'un peuple lâchement trahi, mais fort et vigoureux, et surtout jaloux de venger son honneur. Plus de divisions, de haines, de rancunes. Oublions le passé pour ne songer qu'à l'avenir, et tous ensemble marchons à l'ennemi commun. On a assez parlé de droits, parlons de devoir et sachons l'accomplir. Le devoir de tout patriote est de mourir pour la patrie.

» Aux armes, plus de chaînes, plus d'entraves, plus de servilité lâche. Place à l'initiative individuelle ! Aux armes ! que le rugissement populaire, répercuté d'écho en écho, des Alpes aux Pyrénées, des Bouches-du-Rhône au ballon d'Alsace, fasse trembler la terre et annonce au monde que des larges flancs de la liberté vont sortir un nouveau peuple et de nouvelles victoires.

» En avant et vive la République universelle !

» La 1re brigade quittera Marseille dimanche.

» Marseille, 1er novembre 1870.

» Le général commandant en chef,

» CLUSERET. »

Cette dissertation sur les devoirs du patriote et sur les rapports de parenté entre la victoire et l'austérité républicaine sa mère se passe de commentaires. Marseille dénote une situation horriblement troublée ; pendant deux jours les civiques et leurs amis sont les maîtres de la ville ; pour s'entretenir la main, ils fusillent quelques passants inoffensifs dans les allées de Meilhan. Sur ces entrefaites, le 2 novembre au soir, M. Gent, investi de pleins pouvoirs, arrivait à Marseille.

Acclamé par la garde nationale, il veut prendre possession de la préfecture; les civiques furieux de cette intrusion dans « leur auberge », repoussent M. Gent et le blessent d'un coup de fusil au ventre.

La garde nationale et la population indignées comprennent enfin qu'il faut en finir avec cette poignée de misérables ; le rappel est battu malgré les ordres du généralissime Cluseret ; les civiques sont cernés à la préfecture ; M. Gent est délivré ; et Cluseret disparaît pour réapparaître à Paris pendant la Commune. Quant aux civiques, ils évacuèrent la préfecture où ils avaient fait bombance pendant deux mois aux frais du département, après un compromis dans le genre de celui qui fut conclu le 31 octobre avec Flourens, à l'Hôtel de Ville de Paris.

Le préfet Delpech, un brave homme égaré dans cette fournaise et qui avait dans sa jeunesse dignement rempli ses devoirs de sous-officier d'infanterie en Algérie, comprit que cette politique incandescente ne convenait pas à sa nature droite et loyale. Le tohu-bohu de Marseille l'écœurait et; le 30 octobre, il envoyait sa démission à Gambetta pour se rendre à l'armée de Garibaldi où nous le retrouverons chef de brigade. Quant à M. Gent, aidé par M. Nicolas, un honnête homme promu au grade de colonel de la garde nationale, il sut maintenir l'ordre jusqu'à la fin de la guerre et se borner à dépenser inutilement, par ordre de M. de Freycinet, l'argent nécessaire pour l'organisation des gardes nationales mobilisées du camp des Alpines et celle des batteries départementales.

Restait à régler le départ d'Esquiros qui, après avoir laissé gaspiller des millions, n'avait pas même touché ses appointements d'administrateur supérieur et se trouvait littéralement sans ressources pour prendre un billet de chemin de fer. Le 23 décembre, sur la demande instante de M. Gent, Gambetta lui faisait remettre quatre mille francs pour se rendre à Bordeaux et de là en Angleterre. Une seule réflexion vient à l'esprit en pensant au néfaste principat de ce triste personnage : que de temps, que d'argent et que d'hommes perdus pour la défense nationale !

Pour achever l'historique des ligues imaginées par les exécrables agitateurs des provinces méridionales, il nous reste à raconter les hauts faits du citoyen Armand Duportal qui, pendant six longs mois, a pu rester proconsul de Toulouse et chef d'une prétendue ligue du Sud-Ouest.

Le début des événements de Toulouse fut le même que dans la plupart des grandes villes. A la nouvelle du désastre de Sedan, le Conseil municipal, composé par hasard de radicaux, se divisa spontanément en deux commissions : les modérés se contentèrent de former une modeste commission municipale ; les plus avancés, les républicains de la veille, constituèrent une commission départementale et s'attribuèrent dans la Haute-Garonne tous les pouvoirs administratifs, judiciaires et politiques. Leur premier soin fut de s'adjuger les meilleures places et de s'emparer de la police.

Le 8 septembre, arriva M. Duportal, nommé par son ami Gambetta préfet de la Haute-Garonne ; il s'empressa de ratifier les nominations faites par ses coreligionnaires politiques. Détenu à Sainte-Pélagie, le 4 septembre l'avait rendu libre ; pour éviter un retour de fortune et consolider sa situation, il prononça de son autorité privée la dissolution de tous les conseils municipaux de son département et leur substitua des commissions municipales composées de frères et amis, chargés de préparer son élection à l'Assemblée nationale qu'il avait été question de réunir. Les fonctions de maire et d'adjoint étaient tout particulièrement recherchées, parce qu'elles exemptaient du service militaire.

Les élections ajournées, Duportal tourna son activité d'un autre côté. Les limites d'un simple département étaient trop étroites pour l'expansion de son génie ; il avait mis à la tête de la garde nationale de Toulouse un chef de bataillon de zouaves en retraite, M. Dumay, qui, lieutenant de chasseurs à pied, avait failli être nommé député radical de Paris en 1849, et néanmoins obtenu peu de temps après un avancement assez rapide. Il possédait ainsi un futur général en chef capable de contrebalancer Cluseret; pour lui procurer une armée, il adressa aux préfets de 29 départements la circulaire suivante :

« Le préfet, président du comité de défense nationale de la Haute-Garonne, invite les comités de défense de votre département à envoyer un délégué à Toulouse, le 28 septembre, à l'effet d'établir une entente commune au sujet des mesures à prendre pour contribuer à la défense nationale. » La circulaire datée de Toulouse, 24 septembre, donne les noms de ces départements dont plusieurs avaient reçu l'invitation analogue du citoyen Esquiros. La ligue du Sud-Ouest s'était donc constituée, au grand déplaisir de la commission municipale de Toulouse qui n'envisageait pas sans terreur le montant de la carte à payer. La commission se permit des remontrances à l'instar de l'ancien Parlement ; M. Duportal se rappelant Louis XIV, lui signifia que tout pouvoir émanait de lui, qu'elle n'était qu'une commission dépendante et subordonnée, dont le rôle était d'obéir.

Le proconsul, décidé à se débarrasser d'hommes aussi gênants, installa au Capitole un Comité de Salut public, sous la présidence du procureur de la République investi le 4 septembre. Ce fameux Comité, s'inspirant de l'exemple des géants de 1793, s'attribua le droit d'intervenir dans tous les services administratifs, de surveiller toutes les autorités, de pourvoir à toutes les fonctions et de donner directement des ordres à la police, à la garde nationale et aux employés de toute espèce. Une boîte destinée à recevoir les dénonciations fut placée dans la cour du Capitole.

C'était complet, le proconsul avait sous la main un agent irresponsable de sa dictature. Il ne lui restait qu'à mettre fin au semblant d'autorité militaire représenté par deux vieux généraux, MM. Courtois d'Hurbal et de Veulens, dont les fonctions consistaient à activer les travaux des arsenaux et ateliers de la 12e division militaire, entièrement dégarnie de troupes. A la fin d'octobre, les journaux proconsulaires insinuèrent que les chefs militaires et le colonel de Croutte, directeur de l'arsenal, trahissaient la patrie ; le 1er novembre, Duportal prenait un arrêté annonçant aux citoyens ébahis de Toulouse que « la triste expérience faite par le pays de la foi civique et militaire des généraux formés à l'école monarchique..... Vu les démissions (imposées) des généraux d'Hurbal et de Veulens,

» Le chef de bataillon Dumay, déjà investi du commandement des gardes nationales, est placé à la tête de toutes les forces militaires de la Haute-Garonne, et *à ce titre*, provisoirement chargé du commandement de la 12e division militaire.

» M. Henri Duportal, ingénieur des ponts et chaussées, est nommé directeur de l'arsenal de Toulouse en remplacement du colonel de Croutte.

» L'exécution du présent arrêté est placée sous la protection de la garde nationale de Toulouse.

» Le préfet de la Haute-Garonne,
» commissaire de la défense nationale,
» Armand DUPORTAL. »

Le proconsul sortait résolument de ses attributions en étendant l'autorité de son ami Dumay à plusieurs départements et en confiant à son fils Henri, ingénieur civil et non des ponts et chaussées, un emploi à la disposition exclusive de l'autorité centrale.

Cette fois la mesure parut comble et le bouillant Gambetta invita Duportal à donner sa démission. Cette invitation au proconsul qu'il avait installé à Toulouse semble un indice que le jeune dictateur ne possédait pas alors la connaissance des hommes, acquise plus tard quand il menaça les démocrates trop avancés à son gré « de les relancer jusque dans leurs repaires ». Duportal lui répondit fièrement : « Vous me demandez ma démission ; que celui d'entre vous qui a fait un seul jour de prison pour la République vienne la chercher. Toulouse, le 7 novembre. »

Le gouvernement de Tours releva le défi en nommant M. Huc à la préfecture de la Haute-Garonne, mais il ne disposait d'aucune force pour l'installer. Duportal le savait et s'était assuré le concours de l'ami Dumay dont il avait fait de sa propre autorité un général de la garde nationale et un commandant de la 12e division militaire. Conséquent avec ses principes d'omnipotence, il fit placer à la gare du chemin de fer un poste de gardes nationaux avec ordre d'arrêter le général de Serre, commandant la subdivision d'Albi, dans le cas où il arriverait pour se mettre à la tête de la force publique et d'installer dans ses fonctions le nouveau préfet nommé par la délégation. En même temps, il télégraphia au préfet du Tarn de prévenir de ses intentions le chef militaire de son département.

Ces précautions prises, le proconsul du Sud-Ouest se fit organiser une belle manifestation qui se dirigea vers la préfecture aux cris de : *A bas Huc ! Vive Duportal !* De là, les manifestants se rendirent au domicile de M. Huc qui, trop heureux de n'être pas assommé, s'empressa de céder aux vœux de la population et de la garde nationale et télégraphia à Gambetta que son acceptation devait être considérée comme non avenue.

Le lendemain, 8 novembre, M. Duportal adressa à son ministre à Tours une dépêche ironique dont voici les passages les plus significatifs : « M. Huc a dû prendre et a pris, en effet, l'engagement de refuser sa nomination... Tout est tranquille ce matin, mais on m'annonce une manifestation de la garde nationale. Je réponds de la tranquillité si le gouvernement respecte les vœux de la population. Si je faisais moi aussi mon plébiscite, j'aurais la même acclamation que le gouvernement de Paris. »

Il était difficile, impossible même de se montrer plus

irrespectueux, plus impertinent et plus indiscipliné envers son supérieur hiérarchique ; néanmoins, Gambetta, si dur, si exigeant et si injuste envers les généraux, reçut sans sourciller les sarcasmes de Duportal et maintint en fonctions le martyr de la foi républicaine. Il le savait violent, brutal et grossier quand, à son arrivée au ministère de l'intérieur, il l'imposait à l'un de nos plus importants départements ; aujourd'hui qu'il avait à souffrir de ces défauts, il pouvait se déclarer le premier coupable d'un choix fâcheux à tous égards.

A la suite de sa rébellion, M. Duportal continua sans obstacle le cours de ses excentricités. MM. de Freycinet et Lévy, le colonel général de l'infanterie mobilisée, acceptèrent l'ami Dumay en qualité de général en chef du camp de Toulouse et le fils Duportal comme directeur des travaux du camp avec le grade de colonel du génie. Ce camp réalisa le plus complet des carnavals militaires institués par le délégué à la guerre. Les dilapidations y furent incessantes ; presque tous les marchés passés sans adjudication, sans avis d'une commission compétente, de gré à gré entre le préfet et les fournisseurs. Tandis que la garde mobile de la Haute-Garonne marchait à l'ennemi, la garde mobilisée, mal et chèrement équipée, n'a opéré qu'un mouvement partiel vers le camp des Alpines et seulement au moment de la signature des préliminaires de paix.

Le 25 mars 1871, Duportal, toujours en fonctions, proclama la Commune. M. Thiers mit ordre à cette nouvelle rébellion et, le 28 mars, il annonçait dans les termes suivants la fin du proconsulat du farouche révolutionnaire :

« L'ordre déjà rétabli à Lyon vient de l'être à Toulouse d'une manière prompte et complète. Le nouveau préfet, M. de Kératry, qui s'était arrêté à Agen, est entré hier à Toulouse, a dispersé les représentants de la Commune, expulsé M. Duportal, qui était l'oppresseur à la fois ridicule et odieux de cette grande cité. Il a fallu à peine 500 hommes pour opérer cette révolution grâce au concours des bons citoyens indignés du joug qu'on leur faisait subir.

» Versailles, le 28 mars 1871.

» A. THIERS. »

Amédée Le Faure a été d'une réserve excessive en parlant des *quelques jours* qui suffirent à Gambetta « pour mettre fin à cette organisation bruyante et dangereuse des ligues séparatistes ». Le lecteur est maintenant éclairé et peut-être approuvera-t-il la conclusion du rapporteur de l'enquête sur les actes du gouvernement de la défense nationale ? « Nos désastres, depuis le 4 septembre, ont eu pour cause principale, une dictature suprême qui a disposé de la France sans la consulter ; ils ont eu pour cause secondaire, un trop grand nombre de dictateurs subalternes qui, dans beaucoup de départements, ont sacrifié les intérêts de la défense nationale à la détestable pensée d'établir leur propre domination et celle de leur parti sur les ruines de l'ordre et de la liberté. »

Les faits scandaleux et humiliants pour l'honneur de la France qui se sont passés dans les principales villes du Midi, expliquent la désinvolture et le profond dédain avec lesquels la Russie notifiait la dénonciation du traité de Paris à la délégation de Tours. L'Europe, au courant des actes révolutionnaires des grossiers personnages placés par M. Gambetta à la tête des principales préfectures, ne professait certes pas pour le peuple qui tolérait de pareilles turpitudes cette admiration tant prônée par J. Favre. Les hommes qui s'étaient emparés du pouvoir agissaient comme s'ils tenaient à nous aliéner toutes les sympathies ; M. de Bismarck, informé par le *Journal officiel* de Tours, des actes gouvernementaux les plus importants, nous traitait de jour en jour avec plus de rigueur. La France était bien seule, personne ne lui tendait une main secourable et franchement il eût été difficile à un gouvernement quelconque de s'entendre avec les membres les plus influents des conseils de Paris et de Tours. Le général Trochu, à force de persistance dans « son héroïque folie », tombait dans des hallucinations mystiques; J. Favre était devenu d'un sentimentalisme enfantin et ne s'exprimait plus que dans un langage vide, pompeux et incompréhensible pour un ennemi dur, brutal et rapace; Gambetta manquait d'expérience et subissait trop l'influence d'un entourage également inexpérimenté, influence à laquelle il a su se soustraire après la dure leçon de 1870. Pendant sa dictature il ne nous a fait que du mal, quoi que puissent dire ses thuriféraires ; plus tard, il a rendu quelques services à... son parti et la réputation qu'on prétend lui créer, les honneurs rendus à sa mémoire sont d'une évidente exagération.

CHAPITRE XXXIX

Opérations dans l'Est en novembre. — Les Allemands reçoivent des renforts. — 3 novembre, le général de Treskow investit Belfort. — 10 novembre, prise de Neuf-Brisach par la division Schmeling. — Petites opérations autour de Dijon. — L'armée de Garibaldi. — Elle s'installe à Autun vers le 15 novembre. — Le corps Cremer à Chagny, vers la fin de novembre. — Ricciotti surprend les Prussiens à Châtillon le 19 novembre. — Le 26, combat de Pasques. — 1er décembre, combat d'Autun. — Arrivée du VIIe corps à Châtillon-sur-Seine au commencement de décembre. — Capitulation de Verdun, de La Fère, de Thionville, de Phalsbourg. — Etat lamentable de la France au milieu de décembre.

Au chapitre XXXIII, nous avons laissé le général de Beyer faisant son entrée à Dijon avec la division badoise dans la journée du 31 octobre, et son commandant de corps d'armée, de Werder, recevant du général de Moltke l'ordre de rester dans l'Est pour garantir le flanc gauche des communications des armées allemandes contre les tentatives des Français par les bassins de la Saône et du Doubs.

Débarrassé de toute crainte à l'égard de Metz, le grand état-major fit venir d'Allemagne 12 nouveaux bataillons de landwehr, avec 2 escadrons et 2 batteries, pour former la garnison de Strasbourg, en remplacement de la 1re division de réserve, Treskow, qui fut dirigée sur Belfort qu'elle investit le 3 novembre ; le 8, elle occupait Montbéliard pour mieux assurer le blocus.

La 4e division de réserve, de Schmeling, après s'être emparée de Schlestadt le 21 octobre, avait commencé le 27 l'investissement du fort Mortier et de la place de Neuf-Brisach. Le fort capitulait le 6 novembre et la place le 10, après une défense aussi peu brillante que celle de Schlestadt. Le commandant de place n'en fut pas moins nommé colonel par son compatriote le ministre de la guerre Le Flô et, chose plus étrange, confirmé plus tard par la commission de revision des grades quoique le commandant eût été vivement blâmé par le conseil d'enquête sur les capitulations. Le général de Schmeling reçut alors l'ordre de gagner la vallée du Doubs et de se mettre à la disposition de Werder. Celui-ci, plus libre de ses mouvements depuis la chute de Metz, résolut d'envahir la Franche-Comté et de la traiter avec sa dureté habituelle. Deux colonnes, parties de Dijon et de Vesoul, furent dirigées contre Dôle; la première franchit la Saône à Pontailler et fit, le 12 novembre, sa jonction avec la deuxième à Pesmes sur l'Ognon. Là, Werder apprit que l'armée des Vosges avait disparu et que Garibaldi s'était porté à Autun vers l'ouest. Un détachement badois fut envoyé à Arc-et-Senans, point d'intersection des voies ferrées de Besançon à Lyon et de Dijon à Pontarlier, pour y détruire la voie. Le lendemain 13, le XIVe corps reprenait ses cantonnements autour de Dijon, la brigade combinée de Goltz et la brigade badoise Degenfeld dans la ville même, les deux autres brigades badoises à Saulon-la-Rue et Faverney plus au sud. La division Schmeling arrivait le 19 à Vesoul, après avoir renforcé Treskow à Belfort de 3 bataillons, 4 escadrons et 1 batterie.

On connaît les motifs pour lesquels l'armée des Vosges, devenue 20e corps, avait quitté Besançon pour se rendre à Gien, puis à Beaune-la-Rolande, où elle concourut à l'exécution du plan de M. de Freycinet. Le soin de couvrir la Haute-Saône et Lyon fut laissé aux généraux Garibaldi et Cremer. Le solitaire de Caprera était arrivé le 7 à Marseille où, comme il a été dit plus haut, la population lui fit un accueil enthousiaste. Il avait fait le voyage à la sollicitation d'un M. Bordone, pharmacien à Avignon, homme remuant, ambitieux, peu scrupuleux, violent, colère, impossible à vivre, et qui ne sut que créer des embarras au gouvernement, aux préfets, aux généraux, aux ingénieurs chers à M. de Freycinet, à tout le monde enfin. La délégation de Tours nomma Garibaldi commandant des corps francs des Vosges et de quelques bataillons de mobiles et de mobilisés. Nous empruntons à M. Jules Richard les précieux renseignements contenus dans son *Annuaire des Armées de province en* 1870-1871, sur l'armée de Garibaldi, ainsi que les justes réflexions dont il accompagne le tableau de sa fantastique composition.

L'armée de Garibaldi s'est aussi appelée armée des Vosges, mais elle fut surtout l'armée de Garibaldi, c'est-à-dire quelque chose d'incroyable au point de vue militaire. Des historiens sérieux, un peu trop jaloux de leur dignité, l'ont traitée avec une sévérité qu'elle ne méritait certes pas. M. Perrot, rapporteur de l'enquête parlementaire, est allé jusqu'à dire que si Garibaldi eût été Français, l'Assemblée aurait dû le déférer à un conseil de guerre. D'abord Garibaldi n'était pas Français et il était inutile de faire une telle supposition. Il eût été plus logique d'envoyer à Charenton les naïfs qui l'avaient appelé en France. Il est difficile de comprendre comment on a pu croire que le célèbre blessé d'Aspromonte pouvait rendre chez nous quelques services militaires. Toutes les guerres de la péninsule ont été des démonstrations nationales, des promenades politiques, entremêlées par-ci par-là de quelques combats dont la presse exagérait l'importance. Comme il s'agissait uniquement de décider le soulèvement de populations préparées à l'avance, le génie militaire très élémentaire de Garibaldi et la solidité très contestable des volontaires y suffisait. En Italie, Garibaldi fut pour le peuple un drapeau et pour la maison de Savoie un agent politique. En France, il ne pouvait être qu'un embarras et même qu'un danger. On le sentit dès son arrivée à Tours, et cependant, encore aujourd'hui, dans la religion des imbéciles, la venue de Garibaldi en France équivaut à un concours de cent mille hommes.

L'armée de Garibaldi coûta cher, fit peu, et apporta un contingent utile à l'insurrection parisienne du 18 mars. Elle était là dans son élément propre. L'auteur de cette brochure a vu (et nous aussi) ce jour-là, à quatre heures du soir, soixante officiers garibaldiens en costume, la plume au vent, réunis sur le boulevard des Italiens devant le café du Helder. Ce fut là le plus clair de la besogne des agitateurs réunis autour de Garibaldi.

Nous ne croyons pas que le ministère de la guerre pourrait fournir une situation exacte de cette armée. Elle varia souvent comme personnel et comme effectif.........

L'armée de Garibaldi eut quatre brigades. Il y eut une tentative d'en créer une pour Canzio. Sur un état administratif nous avons lu l'indication suivante : « 5e brigade : Compagnie franco-espagnole. — Compagnie espagnole. — Compagnie d'Italiens. » C'était tout, et vraiment peu. Mais cela suffisait pour toucher la solde, l'entrée en campagne et tout ce qui est attribué à un général de brigade.

Amédée Le Faure, tout en considérant les rengaines et les lieux-communs débités par Garibaldi sous le titre d'instructions à ses troupes comme des modèles du genre ! n'en est pas moins sévère pour la coûteuse et mauvaise organisation de son armée. Celle-ci, avec ses quatre brigades, n'a jamais dépassé une douzaine de mille hommes, répartis dans une telle quantité de corps que souvent le chiffre des officiers dépassait celui des soldats. Des dépositions émanant de magistrats et de commissaires de police ont permis de constater que 8 à 10 hommes suffisaient au recruteur pour se faire délivrer une commission de capitaine. Chaque général de brigade avait un état-major. Voici, pour répondre à la curiosité du lecteur, le dénombrement des corps garibaldiens :

Commandant en chef : Garibaldi. Chef d'état-major, général Bordone. — 1re brigade : Bossack-Hauck. — Éclaireurs de Gray ; éclaireurs et francs-tireurs du Midi et de Philippeville; 1re compagnie de francs-tireurs volontaires du Rhône ; compagnie de tirailleurs ; compagnie espagnole ; garibaldiens d'Alger ; garibaldiens génois ; 1er bataillon de mobiles des Alpes-Maritimes; légion italienne dite de Marsala ; chasseurs égyptiens; 42e régiment de mobiles de l'Aveyron ; 1re légion de mobilisés de l'Isère ; soit 12 corps différents.

2e brigade : Delpech, puis Lobbia. — 1er bataillon de l'Egalité ; 2e bataillon de l'Egalité; guérillas de Marseille ; tirailleurs garibaldiens du Var ; francs-tireurs de l'Atlas ; guérillas d'Orient ; éclaireurs de la brigade ; bataillon de la mobile du Gard ; compagnie de marine ; légion corse ; soit 11 corps.

3e brigade : Menotti Garibaldi. — 2e bataillon de mobiles des Alpes-Maritimes ; bataillon des Hautes-Alpes ; bataillon des Basses-Pyrénées; légion de volontaires italiens ; 3e légion de mobilisés de l'Isère ; chasseurs des Alpes ; francs-tireurs réunis ; francs-tireurs d'Oran ; francs-tireurs de Franche-Comté ; compagnie de Vaucluse; soit 10 corps.

4e brigade : Ricciotti Garibaldi. — bataillon Nicolaï ; francs-tireurs de l'Allier ; chasseurs savoisiens ; francs-tireurs de l'Aveyron ; chasseurs du Dauphiné ; éclaireurs du Doubs ; francs-tireurs de la Côte-d'Or ; chasseurs du Havre ; volontaires de Loir-et-Cher ; éclaireurs de Caprera; 2e légion de mobilisés de l'Isère ; francs-tireurs de Dôle ; chasseurs du Mont-Blanc ; francs-tireurs de la Croix de Nice ; francs-tireurs de Toulouse ; francs-tireurs des Vosges ; 1re compagnie du Gers; chasseurs républicains de la Loire ; 2e compagnie de francs-tireurs dauphinois ; francs-tireurs du Croissant ; Enfants perdus de la Montagne ; bataillon de mobilisés de la Côte-d'Or ; soit 22 corps.

Artillerie : 15 batteries avec 42 pièces dont 24 de montagne.

Cavalerie : escadrons des 7e et 10e chasseurs, des 2e et 12e dragons ; escadron du 3e hussards ; escadron du 6e dragons ; cavaliers volontaires de Châtillon ; guides de Garibaldi ; éclaireurs du Rhône ; cavaliers d'exploration ; cavalerie de Chambéry ; corps espagnol de cavalerie de Perpignan ; train des équipages ; soit 13 corps.

Corps isolés : bataillon des enfants perdus de Paris ; francs-tireurs de la Mort ; compagnie franco-hispanienne ; bataillon italien de Marsala ; compagnie de la Revanche ; les Ours nantais, soit 6 corps ; plus 3 compagnies de sapeurs-pontonniers. En tout 92 corps différents pour encadrer une douzaine de mille hommes.

Plus tard, vers la fin de la guerre, pour éviter les conflits d'attributions soulevés à tout propos par M. Bordone, on lui sacrifia le général auxiliaire Victor Pellissier, dont la division de mobilisés de Saône-et-Loire, plus de 17.000 hommes, passa sous les ordres de Garibaldi, pendant que son ancien chef était envoyé à Lyon. La perte n'était pas plus grande ; il n'y avait qu'un vieux chef d'escadron vaniteux de moins dans les parages de Dijon.

Quand le 20e corps partit pour Gien, Garibaldi se transporta de Dôle à Autun où il était mieux placé pour couvrir les défilés du Morvan et inquiéter les communications des armées allemandes. Sur la droite de Garibaldi, vint se réunir à Chagny, à quelques lieues au nord-ouest de Chalon, une brigade composée de deux légions de mobilisés du Rhône et d'un bataillon de mobiles de la Gironde commandé par M. de Carayon-Latour. Ces troupes avaient été mises sous les ordres d'un inconnu nommé Crevisier, que les autorités révolutionnaires avaient improvisé général. L'ineptie de ce personnage le fit destituer presque immédiatement et le gouvernement eut le bon esprit de le remplacer, le 23 novembre, par M. Cremer, un jeune officier du corps d'état-major à peine âgé de trente ans, qui s'était acquis une belle réputation de bravoure et d'intelligence pendant la campagne du Mexique. Nommé général au titre auxiliaire, sur la recommandation d'hommes de guerre sérieux, le capitaine Cremer a commis une faute qui lui a fait un tort immense aux yeux de ses camarades de l'armée régulière. Quoiqu'il appartînt par son passé au parti de l'ordre, il s'est jeté dans celui des révolutionnaires les plus exaltés, quand il eut vu s'évanouir son rêve ambitieux d'être confirmé dans son grade de général, parce qu'on lui avait confié une grosse division composée de deux régiments de marche, deux de mobiles, du bataillon Carayon-Latour, des francs-tireurs vendéens, avec cinq batteries, une compagnie du génie et des éclaireurs à cheval.

Il a toujours été impossible de suivre les opérations des corps Garibaldi et Cremer d'après les nombreuses relations soi-disant historiques de leurs officiers d'état-major, car jamais courtisans asiatiques n'ont brûlé plus d'encens en l'honneur de leurs seigneurs et maîtres. A en croire ces panégyristes intéressés, ces deux corps auraient toujours été victorieux. Certains écrivains français ont poussé la platitude jusqu'à attribuer à leurs compatriotes les défaillances qui se sont produites dans les rangs des Garibaldiens et faire remonter aux seuls Italiens l'honneur des principaux faits d'armes. C'est donc dans les relations officielles des Allemands qu'il faut chercher la vérité au sujet de l'influence exercée sur leurs opérations par le vieux condottière ; on ne saurait parler des nôtres, le ministère de la guerre français étant décidé à ne rien publier avant que toute la génération de 1870 soit morte et enterrée. Dans les légendes créées par les Garibaldiens et leurs amis, on trouve la mention de surprises, de coups de main, bien et surtout rapidement exécutés, de combats opiniâtres dont le mérite a fini par être contesté, parce que les officiers qui y ont coopéré en ont trop exagéré l'importance dans des récits à la forme emphatique et ampoulée chère aux militaires improvisés. Ils transforment une escarmouche en combat, un combat en bataille, et accompagnent régulièrement leurs narrations de dénombrements fantaisistes de morts et de blessés. Les listes annexées à l'ouvrage du grand état-major ont éclairé le public sur les exagérations et les vantardises des louangeurs.

A peine arrivé à Autun, Garibaldi inondait le pays de ses meilleurs partisans; il y en avait à Semur et à Montbard sur le chemin de fer de Dijon à Tonnerre ; le 17 novembre, Ricciotti poussait jusqu'à Châtillon-sur-Seine, à près de trente lieues du quartier général, et y détruisait les troupes d'étape appartenant à l'armée de Frédéric-Charles. Le 25, Garibaldi à la tête de 5.000 hommes avait pris position sur les hauteurs de Pasques, à 3 lieues à l'ouest de Dijon. Le général de Werder, sérieusement inquiet et s'attendant à une attaque combinée du chef italien et de Cremer, s'empressa de concentrer ses troupes et envoya le général Degenfeld avec 3 bataillons, 4 escadrons et 1 batterie pour essayer de déloger le corps établi à Pasques. Vivement attaqué à 11 heures du matin, le détachement badois fut obligé de battre en retraite sur les troupes de soutien établies à Daix et à Palant. Les Garibaldiens continuèrent leur mouvement offensif dans l'espoir que Cremer les appuierait par une vigoureuse diversion dans le flanc gauche de l'ennemi ; accueillis par des feux de salve exécutés avec ensemble, ils se replièrent sur Autun. Le général Keller, commandant la 3e brigade badoise, fut chargé de la poursuite ; arrivé le 1er décembre devant Autun, il essaya inutilement d'emporter la ville. Rappelé par Werder, il revint à Dijon par Vandenesse où il eut, le 3 décembre, un engagement avec les troupes de Cremer qui lui barraient le passage du défilé formé par la route à cet endroit. Peut-être, si le mouvement avait été fait plus vivement, la brigade badoise eût pu être détruite ; c'est du moins ce qu'assure le colonel Poullet, chef d'état-major de Cremer. Les listes du grand état-major, qui seules permettent d'apprécier l'importance de ces escarmouches, mentionnent pour le XIVe corps, du 18 novembre au 6 décembre, 370 tués ou blessés, dont 62 pour les combats de Pasques des 25 et 26 novembre ; 84 pour l'attaque infructueuse d'Autun ; 152 pour le combat de Vandenesse avec la division Cremer ; le surplus consistait en pertes de 3 à 6 hommes dans des escarmouches.

La crainte des audacieuses entreprises de Garibaldi décida Werder à envoyer la brigade prussienne de Goltz à Châtillon. Le 30, elle avait atteint Baigneux-les-Juifs quand son général, ayant appris que Ricciotti s'était replié, revint à Dijon par Montbard, Semur, Vitteaux et Sombernon. Le thermomètre étant descendu à 22 degrés, les opérations furent suspendues dans cette région et Français et Allemands restèrent dans leurs cantonnements pendant la première quinzaine de décembre. Néanmoins, l'état-major de Versailles était inquiet de voir sur le flanc gauche de ses lignes d'étape deux corps organisés à la légère et possédant des chefs remuants, énergiques et très entreprenants. Ces bandes, peu dangereuses dans les combats en ligne, le devenaient par leur éparpillement pour les attaques de convois, les enlèvements de rails et les ruptures de ponts ; aussi, le 27 novembre, un télégramme prescrivit au commandant du VIIe corps, Zastrow, de quitter Metz en n'y laissant que la division Kameke, et de prendre position à Châtillon-sur-Seine. Le 9 décembre, ce mouvement était achevé, et les détachements du corps Zastrow protégeaient à la fois la ligne de jonction entre les chemins de Strasbourg et de Mulhouse, allant de Chaumont à Blesmes par Joinville, ainsi que la partie de la grande ligne de Lyon comprise entre Ravières, Tonnerre et Joigny. Sur ces entrefaites, le général de Moltke fut informé que Bourbaki reformait une armée du côté de Bourges et renforça le VIIe corps de deux régiments d'infanterie et d'un régiment de cavalerie, pour lui permettre d'observer le cours de la Loire entre Nevers, Cosne et Gien. En exécution de cet ordre, Zastrow occupait, le 20 décembre, Auxerre avec 7 bataillons, 10 escadrons, 6 batteries et laissait le reste de ses troupes autour de Châtillon en attendant qu'elles pussent y être relevées par de nouveaux renforts.

De son côté, Werder inquiété sur son front et sur ses flancs dut envoyer la brigade de Goltz pour faire le blocus de Langres ; la division Schmeling garda les communications entre Belfort et Gray ; une brigade badoise s'établit à Gray ; les deux autres à Dijon. Ces concentrations rendirent très difficile l'approvisionnement des troupes du XIVe corps et, fait à relever, les soldats allemands habitués à s'abattre sur nos riches provinces comme des nuées de sauterelles, durent réduire leurs rations. L'historiographe du corps d'armée, le capitaine Löhlein, raconta que les chevaux mêmes du général de Werder durent se contenter pendant quelques jours de la demi-ration de fourrages.

Le 12 décembre, le général Cremer avait reçu deux régiments de ligne et 2 batteries de 4 pour compléter sa division qui se trouvait ainsi formée en deux brigades : chef d'état-major, colonel auxiliaire Poullet ; 1re brigade : lieutenant-colonel Graziani ; mobiles de la Gironde, 32e et 57e régiments de marche ; — 2e brigade : colonel Celler ; 1re et 2e légions des mobilisés du Rhône, 4 compagnies de volontaires ; avec 18 canons. Le quartier général de la division était à Nuits, d'où le jeune général faisait rayonner dans tous les sens de nombreuses reconnaissances qui escarmouchaient avec les Allemands. D'un autre côté, plus au nord, la garnison de Langres inquiétait journellement les lignes d'étape.

L'état-major de Versailles prescrivit au général de Werder de se donner de l'air en envoyant des colonnes contre ces rassemblements qui devenaient inquiétants. Les reconnaissances de Cremer s'étaient avancées jusqu'à Gevrey, tout près de Dijon ; le général de Glümer, commandant par intérim la division badoise, reçut l'ordre de débusquer les Français de Nuits. L'attaque commença le 18 au matin par Saulon-la-Rue ; Glümer y employa ses deux premières brigades soutenues par 8 escadrons de cavalerie et 36 canons. Après un combat acharné, qui se prolongea de 10 heures et demie à 4 heures du soir, nos troupes perdirent leurs deux premières lignes de défense en avant et en arrière de la tranchée du chemin de fer ; mais grâce à la précaution prise par Cremer d'occuper avec son artillerie le plateau de Chaux qui domine Nuits à l'ouest, l'ennemi eut beaucoup de mal à forcer l'entrée de la ville où une faible avant-garde osa seule passer la nuit. Nos pertes s'élevaient à environ 1.600 hommes dont 650 prisonniers ; celles des Badois à 940 hommes dont 55 officiers et 82 chevaux, la cavalerie ayant été vivement engagée contre notre gauche.

Ce combat en rase campagne est sans contredit le plus honorable de la seconde partie de la guerre ; dix mille hommes de jeunes troupes avaient lutté à nombre égal contre une infanterie aguerrie, soutenue par un millier de dragons et une artillerie double de la leur. Le dispositif de combat des Français dénote chez leur chef du coup d'œil et une exacte connaissance du terrain, qualités assez rares chez la plupart de ses collègues plus anciens de service. Le lendemain, Glümer se retirait sur Dijon, tandis que Cremer était à son tour obligé de se replier sur Chagny pour s'y ravitailler.

Le général de Goltz, dirigé sur Langres avec sa brigade prussienne, avait rencontré le 16, à Longeau, un détachement composé de troupes de ligne et de garde mobile avec 6 pièces qu'il repoussa en lui enlevant deux canons. Le 18, il tombait à l'improviste sur un autre détachement cantonné au nord de Langres et qu'il refoula sur la place. Faute d'un matériel de siège, il dut renoncer à enlever une ville fortifiée et défendue par une garnison d'une douzaine de mille hommes. Les Allemands s'occupaient de faire venir un parc de Strasbourg, quand le grand mouvement de Bourbaki vers l'est amena l'abandon de ce projet.

Les reconnaissances envoyées par le général Schmeling sur l'Ognon avaient rencontré à Pesme un corps de 5.000 hommes sorti de Besançon ; l'apparition de forces aussi considérables sur des points que les Allemands supposaient dégarnis, la vigoureuse résistance de Cremer à Nuits, les coups de main des Garibaldiens et des francs-tireurs qui, tous les jours, enlevaient des courriers et surprenaient des postes détachés, auraient fini par amener une fatigue excessive dans le XIVe corps. A ces faits matériels venaient s'ajouter des rumeurs inquiétantes ; il n'était question dans les campements des VIIe et XIVe corps que de transports de troupes françaises vers l'est, et Werder, se croyant très menacé à Dijon, avait demandé et obtenu l'autorisation d'évacuer cette ville et de concentrer son corps d'armée, renforcé de la division Schmeling, entre Vesoul et Villersexel, avec une brigade à Gray. En même temps, le général Zastrow concentrait presque tout le VIIe corps entre Montbard et Ravières, pendant que le gouverneur général de l'Alsace recevait l'ordre d'envoyer à Delle, au sud-est de Belfort, un détachement commandé par le général-major Debschütz et fort de 8 bataillons de landwehr, 2 escadrons et 2 batteries. Bientôt de graves événements allaient s'accomplir sur cette partie du théâtre de la guerre.

Pendant la guerre de 1870-71, les Allemands ont fait le siège d'un grand nombre de places fortes comprises dans leur échiquier stratégique. Celles qui gênaient leurs communications, comme Strasbourg, Metz, Toul, Belfort, Soissons, Verdun, ont été attaquées avec énergie ; d'autres, moins dangereuses pour les lignes d'étape ou ne couvrant que des communications secondaires, n'ont été soumises qu'à un blocus prolongé. Dans la catégorie des places de deuxième importance se trouvaient : La Fère, petite forteresse située sur l'Oise, qui gênait les communications entre l'armée d'investissement et celle du baron de Manteuffel ; puis Thionville, Montmédy, Mézières, placées sur le chemin de fer des Ardennes ; Péronne, sur la Somme ; Langres, sur le plateau du Morvan ; dans celle des places insignifiantes, on doit ranger Phalsbourg, situé à une lieue du chemin de fer de l'Est et dont les Allemands n'ont conservé que les casernes.

Il ne saurait entrer dans le cadre de cet ouvrage de faire le récit attristant de ces sièges, blocus et bombardements, d'autant que la plupart des commandants de place, découragés par les désastres des grandes armées, se montrèrent en général assez faibles, ainsi qu'en témoignent les avis sévères émis par le conseil d'enquête sur les capitulations, présidé par le maréchal Baraguay d'Hilliers. Il a été donné au courant de ce récit des renseignements sommaires sur la plupart des sièges secondaires et ceux de Strasbourg, de Toul et de Metz ont seuls été l'objet d'un historique détaillé ; trois autres places ayant dignement soutenu l'honneur du drapeau méritent une mention spéciale, ce sont Verdun, Phalsbourg et Bitche ; les sièges moins brillants seront signalés par ordre chronologique ; bien entendu la défense de Belfort, le plus glorieux épisode de la guerre, fera l'objet d'un chapitre spécial.

La place de Verdun est située à cheval sur la Meuse et formait en 1870 la tête de ligne du chemin de fer du camp de Châlons à Metz dont les rails n'étaient pas encore posés entre Verdun et Metz. La possession de cette place importait aux Prussiens, car elle aurait pu fournir un excellent point d'appui à l'armée de Bazaine, si celle-ci était parvenue à sortir de Metz. L'intendance et l'artillerie y ayant accumulé une prodigieuse quantité de vivres et de munitions en prévision de cet événement, la ville était largement approvisionnée. Sa garnison de 4.200 hommes se composait de gardes mobiles, de deux dépôts d'infanterie et d'un dépôt de chasseurs à cheval. L'artillerie comptait 3 officiers, 75 canonniers et 146 soldats du train; le génie, 3 officiers et 30 sapeurs; les remparts étaient armés de 46 pièces rayées, 50 lisses et 20 mortiers. Du 2 au 22 septembre, il entra dans Verdun 2.400 échappés de Sedan qui, à cause de leur indiscipline, furent plutôt une cause d'affaiblissement. Au début de la guerre, le commandement supérieur de la place avait été confié au général de brigade Guérin de Waldersbach, vieux soldat d'Afrique, brave, intelligent et d'une grande énergie. Le 24 août, il riposta énergiquement au feu de la 23e division saxonne qui avait la prétention de prendre Verdun en passant, et jusqu'au 23 septembre des sorties presque quotidiennes infligèrent des pertes sérieuses au corps d'observation prussien et lui enlevèrent plusieurs canons. A cette dernière date le corps de blocus devint réellement corps de siège et fut porté à une quinzaine de mille hommes par la réunion de 4 régiments d'infanterie de ligne ou de landwehr, d'un bataillon de chasseurs, de plusieurs escadrons, de compagnies d'artilleurs et de pionniers. Le 26, eut lieu un premier bombardement avec 22 canons de siège placés à des distances variant de 2.500 à 3.400 mètres. Les assiégés ripostèrent vigoureusement et éteignirent trois des quatre batteries prussiennes. Du 13 au 15 octobre, nouveau bombardement pour lequel les Prussiens employèrent 15 batteries fixes et une batterie volante, armées de 88 bouches à feu. Les artilleurs français, sans se laisser intimider, ripostèrent par 10.000 coups aux 30.000 de l'ennemi, lui firent sauter deux magasins à poudre, deux caissons et lui tuèrent beaucoup de monde. La ville souffrit horriblement et la citadelle n'était plus qu'un monceau de ruines. Dans la nuit du 19 au 20, la garnison exécuta une sortie splendide, envahit les travaux des assiégeants, encloua tous les canons d'une batterie et infligea des pertes sérieuses aux avant-postes prussiens. Le 23, nouvelle sortie très brillante, mais dans laquelle on ne put enclouer que deux canons.

La garnison, stimulée par l'exemple de son chef, se montrait pleine d'entrain quand elle reçut la fatale nouvelle de la capitulation de Metz. La pensée qu'à 12 lieues de ses murs, une armée de 150.000 hommes venait de mettre bas les armes, brisa comme la foudre l'énergie de la défense, et le commandant de la place capitula le 8 novembre. Sans en excepter Belfort, c'est à Verdun que la garnison a montré le plus d'activité; nulle part les sorties n'ont été plus fréquentes ni plus énergiques, et il est fâcheux que le conseil d'enquête, tout en rendant justice à la vigueur déployée dans les deux premiers mois, ait eu le courage de blâmer le commandant supérieur d'avoir accepté les conditions avantageuses offertes par le général de Gayl. Il fut stipulé que les armes et le matériel de la place seraient restitués à la paix, — et ils l'ont été. On reproche au général Guérin d'avoir inscrit dans le protocole de la capitulation que « la continuation de la lutte serait sans utilité pour la France ». Comme citoyen indépendant, il aurait eu raison d'exprimer cette pensée, mais en sa qualité de commandant responsable, il a eu tort. En fait, Metz était trop près pour que le contre-coup de sa chute ne se fît pas vivement sentir à Verdun. L'état-major prussien ne mentionne qu'une perte de 262 hommes dont 14 officiers dans le corps de siège; il omet à dessein celles que les assiégeants ont éprouvées par les sorties opérées à grande distance.

Le siège de La Fère ne présente pas le moindre intérêt; c'était une de ces petites places mal organisées pour la défense et que les militaires comprenaient dans la catégorie des nids à bombes. Ses 2.300 hommes de garnison et ses 70 pièces d'artillerie furent remis aux Allemands le 27 novembre après un bombardement de moins de deux jours, précédé d'un investissement de deux semaines. Comme cette place gênait l'armée du prince royal de Saxe campée au nord de Paris ainsi que les mouvements de l'armée de Manteuffel, la 4e brigade de la garde reçut l'ordre de s'en rendre maîtresse. L'accomplissement de cette mission lui coûta 6 hommes dont 1 mort !

Aussitôt Verdun pris, l'état-major de Versailles résolut de s'emparer rapidement des places fortes qui barraient le chemin de fer des Ardennes dont la possession devait faciliter le ravitaillement des armées allemandes. Le général Kameke, commandant la 14e division, reçut en conséquence l'ordre de prendre Thionville, la plus importante de ces places. La tâche était relativement aisée, car les 3.500 hommes de garnison étaient inexpérimentés et les fortifications insuffisantes. Le bombardement commença le 22 novembre ; la place y répondit avec énergie, mais les munitions étaient en trop faible quantité ; la capitulation fut signée le 24. Les pertes des Prussiens s'élevaient à 108 hommes dont 5 officiers.

Immédiatement après la prise de Thionville, le général de Kameke se dirigea sur Montmédy, en laissant sur sa droite un corps chargé du blocus de Longwy. Bombardée le 12 décembre, la garnison capitulait le lendemain après avoir fait convenablement son devoir pendant la période d'investissement qui avait duré près d'un mois. Les pertes des Prussiens étaient de 2 officiers et 55 hommes pendant le siège proprement dit.

La place de Phalsbourg, à cheval sur la route nationale de Strasbourg à Paris, avait perdu toute importance depuis la construction du chemin de fer et du canal qu'elle ne commandait en aucune façon. Les Prussiens n'avaient donc d'autre intérêt à la prendre que celui d'empêcher la garnison de faire sauter les tunnels voisins. Sa garnison se composait de 1.900 hommes, dont 500 du 63e de ligne et le reste de mobiles de la Meurthe ; l'artillerie comprenait 3 officiers et 50 canonniers ; le génie, 1 officier et 4 sapeurs. Le chef dè bataillon Taillant, commandant supérieur, était brave, énergique et admirablement secondé par un corps d'officiers d'élite. La ville, investie dès le 10 août, fut bombardée les 10, 14 et 31 août, et les 15 et 24 septembre. Les Allemands y lancèrent plus de 9.000 projectiles qui incendièrent ou démolirent les deux tiers des maisons. Un adjoint au maire ayant tenté de soulever la garnison en faveur d'une capitulation fut empoigné par les soldats et traduit devant un conseil de guerre ; cet acte de vigueur mit fin à toute démarche pusillanime. Des sorties bien conduites procurèrent quelques denrées. Enfin, le 11 décembre, à bout de vivres, le commandant Taillant fit enclouer tous les canons, noyer les poudres, briser toutes les armes, puis il ouvrit les portes en refusant toute espèce de convention avec les Allemands. Le grade de lieutenant-colonel et la croix de commandeur furent la juste récompense de cette conduite héroïque.

Il était facile de constater, et les faits l'ont trop prouvé, que la question des armes était décidée contre nous après le refoulement de l'armée de Bazaine dans Metz et la destruction de Mac-Mahon à Sedan. Néanmoins, on comprend que la France, après avoir laissé renverser le gouvernement et dissoudre les Chambres devant l'ennemi, se soit fait un point d'honneur de continuer la lutte. Les débuts de la République n'ayant pas donné les résultats espérés, il fallait, ou suivre le sage conseil de M. Thiers qui voulait traiter de la paix même au prix d'un sacrifice territorial, ou se contenter du projet du général Ducrot qui, dans un but moral, soutenait que la France se devait de faire un suprême et considérable effort militaire avant de subir les dures conditions des Allemands. Cet effort a été fait dans la semaine du 28 novembre au 5 décembre pour aboutir à un désastre complet et irrémédiable.

L'armée du Nord avait dû se retirer derrière ses places fortes après la défaite de Villers-Bretonneux ; les 18e et 20e corps, commandés à distance par M. de Freycinet, n'étaient pas parvenus à nous ouvrir la route de Pithiviers par la prise de Beaune-la-Rolande ; l'armée de la Loire avait succombé devant les troupes aguerries de Frédéric-Charles et de Mecklembourg ; enfin, l'armée de Paris n'avait pas pu percer la ligne d'investissement entre Champigny et Villiers après une bataille acharnée. Il ne restait que Garibaldi avec sa poignée d'aventuriers ; c'était vraiment trop peu pour continuer une lutte sans autre issue que l'humiliation de la défaite stérile et la cession de deux des plus belles provinces de la France. Pour notre malheur, Paris était sous le joug d'une poignée de révolutionnaires qui imposaient leur volonté à un gouvernement de braves gens affolés, présidés par un général en proie à une folie extatique qui lui enlevait tout bon sens. A Tours, où MM. Glais-Bizoin et Crémieux commençaient à comprendre le danger de la situation et à incliner vers les idées de paix, Gambetta agissait dictatorialement et ne rêvait que guerre à outrance avec des soldats dont son inexpérience l'empêchait d'apprécier le peu de valeur.

Notre diplomatie ne pouvait être plus heureuse que nos armées ; car s'il fallait des victoires pour amener la Prusse à se montrer moins exigeante, il aurait fallu une grande souplesse d'esprit pour nous attirer, sinon des alliances, du moins quelques sympathies de la part des puissances neutres. Or, J. Favre avec sa sensibilité fausse et outrée, Gambetta avec sa jactance méridionale et son amour excessif de la forme républicaine, décourageaient toutes les bonnes volontés et augmentaient de jour en jour l'isolement de la France.

L'état politique était plus déplorable encore ; on a vu comment se conduisaient les proconsuls du Midi qui s'inquiétaient plus du maintien au pouvoir des révolutionnaires que de la défense du territoire. Dans l'ouest, en Bretagne, où l'on s'occupait sérieusement de réunir des éléments de résistance, le désarroi se manifestait de plus en plus à mesure que la situation empirait. La correspondance des généraux improvisés avec Gambetta et son délégué Freycinet, correspondance mise au jour dans de nombreux documents, donne à penser que, dans le courant du mois de décembre, les broderies de leurs képis et le poids de nos défaites commençaient à oblitérer leurs facultés. Sans parler de cet ancien capitaine de la garde impériale, bombardé général de division, qui se chargeait de façonner un cultivateur en général dans l'espace de quelques heures, en officier quelconque dans celui de trois jours et d'obtenir un guerrier après huit jours d'apprentissage, on peut citer comme échantillon d'une espèce de folie particulière aux Celtes et aux Gaulois, la dépêche suivante du comte de Kératry :

Général Kératry à Steenackers, directeur des télégraphes, Bordeaux.

Nantes, 18 décembre 1870.

(Pour remettre immédiatement et confidentiellement à Gambetta.)

La France touche au plus effroyable désastre qu'elle ait jamais subi ; encore huit ou quinze jours, si la province ne vient pas à son secours, Paris est livré. *La Commune y triomphe* et le pays reste sans gouvernement devant l'ennemi qui lui imposera toutes les humiliations, tous les sacrifices et peut-être la régence. A mon avis, mûrement réfléchi, le pays peut encore et sûrement être sauvé. Je vous demande pour un mois le ministère de la guerre et de la marine : vous conserverez seulement l'intérieur. Nous serons ensemble à la peine et à l'honneur, nous signerons ensemble les résolutions graves qu'il faut prendre immédiatement et que je prétends devoir assurer le salut du pays d'ici un mois, le temps juste que Paris peut encore tenir, s'il se sent secouru.

KÉRATRY.

La publication de cette étrange dépêche par son auteur est précédée d'une note dans laquelle M. de Kératry déclare que cette combinaison lui avait été proposée en premier par Gambetta, avant leur départ à tous deux de Paris en ballon.

Ainsi, voici deux hommes distingués qui, depuis l'année terrible, ont donné mainte preuve de tact, de jugement et de sens gouvernemental, et qui, à l'époque où ils ne savaient pas le premier mot d'administration, se partageaient tranquillement la direction des affaires militaires et politiques d'un pays de trente-huit millions d'âmes. Il était difficile de pousser l'insanité à un degré plus extraordinaire, et que pouvaient penser de notre pays les étrangers en voyant investi du titre de « général en chef de l'armée de Bretagne » un officier qui, moins de quatre ans auparavant, était sous-lieutenant de chasseurs d'Afrique ? Il est vrai que ce que les démocrates qualifient de « consécration populaire », quand un arrondissement a envoyé un quidam quelconque à la Chambre, tient lieu au susdit de toutes les qualités et de toutes les connaissances. Ce désarroi politique, militaire et mental de la France à la fin de 1870, explique la raideur de M. de Bismarck dans ses relations diplomatiques et l'audace poussée jusqu'à la témérité avec laquelle le général de Moltke dirigeait les mouvements stratégiques. Des gens qui croyaient à Garibaldi et aux gardes nationaux mobilisés, placés par M. de Freycinet sous la haute direction des frères Théodore et Maurice Lévy, ingénieurs de l'Etat, et commandés par des généraux tous improvisés, étaient seuls capables de conserver le moindre espoir. La France, suivant une expression énergique, avait l'air d'une femme ivre qui titube et bat la muraille avant de tomber dans le ruisseau.

CHAPITRE XL

15 décembre, Gambetta confirme la nouvelle de la défaite d'Orléans. — Décret du 6 décembre portant formation de 20 régiments de marche de la garde nationale. — Le général Trochu décide de livrer une nouvelle bataille. — Mouvements préparatoires. — Dispositif de la bataille. — Positions formidables occupées par les Allemands. — Bataille du Bourget livrée le 21 décembre. — Incident de la Ville-Evrart. — Faiblesse de la garde nationale. — Singulière attitude du général Trochu après l'insuccès du Bourget. — Souffrances des troupes. — MM. J. Favre et Picard chez le général Trochu à Aubervilliers, le 22 décembre. — Grands conseils à l'Hôtel de Ville les 24, 25 et 26 décembre. — Extraits des procès-verbaux. — Les révolutionnaires recommencent leurs attaques. — Souffrances des soldats de la ligne et de la mobile. — 27 décembre, bombardement du plateau d'Avron. — Son évacuation. — Préparatifs de bombardement des Prussiens.

Le 15 décembre plusieurs dépêches de Gambetta confirmaient, en les atténuant, les renseignements fournis aux avant-postes et aux parlementaires par les officiers allemands du corps de siège. Dès lors il devenait évident que Paris en était réduit à ses propres ressources, sans espoir de secours; et, pour tous les esprits non aveuglés, l'espoir de la jonction d'une armée parisienne avec les troupes de la province n'était plus qu'une chimère.

La période du 3 au 20 décembre, pendant laquelle les troupes des généraux Ducrot, Vinoy et de l'amiral La Roncière prirent un repos mérité et dont elles avaient un besoin absolu, fut marquée par un redoublement d'activité dans l'organisation des forces de la garde nationale. Le 9 décembre parut un décret portant formation de 20 régiments de marche de la garde nationale, dits régiments de Paris. Ces régiments à quatre bataillons de 500 hommes étaient placés sous les ordres de lieutenants-colonels choisis parmi les chefs de bataillon existants. Cette dérogation au principe de l'élection par les inférieurs témoignait d'une entente plus saine des nécessités du commandement ; mais outre qu'elle venait trop tard, une pareille mesure ne remédiait à rien, du moment que ces officiers devaient être choisis parmi la foule des chefs de bataillon incapables, issus de l'élection. Le seul avantage de cette création fut de placer entre les bataillons isolés et l'état-major un intermédiaire pour la transmission des ordres de mouvement. A mesure que ces nouveaux régiments reçurent des capotes et des effets de campement, on les envoya relever ou renforcer dans les tranchées les troupes de ligne et les mobiles épuisés par la fatigue et cruellement éprouvés par les maladies qu'engendre le froid. Cette première formation fut suivie au commencement de janvier d'une seconde organisation qui porta définitivement à soixante le nombre des régiments de Paris.

Malgré la certitude désormais acquise pour tous les chefs de l'armée qu'un effort décisif contre les lignes prussiennes n'offrirait plus aucune chance de succès, le général Trochu ne renonça pas à l'offensive. Dans un conseil de guerre tenu le 16 décembre, une grande opération vers le nord fut décidée pour le 19 ; elle fut exécutée seulement le 21. Dans le discours prononcé par Trochu devant l'Assemblée nationale en juin 1871, il a déclaré ne l'avoir conçue et exécutée que dans « l'espoir d'obliger l'ennemi, en dirigeant une menace contre ses lignes de retraite, à déployer ses masses ». Etant donnée la force des positions retranchées occupées par les Allemands au nord de Paris, un général expérimenté ne devait pas supposer qu'ils commettraient la faute de les quitter pour accepter une bataille rangée dans la plaine de Saint-

Denis, sur le terrain et à l'heure choisis par le gouverneur. L'irrésolution de Trochu dans la conduite des opérations pendant la journée du 21, semble indiquer que sa confiance dans l'efficacité de son plan était limitée et que les derniers mots de la chaleureuse proclamation adressée le 18 à l'armée manquaient de sincérité. « Puisse votre général, disait-il, faire pénétrer dans vos âmes les espérances, les fermes résolutions dont son âme est remplie ! » Soldats et mobiles savaient son âme découragée comme leur propre cœur, en un mot : ils en avaient assez de cette éloquence à jet continu.

La journée du 20 et la nuit furent consacrées aux mouvements de concentration des troupes. L'armée de Ducrot, cantonnée à l'est depuis le 3 décembre, se porta par une marche de flanc vers le nord en arrière de la ligne Drancy-Bondy, où des travaux exécutés depuis quelques jours étaient censés fournir un point d'appui pour la bataille projetée.

Les trois brigades Blaise, Salmon et Dargentolle, étaient appelées de la rive gauche au fort de Rosny où le général Vinoy, investi du commandement du front est, avait transporté son quartier général. La division d'Hugues restait attachée à la garde du plateau d'Avron entre les armées de Ducrot et de Vinoy. Enfin, 38 bataillons de marche de la garde nationale, soit 19.000 hommes en supposant les effectifs au complet, servaient hypothétiquement de réserve à Vinoy.

Les instructions étaient les suivantes : La Roncière, avec son corps d'armée indépendant, enlèverait le Bourget. Ce point une fois occupé servirait de pivot à l'armée de Ducrot qui s'échelonnerait par la droite, après avoir dépassé Drancy et Bondy, jusqu'à menacer Aulnay, et, s'il était possible, tournerait par ce village la gauche des positions ennemies. L'artillerie à longue portée d'Avron, en dirigeant ses feux sur la lisière nord-ouest de la forêt de Bondy, flanquait ainsi la droite de Ducrot dans son mouvement en avant. A l'extrême droite, Vinoy, soutenu au besoin par une portion de l'artillerie du plateau d'Avron, avait à occuper la Maison-Blanche et Ville-Evrart, sur la rive droite de la Marne. Cette attaque menacerait le plateau du Raincy par la gauche, tandis que l'amiral Saisset, partant de Noisy, ébaucherait une attaque de front. Les troupes de Vinoy avaient pour toute artillerie deux batteries de 4 et une de mitrailleuses, dont le général Favé prit le commandement. A l'extrême gauche, quelques diversions de moindre importance devaient se produire dans la presqu'île de Gennevilliers.

Toutes ces dispositions étaient logiques ; mais pour obtenir un résultat, il eût fallu dans le commandement cette énergie soutenue qui ne s'allie pas d'ordinaire avec une trop brillante imagination et dans le cœur des soldats une confiance entièrement disparue depuis Champigny. Un coup d'œil sur les lignes de défense de l'ennemi donnera une idée des difficultés à vaincre.

Le corps de la garde était chargé de l'investissement au nord de la capitale. La 2e division de ce corps, établie de Dugny à Sevran, était directement menacée par l'attaque principale du corps La Roncière et de la 2e armée. Sa ligne, appuyée aux villages de Sevran, Aulnay, Blanc-Mesnil, à la position de Pont-Iblon et au village de Dugny, était couverte à gauche, de Sevran à Aulnay, par la pointe de la forêt de Bondy, le chemin de fer de Soissons et enfin par les marais que forme le cours supérieur de la Morée. D'Aulnay à Dugny, au contraire, cette ligne eût été accessible de tous les points de la plaine de Saint-Denis et particulièrement par la grande route de Flandre ; mais les pionniers de la garde avaient tiré un bon parti des faibles ressources défensives offertes par la nature. Le cours de la Morée avait été coupé par des barrages donnant une ligne continue d'inondations d'Aulnay à Dugny. Le Pont-Iblon, point où la route de Flandre traverse la Morée, était protégé en avant et en arrière par de puissantes batteries et des retranchements à banquette pour l'infanterie. Le village du Bourget, que le général Trochu avait feint de dédaigner le 30 octobre et dont le général Bellemare avait sainement apprécié l'importance, formait une tête de pont redoutable, en même temps qu'il servait de poste avancé à toute la ligne de défense. Enfin les villages d'Aulnay, de Blanc-Mesnil, de Dugny et du Bourget étaient habilement retranchés.

La défense de ces villages était organisée sur un plan à peu près uniforme avec au moins deux lignes d'obstacles. Pour la première ligne, les débouchés de toutes les avenues vers l'extérieur étaient fermés par de fortes barricades. A défaut de murs crénelés, ces barricades recevaient leurs flanquements de retranchements rectilignes ou à crémaillères, disposés pour une ou deux compagnies, avec banquette et fossé, et d'un relief et d'une épaisseur dépassant les profils de nos ouvrages du même genre. Souvent le talus extérieur était hérissé d'abatis pour gêner l'escalade sans incommoder le tir. Les murs crénelés, toujours munis d'une banquette, étaient parfois protégés par un remblai. Ces barricades, retranchements et batteries étaient reliés, sur les points les plus exposés, par des tranchées de communication avec fossé et banquette.

Des passages couverts rattachaient cette première ligne de défense à la seconde, qui était marquée dans l'intérieur des villages en partie par le tracé des lignes transversales, en partie par des cheminements pratiqués à l'avance à travers l'épaisseur des maisons. Dans cette seconde ligne, les murs crénelés et les barricades jouaient naturellement le rôle principal. Enfin, sur les points mal abrités où la présence d'un poste était jugée nécessaire, par exemple dans les angles formés par la route de Flandre et le cours de la Morée en arrière de Pont-Iblon, la troupe occupait des baraques en planches, enfouies dans le sol et recouvertes d'une épaisse couche de terre formant talus. Ce talus était précédé d'un fossé, et en arrière, un chemin de communication formait banquette.

Cependant les avant-postes allemands n'avaient pas omis de signaler les travaux de campagne auxquels de forts détachements avaient été occupés depuis plusieurs jours entre Drancy et Bondy ; et le mouvement de flanc de l'armée de Ducrot, effectué sous les yeux de l'ennemi, permit au prince de Saxe de pénétrer les desseins de l'assiégé et de prendre ses mesures pour en gêner l'exécution.

Dès le 20 au soir, une division du IIe corps prussien fut distraite de ses positions au sud de Paris pour venir se placer derrière la droite de la division wurtembergeoise, contre la rive gauche de la Marne. Le 21 au matin, 6 bataillons et 6 batteries du XIIe corps saxon étaient établis à Livry, sur la route de Metz, prêts à se porter au secours de la 2e division de la garde ; 6 bataillons et 3 batteries de la 1re division de la garde attendaient sur la route en arrière de Gonesse l'ordre de renforcer la position d'Aulnay. En outre, toute l'armée de la Meuse était sur pied, prête à marcher.

L'action s'engagea le 21, conformément aux ordres donnés, par une attaque contre le Bourget. La Roncière lança à la fois deux colonnes d'assaut ; l'une d'elles, formée d'un bataillon de marins et du 138e de ligne, sous les ordres du capitaine de frégate Lamothe-Tenet, tourna la position, entra dans le village par le nord, et occupant les maisons jusqu'à l'église, parvint à s'y maintenir plusieurs heures. Mais la 2e colonne, brigade Lavoignet, qui avait abordé la position de front, c'est-à-dire par le sud, vit tous ses efforts échouer contre l'ensemble de barricades, de retranchements et de murs crénelés décrit plus haut. Le général Trochu était à ce moment au fort d'Aubervilliers, à moins de deux kilomètres du Bourget, en suivant la grande route ; il lui était aisé d'envoyer quelques bataillons de renfort à la colonne Lamothe-Tenet qui, déjà maîtresse d'une partie du village, en eût chassé les défenseurs. Sans doute le gouverneur n'y songea point. Après deux heures d'une résistance opiniâtre, les 5 compagnies de la garde qui occupaient le Bourget reçurent du renfort, bien qu'elles n'eussent pu en demander, leurs communications étant coupées, et la brigade Lamothe-Tenet fut obligée d'évacuer le terrain si péniblement conquis. Elle ramenait 90 prisonniers, mais les pertes subies étaient très sensibles, en outre la journée était perdue. Le gouverneur ayant donné satisfaction à l'*opinion publique* et à la garde nationale en faisant tuer inutilement nos meilleurs soldats, adressa au général Ducrot ce télégramme : « L'attaque du Bourget paraît avoir échoué, nous n'avons plus de point d'appui à gauche ; votre mouvement sur Aulnay et Blanc-Mesnil ne peut continuer ; arrêtez-vous. » Et la lutte se termina par une violente canonnade dont le bruit ravissait les citoyens de plus en plus rares qui prenaient encore au sérieux les actes déraisonnables du général Trochu. Le lendemain, le rapport militaire annonçait à la population que « si l'opération n'avait pas été contrariée par l'action de l'atmosphère, il n'est pas douteux que le village du Bourget serait resté aux mains des Français ». Dans une dépêche au général Vinoy, datée du 21, 11 heures 35 minutes du soir, Trochu attribue l'insuccès de l'attaque à « un concours de circonstances imprévues ». Le vague de ces expressions indique que le gouverneur de Paris ne jouissait plus de la plénitude de ses facultés.

Le seul résultat de la journée consistait dans l'occupation de la ferme de Groslay qui fut reliée par une tranchée à Drancy dont elle devint le poste avancé. Nos pertes s'élevaient à 983 hommes dont 635 de la seule brigade Lamothe-Tenet composée de marins et du 138e formé avec des dépôts de la garde impériale. Les Prussiens laissèrent sur le champ de bataille 14 officiers et 442 hommes de la garde royale. Le sacrifice de l'armée de Ducrot n'atteignait pas deux cents hommes et se passe de commentaire ; personne ne songeait à percer les lignes d'investissement.

Sur le front est, Vinoy avait rempli les instructions du gouverneur. La brigade Blaise était entrée sans combat dans

Neuilly-sur-Marne et avait pris Ville-Evrart après une résistance assez énergique d'un détachement du 107e régiment saxon, un de ceux qui avaient été si cruellement décimés entre Bry et Noisy-le-Grand, dans la journée du 2 décembre. La brigade Salmon, dont le mouvement s'était prononcé un peu plus tard, avait également pris possession de la Maison-Blanche, mais non sans avoir essuyé le feu de flanc de trois batteries établies sur le revers du plateau de Villiers et en avant du château de Noisy. Le général de Malroy prenait en même temps position à Neuilly-sur-Marne avec la brigade Dargentolle. Vers le soir, Vinoy laissé sans instructions retira la brigade Salmon de la Maison-Blanche et laissa la brigade Blaise à l'asile de Ville-Evrart.

Vers 7 heures du soir, l'ennemi tenta une attaque de nuit contre cette dernière localité. Une petite colonne formée du 13e bataillon de chasseurs saxons réussit à tourner la position de la brigade Blaise, tandis que deux bataillons des 106e et 107e saxons l'attaquaient de front. Au bruit de la fusillade, un certain nombre d'Allemands restés tapis dans les caves depuis le combat du matin, firent irruption de leur cachette et jetèrent par leur apparition le désordre au milieu des 111e et 112e de ligne français. Le général Blaise fut tué dans ce combat de nuit. Le lieutenant-colonel Rogé, du 112e, qui succédait au général dans le commandement de la brigade, eut l'idée de s'échapper avec quelques-uns de ses soldats, tandis que la plus grande partie des troupes dont il avait la responsabilité, ne recevant pas d'ordres, demeurait dans le village et continuait à se défendre. Il se produisit alors des défaillances déplorables qui montrent combien peu il est permis de compter sur une troupe trop jeune et dont les cadres ne sont pas affermis. Un certain nombre de soldats jetèrent leurs armes pour fuir et les officiers même, cédant à la panique, abandonnèrent leur troupe. Vers minuit, dit le grand état-major prussien, le colonel de Lindeman donna l'ordre de cesser le combat et se retira en emmenant 600 prisonniers;

nos rapports donnent à entendre que parmi eux se trouvaient beaucoup de soldats médiocrement fâchés de quitter le drapeau.

Le général Vinoy n'avait pas envoyé de renforts pendant la nuit dans la crainte d'augmenter le désordre ; le lendemain il fit rentrer la brigade Blaise et Ville-Evrart redevint un poste saxon. Cette escarmouche coûta environ 80 tués ou blessés à chacun des adversaires.

La panique de la nuit s'était propagée rapidement dans les bataillons mobilisés de la garde nationale.

Un grand nombre, dit le rapport de Vinoy, prit peur à la seule appréhension du danger ; la pensée d'une attaque encore impossible, qui pourrait venir jusqu'à lui, fit fuir d'abord jusqu'au fort de Rosny, puis au glacis de l'enceinte et enfin jusque dans Montmartre même, le 200e bataillon de la garde nationale. D'autres bataillons montrèrent les mêmes symptômes de découragement et d'épouvante, et une partie des hommes qui les composaient se dispersèrent de tous les côtés.

Le 23 décembre, le *Journal Officiel* annonçait que la journée du 21 n'était que le commencement d'une série d'opérations sur lesquelles le gouverneur avait à se concerter avec les chefs de corps d'armée. Il eût, au contraire, été plus juste de dire que cette journée marquait la fin de toutes les opérations pouvant offrir quelque chance de succès. Le moral des troupes était irrémédiablement abattu et leur état sanitaire tout à fait alarmant : un grand nombre de soldats de la ligne et de la mobile étaient enlevés par les maladies de poitrine aiguës, et du milieu des colonnes en marche s'élevait un bruit persistant de toux qui les faisait ressembler à des convois de malades. A partir du 22 décembre, le froid ayant subitement redoublé d'intensité et fait descendre le thermomètre à 16 degrés par un vent âpre et violent, on eut à signaler 900 *cas de congélation* dans la seule nuit du 22 au 23 parmi les troupes de tranchée. M. J. Favre, envoyé avec M. Picard auprès du général Trochu toujours installé au fort d'Aubervilliers, a fait un tableau navrant du spectacle désolant de l'aspect de nos malheureux soldats. Le gouverneur, de plus en plus dominé par son étrange fatalisme, leur demanda de faire prendre patience à la population et leur promit une nouvelle affaire plus vigoureuse. A son avis, l'insuccès du 21 était un des mille incidents inséparables des hasards de la guerre.

Les deux délégués du gouvernement que l'on commençait à appeler le gouvernement de la *démence nationale*, se retirèrent profondément attristés. Le gouverneur de Paris était jugé, et le Conseil, sur la proposition de M. Picard, résolut un peu tard de ne pas le laisser désormais, sans guide et sans contrôle, décider souverainement des opérations qui pouvaient encore être tentées. Dans ce but, il ordonna la convocation d'une réunion plénière de tous ses membres et chargea J. Favre de prier le gouverneur de venir conférer avec le Conseil.

« A partir de ce moment, dit Ducrot, nous entrons dans la période la plus triste, la plus pénible de l'histoire de la guerre. C'est le commencement d'une longue et douloureuse agonie. » Ces paroles nous rappellent les conversations décourageantes des principaux officiers de l'armée de Paris qui faisaient remonter le commencement de l'agonie à la défaite de Champigny, et ils avaient mille fois raison. Tous les membres du gouvernement se réunirent les 24, 25 et 26 décembre. Il faut lire les procès-verbaux de l'Hôtel de Ville pour se rendre compte des insanités débitées par ces hommes qui semblaient tenir à justifier le nouveau titre qui venait de leur être décerné, de gouvernement de la *démence nationale*. Quelques extraits donneront une idée des sottises débitées.

M. Emmanuel Arago croit que si on paralyse l'action du gouverneur, on se trouvera tripler la honte de Bazaine en capitulant avec trois fois plus de troupes qu'il n'en avait à Metz.

L'excellent homme comparait la garde nationale aux soldats de Metz !

M. J. Favre soutient que le moment est venu où le gouvernement doit lui-même conduire les opérations militaires.

M. J. Ferry tient tous les généraux autres que les généraux Trochu et Ducrot en complète méfiance. Il n'admet pas un conseil de tutelle pour le général en chef ; ceci lui paraît être l'anarchie et la dissolution dans l'armée.

MM. les généraux Le Flô et Schmitz protestent contre les appréciations de M. Ferry.

Franchement, la protestation était inutile ; qu'importaient à des officiers comme Tripier, Bellemare, Berthaut, Frébault, Vinoy, Maussion, etc., les sentiments professés à leur égard par un citoyen que le public ne connaissait alors que par ses articles du *Temps* intitulés *Comptes fantastiques d'Haussmann* ; on ne l'avait pas encore sacré grand homme d'Etat.

Le général Trochu, après avoir écouté avec une résignation chrétienne, pendant trois jours, les discours dans lesquels il n'était parlé que de sa révocation, signala avec une louable franchise « le découragement ou l'irritation de beaucoup d'officiers, dont *quelques-uns* (à peu près l'unanimité) l'accusaient de donner à la population des représentations militaires dont ils faisaient tous les frais. Il en concluait qu'il s'était usé à la tâche de dévouement qu'il a conscience d'avoir accomplie, et qu'il doit être remplacé ». Le général se rendait justice trop tard ; le 26 décembre il n'y avait plus à faire que de l'humus pour les générations futures, ainsi qu'il l'avait déclaré lui-même dès le début du siège.

Le général Clément Thomas observe qu'on n'ose pas assez avec la garde nationale qui ne demande qu'à marcher ; certains généraux la laissent errer à l'aventure sans lui donner d'ordres, d'autres l'accueillent avec des propos grossiers.

Il est de fait que la ligne et la mobile avaient en horreur ces gardes nationaux qui ne parlaient que de sortie torrentielle, traitaient avec dédain les braves militaires qui souffraient le martyre dans les tranchées, et se sauvaient ou baissaient la tête au premier sifflement des balles. — Cet infortuné Clément Thomas ne devait pas tarder à changer d'opinion sur le compte de ses innombrables guerriers, car le procès-verbal de la séance du 10 janvier 1871 porte :

M. Ferry engage à employer la garde nationale. — Le général C. Thomas déclare qu'il y a beaucoup de charlatanisme dans cet étalage de courage de la garde nationale. Déjà, depuis qu'elle sait qu'on va l'employer, son enthousiasme a beaucoup baissé. Il ne faut donc rien s'exagérer de ce côté.

M. J. Simon, peu partisan des récriminations, résuma le débat en constatant l'unanimité du Conseil à maintenir le gouverneur dans ses fonctions et à désirer entendre certains généraux pour se former une opinion militaire. En conséquence, après un court échange d'idées, le gouverneur convoqua pour le lendemain, 27 décembre, à 2 heures, MM. Ducrot, Vinoy et La Roncière.

L'intensité du froid ne diminuait pas pendant que nos gouvernants parlaient bataille et faisaient de la stratégie dans une salle bien chauffée. Le sol durci par la gelée n'offrait plus de prise à la pioche ; il devenait donc inutile de laisser les hommes se consumer aux avant-postes et, à partir du 26, toute l'armée fut rappelée dans Paris ou dans les villages voisins des forts, sauf le nombre d'hommes strictement nécessaire pour la garde des positions. Paris entre à dater de ce jour, et jusqu'à la convulsion suprême du 19 janvier, dans la phase purement passive de la défensive. L'armée et la garde mobile ne cachent plus leur absolu découragement et aspirent ouvertement à la paix.

L'esprit de la population ne s'était d'ailleurs pas modifié moins profondément que celui de l'armée. Durant le mois de novembre une sorte de trêve tacite avait régné entre les partis extrêmes et le gouvernement, grâce à l'impulsion énergique donnée à l'organisation de la garde nationale. Mais, à la suite de l'échec de Ducrot sur la Marne, cette trêve avait été rompue, et les clubs ainsi que les journaux révolutionnaires avaient repris leurs attaques violentes contre ce qu'ils appelaient la lâcheté du gouvernement et la trahison des généraux. De son côté, la foule que les longues souffrances de toute sorte avaient aigrie et qui voyait l'inutilité de ces souffrances du moment qu'on devait fatalement aboutir à une capitulation, se laissait facilement aller de l'abattement le plus profond à l'animosité la plus vive contre ceux qui lui étaient désignés comme responsables de son malheur. Ces tristes symptômes qui s'étaient déjà fait jour dès le commencement du mois de décembre, furent encore aggravés par la non-réussite des opérations du 21, et devaient prendre de jour en jour un caractère plus alarmant à mesure que le dénoûment apparaîtrait plus prochain et plus inévitable. Cependant le bombardement qui va éclater aura pour effet, au premier moment, de relever le moral de la population et de la faire se serrer autour de ses chefs, en lui rappelant la présence de l'ennemi.

Le plateau d'Avron avait donné, le jour de Champigny, un flanquement puissant aux feux des forts de Rosny et de Nogent. Bien que le gouverneur en eût fait retirer quelques pièces de 7 pour les joindre à l'armée de Ducrot, l'armement de cette position comprenait encore 43 pièces, sous le commandement du colonel Stoffel. Les emplacements des batteries étaient disposés d'une façon assez irrégulière le long des crêtes nord-est et sud-est du plateau.

Le général de Moltke jugea promptement le parti que les assiégés pouvaient tirer d'une pareille position qui couvrait de ses feux la forêt de Bondy, la vallée de la Marne, jusqu'à Chelles, la presqu'île de la Marne, bref tout le front est de l'investissement. Aussi, dès le 4 décembre, le surlendemain du jour où le plateau d'Avron avait fait sentir sa puissance, le commandant supérieur de l'armée de la Meuse reçut-il l'ordre de prendre les dispositions nécessaires pour en faire le bombardement. 36 pièces rayées de 12, 30 pièces longues de 24 rayées et 10 pièces courtes de 24 rayées, en tout 76 pièces, furent réunies à cet effet, et l'on assigna les positions suivantes aux 13 batteries dans lesquelles on les avait réparties : 4 batteries sur le plateau du Raincy, 4 sur la crête de la pente à l'est de Gagny, 3 batteries au sud-ouest de Noisy-le-Grand et 2 batteries sur la rive gauche de la Marne, au coude formé par la rivière au nord-est de Noisy.

Le 27 décembre au matin, ces 76 pièces de gros calibre ouvrirent simultanément leur feu contre le Mont-Avron, les forts de Noisy, de Rosny, de Nogent et le continuèrent sans interruption jusqu'au soir. Le plateau reçut une véritable pluie de projectiles. L'infanterie de la division d'Hugues avait été retirée dès la veille sur le versant qui fait face au village de Nogent et se trouvait à peu près défilée ; mais les batteries prises de front, d'enfilade et à revers par les feux convergents de l'ennemi étaient menacées d'une destruction complète. Des 43 pièces de l'armement, 36 seulement pouvaient répondre utilement à l'attaque ; néanmoins le feu du plateau ne se ralentit pas un instant. Le soir, malgré l'insuffisance des parapets et le faible profil des tranchées, il n'y avait guère que cent hommes hors de combat. Deux canons de 24 se trouvaient hors de service ; les épaulements et les embrasures étaient fortement endommagés, sans qu'on pût songer à les réparer la nuit à cause de la nature du terrain, comme le télégraphiait le colonel Stoffel au gouverneur.

Le lendemain 28, le feu de l'ennemi reprit avec la même violence que la veille, mais l'artillerie du plateau s'abstint de lui répondre, et l'évacuation du Mont-Avron fut décidée dans la journée pour être exécutée la nuit suivante. Les artilleurs, aidés des marins de l'amiral Saisset, accomplirent cette pénible besogne avec leur dévouement traditionnel. Une pièce de marine dut être provisoirement abandonnée dans un ravin où elle avait roulé, entraînant voiture et attelage ; et une pièce de 24 dont l'essieu était brisé n'avait pu être emmenée. Dans la nuit du 29 au 30, ces deux pièces furent l'objet d'une petite expédition et les marins réussirent à les ramener sans encombre au fort de Rosny. Les Saxons montés sur le plateau le 30, n'y trouvèrent qu'un camp hors de service et une certaine quantité de projectiles que nous n'avions pas eu le temps de retirer des poudrières à demi effondrées par le bombardement. L'évacuation du plateau était une perte incontestable pour la défense, toute action du côté de l'est se trouvant par le fait interdite aux assiégés; en revanche, sa possession n'offrait aucun avantage positif à l'assiégeant. Le grand état-major de Berlin constate toutefois que, débarrassée de nos ouvrages avancés vers l'est, l'artillerie de siège allemande pouvait porter ses efforts sur d'autres points et que cet avantage n'était pas payé trop cher avec 11 tués et 22 blessés.

Le plateau resta occupé jusqu'à la fin du blocus par un faible détachement d'infanterie allemande constamment inquiété par les entreprises nocturnes de nos avant-postes. A partir du 30 décembre, les 13 batteries de position bombardèrent sans relâche les forts de l'est et la ligne des villages de Bondy à Nogent. Le 31, les 47 pièces déjà établies dans les lignes de la garde prussienne ouvrirent à leur tour contre notre front nord un feu lent et soutenu, auquel prirent part successivement de nouvelles batteries dont le nombre alla croissant jusqu'au milieu de janvier. A cette époque, les lignes de la garde se trouvèrent renforcées de 72 grosses pièces rayées. En même temps, l'ennemi démasquait sur la crête de Chennevières une batterie de 10 pièces destinée à inquiéter nos travaux dans la boucle et dans la presqu'île de la Marne. Mais ce bombardement n'était que le prélude de l'attaque sérieuse préparée contre le front sud-ouest de la place. L'année finissait mal à Paris, malheureusement la situation avait également empiré en province.

CHAPITRE XLI

Les deux armées de la Loire. — Concentration des 15e, 18e et 20e corps à Bourges, des 16e, 17e et 21e entre Marchenoir et Meung. — Le général des Pallières donne sa démission. — Énergique attitude de Chanzy ; il déploie de grands talents militaires. — État déplorable de la 2e armée de la Loire. — Billet du général Barry à Chanzy. — Entrée en ligne du 21e corps et de la colonne Camô ; leur composition. — Mouvements des Allemands après la bataille d'Orléans. — L'armée de Mecklembourg poursuit celle de Chanzy. — Bataille de Josnes ou de Beaugency livrée les 7, 8, 9 et 10 décembre. — Le prince Frédéric-Charles se porte au secours de Mecklembourg. — Le 9 décembre, Gambetta se rend à Josnes. — Le général Maurandy abandonne le parc de Chambord. — La retraite sur Vendôme et le départ de la délégation pour Bordeaux sont décidés le 9 au soir. — La retraite commence le 11. — Le 13, arrivée à Vendôme. — 14 et 15, combats autour de Vendôme. — Retraite sur le Mans. — Les Allemands abandonnent la poursuite. — Dislocation de l'armée de Frédéric-Charles. — 20 décembre, combat de Monnaie et occupation momentanée de Tours par le Xe corps. — Troupes allemandes d'étapes. — L'armée française au Mans. — Effectifs de l'armée allemande et de celle de Chanzy. — Cantonnements des 16e, 17e et 21e corps. — Colonnes mobiles des généraux Rousseau et Jouffroy. — Leurs opérations du 25 décembre au 5 janvier. — 1er janvier 1871, le prince reçoit l'ordre de marcher contre Chanzy. — 5 janvier, lettre de Gambetta à Chanzy. — 6 janvier, marche du prince contre le Mans. — Opérations du 6 au 10 janvier. — Instructions de Chanzy les 9 et 10 janvier. — 11, bataille du Mans. — 12, retraite de Chanzy sur Laval. — Pertes des deux armées. — Combats livrés entre la Sarthe et la Mayenne. — Réorganisation de l'armée de Chanzy; son effectif au 8 février. — Opérations secondaires dans la vallée de la Loire.

Après la défaite d'Orléans et la division de la grande armée de d'Aurelle en 1re et 2e armées de la Loire, le général Bourbaki, nommé au commandement des 15e, 18e et 20e corps, établit son quartier général à Bourges. Dans le principe, le 15e corps devait former un groupe séparé sous le général des Pallières, avec quartier général à Vierzon, entre les deux armées, mais ce projet n'eut pas de suite. Le 15e corps arrivait dans le plus affreux désordre à Vierzon, après avoir eu un engagement insignifiant avec la 6e division de cavalerie. Le 12 décembre, il campait autour d'Allouis et de Mehun-sur-Yèvre, à 15 kilomètres à l'ouest de Bourges. Le 20e corps, Crouzat, qui avait passé la Loire à Jargeau, s'était replié sur Bourges par Argent, pour venir camper autour d'Allogny, à la droite du 15e corps. Le 18e corps, dont le général Billot devenait le commandant titulaire, après avoir passé sur la rive gauche de la Loire à Sully, s'était porté sur Gien où une partie de sa cavalerie et la 1re division occupaient la rive droite. Les 7 et 8 décembre, ces troupes furent attaquées par l'avant-garde du IIIe corps que le prince Frédéric-Charles avait lancé à la poursuite de l'armée française sur la rive droite, en amont d'Orléans. Le 7, la lutte avait lieu à Nevoy, à l'ouest de Gien ; le 8, le 18e corps ayant reçu l'ordre de rallier Bourges, la cavalerie et la 1re division repassaient le pont de Gien, soutenues par l'arrière-garde formée des francs-tireurs de Domalain. Le 12, le corps Billot campait à Saint-Martin-d'Aurigny, à la droite du 20e corps, et couvert sur son flanc droit par la cavalerie qui battait constamment l'estrade à des distances de 10, 15 et 20 lieues. L'armée de Bourbaki, installée entre Mehun, Allogny et Saint-Martin, était ainsi concentrée dans le secteur nord-ouest de Bourges, limité à l'ouest par la route de Vierzon et par l'Yèvre, au nord par la route de Gien et par le ruisseau du Mouton. Le général des Pallières, découragé par les défaillances incessantes des troupes qui perdaient les prisonniers par centaines, et dégoûté par les calomnies répandues par le gouvernement et ses agents contre les généraux qui avaient du moins le mérite de payer de leur personne, envoya sa démission à M. de Freycinet qui le remplaça peu de jours après par le général Martineau des Chenez. L'exemple du général des Pallières ne rencontra pas assez d'imitateurs parmi les officiers découragés qui, considérant la partie comme perdue sans rémission, exerçaient leurs commandements avec mollesse et faisaient ainsi d'assez mauvaise besogne. Il eût dû être suivi par le général Bourbaki, qui ne cachait plus son abattement et déclarait qu'il était impossible d'espérer le moindre succès avec des troupes sans instruction, sans discipline, sans moral et encadrées d'une façon déplorable.

La physiologie des hauts cadres des armées de province évoluant sous les ordres du duumvirat Gambetta-Freycinet offrait un sujet d'étude intéressant pour les anciens officiers au courant du personnel figurant à l'Annuaire militaire de 1870. L'élite de nos cadres ayant succombé à Metz et à Sedan, il ne restait guère à la disposition du dictateur de Tours, en bons officiers, que les évadés des armées de Mac-Mahon et de Bazaine auxquels venaient se joindre leurs camarades assez heureux pour avoir été maintenus en Algérie et les quatre vieux régiments de cette colonie. Tous ces officiers, à part quelques exceptions injustifiées comme celle du général de Bellemare, avaient obtenu au moins deux grades et souvent trois dans l'espace de quelques semaines ; les récompenses distribuées avec cette profusion poussaient leurs bénéficiaires à exagérer leur confiance dans l'issue de la guerre et à s'efforcer de prolonger un état chaotique pendant lequel pleuvaient galons et décorations, voire même des déclarations d'avoir bien mérité de la patrie signées de MM. Gambetta, Crémieux et Glais-Bizoin ! Les officiers médiocres profitaient des efforts des bons parce qu'ils avaient leur part de la curée. A la paix, les officiers rentrant de captivité étaient stupéfaits en lisant les noms de certains commandants de corps d'armée, de division et de brigade, dont l'ignorance et la nullité n'étaient que trop connues.

La 2e armée de la Loire, placée sous les ordres de Chanzy et composée des 16e, 17e et 21e corps, fut arrêtée dans sa retraite désordonnée entre Beaugency et Lorges, trouée de 11 kilomètres que les débris des 16e et 17e corps pouvaient combler, pendant que le 21e corps, Jaurès, occuperait la forêt de Marchenoir qui s'étend de Lorges à Fréteval, sur une longueur de 20 kilomètres. En choisissant cette position, Chanzy embrassait dans des conditions convenables l'espace de 30 kilomètres qui sépare le Loir de la Loire, de Fréteval à Beaugency. Le pays entièrement plat se prête peu à la défense, mais l'armée sut utiliser les nombreux villages et les grandes fermes de cette zone comme points d'appui pour arrêter la poursuite des Allemands. Le trop bouillant lieutenant de d'Aurelle, le vaincu de Loigny, le partisan d'une offensive imprudente, mis enfin en possession du commandement en chef, allait révéler des qualités de premier ordre et se montrer supérieur à tous les autres généraux en chef. Sans témoigner le moindre trouble au milieu de ses soldats débandés, il rédigea dès le 5 décembre au matin des instructions claires et précises pour les trois corps d'armée et pour la colonne Camô mise temporairement à sa disposition. Ces instructions, datées du quartier général de Josnes, sont remarquables ; rien n'y est oublié, ni le placement des avant-postes, ni l'emploi de la cavalerie, ni la manière de camper et de cantonner ; on y trouve des prescriptions minutieuses quoique laconiques, concernant les distributions, les réquisitions, les approvisionnements en vivres et en munitions, les mesures à prendre contre les traînards, les déserteurs et les soldats indisciplinés, que l'on menaçait de la cour martiale. Les emplacements suivants étaient assignés aux troupes : le 21e corps devait occuper la forêt de Marchenoir et principalement Morée, sur le Loir, Écoman, Saint-Laurent-des-Bois, Marchenoir et Lorges ; le 17e corps, plus à droite, occupait tous les villages et les fermes compris entre Plessis et Prenay à gauche, Origny au centre et Loyne à droite ; la 1re division du 16e corps, la seule qui eût encore un peu de cohésion, se plaça un peu à l'est de Villorceau ; la colonne Camô tenait l'extrême droite de Mée à Meung. La cavalerie de Michel, 16e corps, était à Poisly, entre les 21e et 17e corps ; la cavalerie du 17e corps était en arrière de la droite, près de Beaugency ; les 5 régiments à cheval de Camô campaient en avant de l'aile droite à Beaumont et aux Monts.

L'amiral Jauréguiberry avait été nommé au commandement du 16e corps et le général de Colomb à celui du 17e ; un autre marin, le capitaine de vaisseau Jaurès, commandait le 21e. Ces nominations étranges et qui, par un heureux hasard, tombèrent sur des hommes de mérite, témoignent d'une grande pénurie d'officiers généraux.

Les deux divisions Barry et Maurandy du 16e corps étaient complètement dissoutes et démoralisées. Chanzy leur assigna Blois comme cantonnement provisoire pour s'y refaire. Le renseignement suivant, extrait du livre de Chanzy, indique à quel degré de décomposition en étaient arrivées ces deux divisions :

Billet au crayon du général Barry.

« Dans l'impossibilité absolue où je me trouve de concourir à la défense de Beaugency avec quelques centaines d'hommes sans cartouches, et pour éviter un désastre certain, je fais filer mon convoi sur Mer et je me replie moi-même sur ce point. — Beaugency, 7 décembre 1870, à 2 h. 1/2 du soir. — Le général de division : Barry. »

Une division de 10.000 hommes réduite à deux ou trois cents, non par le feu, mais par la déroute ! Et cependant Chanzy n'eut pas un instant de faiblesse. Âgé seulement de 47 ans, grand, fort, ses qualités physiques et morales étaient en parfait équilibre. Son esprit plus solide que brillant, son grand bon sens et son abnégation faite de fermeté acquise et de douceur naturelle, le rendaient éminemment propre à la tâche difficile de rallier une armée en déroute, de relever son moral et d'en obtenir un effort suprême pour contenir un ennemi victorieux. Les journées des 7, 8, 9 et 10 décembre 1870 resteront pour Chanzy un titre à la reconnaissance de son pays ; elles tranchent heureusement au milieu de cette nouvelle et lamentable série de défaites commençant à Loigny et se terminant au Mans, à Saint-Quentin, à Buzenval et à la Cluze.

Le 21e corps et la colonne Camô constituaient un renfort important comme effectif, mais qui laissait trop à désirer sous le rapport de la qualité des soldats, commandés par des officiers de tous grades étrangers au métier des armes. Voici leur composition qui permet d'apprécier le peu de valeur de ces formations hâtives :

21e corps d'armée. — Commandant : Jaurès, capitaine de vaisseau ; chef d'état-major, colonel Loysel ; artillerie, colonel Suter ; génie, colonel d'Endeville ; intendant, de Lagranville. — 1re division : Rousseau, général provisoire ; 1re brigade : lieutenant-colonel Roux ; 58e de marche, 13e bataillon de chasseurs, 2 bataillons de mobiles, 1 bataillon de mobilisés ; 2e brigade : de Villars, lieutenant-colonel de cavalerie ; en tout 5 bataillons des 26e, 49e, 94e de marche, de mobiles et de mobilisés ; plus la phalange niçoise, les éclaireurs de la Sarthe et les éclaireurs à cheval ; artillerie : 2 batteries et 2 pièces. — 2e division : Collin, général auxiliaire ; 1re brigade : lieutenant-colonel de mobiles de la Marlière ; 5 bataillons d'infanterie de marine, de marche et de mobiles ; 2e brigade : lieutenant-colonel de mobiles des Moutis ; 5 bataillons de marche et de mobiles ; artillerie : 2 batteries et 2 pièces. — 3e division : général de Villeneuve ; 1re brigade : lieutenant-colonel de gendarmerie Stephani ; 6 bataillons de mobiles, de mobilisés et de fusiliers marins ; 2e brigade : capitaine de frégate du Temple ; 9 bataillons de mobiles, de mobilisés et de fusiliers marins ; artillerie : 2 batteries et 2 pièces ; 3 détachements de francs-tireurs. — 4e division : capitaine de frégate Gougeard ; 11 bataillons de ligne, de mobiles et de mobilisés ; artillerie : 1 batterie de 12, 14 obusiers de montagne et 7 mitrailleuses américaines ; 7 bataillons de toute provenance, 400 hommes du génie auxiliaire et 140 cavaliers et gendarmes. — Division de cavalerie : général Guillon ; 1er hussards, 3e mixte léger, 8e cuirassiers, 6e dragons, 8e mixte léger, tous de marche. — Réserve : capitaine de vaisseau Collet ; 6 bataillons de mobiles, de fusiliers marins et d'infanterie de marine ; le régiment des zouaves pontificaux du colonel Charette dont un bataillon rallia la division Gougeard ; 7 escadrons de cavalerie. — Réserve d'artillerie : 8 batteries dont 4 de mobiles.

Colonne mobile de Tours : général Camô ; infanterie : 16e bataillon de chasseurs, régiment de gendarmerie, 59e de marche, 27e, 72e et 88e de mobiles, 2 détachements de francs-tireurs ; cavalerie : 5 régiments de marche ; artillerie : 5 batteries de la ligne.

Après la victoire d'Orléans, le prince Frédéric-Charles voyant l'armée française se replier dans des directions divergentes, prescrivit de la poursuivre de tous les côtés à la fois. Le Xe corps fut envoyé sur Gien en remontant la rive droite de la Loire ; la 6e division de cavalerie appuyée par 4 bataillons hessois marcha sur Vierzon ; le reste de la division hessoise descendit par la rive gauche de la Loire pour appuyer l'armée de Mecklembourg chargée de la poursuite de Chanzy sur la rive droite. On sait que le IIIe corps livrait le 7 décembre un combat d'arrière-garde au 18e corps français, qui lui coûtait 3 officiers et 23 hommes, et que la 6e division de cavalerie avait eu le 6 un engagement insignifiant avec les débris de la 1re division du 15e corps à la Motte-Beuvron. L'armée de Bourbaki ayant l'ordre de se concentrer à Bourges, les Allemands trouvaient partout le vide devant eux à l'est d'Orléans. Il n'en était pas de même à l'ouest, où l'on a vu Chanzy s'arrêter aussitôt que possible entre Meung et la forêt de Marchenoir et offrir la bataille à l'ennemi. Ce dernier étant l'agresseur, ce sont ses mouvements qu'il importe de connaître pour savoir au juste sur quel point de la ligne française se portait son effort principal.

Le 6 décembre au soir, l'armée de Mecklembourg se trouvait en face de Chanzy. Sa gauche, composée de la 17e division, de Treskow, et de la 2e division de cavalerie, s'appuyait à la Loire en face Meung ; le centre était tenu en arrière de Beaumont à Villermain par le corps von der Tann, et la droite par la 22e division, éclairée en avant et sur son flanc par la 4e division de cavalerie. La division hessoise suivait le mouvement général sur la rive gauche jusqu'à Lailly, précédée de sa cavalerie.

Le 7 au matin, l'armée allemande continua son mouvement et, Chanzy ayant prescrit de tenir ferme, la bataille s'engagea sur toute la ligne de Saint-Laurent-des-Bois à Meung. Le 21e corps, à gauche, et le 17e, au centre, repoussèrent victorieusement les attaques des Prusso-Bavarois ; mais à la droite, la colonne Camô se battit mollement et abandonna ses positions en désordre, pour se rallier derrière le ravin de Vernon, à 400 mètres en avant de Beaugency. La 1re division du 16e corps fut alors obligée de céder du terrain et de refuser son aile droite pour rétablir la ligne de bataille. Somme toute, la journée était bonne pour Chanzy, ses troupes revenues de leur effarement avaient fait bonne contenance, et la seule défaillance signalée l'avait été dans une troupe nouvellement arrivée. Les Allemands avaient perdu 23 officiers et 309 hommes, dont les deux tiers de la 17e division et l'autre tiers du 1er corps bavarois ; leur effort couronné de succès avait donc porté sur notre aile droite mal défendue par les 15.000 hommes de Camô.

Le lendemain, 8 décembre, la bataille recommença. Le grand-duc, voulant profiter de l'avantage remporté par son aile gauche, fit appuyer sur elle toute son armée. La 17e division devait marcher sur Beaugency ; le corps bavarois sur Grand-Châtre ; la 22e division de Villermain sur Cravant. La 2e division de cavalerie reliait la 17e division aux Bavarois et les escadrons du prince Albert masquaient en face de Poisly et de Saint-Laurent le mouvement de droite à gauche de la 22e division. Celle-ci, à laquelle aucun ordre n'était encore parvenu, avait dès 8 heures du matin, c'est-à-dire au point du jour, commencé l'attaque à hauteur de Villermain. Prévenue peu après, le prince Albert prit sa place, et la division put arriver vers une heure à Cravant. Les Bavarois, très engagés depuis midi, firent alors effort sur Beaumont, dans le but évident de percer le centre de l'armée française. Un combat furieux s'engagea entre ces troupes et les 1re et 2e divisions de notre 17e corps, ainsi que la 1re division du 16 ; le corps von der Tann, dont la 2e division s'était étendue jusqu'à Le Mée et Villechaumont, fut définitivement rejeté vers 3 heures au-delà de la route de Beaugency à Châteaudun. Malheureusement, à la droite, la division Camô, mal commandée, continuait à faire preuve d'une faiblesse désespérante en perdant successivement les positions de Messas et de Vernon. Il eût été facile à Chanzy de reprendre ces positions à la 17e division prussienne, si le général Camô n'avait commis une nouvelle faute en évacuant Beaugency, sur un ordre venu de Tours. Comme il s'agissait de battre en retraite, il s'empressa de se conformer aux instructions du gouvernement, quand le simple bon sens et le sentiment de sa responsabilité lui commandaient de prévenir l'amiral Jauréguiberry, commandant supérieur de notre aile droite, et d'attendre même le consentement du général en chef, avant de découvrir le flanc droit de l'armée. Il était si pressé de s'éloigner du champ de bataille qu'il oublia une batterie entière d'artillerie et quelques centaines d'hommes dont la 17e division fut étonnée de pouvoir s'emparer.

Dans leur relation officielle de la bataille de Josnes, les Allemands avouent leur lassitude après la sanglante journée du 8 et déclarent que l'armée de Mecklembourg était manifestement trop faible pour battre Chanzy. « Les combats continuels, les fatigues des derniers jours, dit le major Blume dans son histoire partielle, avaient tellement réduit l'infanterie, qu'elle n'était pas en mesure de mettre en ligne plus de 17.000 fusils; le corps bavarois en particulier avait perdu la majeure partie de ses officiers, et il ne pouvait trouver en lui-même les ressources nécessaires pour pourvoir à leur remplacement provisoire. » Il est vrai qu'il restait au grand-duc 208 canons, mais cela n'était pas suffisant pour relever le moral de son infanterie qui, à Loigny, comptait encore 37.000 *combattants*, chiffre officiel. Leur déception était cruelle. Après les combats des 2 et 3 décembre, ils pensaient n'avoir plus qu'à ramasser des prisonniers quand, à une petite étape du théâtre de leur victoire, un jeune général rallie vivement son armée débandée, livre bataille pendant deux jours consécutifs et se montre prêt à continuer la lutte.

Le prince Frédéric-Charles avait reçu, le 9, des nouvelles positives de la situation de Mecklembourg par son quartier-maître général, le colonel de Kertzberg, chargé par lui de se renseigner sur les lieux mêmes. En même temps, vers 10 heures du matin, un télégramme du général de Moltke lui prescrivait de renforcer l'armée du grand-duc au moins d'une division pour lui permettre d'enlever rapidement Tours, siège de la délégation, et laissait à son appréciation la continuation de la poursuite sur la rive gauche de la Loire. Le prince ordonna sur-le-champ une de ces concentrations rapides dont l'exécution n'est possible qu'avec un état-major instruit et exercé à l'avance. Le IXe corps en entier dut suivre la division hessoise sur la rive gauche de la Loire, avec ordre de repasser sur la rive droite le plus tôt possible ; le Xe corps, maintenu d'abord à Orléans, fut dirigé sur Meung; le IIIe corps, dont l'avant-garde avait atteint Briare, rebroussa chemin sur Orléans où il était attendu le 10 décembre, pour de là rallier l'armée en aval de la Loire.

Chanzy, très contrarié mais non ému par l'abandon de Beaugency, remplaça par le général Tripart, Camô qui avait eu la jambe froissée par une chute de cheval, et lui donna l'ordre de placer ses troupes derrière le ravin de Tavers, à trois kilomètres de Beaugency, en réserve derrière la 1re division du 16e corps. Du ravin, la ligne française passait par Toupenay, un peu en retrait, Villemarceau, Origny, Ourcelles, La Motte, Poisly où s'appuyait la droite du 21e corps. Le général Tripart fit construire des épaulements sur les crêtes du ravin de Tavers et Jauréguiberry mit en état de défense les abords du château de Serqueu, en arrière et à droite de Toupenay. En même temps, Chanzy, informé par ses reconnaissances que son adversaire resserrait encore sa ligne de bataille en appuyant sur sa gauche, du côté de la Loire, fit exécuter un mouvement analogue sur sa droite, en prescrivant à Jaurès de transporter son extrême gauche de Viévy-le-Rayé à Autainville, de l'ouest au nord-est de la forêt de Marchenoir, et de placer ses réserves dans la forêt de Lorges, à proximité de Poisly qu'il supposait menacé.

Dans la nuit, raconte le grand état-major, une patrouille bavaroise surprit un cavalier français porteur de dépêches qui apprirent au grand-duc que Chanzy avait donné l'ordre impératif de défendre les positions à outrance. Les Bavarois étant très éprouvés, le général von der Tann fut invité à les mettre en seconde ligne derrière les 22e et 17e divisions prussiennes ; mais le mouvement ne put être exécuté parce que le combat s'engagea de bonne heure à Cernay, point occupé en avant de la ligne de bataille par des troupes de la 2e division de Jancigny, du 17e corps. Attaqué à la fois par le corps bavarois et la 17e division, Jancigny était refoulé vers midi sur Villejouan, Villorceau et plus tard au delà d'Origny, tandis que la 3e division, de Flandre, se maintenait à Ourcelles. Les Prusso-Bavarois épuisés ne purent pas profiter de cet avantage. A la droite, Jauréguiberry et Tripart conservèrent victorieusement leurs positions de Tavers au château de Serqueu, et la colonne Camô, mieux commandée, racheta par la fermeté de son attitude ses défaillances des deux journées précédentes. A la gauche, Jaurès ignorant qu'il avait seulement devant lui la 4e division de cavalerie et une faible brigade bavaroise, ne fit aucune tentative pour tourner la droite de Mecklembourg. Il est juste de dire que des deux côtés la fatigue était extrême. A la tombée de la nuit, l'infanterie du Xe corps, Voigts-Rhetz, arrivait à Meung où le grand-duc avait son quartier général, mais 8 batteries et un régiment de dragons du même corps étaient déjà en position au Grand-Châtre vers 3 heures. Ainsi, après trois jours d'une lutte acharnée, l'armée française, complètement battue le 3 décembre à Loigny, quand elle prenait l'offensive, avait tenu son vainqueur en échec ; à peine si l'aile droite avait reculé des quelques kilomètres qui séparent Meung de Tavers.

Dans la journée du 9, Gambetta était venu au grand quartier général établi à Josnes pour conférer avec Chanzy, qu'il pria de ne pas se préoccuper de Tours, que la délégation allait évacuer pour se rendre à Bordeaux, et de consacrer tous ses efforts au salut de la 2e armée de la Loire. Le siège de la délégation et la retraite le long de la rive droite de la Loire se trouvaient également menacés parce que, dans la journée du 9, le général Maurandy, chargé d'occuper le château et le parc de Chambord, situés sur la rive gauche à l'amont de Blois, avait abandonné ce poste avec les 3.600 hommes de sa division qu'il avait ralliés, devant une reconnaissance composée de 88 Hessois dont 3 officiers. Dans son rapport officiel adressé le 10 décembre 1870 au général Chanzy, Maurandy ose dire qu'il a été attaqué par « une force de 15.000 hommes avec 18 canons ». Des documents authentiques et irrécusables ont établi depuis la preuve que cet officier s'était enfui précipitamment sans donner le moindre ordre à sa division qui a laissé entre les mains des 88 Hessois 200 prisonniers, 5 canons, 12 chariots de munitions et 60 chevaux. M. de Freycinet demanda sa comparution devant un conseil de guerre et l'on ne sait pour quel motif cette affaire a été étouffée. A la paix, le général Maurandy obtint le commandement d'une subdivision militaire ! et aujourd'hui le grand état-major de Berlin réduit à 50 le chiffre de ses 88 vainqueurs, chiffre dont nous certifions l'exactitude, car, à la fin de 1871, après avoir traîné le général sur la claie dans le journal *le Soir*, nous avons mis sous les yeux de son officier d'ordonnance la preuve de l'acte de couardise dont les journaux allemands les plus sérieux faisaient des gorges chaudes.

La division hessoise continua son mouvement et se présenta le 10 devant Blois dont la garnison se composait de débris des divisions Peytavin du 15e corps et Barry du 16e. Le prince de Hesse somma les autorités de lui livrer la ville et le pont en pierre de la Loire. La présence de Gambetta, par hasard de passage à Blois, encouragea la municipalité à répondre par un refus et les Allemands, n'osant pas tenter le passage de vive force et manquant d'un équipage de ponts suffisant, se retirèrent. Des reconnaissances de cavalerie furent poussées vers Amboise pour y surprendre un pont, et vers Montrichard, pour y couper le chemin de fer de Bourges à Tours par Vierzon.

Le général Bourbaki, supplié par Chanzy de marcher à son secours, avait répondu que tout mouvement offensif amènerait la décomposition complète de son armée et que, en tout cas, six jours lui seraient nécessaires pour gagner Blois. En conséquence, menacé d'être tourné par Amboise et même par Tours, privé du concours de son collègue, le vaillant chef de la 2e armée de la Loire dut se résoudre à opérer sa retraite sur le Loir, d'autant plus qu'il était informé de l'arrivée des renforts prussiens du nord et de l'est. Néanmoins, comptant sur un retour de fortune, il livra une nouvelle bataille le 10 décembre, le jour même du départ de la délégation pour Bordeaux. Les quartiers généraux étaient : celui de Chanzy à Josnes ; du 16e corps au château de Serqueu ; du 17e au château du Plessis et du 21e à Marchenoir.

Le 10, dès 5 heures du matin, le colonel de Jouffroy, nommé chef de la 3e division du 17e corps à la place du général de Flandre, mortellement blessé la veille, avait repris

Origny et continué son mouvement sur Villejouan, avec l'appui de la 2e division. Un combat acharné continua pendant toute la journée autour de ce village qui finit par rester aux Prussiens, mais il leur fut impossible de faire abandonner au 17e corps la ligne Prenay-Ourcelles-Origny, malgré l'entrée en ligne d'une partie du Xe corps. A notre extrême gauche, Jaurès avait refoulé les Allemands au delà du château de Coudray, au nord de Villermain. Mais cet effort avait épuisé l'armée de Chanzy qui, à son tour, avait réduit son adversaire à un état d'extrême lassitude. Du 2 au 10 décembre, les troupes avaient constamment marché et combattu, l'armée de Mecklembourg était réduite des deux tiers et comptait près de 10.000 tués ou blessés dont plus des trois cinquièmes appartenaient au 1er corps bavarois tout à fait à bout de souffle. Les pertes de la 2e armée de la Loire par le feu ne devaient pas être plus considérables, mais son manque de cohésion permettait aux Allemands de lui faire de trop nombreux prisonniers. A Orléans, l'armée de d'Aurelle avait abandonné 18.000 prisonniers, 7 canons et 4 chaloupes canonnières ; l'armée de Chanzy perdit pendant les quatre jours de la bataille de Josnes 5.000 hommes, tombés aux mains de l'ennemi, 7 canons et une mitrailleuse, mais enleva de son côté aux Allemands 400 prisonniers. On reste saisi d'admiration devant la force d'âme déployée par le jeune général en chef dans ces terribles journées qui succédaient au désastre d'Orléans et l'on regrette involontairement qu'il n'ait pas été gouverneur à Paris, le seul poste où l'on disposât de sérieux éléments d'action ; peut-être aurait-il obtenu un traité de paix acceptable et, en tout cas, obligé les hommes du 4 septembre à faire les élections d'une assemblée nationale.

Le 10 décembre au soir, les ordres de la retraite sur le Loir furent expédiés à tous les corps, et le mouvement commença pendant la nuit avec un ensemble remarquable, vu les circonstances. L'armée française pivota sur son aile gauche appuyée à la forêt de Marchenoir ; la colonne Camô, dont son chef avait repris le commandement, suivit la ligne Tavers-Séris-Pontijoux-Vendôme, en tenant toujours la droite ; le 21e corps, à la gauche, se replia le long de la forêt de Marchenoir sur Fréteval et Morée ; les troupes des 16e et 17e corps réglèrent leur marche sur celle des deux ailes, en formant des échelons disposés de façon à permettre le rapide déploiement des bataillons et la mise en batterie de l'artillerie. Ces précautions étaient indispensables, car dans la vaste plaine traversée par nos soldats, aucun accident de terrain ne masque la vue et tous les mouvements se faisaient à découvert. Pour dissimuler la retraite, les feux du bivouac restèrent allumés et, pour éviter d'être tourné par notre gauche, vers Châteaudun et Cloyes, tous les francs-tireurs furent disséminés au nord de la forêt de Marchenoir. Le 11 décembre, le grand quartier général se transporta de Josnes à Talcy, le 12 à Noyers, le 13 à Vendôme, et l'armée s'établit autour de cette ville sans avoir été inquiétée, mais dans un état d'extrême délabrement. Trois engagements insignifiants avaient eu lieu les 11 et 12 à Mortais, Nuisement et Maves, mais les souffrances des troupes françaises et allemandes dépassaient toute imagination ; une pluie persistante avait remplacé la gelée, transformé les chemins en fondrières et couvert le sol d'une couche de verglas.

La colonne Camô, la 1re division du 16e corps et la 1re du 17e s'établirent sur la rive gauche du Loir, à l'est de Vendôme et à cheval sur le ravin de la Housée ; les plateaux de Sainte-Anne et de Coulommiers, qui se trouvent à droite et à gauche du ravin, dominent d'une quarantaine de mètres le cours du Loir. Le reste de l'armée s'installa sur la rive droite le long du chemin de fer et de la route de Chartres à Tours, avec points d'appui au château de Bel-Air, à Pezou, Fréteval, Morée et Cloyes extrême gauche occupée par la division Gougeard ; le développement de cette ligne était de 25 kilomètres. Le général Barry qui avait réuni à Blois les débris de sa division et de celle de Maurandy, apprenant le 12 l'entrée de l'ennemi à

Mer, s'était aussitôt mis en retraite par la route de Montoire où il envoya la division Maurandy, pendant qu'il s'arrêtait à Saint-Amand avec mission de couvrir la route de Vendôme à Tours.

Le prince Frédéric-Charles fut un instant déconcerté par la disparition de l'armée française, mais le mouvement de son IXe corps le long de la rive gauche et qui avait dépassé Vienne, faubourg de Blois, et atteint Condé, lui fit comprendre que Chanzy avait dû se replier sur le Loir, la route de Tours étant trop menacée. Le 12, l'armée de Mecklembourg, réduite de trois brigades bavaroises envoyées à Orléans, commença la poursuite et ramassa presque immédiatement 2.000 traînards couchés dans les fermes et qui, d'après les rapports de Chanzy lui-même, ne demandaient qu'à se faire prendre pour se soustraire aux fatigues de la campagne. Le même jour, le Xe corps occupait Blois et s'avançait sur Vendôme avec la 1re division de cavalerie ; le IIIe corps, rappelé de Gien, arrivait à Beaugency et marchait ensuite sur Vendôme par Maves. Le IXe corps et la 6e division de cavalerie restaient sur la rive gauche et observaient la vallée du Cher jusqu'à Vierzon, prêts à s'opposer à une marche éventuelle de Bourbaki vers l'ouest. La 5e division de cavalerie qui opérait aux environs de Dreux, dut se rabattre au sud vers Nogent-le-Rotrou et la Ferté-Bernard pour inquiéter le flanc gauche et les derrières de la 2e armée de la Loire.

Le 14 décembre, l'aile droite allemande avait l'ordre de ne pas trop s'engager afin de permettre aux IIIe et X[e] corps, moins fatigués, d'entrer en ligne dans la matinée du 15 et d'exécuter l'attaque principale contre la droite française. Néanmoins, la 17e division eut un engagement assez vif avec notre 21e corps contre lequel elle s'était heurtée à Fréteval et à Morée. Le lendemain, le Xe corps débouchait sur le plateau de Sainte-Anne, en délogeait la colonne Camô et canonnait à revers le plateau de Coulommiers, situé en face sur la rive droite de la Housée, où le IIIe corps se présentait à la chute du jour, après une série de marches forcées de Gien à Vendôme. Le temps était affreux, les troupes et l'artillerie ne pouvaient se mouvoir que sur les routes, sous peine, les hommes de s'enfoncer dans la boue jusqu'aux genoux, les voitures jusqu'au moyeu. Dans ces conditions les attaques ne pouvaient être bien vives et le terrain gagné par les Allemands bien considérable ; c'est pourquoi Chanzy voulait recommencer le combat dès le lendemain, mais ses officiers les plus énergiques lui firent observer que la lassitude des troupes était telle que le plus faible engagement pourrait entraîner une décomposition totale. Le général en chef se résolut alors à évacuer les malades et les approvisionnements accumulés dans Vendôme.

Le général Jaurès n'ayant pas été prévenu à temps de la résolution du général en chef, avait attaqué à la pointe du jour la 17e division et la 4e brigade bavaroise près de Morée ; dès que l'ordre de retraite lui fut parvenu, il cessa le feu et se replia sans être inquiété par un adversaire exténué. De son côté, Frédéric-Charles s'attendant à une défense énergique de la part de Chanzy dont il appréciait la ténacité, avait donné l'ordre aux IIIe et Xe corps d'attaquer vivement de manière à s'emparer des ponts avant que les Français pussent les rompre. Les attaques eurent lieu sur Meslay, Areines et le Temple, mais après quelques coups de fusil échangés avec de faibles arrière-gardes, les Prussiens s'aperçurent que l'armée de Chanzy était en pleine retraite.

Quand tous les convois furent en route, l'armée française tout entière passa sur la rive droite du Loir, fit autant que possible sauter les ponts et commença la retraite sur la Sarthe. Le terrain entre le Loir et la Sarthe est plus difficile que dans les plaines de la Beauce ; les routes souvent sinueuses et encaissées ont des pentes assez raides où les attelages se fatiguent et les charrois s'embourbent ; 8 pièces de canon et 64 voitures furent perdues de la sorte le jour de l'évacuation de Vendôme. La retraite s'opéra par les trois routes de Montoire, de Saint-Calais et de Vibraye. Le quartier général fut établi sur la route du milieu, le 16 à Epuisay, le 17 à Saint-Calais, le 18 à Ardenay, le 19 au Mans. Le désordre était extrême comme, du reste, les souffrances; les hommes d'une constitution robuste et animés de bons sentiments restaient dans le rang; les autres quittaient tous leurs régiments pour gagner le plus vite possible quelque bon gîte. Les ordres du jour de Chanzy font connaître que la contagion gagnait les officiers contre lesquels il dut sévir avec rigueur. Le 17, la division Gougeard avait eu un petit engagement à Droué avec la 5e division de cavalerie soutenue par le 1er régiment de landwehr de la garde. En résumé, les trois journées des 13, 14 et 15 décembre autour de Vendôme avaient coûté aux Allemands 20 officiers et 461 soldats dont 153 prisonniers; les pertes des Français sont totalement inconnues.

Le prince Frédéric-Charles, qui venait d'appeler à lui tous ses corps d'armée pour livrer bataille à Chanzy, donna brusquement l'ordre de cesser les opérations d'ensemble contre la 2e armée de la Loire et cela pour différents motifs. Il commençait à s'inquiéter de l'armée de Bourbaki dont les avant-postes avaient eu un engagement avec les Bavarois détachés à Gien; il savait l'armée de Chanzy très désorganisée et incapable de reprendre la campagne avant les premiers jours de janvier, les renseignements de nombreux prisonniers ne lui laissaient aucun doute à cet égard; enfin ses troupes étaient également très éprouvées par le mauvais temps et hors d'état d'agir vigoureusement. Dès le 16, le IXe corps se mit en marche sur Orléans; le 17, le IIIe corps rétrograda sur Mer pour prendre ensuite ses cantonnements autour de Beaugency; le grand-duc resta seul chargé de la poursuite avec les 17e, 22e divisions, une brigade bavaroise, le Xe corps et les 1re, 2e, 4e et 5e divisions de cavalerie; il avait ordre, sa mission accomplie, de se replier sur Chartres pour y faire reposer ses troupes.

Déjà, le 13 décembre, le prince avait reçu à son quartier général de Suèvres des instructions du comte de Moltke lui prescrivant de ne pas trop étendre le cercle de ses opérations. La chute de Paris étant imminente, l'état-major de Versailles ne voulait pas compromettre le succès du blocus qui devait mettre fin à la guerre. Le but qu'il assignait aux généraux en chef consistait à refouler brusquement les armées françaises de secours, puis de se replier sur des positions à proximité de Paris en faisant sauter les ponts. Le 18, Frédéric-Charles trouva, en arrivant à Orléans, un ordre royal confirmant en les renouvelant les instructions du général de Moltke. Il lui était recommandé d'établir son quartier général à Orléans et de surveiller la zone comprise au sud de cette ville entre Tours et Nevers.

En exécution de ces ordres, le IIIe corps s'établit à Coulmiers et dans les environs, le IXe resta à Orléans, couvert par la 6e division de cavalerie ; le 1er corps bavarois se retira sur Arpajon et Corbeil, où il arriva le 28 décembre. L'armée du grand-duc cantonnait le 24 autour de Chartres, couverte au sud et au sud-ouest par des détachements portés très en avant sur la ligne Bonneval-Brou-Nogent-le-Rotrou. Avant de prendre ses quartiers d'hiver, le général Voigts-Rhetz marchait, le 20 décembre, de Vendôme sur Tours. A Monnaie, il rencontra 7 à 8.000 mobilisés sous les ordres de Ferri-Pisani, que la délégation avait fait avancer pour empêcher les Prussiens de déborder la droite de Chanzy. La colonne française dut céder le terrain après un combat qui coûta une centaine d'hommes aux Prussiens. Voigts-Rhetz se présenta à l'entrée du pont de Tours ; les autorités sommées à coups de canon hissèrent le drapeau blanc ; les Allemands exigèrent la contribution de rigueur, firent des réquisitions et se retirèrent ensuite sur Blois, après avoir détruit le chemin de fer de Tours au Mans à hauteur de Mettray. L'armée allemande de la Loire se décomposait ainsi en deux groupes : le premier composé du IXe corps à Orléans, du IIIe à Coulmiers et du Xe à Blois; le second comprenant les 17e et 22e divisions d'infanterie réunies par ordre royal pour former un nouveau XIIIe corps en remplacement de l'ancien, dissous aussitôt que formé; la cavalerie comprenait les 1re, 2e, 4e et 6e divisions; la 5e division, Rheinbaben, était remontée au nord vers Dreux et Mantes pour couvrir la basse Seine.

Outre les corps actifs employés à garder les communications des armées allemandes, le roi avait fait venir de nombreuses troupes de la landwehr pour être affectées au même service. Ces troupes formaient sept sections distinctes ressortissant: aux gouvernements généraux d'Alsace, de Lorraine, de Reims, et aux inspections d'étapes des 1re, 2e, 3e armées et de l'armée dite de la Meuse. Leur effectif total était de 85 bataillons, 33 escadrons, avec 57 canons; les bataillons se composaient de 6 compagnies à 200 hommes. Vers la fin de décembre, le roi décida la création d'un quatrième gouvernement général à Versailles et donna en même temps les ordres les plus sévères pour le désarmement des départements occupés. Ce fut à cette époque qu'eurent lieu la plupart de ces exécutions qui, trop souvent, doivent être attribuées à de lâches dénonciations, ainsi que l'ont appris des débats de cour d'assises.

Arrivé au Mans le 19 décembre, l'infatigable général Chanzy visitait aussitôt les positions des environs et expédiait le soir même ses instructions, rien ne lui faisant prévoir que le prince Frédéric-Charles abandonnerait sa poursuite. Le jeune général y faisait preuve de coup d'œil et pour quiconque a visité le Mans, la tâche était ardue, car il est difficile de trouver un terrain plus coupé et d'une étude plus compliquée. La position à défendre avait une grande importance; le Mans, ville de 37.000 âmes, se trouvant à l'intersection de cinq lignes de chemin de fer venant de Paris, Tours, Angers, Brest et Cherbourg. Bâtie en grande partie sur la rive gauche de la Sarthe, un peu au-dessus de son confluent avec l'Huisne, son principal affluent de gauche, la partie riche de la ville se trouve dans un fond et ne constitue pas une position militaire. La défense devait donc être portée assez loin sur les plateaux qui s'étendent au nord entre la Sarthe et l'Huisne, à l'est et au sud entre les chemins de fer de Tours et de Paris.

De vastes opérations ont été exécutées autour du Mans dans la période du 25 décembre au 15 janvier, et quand on examine les listes publiées par le grand état-major prussien, on constate, non sans étonnement, que les innombrables combats et la grande bataille du Mans qui en a été le couronnement n'ont pas coûté aux Allemands plus de 4.000 tués ou blessés. Ce chiffre est très modeste relativement aux effectifs engagés ; il y a donc lieu d'examiner comment le prince Frédéric-Charles a pu tenter et mener à bonne fin une attaque à fond contre l'armée de Chanzy établie sur des positions étudiées et armées à l'avance.

Le prince, avec les renforts envoyés d'Allemagne pour remplir les vides causés par les opérations sur la Loire, disposait des IIIe, IXe, X^e^, XIIIe corps, 1re, 2e, 4e, 6e divisions de cavalerie comptant : 58.000 fantassins, 16.300 cavaliers avec 324 canons, soit environ 90.000 combattants. Le IXe corps était diminué de la 25e division hessoise chargée d'occuper Orléans, Gien et Blois; la cavalerie avait en plus toute la 5e division chargée de couvrir l'aile droite et les derrières de l'armée de Mecklembourg.

En lisant attentivement les dépêches officielles de Chanzy, on trouve qu'il pouvait mettre en ligne 120.000 hommes à peu près capables de tenir la campagne, sans compter les troupes laissées en arrière et les mobilisés bretons (dépêche de Chanzy au ministre de la guerre du 2 janvier 1871). L'effectif des Bretons s'élevait à 40.000 hommes, sur lesquels le général en chef faisait connaître que 10.000 à peine étaient susceptibles d'être utilement employés; encore eut-il à se repentir cruellement de leur avoir attribué la moindre valeur.

On verra plus loin, par les ordres du jour de Chanzy, quelle confiance on pouvait avoir dans la partie la moins mauvaise de la 2e armée de la Loire.

Il a été dit qu'à son arrivée au Mans, le 19 décembre, Chanzy s'était empressé de donner ses ordres en vue d'une défense opiniâtre en cas d'attaque ; il ignorait que Frédéric-Charles avait concentré ses troupes autour d'Orléans pour les reposer. Aux termes de ces ordres, le 21e corps devait cantonner entre la Sarthe et l'Huisne, ainsi que sur le plateau d'Auvours, sur la rive gauche de l'Huisne. Le 17e corps fut envoyé sur la rive droite de la Sarthe pour couvrir les routes d'Alençon et de Laval. Le 16e corps, à la droite du 21e, couronnait les hauteurs entre Yvré-l'Evêque sur l'Huisne et Arnage sur la Sarthe, à l'aval du Mans. Les ordres les plus pressants furent envoyés aux corps d'avoir à surveiller l'ennemi au moyen de reconnaissances incessantes de cavalerie. Les avant-postes des batteurs d'estrade furent poussés à 8 et 10 lieues du centre des cantonnements : ceux du 17e corps étaient à Beaumont ; ceux du 21e s'étendaient de Mamers au Theil ; le 16e corps avait des groupes de partisans à Montmirail, Vibraye, Epuisay, Lavenay et Château-du-Loir. Les francs-tireurs de Lipowski étaient encore plus loin à Nogent-le-Rotrou ; les éclaireurs algériens du colonel Goursaud à Tresson, vers Saint-Calais.

Chanzy forma en outre deux fortes colonnes mobiles : la première de 3.000 fantassins, 2 escadrons et 1 batterie, sous les ordres du général Rousseau du 21e corps ; la seconde comprenant toute la partie valide de la 3e division, Jouffroy, du 17e corps, avec 200 chevaux, 3 batteries et 2 mitrailleuses. Le général Rousseau appuya d'abord vers l'ouest, surprit le 31 décembre un détachement prussien à Courtalin, près de Châteaudun, tandis qu'une autre section de sa colonne s'avançait à proximité de Nogent-le-Rotrou.

Le général Jouffroy, dirigé sur Vendôme, rencontra le 27 décembre à Sougé, sur la Braye, un détachement commandé par le lieutenant-colonel Boltenstern et fort de 5 compagnies, 1 escadron et 2 canons. Il l'enveloppa par une manœuvre habile, de façon que les Prussiens durent se faire à la baïonnette une trouée qui réussit à cause de la mollesse de nos troupes, moyennant une perte de 150 hommes dont 70 prisonniers. Mais, fait extraordinaire et qui dispense de tout commentaire, les troupes cernées emmenèrent de leur côté 240 prisonniers parmi lesquels 10 officiers. Le 31 décembre, la colonne Jouffroy attaquait Vendôme où elle essuya un échec, le général Voigts-Rhetz y ayant réuni 11 bataillons, 3 régiments de cavalerie et 6 batteries, sous les ordres du général de Kraatz. Les pertes des Prussiens étaient de 9 officiers et 219 soldats.

Ces combats étaient insignifiants, mais les événements allaient prendre rapidement une tournure plus sérieuse, puisque le 1er janvier, le comte de Moltke adressait, au nom du roi, au prince Frédéric-Charles l'ordre de reprendre l'offensive contre l'armée de Chanzy et de la chasser du Mans. Pour couvrir les derrières de l'armée du prince, le grand état-major détachait du siège de Paris le IIe corps, Fransecki, chargé avec le VIIe corps, Zastrow, d'empêcher Bourbaki de marcher au secours de Chanzy ou à celui de la capitale.

Les ouvrages spéciaux, comme celui de Chanzy et de l'état-major de Berlin, peuvent seuls donner le détail des marches exécutées et de la trentaine de combats livrés pendant les opérations autour du Mans. L'historien ne saurait entrer dans ces détails techniques et, en définitive, peu intéressants et peu instructifs même pour les militaires ; son but doit être d'en faire ressortir le côté philosophique ; de montrer la différence entre un commandement unique et une société anonyme incompétente qui prétend diriger des opérations stratégiques, ainsi que la supériorité incontestable de troupes aguerries, disciplinées et bien commandées sur des bandes sans cohésion, démoralisées et dirigées par des généraux inexpérimentés.

Tandis que le comte de Moltke adressait le 1er janvier 1871 au général de Sthiele, chef d'état-major du prince Frédéric-Charles, une *directive* de trente lignes, *directive* à laquelle le prince était tenu de se conformer par ordre de son souverain, le général Chanzy discutait avec le conseil aulique de Bordeaux un plan de campagne pour débloquer Paris. Chanzy demandait que son collègue Bourbaki marchât droit sur Paris pour inquiéter les Prussiens et diviser leurs forces ; voici ce que lui répondait Gambetta, sans doute après avoir consulté son délégué Freycinet et autres stratèges de même envergure.

Bordeaux, le 5 janvier 1871.

Général, je réponds à votre lettre du 2 janvier courant relative à votre plan de campagne tendant à débloquer Paris.

Nous avons examiné ce plan avec l'attention la plus scrupuleuse. Il se rapproche sensiblement de celui que nous avions conçu nous-mêmes. Il s'en écarte toutefois sur un point, la direction suivie par le général Bourbaki. En effet, au lieu de faire marcher ce général sur Châtillon-sur-Seine et Bar-le-Duc (probablement Bar-sur-Seine, dit Chanzy dans une note), nous avons jugé plus avantageux de le faire opérer dans l'extrême Est, de manière à amener la levée du siège de Belfort, à occuper les Vosges et à couper les lignes ferrées venant d'Allemagne. Cette action nous paraît à la fois plus sûre et plus menaçante que celle que vous avez en vue. Actuellement Bourbaki est près de Vesoul, et vers le 10 ou le 12 nous pensons que le siège sera levé. A partir de là commencera la grande marche sur les Vosges et la période la plus active des opérations. A la tête de ses 150.000 hommes, Bourbaki se retournera vers Paris et avancera dans cette direction, de l'est à l'ouest, en occupant simultanément, autant que possible, les deux lignes ferrées de Strasbourg et de Metz.

C'est à ce moment aussi, c'est-à-dire du 12 au 15 courant, que devra commencer, selon nous, votre marche sur Paris par les points que vous avez choisis. Pour préparer votre action et l'appuyer, nous formons depuis quelque temps deux nouveaux corps, le 19e et le 25e, l'un à Cherbourg, l'autre à Vierzon, qui vous sont destinés et qui formeront en quelque sorte l'aile droite et l'aile gauche de votre armée. Ces deux corps, dont les effectifs réunis atteignent 80.000 hommes, porteront ainsi votre armée à plus de 200.000 hommes. Ils seront prêts à marcher le 12 courant. Vous aurez à nous faire connaître les points sur lesquels vous voulez qu'on les dirige, et aussitôt après ils passeront sous votre commandement. Dans notre appréciation, la période des grandes opérations s'ouvrirait pour vous le 14 ou le 15 courant. Nous eussions voulu pouvoir la hâter, mais les préparatifs nécessités d'une part par l'expédition dans l'Est, et de l'autre par la formation de deux nouveaux corps, ne l'ont pas permis. Nous avons pensé qu'il valait encore mieux retarder de cinq à six jours et augmenter votre puissance d'action, en même temps qu'établir une parfaite concordance entre nos diverses armées. Quant au général Faidherbe, il manœuvre dans le Nord, à la tête de 50.000 hommes, avec autant d'habileté que d'énergie. Il vient de remporter, le 2 et le 3 courant, un important succès à Bapaume, et il tient en échec toute l'armée de Manteuffel.

Il est destiné vraisemblablement, à un moment donné, à tendre la main à Bourbaki et à former ainsi à l'est de Paris une masse de 200.000 hommes, égale par conséquent à celle que vous amènerez vous-même de l'Ouest.

Derrière ces deux grandes armées, d'importantes troupes de mobilisés se concentrent graduellement pour occuper les positions en arrière. Déjà vous avez sous la main près de 40.000 Bretons qu'on vient d'armer pour garder la ligne du Mans. Nous comptons réunir avant quinze jours 100.000 nouveaux mobilisés dans l'Est et le Centre, pour occuper Vierzon, Nevers, Dijon, Besançon, et les autres points indiqués par les incidents de la guerre.

Dans ces conditions, général, et avec l'aide de chefs tels que vous, la France peut compter sur la victoire. La Prusse fait aujourd'hui son suprême effort, elle doit succomber devant notre persistance. Ses armées ont dû jusqu'ici leurs succès à nos fautes, mais une expérience cruellement acquise nous apprendra à en éviter le retour.

Agréez, général, etc... Signé : GAMBETTA.

Cette lettre a été écrite quelques jours à peine avant l'effondrement général. L'esprit reste confondu devant un pareil tissu d'insanités et l'on ne peut que souhaiter à M. de Boisdeffre, envoyé par Chanzy à Bordeaux et chargé, à son retour, par Gambetta de remettre la lettre précitée à son général, de ne jamais en recevoir une pareille du politicien auquel une usurpation de pouvoirs aura permis de diriger nos armées. Il est vrai que le magnifique tableau des centaines de mille hommes, exposé à Chanzy dans le langage académique du délégué à la guerre, ne parvint pas à modifier ses projets ni à calmer ses appréhensions. L'envoi des bandes de Bourbaki dans les montagnes de l'Est au milieu de l'hiver lui paraissait une tentative de la dernière témérité et, hélas ! il n'avait que trop raison.

Ainsi qu'il a été dit, le prince Frédéric-Charles avait dû donner les ordres nécessaires pour attaquer l'armée de Chanzy. Son premier soin fut de porter ses troupes sur les points de départ des différentes colonnes, points disposés de manière qu'il leur fût possible de coordonner leurs mouvements. Les trois corps et demi mis à sa disposition avec cinq divisions de cavalerie pour les opérations projetées, devaient préalablement prendre position sur une demi-circonférence de 25 lieues d'étendue passant par Nogent-le-Rotrou, Brou, Châteaudun, Cloyes, Morée, Fréteval, Vendôme et Saint-Amand. Le contact avec les avant-gardes françaises se produisit le 4 janvier et, le surlendemain 6, le combat s'engageait sur toute la ligne.

A la gauche allemande, le duc de Mecklembourg, chef de la 6e division de cavalerie, fut attaqué par le général Curten qui arrivait de Château-Lavallière, où il s'était rendu après sa défaite de la Monnaie pour faire partie de l'armée de Chanzy. Le même jour, la colonne principale, commandée par le général Voigts-Rhetz et partant de Vendôme, gagnait Montoire, sur le Loir, après avoir repoussé les détachements de Jouffroy. Plus au nord, le IIIe corps parti de Beaugency avait également débouché de Vendôme le 6 janvier et rencontré le gros de la division Jouffroy qui, après un combat meurtrier, à Azay et à Mazange, se replia sur Savigny. Le même jour, le IXe corps Manstein et la 2e division de cavalerie atteignaient Fréteval et Morée. Enfin le XIIIe corps, Mecklembourg, et la 4e division de cavalerie repoussaient le général Rousseau à la Fourche et campaient entre Brou et Nogent-le-Rotrou. Ainsi, Chanzy était menacé au sud par Voigts-Rhetz, à l'est par d'Alvensleben et Manstein, au nord par Mecklembourg.

Le Xe corps descendit la vallée du Loir jusqu'à La Chartre pendant les journées des 6, 7 et 8, en combattant sans cesse contre les troupes des généraux Barry et Jouffroy. Le 9 au matin, parvenu à La Chartre, à 40 kilomètres au sud-est du Mans, il se redressait brusquement au nord par la route de Grand-Lucé. Le soir il arrivait à Saint-Vincent-du-Lorouer, après un engagement avec Jouffroy.

Le IIIe corps parti de Vendôme et le IXe corps de Fréteval se réunissaient le 7 au soir à Epuisay. De là, le IIIe corps en tête, ils marchaient droit au Mans par Saint-Calais, Bouloire, Ardenay. Arrivée le 9 en face de cette dernière localité, la colonne prussienne y rencontra la division Pàris, du 17e corps, qu'elle délogea de ses positions. Le IXe corps était resté en arrière à Bouloire. Après son succès, d'Alvensleben déploya son corps d'armée en face des lignes françaises, de la lisière du bois de Loudon au Breil, avec le gros au centre à Ardenay.

Le XIIIe corps, Mecklembourg, luttait avec avantage contre la colonne Rousseau et couchait le 9 sur la ligne Connerré-Thorigné, à proximité de l'aile gauche de Chanzy. Aux deux extrémités de la ligne allemande se trouvaient : au sud-est la 1re division de cavalerie Hartmann, chargée d'observer la Loire de Blois à Tours ; au nord, la 4e division, prince Albrecht, qui le 9 occupait Bonnétable. Pendant ces opérations, le temps n'avait pas cessé d'être épouvantable ; au dégel avait succédé, le 9, une gelée aussitôt suivie d'une neige épaisse qui rendait les chemins glissants.

Le général Chanzy se voyant serré de près envoya aux commandants des corps d'armée une instruction datée du 9 janvier, n° 208, dont les passages concernant l'attitude de ses troupes font un pénible contraste avec la lettre de Gambetta où il n'était question que d'offensive et de victoires. Voici ce qu'écrivait Chanzy à ses lieutenants :

Si l'ennemi avance aussi effrontément, c'est, il est pénible de l'avouer, parce que nous ne lui opposons nulle part une résistance sérieuse, alors que nous disposons partout de *forces au moins égales aux siennes.* La re-retraite ne mène à rien, elle n'est que le principe d'un désordre que nous devons éviter à tout prix.

Un peu plus loin :

La cavalerie a abandonné ce soir, sans même avoir reconnu les forces qu'elle croyait devant elle, sans par conséquent avoir essayé la moindre résistance, les points importants de Parigné-l'Evêque et de Grand-Lucé. Le général commandant la cavalerie fera une enquête sur ces faits et les officiers qui commandaient sur ces points auront à rendre compte.

Toujours dans le même ordre du jour :

Le général en chef a été informé que de nombreux fuyards, la plupart des divisions Barry et Jouffroy, étaient déjà rencontrés sur les routes aboutissant au Mans ; il rend les généraux responsables de ces débâcles que rien ne justifie, et que de l'énergie et quelques exemples immédiats peuvent arrêter. Le général Bourdillon portera demain, dès le matin, les deux régiments de gendarmerie sur toutes les routes qui aboutissent au Mans dans les directions de Sargé, d'Yvré-l'Evêque, de Parigné, de Mulsanne et d'Arnage. Il fera arrêter à 4 kilomètres de la ville tous les hommes isolés ou détachementsqui se présenteront, les réunira sous le commandement d'un officier, fera établir des listes, assignera à chaque groupe un emplacement, et rendra compte au général en chef. La ville du Mans est consignée à partir de demain et jusqu'à nouvel ordre aux officiers et à la troupe. Toute infraction sera punie avec la dernière rigueur. L'exécution de cet ordre est sous la responsabilité du général commandant la division de réserve et la gendarmerie.

Enfin, dix lignes plus bas :

Il n'y a point à alléguer le mauvais temps ; il est le même pour tous et les Prussiens ne s'en préoccupent pas.

Le lendemain, 10 janvier, dans son ordre du jour n° 209, on relève les passages suivants :

Chaque corps d'armée fera garder ses derrières par de la cavalerie pour ramasser les fuyards et empêcher toute débandade. Les fuyards seront ramenés sur les positions et maintenus sur la première ligne de tirailleurs. *Ils seront fusillés s'ils cherchent à fuir.*

Le général en chef n'hésiterait pas, si une débandade venait à se *reproduire* (*sic*), à faire couper les ponts en arrière des lignes, pour forcer à la défense à outrance...

Ou à se rendre, aurait-il pu ajouter.

Voilà le langage que tenait à son armée un général énergique paraissant conserver une lueur d'espoir. Que devaient donc dire ou plutôt penser les généraux qui, ayant perdu toute confiance dans les éléments mis à leur disposition, se prononçaient ouvertement pour la cessation des hostilités ? L'entêtement et l'aveuglement des gouvernants de Paris et de Bordeaux à repousser toute idée de négociation devenait vraiment inexplicable, quand on songe que les adjurations et les mesures si vigoureuses du général Chanzy n'empêchèrent pas son armée de fuir deux jours plus tard dans une affreuse déroute et en proie à une irrésistible panique ; ce qui n'empêche pas les stratèges de Bordeaux qui composaient, dans des cabinets bien chauffés, des plans de campagne bons pour un théâtre de drame, de se faire décerner aujourd'hui des couronnes de laurier et de se laisser dire dans des discours officiels qu'ils ont sauvé l'honneur de la France ! !

Après avoir expédié ses instructions dans la soirée du 9, Chanzy, sans tenir compte de la faiblesse, de la lassitude et de l'inexpérience de ses jeunes soldats, prescrivit partout par le télégraphe, « qu'on eût à reprendre une vigoureuse offensive. Il fallait, disait le général, imposer à l'ennemi et éviter, surtout, ces retraites précipitées qui, avec des troupes nouvelles, tournent si facilement en panique et en débandade ». Ce procédé tactique était bien d'un général ayant fait sa carrière en Algérie sous Bugeaud et Changarnier, ces maîtres en fait de guerre africaine. Leur distingué élève oubliait que ce procédé, bon contre des Arabes, avait peu de chances de réussite contre des Prussiens enorgueillis par leurs victoires et convaincus de leur supériorité sur les troupes françaises de nouvelle formation.

Conformément à l'ordre formel du général en chef, la brigade Pereira, de la 1re division du 16e corps, s'avança par la route de Parigné-l'Evêque et y rencontrait la division Stülpnagel du IIIe corps prussien. Un combat auquel prend part une brigade de la division Jouffroy, s'engage et bientôt la colonne Pereira est rejetée sur le Mans. A Changé, la brigade Ribell, également de la 1re division Deplanque du 16e corps, était repoussée après une lutte assez meurtrière avec la 11e brigade du IIIe corps. Une autre colonne de ce corps d'armée avait enlevé Champagné au 21e corps ; mais la brigade Bel, de la division Gougeard, reprit le village dans la nuit. Au sud, il n'y eut pas d'engagement, le Xe corps n'ayant pas encore dépassé Grand-Lucé, à 24 kilomètres du Mans. Au nord, la division Rousseau s'était repliée sur Montfort et Pont-de-Gesnes en maintenant la division Treskow, et le général Wittich n'avait pas eu plus de succès contre la division Collin à Lombron. Ainsi, la droite de Chanzy n'avait pas encore été attaquée, son centre commençait à être sérieusement entamé et le 21e corps contenait l'armée de Mecklembourg tout en perdant du terrain. La faible résistance opposée au IIIe corps était de mauvais augure, et les instructions données par Chanzy dans la soirée du 10 exprimaient un manque de confiance voisin du désespoir, puisque, ainsi qu'il vient d'être dit, il menaçait son armée de faire sauter les ponts sur ses derrières pour l'empêcher de fuir.

Dans ces instructions, le général en chef divisait la défense en trois parties improprement appelées *secteurs*, puisque la ligne de bataille était concave par rapport à l'ennemi. L'amiral Jauréguiberry avait le commandement des plateaux qui s'étendent d'Arnage à Yvré-l'Évêque, avec quartier général à Pontlieue. Ses troupes comprenaient, en partant de la droite : une partie des débris des division Barry et Maurandy du 16e corps, sous les ordres du général Barry, près d'Arnage ; les mobilisés bretons tirés du camp de Conlie et commandés par le général Lalande ; la division Deplanque, 1re du 16e corps ; les divisions Roquebrune et Jouffroy du

17e corps. Le reste des troupes ralliées du 16e corps dut se réunir au carrefour de Pontlieue à titre de réserve éventuelle. La partie comprise entre la route de Saint-Calais et l'Huisne fut placée sous les ordres directs du général de Colomb, auquel on donna la division Pàris, 2e du 17e corps, et la division Gougeard du 21e. Les plateaux qui s'étendent le long de la rive gauche de l'Huisne et du chemin de fer de Paris étaient gardés par le 21e corps dont le chef, l'amiral Jaurès, avait en outre la mission de défendre les routes qui du nord arrivent au Mans entre l'Huisne et la Sarthe. Le 17e corps fut remplacé sur la rive droite de la Sarthe par des mobilisés du camp de Conlie mal armés, mal équipés et sans la moindre instruction militaire.

Les tentatives d'attaque faites le 10 ayant avorté, Chanzy dut se borner à la défensive et laisser à son adversaire le rôle d'assaillant. Le plan du prince Frédéric-Charles était des plus simples. Le verglas empêchant tout mouvement rapide et toute manœuvre, il prescrivit à ses colonnes d'avancer par toutes les routes à la fois. Le Xe corps, qui était en arrière de la division Stülpnagel sur la route de Parigné, obliqua à gauche sur Mulsanne ; le IIIe corps plaça ses colonnes en face des plateaux qui dominent Changé ; le IXe corps, réduit à la 18e division, laissé la veille en réserve à Bouloire, fut chargé d'enlever le plateau d'Auvours ; le XIIIe corps et la 4e division de cavalerie, postés à 10 kilomètres plus à droite en face de Lombron et de la Chapelle, devaient essayer de déborder la gauche française et de gagner la Sarthe en amont du Mans.

Le XIIIe corps échoua complètement dans son attaque contre le 21e corps dont les divisions Rousseau et Collin l'arrêtèrent à Lombron et la division Villeneuve à Chanteloup, sur la route de Savigné-l'Evêque qui suit la bissectrice de l'angle formé par la Sarthe et l'Huisne. Au centre, le IXe corps battit complètement la division Pàris et lui arracha le plateau d'Auvours, la clé du champ de bataille. Chanzy ordonna au brave Gougeard de reprendre la position coûte que coûte. Le général s'élança à la tête de 4 bataillons dont 1 de ligne, 1 de mobilisés de Rennes, 1 de mobilisés de Nantes, celui des zouaves pontificaux, et chassa les Prussiens du plateau. Chanzy enthousiasmé le nomma sur-le-champ commandeur de la Légion d'honneur. Le IIIe corps resta maître de Changé et reprit Champagné au colonel Bel qui périt dans l'action. En résumé, partout où l'on s'était battu et malgré de trop nombreuses défaillances, la journée était assez bonne, et Chanzy sentait renaître l'espoir de conserver le Mans contre un ennemi visiblement à bout d'efforts par suite des souffrances et des fatigues causées par un temps affreux. Pour son malheur, il avait confié le poste important du Tertre-Rouge, sur la route de Mulsanne, aux mobilisés bretons tirés l'avant-veille du camp de Conlie. Le lieutenant général de Kraatz, commandant la 20e division, qui avait une longue marche à fournir, arrivait à la nuit noire, un peu avant huit heures, en face du Tertre-Rouge. Les mobilisés étaient là dans une position formidable faite pour donner confiance aux troupes les plus médiocres. Les fantassins pouvaient s'abriter dans une double rangée de retranchements, défendus en outre par de puissantes batteries; partout de gros arbres, des mouvements de terrain, des fossés profonds permettaient aux hommes de se dérober aux coups de l'ennemi. Malgré ces avantages, les mobilisés s'enfuirent à la seule annonce de l'approche de Prussiens, entraînant dans leur déroute les corps voisins. Personne ne fut plus étonné que le général Kraatz d'avoir percé l'aile droite française sans coup férir. Le grand état-major s'étend longuement sur les combats livrés par la 20e division dans la soirée du 11 janvier, mais en consultant la liste des pertes, on s'aperçoit que le Xe corps a compté dans cette journée 4 officiers et 76 soldats tués ou blessés et cela après un engagement avec un détachement de la colonne de Curten à Ecommoy. Ce général qui battait en retraite le long du Loir et se trouvait à hauteur de cette localité, avait marché au canon sans s'inquiéter de l'heure avancée ni de la température ; le récit du grand état-major est donc empreint d'exagération. Le fait d'un pareil abandon paraît si invraisemblable que, sur les lieux mêmes, les habitants prononçaient en 1871 le mot de trahison et prétendaient que le général commandant au Tertre-Rouge avait vendu sa retraite aux Prussiens. Le précédent de la débandade de la division Maurandy à Chambord explique les actes de faiblesse dont sont capables de mauvaises troupes mal commandées.

Tous les efforts tentés par Jauréguiberry avec quelques officiers vigoureux pour rallier les fuyards restèrent inutiles, et Chanzy, le désespoir au cœur, se vit contraint de donner l'ordre de la retraite sur la rive droite de la Sarthe. Pour masquer ce mouvement, les corps ayant encore quelque cohésion furent invités à résister à l'ennemi qui, heureusement, ne se doutait pas de l'importance du succès inespéré de la division Kraatz. Les 16e et 17e corps en pleine décomposition n'opposèrent aucune résistance aux IIIe et X[e] corps prussiens qui entrèrent au Mans sans autre engagement qu'un échange de coups de fusil avec de braves gens décidés à ne pas abandonner la partie sans avoir brûlé leurs cartouches. Le 21e corps, Jaurès, fit au contraire preuve de fermeté et tint en échec jusqu'à la nuit les XIIIe et IXe corps. Pour gagner la route de Bonnétable, la 22e division, Wittich, avait fait un grand détour par la Chapelle et Torcé. Arrivée à Chanteloup, elle avait été arrêtée court par la division Villeneuve. La cavalerie du 17e corps commandée par le général d'Espeuilles avait de même barré le passage à Ballon et à Souligné aux escadrons du prince Albert qui essayaient de déborder notre gauche.

Le gros de l'armée française se repliait à travers le Mans par les deux routes de Laval passant, celle du sud par Chassillé et Saint-Jean-sur-Erve, celle du nord par Conlie et Sillé-le-Guillaume. Le 21e corps, plus au nord, avait gagné la route d'Alençon, point sur lequel Chanzy voulait porter les débris de son armée afin d'être toujours en mesure de menacer l'armée d'investissement de Paris ; mais Gambetta, désireux de ne pas découvrir complètement l'ouest et le midi de la France, lui prescrivit, on pourrait dire le pria, de rallier ses corps épars sur la Mayenne, autour de Laval. Le jour de la reddition des comptes approchait et il était passé le temps où les stratèges de la délégation destituaient les généraux en chef coupables de n'avoir pu battre de bonnes troupes avec des soldats sans instruction et sans discipline.

Pendant les sept journées d'opérations du 6 au 12 janvier, les Allemands n'ont perdu par le feu que 200 officiers et 3.200 soldats ; toutefois le grand état-major avoue que les marches continuelles par la neige ou le verglas avaient singulièrement éclairci les rangs ; une partie de l'infanterie était en haillons avec des pantalons de toile et des bottes percées. La tenue des officiers était aussi délabrée, car depuis leur départ des cantonnements de la Loire l'état des chemins n'avait jamais permis à leurs bagages d'arriver à destination. Mais, ajoute-t-il, le moral était excellent, et le croiront sans peine les militaires qui ont appartenu à l'armée victorieuse de Crimée. Les pertes de la 2e armée de la Loire par le feu n'étaient guère plus considérables, mais elle laissa entre les mains de l'ennemi plus de 20.000 prisonniers, 17 canons, 2 drapeaux et un prodigieux matériel.

Conformément aux instructions du comte de Moltke et vu la fatigue extrême de ses troupes, le prince se borna à faire suivre Chanzy par des colonnes mobiles tirées des IXe et Xe corps ; le IIIe restait au Mans et le XIIIe se portait sur Alençon avec la 4e division de cavalerie. Le général Chanzy avait pris la route de Conlie ; le 12 son quartier général était à Domfront-en-Champagne, les 13 à 14 à Sillé-le-Guillaume, le 15 à Evron, le 16 à Laval, distant de 80 kilomètres du Mans, et où il fut rejoint par la division Curten, ancienne Maurandy du 16e corps.

Le 14 janvier, le général Barry s'étant arrêté sur la Vègre, fut atteint par la tête de colonne du Xe corps qui le refoula des villages de Longne et de Chassillé en lui faisant 400 prisonniers. Le 15, cette même colonne se heurta à Saint-Jean-sur-Erve contre les débris du 16e corps réunis par l'amiral Jauréguiberry et fut obligée de s'arrêter après avoir perdu 1 officier et 36 hommes et ramassé près de 600 traînards évidemment désireux d'être pris. Une autre colonne du Xe corps, sous les ordres du colonel Lehmann, fut moins heureuse. Engagée sur la route de Conlie, elle rencontrait le 15 janvier à Sillé-le-Guillaume les divisions Villeneuve et Rousseau du 21e corps qui la battaient complètement, lui mettaient 8 officiers, 99 hommes hors de combat et obligeaient le prince à la faire soutenir en toute hâte par le IXe corps. Le XIIIe corps dirigé sur Alençon surprit le 14 à Beaumont-sur-Sarthe un ramassis de traînards dont 1.400 se constituèrent prisonniers. Mais, devant Alençon, il fut accueilli à coups de fusil par les francs-tireurs de Lipowski. Dans la nuit du 16 au 17, Lipowski battit en retraite sur Prez-en-Pail, à l'ouest d'Alençon, pour ne pas exposer une ville riche et populeuse au sort de Châteaudun. Le grand-duc ne s'arrêta pas dans l'Orne, ayant reçu l'ordre de marcher sur Rouen où il arriva le 25, afin de soutenir le général de Gœben obligé, comme on le verra plus loin, de se porter au nord à la rencontre de Faidherbe.

A la nouvelle de la défaite du Mans, ce qui restait de mobilisés au camp de Conlie s'enfuit dans toutes les directions. Les 16e et 17e corps, d'après la relation même de M. de Freycinet, « avaient été réduits au delà de toute expression. Sans parler de 3 à 4.000 hommes hors de combat et de 12 à 15.000 prisonniers laissés au Mans, plus de 30.000 hommes s'étaient réfugiés sur divers points, principalement à Rennes ». Peu après la guerre, les habitants racontaient que les Prussiens, embarrassés de leurs prisonniers, se contentaient de briser les fusils des hommes qui se rendaient et les laissaient libres.

Le général Chanzy s'occupa de réorganiser l'armée avec

son activité et son sang-froid habituels. Le ministère de la guerre lui envoya des lignes de Carentan le 19e corps, commandé par le général Dargent et composé de 4 divisions dont une de cavalerie. Le 17e corps devint l'*Armée de Bretagne* sous les ordres du général de Colomb secondé par les généraux Bérenger, Cathelineau et Charette. Grâce aux efforts du gouvernement de Bordeaux qui s'entendait mieux à réunir des hommes qu'à former des soldats, l'ensemble des forces réunies derrière la Mayenne atteignait, le 8 février, le chiffre formidable de 4.952 officiers, 227.361 hommes avec 26.797 chevaux et 430 bouches à feu. Chanzy, qui donne ces chiffres dans son livre, aurait été embarrassé de dire combien parmi ces rationnaires méritaient la qualification d'officier ou de soldat. Gambetta s'était rendu le 19 janvier à Laval pour s'entendre avec le général en chef au sujet de cette réorganisation. Le même jour, le général Hartmann, avec la 1re division de cavalerie et la 38e brigade d'infanterie, occupait Tours où le prince Frédéric-Charles installa son quartier général pendant l'armistice qui mettait fin à la guerre.

Le grand état-major de Versailles commençait à être inquiet pour ses communications. Dans le Nivernais et jusqu'à Gien, le général de Pointe de Gévigny, un septuagénaire plein d'ardeur et de patriotisme, avait détruit plusieurs ouvrages d'art sur la ligne de Dijon, chassé les Hessois de Briare le 14 janvier et surpris le détachement de Gien. Plus au sud, dans l'espoir d'opérer une diversion en faveur de Chanzy, un 25e corps avait été organisé à Bourges, sous les ordres du général Pourcet rentré en grâce. Après la défaite du Mans, la première division sous les ordres du capitaine de vaisseau Bruat, fut dirigée sur Nevers, la 2e commandée par Pourcet en personne marchait sur Vienne, le faubourg de Blois, et la 3e à Vierzon maintenait les communications entre les deux premières. Afin de parer à ce danger, le comte de Moltke ramena sur Orléans la 18e division et expédia en chemin de fer une brigade du VIe corps de Paris sur Montargis. L'armistice arrêta dans cette zone les opérations qui se terminèrent par la prise du faubourg de Vienne où les Hessois perdirent 63 hommes, dont 47 prisonniers, et furent obligés de se retirer sur Blois après avoir fait sauter le pont de la Loire. Cette escarmouche eut lieu le 28 janvier, le jour même de la signature de l'armistice.

Il reste maintenant à faire connaître les motifs qui avaient déterminé le nouvel empereur allemand à prendre la grave résolution de découvrir le flanc droit du prince Frédéric-Charles en portant Mecklembourg d'Alençon sur Rouen.

CHAPITRE XLII

Opérations dans le Nord. — Le général de Manteuffel à Rouen. — Formation de colonnes mobiles. — Occupation de Dieppe le 9 décembre. — 5 décembre, Faidherbe commande l'armée du Nord. — 9 décembre, le général Lecointe reprend Ham. — Marche du VIIIe corps sur Amiens. — Mesures ordonnées par Moltke contre un mouvement de Faidherbe au sud-est. — Faidherbe se porte sur Amiens par la rive droite de la Somme. — Concentration des Prussiens au sud d'Amiens. — 23 décembre, bataille de l'Hallue ou de Pont-Noyelles. — Retraite de Faidherbe derrière la Scarpe. — 28 décembre, premier bombardement de Péronne. — Positions occupées par l'armée de Manteuffel le 1er janvier. — Capitulation de Mézières. — 2 janvier, Faidherbe quitte ses cantonnements de la Scarpe. — Concentration des Allemands. — 2 et 3 janvier, combat de Béhagnies et bataille de Bapaume. — 4 janvier, les deux armées battent en retraite. — 9 janvier, capitulation de Péronne. — Graves conséquences de la chute de Péronne. — Opérations sur la basse Seine de la fin de décembre au 6 janvier. — Gœben remplace le 8 janvier Manteuffel envoyé contre Bourbaki. — Il renforce l'armée de la Somme. — Mecklembourg est envoyé en Normandie. — 11 janvier, Faidherbe reprend l'offensive. — Mouvements des deux armées du 11 au 18. — 18, combat de Vermand. — 19, bataille de Saint-Quentin. — Défaite de l'armée française. — Pertes des deux armées. — Epilogue.

Maître de Rouen, le général Manteuffel reconnut vite que cette ville ne convenait guère pour un établissement défensif. Les travaux à faire autour de la place eussent pris un développement énorme à cause de l'étendue des faubourgs ; et le flux qui fait varier chaque jour le niveau du fleuve ne permettait pas l'établissement de ponts de bateaux pour relier les deux rives de la Seine. La rive droite est d'une défense difficile par suite de la configuration du terrain qui représente de ce côté un système irrégulier de vallées profondes. Un corps entier eût été nécessaire pour occuper l'ensemble de la position et la 1re armée se serait trouvée réduite à la moitié de ses effectifs pour opérer dans le Nord. Ces considérations déterminèrent le général prussien à ne pas faire du cours inférieur de la Seine sa base d'opérations et à ne laisser dans Rouen qu'une forte garnison. Elle devait suffire pour couper les communications entre le nord et l'ouest de la France, ainsi que pour surveiller et empêcher au besoin les tentatives d'organisation militaire dont la Normandie pouvait devenir le théâtre. En outre, cette garnison était à même de toujours expédier à temps, par le chemin de fer d'Amiens, les renforts dont la reprise de la lutte pouvait nécessiter l'envoi sur la ligne de la Somme.

Pour donner la poursuite aux troupes échappées de Rouen, désarmer le pays et y étouffer les germes de résistance, le général Manteuffel ordonna, dès le 7 décembre, l'envoi de plusieurs colonnes mobiles dans les directions de Vernon, Evreux, Pont-Audemer, Bernay et aussi contre le Havre. Trois brigades mixtes, — général Pritzelwits et colonel Massow du 1er corps, colonel Bock du VIIIe, —qui eurent à opérer sur la rive gauche de la Seine, ne rencontrèrent aucune troupe française. Au moment où l'avant-garde du colonel Bock entrait dans Honfleur, les forces du général Briand qui s'étaient retirées par la rive gauche achevaient de s'embarquer pour le Havre. Le détachement Massow resta en garnison à Evreux pour relier la 1re armée à celle du prince Frédéric-Charles avec le concours de la 5e division de cavalerie établie à Dreux et à Chartres.

Sur la rive droite de la Seine, le général Dohna avait été envoyé à Dieppe avec un détachement mixte de la force d'une brigade. Il occupa cette ville ouverte le 9, y détruisit le télégraphe de la côte et encloua 27 canons abandonnés. Un fort détachement sous les ordres du général de Brandeburg II, commandant la brigade des dragons de la garde, s'avança sur le Havre par Bolbec ; ayant trouvé les abords de la ville retranchés et garnis de troupes, il se borna à quelques reconnaissances. Les instructions de Versailles en date du 7 décembre, reçues à Rouen le 9, portaient que le Havre ne devait pas être l'objet d'une entreprise susceptible de traîner en longueur, et le général Manteuffel était laissé juge de la convenance qu'il pouvait y avoir à tenter de s'en emparer par un coup de main. Dans ces mêmes instructions, le comte de Moltke indiquait à la 1re armée la double tâche qu'elle avait à remplir : surveiller le nord-ouest de la France, en s'opposant à toute tentative contre Rouen de la part du général Briand réfugié au Havre, et faire face aux forces françaises rejetées vers le nord à la suite de la bataille d'Amiens, dans le cas où elles descendraient de nouveau vers le sud. Or, c'est précisément le lendemain du jour où M. de Moltke dictait ces instructions que le général Faidherbe, appelé récemment à remplacer Bourbaki, reprenait la campagne.

Le 22e corps venait d'être porté à trois divisions : 1re division : général Lecointe ; 1re brigade, colonel Derroja ; 2e brigade, lieutenant-colonel Pittié. — 2e division : général Paulze d'Yvoy ; 1re brigade, colonel du Bessol ; 2e brigade, lieutenant-colonel de Gislain. — 3e division : amiral Moulac ; 1re brigade, capitaine de vaisseau Payen, un régiment à trois bataillons de fusiliers marins, un régiment de mobiles et un bataillon de chasseurs ; 2e brigade, capitaine de frégate de Lagrange, mobiles et mobilisés. 4 nouvelles batteries avaient été ajoutées aux 7 qui avaient combattu à Amiens ; de sorte que chaque division fut pourvue de 3 batteries ; 2 batteries formaient la réserve. L'effectif total comprenait 30.000 combattants avec 66 bouches à feu.

Dans la conviction très naturelle que le Havre était menacé,

Faidherbe résolut de recommencer les opérations afin de dégager notre grand port de commerce par une puissante diversion. Dès le 8 décembre, sa 1re division, Lecointe, se mit en marche sur Saint-Quentin ; le 9 au soir, elle arriva devant Ham et fit capituler dans le château où ils s'étaient réfugiés, 210 Prussiens dont 11 officiers, qu'on avait laissés dans cette localité pour réparer le chemin de fer. Il est à remarquer que le grand état-major a omis de faire figurer ces 210 *disparus* sur les listes annexées à son ouvrage. Quelques reconnaissances furent poussées dans la direction de La Fère ; et le 14, quand tout le corps d'armée fut en marche pour rejoindre Lecointe, le général Faidherbe se tourna vers l'ouest et marcha sur Amiens à la rencontre des forces prussiennes que son mouvement devait y avoir attirées de Rouen.

Pendant ces mouvements, Manteuffel avait pris les dispositions suivantes pour se conformer aux instructions générales reçues le 9. Le général Benthеim était laissé à Rouen avec le Ier corps, et le général Gœben avait ordre de se mettre en marche sur Amiens, le 10, avec le VIIIe corps, en faisant une nouvelle reconnaissance devant le Havre, déjà exploré par le général Brandeburg. La 15e division se mit directement en marche sur Amiens en deux colonnes : l'une, brigade Bock, rappelée de Pont-Audemer, suivant la voie de Gournay-Montdidier ; l'autre, brigade Strubberg, conduite par le général Kummer, commandant de la division, plus à l'ouest le long du chemin de fer d'Amiens. La 16e division formant l'aile gauche fit un crochet vers le Havre. Le général Gœben, qui la conduisait en personne, jugea de nouveau que l'attaque des retranchements qui couvraient la ville coûterait trop d'efforts et trop de temps. En conséquence il se dirigea le 12 sur Amiens par Abbeville.

Les derniers jours de novembre et le commencement de décembre avaient été employés par le général de Grœben, commandant la 3e division de cavalerie, laissé à Amiens, pour approvisionner la place et la mettre en état de défense.

3.000 ouvriers civils avaient été employés à détruire, aux frais de la ville, les retranchements élevés par le 22e corps du côté du midi.

Il ne semble pas que la marche de Faidherbe vers le sud ait modifié les projets des Prussiens sur le Havre. La prise de Ham, connue à Rouen le 11, y fut considérée par l'état-major de la 1re armée comme un coup de main de la garnison de Péronne. Il ne crut à la rentrée en campagne de Faidherbe que plus tard, quand on lui eut signalé la marche de grosses colonnes entre Arras et Péronne. La prise du château de Ham lui parut un indice que Faidherbe voulait soit exécuter une marche sur Paris en descendant la vallée de l'Oise, soit se porter sur les communications des armées allemandes en remontant la vallée de l'Aisne. Le général Manteuffel ordonna en conséquence à la brigade de gauche, Strubberg, de rejoindre en toute hâte la brigade Bock engagée plus à l'est sur la route de Montdidier. Le grand quartier général de Versailles fut alors visiblement préocupé du mouvement de Faidherbe qui semblait menacer directement les trois voies ferrées parallèles de Tergnier à Compiègne, de Soissons à Laon et de Mézières à Épernay, indispensables pour les communications des armées allemandes ; ses craintes étaient d'autant plus vives que Faidherbe avait de l'avance sur Manteuffel du côté de l'est. Cette préoccupation se remarque dans les instructions que ce dernier reçut de Versailles, le 15, et dans lesquelles de Moltke lui indiquait une concentration immédiate des principales forces de la 1re armée sur Beauvais comme le meilleur moyen, sans trop s'éloigner de Rouen et d'Amiens, pour prendre l'offensive « contre les corps ennemis qui pourraient sortir de la ceinture de forteresses voisine de la frontière belge ». Et en effet, des ordres furent donnés aux différentes colonnes en vue de cette concentration qui n'avait déjà plus sa raison d'être et qui n'eut pas lieu, car Faidherbe, comme il a été dit, avait fait front vers l'ouest et, depuis le 14, se dirigeait sur Amiens. Les nouvelles dispositions de

Manteuffel, à la suite du changement de front de l'armée du Nord, amenèrent à la date du 19 décembre la concentration de tout le VIIIe corps avec la 3e division de cavalerie au sud d'Amiens dans la zone de Breteuil-Couty-Moreuil-Roye. Amiens était gardé par le général Mirus, avec une brigade du Ier corps, un régiment de cavalerie et 2 batteries. Des détachements de l'armée de la Meuse qui avaient d'abord été portés à la hâte sur Compiègne et Soissons furent renvoyés devant Paris. Toutefois, une nouvelle brigade de cavalerie de la garde commandée par le prince Albrecht fils, avec une batterie, fut détachée vers Amiens où elle arriva le 22, et le détachement du général de Senden, relevé devant Mézières par d'autres troupes, eut ordre de se porter vers Saint-Quentin pour y être le 25. C'est donc auprès d'Amiens qu'allait s'engager l'action et sur le champ de bataille choisi et reconnu par Faidherbe.

L'adjonction au 22e corps d'une quatrième division de gardes nationaux mobilisés, venait de donner lieu à la formation du 23e corps, et ces quatre divisions formèrent ensemble l'armée du Nord, autour de laquelle s'est créée une légende où il n'est question que d'héroïsme et de victoires. Certes le général Faidherbe était un véritable homme de guerre qui, malgré une santé délabrée par un séjour prolongé au Sénégal, a largement, presque trop largement payé de sa personne pendant le rude hiver de 1870 ; M. Testelin, le commissaire général du Nord, loin d'imiter les proconsuls de Lyon, de Marseille et de Toulouse, s'évertuait à encourager les généraux, à leur fournir argent et matériel, à équiper la garde nationale qui fournit les 12 bataillons de la 4e division ; les évadés de Metz avaient donné un noyau d'officiers intelligents et vigoureux ; mais il n'en faut pas moins rabattre de la légende et reconnaître que les victoires célébrées à Pont-Noyelles, à Bapaume et parfois à Saint-Quentin se réduisent à deux insuccès et à une défaite.

Faidherbe fit nommer généraux de division MM. Lecointe,

Paulze d'Yvoy et Farre, les deux premiers pour commander les 22ᵉ et 23ᵉ corps, le dernier pour remplir les fonctions de chef d'état-major général. Les colonels Derroja et du Bessol étaient promus généraux de brigade pour commander les divisions du 22ᵉ corps. L'amiral Moulac conserva la 3ᵉ division ; puis, après ces excellents choix, la division des gardes nationaux fut confiée à un capitaine d'infanterie de marine nommé Robin dont la conduite déplorable fit scandale dans toutes les localités où a séjourné ce personnage qui a fini par s'échouer sur les bancs du tribunal correctionnel de la Seine.

Le général en chef établit son armée dans une bonne position le long de l'Hallue, ruisseau qui coule du nord au sud et se jette dans la Somme entre Corbie et Amiens. La première ligne, formée par le 22ᵉ corps, occupait de gauche à droite, les villages de Daours, Vecquemont, Querrieux, Pont-Noyelles, Behencourt et Coutay d'où nos troupes commandaient les trois routes allant d'Amiens à Corbie, Albert et Arras. Le 23ᵉ corps formait la seconde ligne : sa 1ʳᵉ division, comprenant les fusiliers marins, occupait Corbie et les environs avec 3 batteries et les 2 de réserve ; la 2ᵉ division Robin gardait le chemin de fer entre Albert et Corbie avec un régiment détaché à Bray pour défendre le passage de la Somme. Il y avait peu à craindre de ce côté, tous les ponts ayant été coupés et la vallée étant difficile à franchir à cause des marais.

La seconde ligne devait renforcer la première de la manière suivante : la division Moulac avait l'ordre de couronner les hauteurs qui, à notre gauche, dominaient Daours, Vecquemont et Bussy ; elles étaient la clé de la position, puisqu'elles couvraient Corbie, tête de ligne du chemin de fer. La division du Bessol occupait le centre, face à Pont-Noyelles ; la division Derroja s'étendait plus à droite jusqu'à Coutay.

Le 20, un bataillon prussien avec quelques chevaux et deux canons s'étant avancé en reconnaissance sur Querrieux fut accueilli à coups de fusil. Le général Manteuffel sut ainsi qu'il avait devant lui toute l'armée du Nord et se prépara aussitôt à l'offensive. Les motifs de cette décision étaient des plus naturels : il redoutait de voir Rouen attaqué en son absence par les forces du Havre et de Cherbourg ; il était convaincu de la supériorité de ses soldats ; il devait dégager Amiens ; enfin, les instructions formelles et souvent confirmées par le comte de Moltke ordonnaient aux chefs allemands de toujours prendre l'offensive contre un rassemblement ennemi opérant en rase campagne. Les 21 et 22 furent employés de part et d'autre aux derniers préparatifs.

Le dispositif de combat du général prussien était très simple : Gœben avec la 15e division devait déboucher d'Amiens contre le front des positions françaises, tandis que la 16e, avec 3 régiments de cavalerie, chercherait à envelopper l'aile droite de Faidherbe. La réserve, formée par la 3e brigade du Ier corps et un régiment de ulans avec deux batteries, était divisée en deux groupes dont le premier, posté entre Amiens et le confluent de l'Hallue, devait au besoin appuyer l'attaque de Daours et de Vecquemont; le deuxième, près de la ferme des Alençons sur la route de Querrieux, restait auprès de Manteuffel pour renforcer l'attaque du centre. Ce général avait appelé de Rouen une deuxième brigade du Ier corps; l'insuffisance du matériel de chemin de fer ne permit d'en faire arriver qu'un seul bataillon pour prendre part à la lutte.

Le 23 décembre au matin, par un froid sec de 8 degrés, la 15e division passait la Somme sur les ponts établis à Camon et à la Neuville et se formait en bataille sur le terrain compris entre la route d'Albert et la Somme ; à sa droite le 8e bataillon de chasseurs commençait l'attaque sur Daours et Bussy ; à sa gauche, la brigade de cavalerie Dohna était chargée de relier la 15e division avec la 16e qui marchait au nord par Rainneville et Pierregot pour déborder la droite française. Un régiment de cavalerie surveillait la basse Somme près de Picquigny.

L'action s'engagea avec une grande vigueur sur une étendue de plus de 12 kilomètres de Daours à Coutay. La division

Moulac n'ayant pu entrer en ligne que vers midi et demi, la division du Bessol dut s'étendre à gauche, ce qui ne lui permit pas d'opposer d'abord toutes ses forces à l'attaque sur Pont-Noyelles. Aussi ce village qui était au centre de la ligne tomba-t-il le premier au pouvoir des Prussiens. La brigade Bock qui l'avait enlevé, réussit même un instant à gravir les pentes en arrière, quand les réserves de du Bessol repoussèrent l'ennemi dans le village et lui reprirent deux canons dont il s'était emparé. Une attaque de la brigade Strubberg fut moins heureuse encore, car elle ne parvint pas à déboucher de Fréchencourt. A notre gauche, le combat était des plus acharnés. Le village de Bussy avait été faiblement défendu, mais Daours, situé vis-à-vis sur la rive gauche, était le théâtre d'une lutte sanglante. Pour en finir, Manteuffel fit appuyer par la réserve en position à Lamotte-Brebière l'attaque sur Daours qui nous fut enlevé vers quatre heures. Les marins de l'amiral Moulac y avaient bravement combattu et beaucoup souffert. Sur notre droite le mouvement tournant des Prussiens fut arrêté court par un mouvement analogue, mais plus large, ordonné fort à propos à la division Derroja.

Il était 4 heures 1/2, la nuit tombait, les villages occupés par les Prussiens flambaient et offraient dans l'obscurité un but aux batteries placées sur les hauteurs ; Faidherbe ordonna une attaque générale contre ces villages. A la lueur de l'incendie, Pont-Noyelles et Daours devinrent de nouveau le théâtre d'un combat acharné. Manteuffel engagea sa petite réserve et finit par rester maître des deux localités où nous perdîmes environ 400 prisonniers. Les deux armées passèrent la nuit en présence l'une de l'autre, mais les Prussiens avaient enlevé les positions de la rive droite de l'Hallue et occupé Vecquemont et Daours sur la rive gauche. Leurs attaques contre notre droite ayant échoué, l'issue de la lutte restait indécise et il fallait recommencer la bataille pour obtenir un résultat. Nos pertes s'élevaient à 1.046 tués et blessés, dont 50 officiers, quelques centaines de prisonniers et un millier de disparus, traînards et débandés. Les Allemands accusent une perte de 881 hommes, 45 officiers et 93 prisonniers.

Le lendemain 24, le général Manteuffel se préparait à reprendre l'offensive quand il fut informé que l'armée du Nord s'était repliée pour regagner ses cantonnements derrière la Scarpe. Le colonel de Wartensleben, chef d'état-major de Manteuffel, rend pleine justice à la jeune armée du Nord autant qu'à l'habileté de son commandement. Sans voir dans cette bataille une défaite pour les Français, il la signale avec raison comme un succès stratégique important pour les Allemands, ceux-ci ayant écarté du même coup la double menace dirigée contre Amiens et sur leurs communications. On sait que Faidherbe, se défiant à bon droit de la cohésion de ses jeunes troupes, se proposait seulement de faire une diversion pour dégager la Normandie. Quoi qu'il en soit, et bien que Faidherbe ait eu à opposer environ 43.000 hommes à 27.000 Prussiens, la journée de l'Hallue est des plus honorables pour l'armée improvisée du Nord et pour son chef.

Ce jugement que nous avons porté en 1872 se trouve corroboré par celui du général Derrécagaix dans son instructif traité de tactique. Il ne craint pas de dire que « pour des troupes inexpérimentées, à cette époque de revers continus, le fait d'avoir résisté pendant une journée entière valait presque une victoire ». Mais, ajoute-t-il : « En pareille occasion, notre esprit national nous entraîne facilement à raisonner ainsi : nos adversaires ne nous ont pas vaincus ; donc nous les avons battus. Or... on ne bat l'ennemi qu'en lui prenant ses positions, et cette vérité s'applique également à une défense passive et à l'offensive. » En résumé, nous avons tort de prétendre transformer en victoire l'insuccès caractérisé de Pont-Noyelles.

Avec les renforts qui lui arrivèrent dans la journée du 24, brigade du prince Albrecht fils et bataillons tirés de Rouen,

Manteuffel décida d'opérer rapidement contre Péronne dont la prise était indispensable pour le rendre maître de la vallée de la Somme. Gœben eut ordre de se rendre avec le VIIIe corps à Bapaume de manière à couvrir l'investissement de Péronne, pendant que la brigade combinée Mirus procéderait à cette opération au nord et à l'ouest de la place et que la division mixte du général de Senden l'attaquerait par le sud et par l'est. Des batteries de campagne commencèrent le bombardement de la ville dans l'après-midi du 28, après une première sommation, mais sans que le général Senden eût seulement la patience d'attendre la réponse du commandant de la place. La sommation ayant été repoussée, Senden fit demander à Amiens un parc de siège formé avec des pièces françaises prises dans la citadelle.

Sur les instances réitérées du général Bentheim menacé sur les deux rives de la Seine par les généraux Briand et Lauriston, Manteuffel avait dû renvoyer à Rouen les 2e et 3e brigades du Ier corps ; il partit lui-même pour Rouen le 31 décembre afin d'apprécier la situation, laissant à Gœben 31 bataillons, 40 escadrons et 120 canons. Le général Barnekow venait de remplacer devant Péronne le général de Senden. La division de ce dernier, augmentée d'une brigade de cavalerie de la garde, était constituée en un corps d'armée hors numéro sous les ordres du prince Albrecht. Les forces de Gœben occupaient à la date du 1er janvier les positions suivantes : devant Péronne, la division du général Senden passé au commandement de la 14e division, et la 31e brigade ; autour de Bapaume, la 15e division et la 32e brigade; sur la droite, à Fins, un détachement mixte sous le prince Albrecht ; sur la gauche, vers Bucquoy, le général Grœben avec trois régiments de sa division de cavalerie; à l'extrême droite, au Catelet, la division de cavalerie saxonne, mise à la disposition de Manteuffel, avec un détachement à Saint-Quentin.

Le 28 décembre, une colonne mobile composée d'un régiment de hussards et de fantassins transportés en chariots, sous le colonel Wittich, était entrée à Avesnes-le-Comte et, s'engageant bien en arrière des lignes françaises de la Scarpe, avait surpris un bataillon de mobilisés à Souchez. Le 29, un autre régiment de hussards avait coupé le chemin de fer entre Arras et Douai. Le colonel Pestel avec 3 escadrons et 3 compagnies surveillait le cours de la Somme jusqu'à Abbeville. Enfin, la place de Mézières, assiégée par la 14e division, capitulait le 1er janvier après avoir reçu en 48 heures plus de 12.000 projectiles lancés par 98 pièces de siège et de campagne. C'était une de ces forteresses exposées, faute d'ouvrages détachés, à être détruites par un bombardement et qu'il eût fallu, vu son importance, transformer en camp retranché. Ajoutons de suite que la 14e division devenue libre par la prise de Mézières détacha quelques bataillons à Rocroi qui capitula le 5 janvier en infligeant aux Prussiens la perte de un blessé, après un bombardement de quatre heures exécuté par des pièces de campagne.

Telle était la situation des forces ennemies lorsque Faidherbe, informé du bombardement de Péronne, résolut de se porter au secours de cette place. Le 2 janvier au matin, il mit son armée en mouvement vers le sud par quatre routes parallèles. Le 22e corps tenait la droite, marchant de Rivière sur Bucquoy ; sa 2e division en arrivant dans ce dernier village en fit partir les trois régiments de cavalerie de Grœben qui se replièrent sur Achiet-le-Grand où se trouvait une partie de la brigade Bock. Après un combat court mais assez vif, le village fut évacué par les Prussiens. La 1re division du 23e corps qui suivait la grande route d'Arras à Bapaume, se heurta à Béhagnies contre la brigade Strubberg qui résista énergiquement et ne put être entamée. Pendant la nuit, le général Kummer rappela cette brigade à Bapaume où toute la 15e division fut concentrée pour la défensive. Gœben, qui depuis deux jours avait reculé son quartier général de Bapaume à Combles à mi-chemin de Péronne, prit pour la journée du 3 les dispositions suivantes :

Pendant que la division Kummer devait tenir ferme en avant de Bapaume, le général Grœben avait ordre de rester à Pys, où il s'était replié à la fin de la journée du 2, et de se tenir prêt à tomber sur le flanc droit des assaillants. Le corps du prince Albrecht dut se porter de Fins à Frémicourt. Enfin 3 bataillons empruntés aux troupes du siège de Péronne et toute l'artillerie du VIIIe corps étaient postés en réserve à Sailly près du quartier général. Gœben se tint de sa personne au Tranloy avec 2 bataillons et 2 batteries ; ces dernières furent envoyées dès le commencement de l'action pour appuyer la gauche de la 15e division.

Le 3 janvier au matin, Faidherbe donna le signal de l'attaque contre les positions de cette division, attaque téméraire au dire de M. Daussy, bâtonnier de l'ordre des avocats d'Amiens, qui, quoique étranger à la profession des armes, a su écrire un récit impartial et simple des opérations de l'armée du Nord.

« Peut-être, dit-il, si Faidherbe n'eût consulté que la prudence, eût-il battu en retraite après cette journée du 2 janvier qui ne justifiait que trop les appréhensions de ses officiers, puisque le 23e corps tout entier avait reculé devant une brigade prussienne. »

Le général en chef qui savait ce que valaient les gardes nationaux de Robin qu'il tenait à ménager pour des motifs aussi politiques que militaires, confia aux trois premières divisions la difficile mission d'attaquer les Prussiens par un temps brumeux et froid, sur un terrain couvert d'une épaisse couche de neige. Pendant que la division du Bessol menaçait Biefvilliers de front, aidée sur sa droite par une attaque de la division Derroja contre Grevillers, la division Payen du 23e corps marchait sur Favreuil. Ces trois villages furent occupés à midi malgré la résistance acharnée des deux brigades prussiennes. Pendant l'attaque de Favreuil, Faidherbe essaya un mouvement tournant avec la division des gardes nationaux. Le général Kummer, voyant sur sa droite des masses de troupes, envoya entre Favreuil et Beugnâtre les 2 batteries envoyées par Gœben. « Leur besogne fut facile, dit M. Daussy ; les premiers obus firent perdre contenance aux mobilisés de Robin ; ils s'enfuirent à Mory (à 4 kilomètres de Beugnâtre) sans qu'il fût possible de les ramener en ligne. »

Un peu plus tard, le corps du prince Albrecht débouchait de Frémicourt et couvrait la droite de la division Kummer. Mais à gauche les affaires des Prussiens prenaient mauvaise tournure ; les villages de Tilloy et de Ligny avaient été envahis par notre 22e corps et leur perte constituait un grand danger pour la division Kummer obligée de se replier dans Bapaume. Heureusement pour elle, le général Mirus, placé en observation à Miraumont avec 3 compagnies, 2 escadrons 1/2 et 4 pièces, ne voyant personne devant lui, marcha au canon et arriva vers 4 heures à Ligny vers lequel convergeaient en même temps la réserve de Gœben et 2 1/2 bataillons envoyés de Bapaume par le général Strubberg. Les positions de Tilloy, de Ligny et de Barque restèrent au pouvoir des troupes allemandes qui y firent de nombreux prisonniers. Le combat ne cessa qu'à la nuit et, pour être fixé sur les résultats de cette lutte de deux jours, il suffit de regarder sur une carte les positions occupées par les deux armées pendant la nuit du 3 au 4 janvier. La division Derroja occupait Grevillers ; la division du Bessol, Bihucourt et Achiet-le-Grand ; la division Payen, Favreuil et Béhagnies ; la division Robin, Beugnâtre et Vaulx.

La 15e division Kummer et le détachement Mirus bivouaquèrent à Bapaume, Tilloy et Ligny ; le prince Albrecht sur la route de Cambrai ; la cavalerie de Grœben à l'ouest de Bucquoy.

Pour les deux journées des 2 et 3 janvier, les Prussiens accusent une perte de 52 officiers, 698 hommes et 131 disparus. Du côté des Français il y eut 1.319 tués et blessés dont 53 officiers et 800 disparus. Ces disparus étaient pour moitié des déserteurs à l'intérieur, à la recherche d'un gîte plus confortable que les plaines glacées de la Picardie.

Dans les deux armées la fatigue et les souffrances causées par la privation de sommeil et par le froid étaient cruelles ; le grand état-major avoue franchement que la division Kummer était à bout de forces et que le général Gœben lui prescrivit sagement de battre en retraite sur la rive gauche de la Somme. De son côté, Faidherbe, qui, avec les 30.000 hommes de ses trois premières divisions, n'était pas parvenu à mettre en déroute environ 13.000 fantassins ennemis, se mit en retraite sur Arras. Gœben avec sa nombreuse cavalerie fut rapidement informé du recul de l'armée du Nord ; dans la journée du 4, un escadron du 8e cuirassiers prussiens ayant audacieusement attaqué l'arrière-garde de la division du Bessol, perdit son capitaine, 1 lieutenant, 29 cuirassiers et 73 chevaux.

Les deux armées exténuées se sont donc simultanément reconnues incapables de recommencer la lutte le lendemain, aucune d'elles ne peut donc se déclarer victorieuse. La prétendue victoire de Bapaume est donc comparable à celle de Champigny ; Faidherbe voulait débloquer Péronne et a dû renoncer à cette tâche ; en résumé, l'avantage stratégique est resté à son adversaire. C'est seulement après quelques jours de repos que notre armée fut en état de se reporter en avant. Le 11, la division Derroja entra dans Bapaume où elle apprit que Péronne avait capitulé.

Du 28 au 31 décembre, cette place avait été bombardée par la seule artillerie de campagne ; les 1er et 2 janvier, ce bombardement avait été suspendu comme insuffisant pour amener une capitulation. A cette dernière date, le petit parc de siége venu d'Amiens étant installé, le feu fut repris avec une nouvelle vigueur et la place amenée à capituler. Comme de juste, le conseil d'enquête a vivement blâmé le commandant de la place pour n'avoir pas défendu une forteresse mal armée, manquant d'une bonne garnison et nullement organisée pour résister à l'artillerie rayée.

En fermant à l'armée du Nord son dernier passage sur la Somme de Ham à Amiens, la chute de Péronne avait cette grave conséquence de rejeter d'une manière inévitable à l'est, vers Saint-Quentin, le théâtre sur lequel Faidherbe pouvait tenter de nouvelles opérations. Quant à l'armée prussienne, elle avait désormais toute sécurité derrière Péronne et Amiens pour se concentrer, exécuter ses marches et déboucher par Ham, Péronne, Bray sur les flancs de l'armée du Nord ou sur ses derrières dès qu'elle reprendrait l'offensive.

Pendant que Gœben bataillait dans la vallée de la Somme, son collègue de Bentheim, commandant le Ier corps, en était réduit à Rouen, faute de troupes suffisantes, à une défensive qui devenait gênante. Une reconnaissance sortie du Havre sous le commandement du colonel Peletingeas ne l'avait pas inquiété : il n'en était pas de même sur la rive gauche de la Seine où le capitaine en retraite Roy, nommé général par Gambetta, avait promis au dictateur de chasser les Prussiens de l'Eure avec 10.000 hommes et 14 canons mis à sa disposition.

Le général Manteuffel qui, ainsi qu'il a été dit, était parti d'Amiens pour Rouen, le lendemain du combat de Pont-Noyelles, afin d'apprécier la situation, et qui amenait des renforts, mit 12 bataillons à la disposition de Bentheim pour en finir avec la colonne Roy. Du 28 décembre au 3 janvier, les deux corps échangèrent quelques coups de fusil, mais le 4, le général Bentheim mit le général Roy en déroute complète entre Moulineaux et les ruines du château de Robert le Diable, moyennant une perte de 172 hommes dont 5 officiers. A la suite de cet insuccès, Roy fut remplacé par le général Saussier, commandant d'une division du 19e corps en voie de formation. Ce remplacement était amplement justifié, parce que le général Roy s'est plaint à *nous-même*, en 1871, d'avoir été tourné en ridicule parce que... faute de cirage, il n'avait pu déguiser ses recrues normandes en turcos et terrifier par ce moyen les soldats du Ier corps, les plus solides de l'armée prussienne avec les Poméraniens. En face de pareils adversaires, on conçoit sans peine que le général Manteuffel n'ait plus été inquiété sur la basse Seine jusqu'à la fin de la guerre, du moment que le brave Saussier était rappelé vers Cherbourg en attendant son départ pour l'Algérie.

On a vu qu'après la bataille de Bapaume, Faidherbe avait dû donner six jours de repos à ses troupes. Le général de Gœben, investi depuis le 8 janvier du commandement en chef de la 1re armée en remplacement de Manteuffel appelé à celui de l'armée du Sud, sut habilement profiter de ce répit. La bataille de Bapaume lui ayant montré que le danger était plus grand sur la Somme que dans la vallée de la basse Seine, il appela de Rouen à Amiens un nouveau régiment et deux batteries du Ier corps. Le général de Bentheim présenta des observations au sujet des réductions exagérées subies par le corps d'occupation de la Normandie; leur justesse n'étant pas douteuse, le grand état-major prescrivit au grand-duc de Mecklembourg de se porter d'Alençon sur la rive gauche de la Seine avec son XIIIe corps et la 5e division de cavalerie.

Pendant que Gœben attirait à lui des renforts, Faidherbe entrait à Bapaume le 11 ; allant à petites journées, le 14 il était à Albert où il séjournait le 15. Ne trouvant partout devant lui que des détachements insignifiants et sachant par ses reconnaissances que les passages de la Somme étaient détruits et couverts par de solides têtes de pont, que les abords de l'Hallue et d'Amiens étaient fortifiés, il espéra avoir engagé l'ennemi à se masser de ce côté grâce à sa marche vers le sud-ouest. Dans cette espérance, il résolut de se porter brusquement à l'est sur Saint-Quentin pour faire une puissante diversion en faveur de Paris où de grandes opérations étaient imminentes, suivant une dépêche qu'il avait reçue de la délégation de Bordeaux. Il était écrit que, vers la fin de cette triste guerre, on perdrait un monde énorme pour faire des diversions d'une inutilité absolue. Après Chanzy, c'était le tour de Faidherbe, en attendant celui de Bourbaki. L'armée du Nord partit donc d'Albert le 16, se dirigeant avec autant de rapidité que le permettait l'état des chemins couverts de verglas vers Saint-Quentin par Combles et Vermand.

L'espoir du général Faidherbe d'avoir dépisté son adversaire devait être déçu ; son mouvement ne pouvait surprendre les Prussiens dont les forces échelonnées sur la rive gauche de la Somme, d'Amiens à Saint-Quentin, surveillaient leur adversaire avec leurs 6.000 cavaliers et pouvaient se concentrer rapidement sur quelque point que se dessinât l'offensive. Du 10 au 16, Gœben tint ses troupes dans les positions suivantes : à Amiens et sur la ligne fortifiée de l'Hallue les renforts arrivés de Rouen sous les ordres du général Memerty ; la 3e division de cavalerie sur la rive droite ; le corps du prince Albrecht à Chaulnes sur le chemin de fer entre Ham et Amiens ; la 15e division à Bray ; la 16e à Péronne, et la division de cavalerie saxonne de Lippe à l'aile droite vers Saint-Quentin. L'ensemble de ces forces comprenait 39 bataillons, 48 escadrons et 161 canons, avec un effectif de 27.000 fantassins, 5.580 cavaliers et plus de 6.000 artilleurs et pionniers. C'était plus qu'il n'était nécessaire pour écraser l'armée du Nord, forte de 27 bataillons de marche, 23 de mobiles, 21 de gardes nationaux, avec 100 canons et 600 cavaliers. Les bataillons ne comptaient pas cinq cents hommes ; les gardes nationaux sont considérés par les écrivains militaires comme quantité négligeable ; notre artillerie avait 61 pièces de moins que l'artillerie allemande ; enfin la cavalerie était réduite à rien.

Dans ces conditions, Gœben, certain de la marche de Faidherbe sur Saint-Quentin, n'hésita pas à prévenir son offensive en l'attaquant le premier. Le mouvement de l'ouest à l'est de la 1re armée commença le 17 ; le même jour la brigade Pittié se heurta dans le bois de Buire, à l'est de Péronne, contre un détachement de la 16e division prussienne qui couvrait la marche de cette division vers Ham.

Le lendemain 18, Gœben, s'inspirant de la manœuvre de Sedan, pousse concentriquement ses forces sur Saint-Quentin en avançant sa droite de manière à barrer la route de Paris. Dans ce but, son aile gauche commandée par le général de Grœben et composée des 8 bataillons envoyés de Rouen sous Memerty avec les 3 régiments disponibles de la 3e division de cavalerie, doit s'avancer sur Vermand pour donner la main à la 15e division portée sur Etreillers où Kummer, le plus ancien de grade, doit prendre la direction supérieure. La 16e division Barnekow, avec la cavalerie saxonne, a l'ordre de partir de Ham et d'envelopper Saint-Quentin par le sud en occupant successivement Jussy et Vendeuil. Pour appuyer ce mouvement, le général de Moltke informait Gœben qu'une brigade d'infanterie et une batterie de l'armée de la Meuse seraient embarquées le 17 au matin à Gonesse. Le chemin de fer devait conduire ces renforts à Tergnier près du champ de bataille. L'instruction du major général recommandait de ne pas commencer l'attaque le 18, afin de donner à ces troupes le temps de rejoindre la 1re armée, à moins pourtant que Faidherbe ne parût disposé à s'éloigner de Saint-Quentin. L'intention du quartier général de Versailles était à ce moment d'en finir avec l'armée du Nord par un coup décisif comme celui que l'on avait porté au Mans à Chanzy et que l'on méditait contre Bourbaki dans l'Est.

Dans la matinée du 18, l'aile gauche allemande, divisions Kummer et Grœben, avait rencontré, dans sa marche sur Vermand et Etreillers, la queue de la division du Bessol qui défilait devant elle. Pour dégager la brigade Fœrster, du Bessol avait fait rétrograder sa division, et il s'engagea devant les positions de Vendelles, Soyécourt, Pœuilly, Trefcon et Caulaincourt, à l'ouest de Vermand, à cheval sur l'Omignon, un vif combat auquel prirent part la division Payen et les mobilisés de Robin du corps Paulze d'Ivoy. Ce combat, qui coûta aux Prussiens 17 officiers et 359 hommes, n'avait pas grande signification stratégique, d'autant moins que le corps Paulze d'Ivoy vint prendre dans la nuit ses cantonnements dans Saint-Quentin. Une fraction de la division Robin, qui faisait nombre comme les gardes nationaux de Paris à Champigny et au Bourget, fut laissée entre Vermand et Gricourt pour garder la route de Cambrai, l'unique ligne de retraite de l'armée du Nord que menaçait la brigade de cavalerie Dohna.

Le combat de Vermand, où des forces respectables s'étaient montrées devant lui, indiqua clairement à Faidherbe ce qu'il n'avait pu savoir faute de cavalerie : qu'il était trop près des concentrations ennemies pour éviter une bataille. Ses forces ne dépassaient guère 40.000 combattants ; il les disposa le 19 au matin de la façon suivante : le 23e corps face à l'ouest; l'extrême droite, brigade de mobilisés Pauly, à Gricourt ; la division Payen à Rocourt ; la brigade Isnard qui formait depuis peu de jours la garnison de Saint-Quentin, entre les divisions Robin et Payen. Le 22e corps, séparé du 23e par le canal, était également adossé à la ville, faisant face au sud, entre le canal et la route de Saint-Quentin à la Fère, la droite à la hauteur de Castres ; les brigades Gislain et Fœrster de la division du Bessol en première ligne ; les brigades Pittié et Aynès de la division Derroja en retrait et un peu à gauche de la première. Cette dernière brigade, très fatiguée parce qu'elle avait été envoyée la veille à Vermand pour appuyer le 23e corps, ne put prendre sa place de bataille que dans la matinée. La position était aussi bonne que possible, avec l'appui d'une grande ville, des collines favorables au tir du fusil et du canon, et les deux routes du Cateau et de Cambrai pour la retraite.

L'armée allemande se trouvait comme la nôtre séparée en deux par le canal. Pour éviter toute confusion dans l'expédition des ordres, Barnekow eut le commandement supérieur des troupes placées à l'est du canal ; Kummer celui des corps de l'ouest. L'ordre donné pour le 19 était en conformité avec le plan d'enveloppement cité plus haut : toutes les colonnes devaient marcher sur Saint-Quentin, culbuter tout ce qu'elles rencontreraient pendant que la cavalerie s'emparerait des routes du Cateau et de Cambrai. Les itinéraires et la marche des colonnes étaient fixés comme il suit : à gauche, la division Grœben forte de 8 bataillons, 15 escadrons, 5 batteries, débouchant de Vermand, et la division Kummer, 13 bataillons, 3 escadrons, 11 batteries, partant de Beauvois. Au centre, la réserve formée de 3 bataillons arrivés d'Amiens, renforcés de 3 escadrons et 2 batteries, par la route de Ham à Roupy où Gœben comptait établir son quartier général. A droite le corps du prince Albrecht, fort de 6 bataillons, 5 escadrons et 3 batteries par Montescourt ; la division Barnekow, 8 bataillons, 11 escadrons et 4 batteries, par la grande route de Paris. A l'extrême droite, le comte de Lippe avec 2 bataillons, 16 escadrons et 2 batteries. La brigade de l'armée de la Meuse qui devait être fournie par le IVe corps ne put faire arriver un seul bataillon sur le champ de bataille.

Devant une telle supériorité de forces, sans cavalerie, ne disposant que de 15 batteries contre les 25 de son adversaire, Faidherbe avec ses mobilisés et ses troupes de ligne improvisées ne pouvait faire qu'une chose : soutenir fermement le choc, être battu, mais du moins sauver sa retraite. Son adversaire Gœben était convaincu que l'armée du Nord n'avait d'autre parti à prendre. Le 22e corps, commandé par le brave Lecointe, résista vigoureusement à Barnekow et obligea Gœben à engager sa réserve spéciale pour faire reculer la division du Bessol à laquelle revient l'honneur de cette triste journée. A notre droite, le 23e corps se montra d'une grande faiblesse, à l'exception des marins de la division Payen qui empêchèrent Grœben d'enlever le village de Fayet et de couper la retraite par la route de Cambrai.

Pendant sept heures le corps Lecointe tint en échec les troupes aguerries de Barnekow soutenues par 60 canons, mais vers 5 heures du soir, ne recevant pas d'ordres de Faidherbe qui se tenait au milieu de ses mobilisés pour les encourager par sa mâle attitude, ne pouvant plus se maintenir devant un feu écrasant d'artillerie, son chef donna l'ordre de la retraite. Ce mouvement compromettait gravement le 23e corps où les mobilisés de Robin et de Pauly s'enfuyaient dans un désordre inexprimable. Fort heureusement la défense prolongée du corps Lecointe et celle de Fayet par les marins du corps Paulze d'Ivoy avaient empêché la cavalerie allemande de couper les lignes de retraite. L'armée du Nord put ainsi se retirer, le 23e corps par la route de Cambrai, le 22e par celle du Cateau. « Faute d'une réserve fraîche, dit le major Blume, et dans l'état d'épuisement où se trouvaient les troupes allemandes qui toutes avaient donné, il n'était pas possible d'entreprendre immédiatement la poursuite. » Les pertes officielles des Allemands étaient de 96 officiers, 2.304 hommes et 249 chevaux ; elles s'élevaient à plus de 4.000 hommes du côté des Français qui laissèrent en outre aux mains du vainqueur plus de 9.000 prisonniers et 6 canons.

Le but des Prussiens était atteint dans une large mesure : l'armée du Nord venait d'être mise en complète déroute et hors d'état d'exercer la moindre influence sur le cours des événements militaires jusqu'à la chute de Paris, qui n'était plus qu'une affaire de quelques jours. Du 20 au 23 janvier, les troupes victorieuses s'avancèrent jusqu'aux approches d'Arras et de Cambrai, détruisant les ponts, les lignes télégraphiques et mettant hors de service les lignes ferrées susceptibles de favoriser un retour offensif de Faidherbe.

Epilogue : C'est sur les insuccès successifs de Villers-Bretonneux, de Pont-Noyelles, de Bapaume et sur le désastre définitif de Saint-Quentin, que l'on a édifié la légende de l'armée du Nord et des savantes opérations du général Faidherbe. Celui-ci ayant eu, en 1872, le courage de *dédier* à M. Gambetta son récit de la campagne du Nord, l'entourage du tribun lui a témoigné sa reconnaissance à la chute du principat du maréchal de Mac-Mahon. Le général Pittié, secrétaire général du président Grévy, et l'intendant en chef de l'armée du Nord Richard, devenu secrétaire général de Gambetta alors président de la Chambre des députés, s'entendirent pour enlever la chancellerie de la Légion d'honneur au vieux Vinoy, y installer Faidherbe et combler d'honneurs et de récompenses leurs anciens chefs et compagnons d'armes. Le général Gresley, de l'armée du Rhin, eut beau se cramponner au ministère de la guerre en sacrifiant tous les vieux généraux, Ducrot, Bourbaki, Bataille, Lartigue, du Barail, etc., force lui fut de céder la place au général Farre qui acheva l'œuvre malfaisante de Gresley. L'armée se souviendra longtemps du passage à la rue Saint-Dominique de ces deux ministres.

CHAPITRE XLIII

Opérations dans l'Est. — Réorganisation de la 1re armée de la Loire à Bourges. — 20 décembre, Gambetta approuve le plan Freycinet pour une campagne dans l'Est. — Le mouvement commence le 20 décembre. — Désordres dans le service des chemins de fer. — Perplexités du général de Moltke. — Le 5 janvier, Werder sait qu'il est en face de la 1re armée de la Loire. — Ordres donnés en conséquence par Moltke. — Manteuffel est nommé général en chef de l'armée du Sud. — Lenteur et indécision de Bourbaki. — Werder se replie de Vesoul sur Belfort. — 9 janvier, combat de Villersexel. — Hésitations de Bourbaki. — Manteuffel arrive le 12 à Châtillon-sur-Seine. — Marche audacieuse des IIe et VIIe corps à travers le plateau de Langres. — Inaction de Garibaldi. — 15, 16 et 17 janvier, bataille de la Lisaine ou d'Héricourt. — 18, retraite de notre armée. — Manteuffel lui coupe la retraite. — 1er février, combat de la Cluse et internement de l'armée française en Suisse. — Siège de Belfort. — Siège de Bitche.

Le 18 décembre, la 1re armée de la Loire que Bourbaki avait ramenée autour de Bourges se trouva réorganisée, dans de mauvaises conditions il est vrai, avec un effectif de plus de 100.000 hommes et 300 bouches à feu. Le général Martineau des Chenez avait remplacé des Pallières dans le commandement du 15e corps, et Clinchant échappé d'Allemagne avait pris la place de Crouzat à la tête du 20e ; le général Billot restait au 18e et Borel continuait auprès de Bourbaki les fonctions de chef d'état-major qu'il avait remplies auprès de d'Aurelle. Il ressort malheureusement des dépositions devant la commission d'enquête, qu'à l'exemple de Bazaine annihilant son chef d'état-major Jarras en chargeant tantôt le colonel Lewal, tantôt le colonel Boyer de la préparation de certaines opérations, Bourbaki avait étendu arbitrairement les attributions de son premier aide de camp, le colonel Leperche, officier d'une bravoure éclatante, d'un caractère loyal et ferme, mais d'un esprit un peu étroit.

Après quelques atermoiements, Gambetta, qui s'était rendu à Bourges, avait donné le 15 décembre des ordres pour que l'armée passât la Loire en aval de Nevers, à la Charité et à Cosne, pour remonter vers Montargis, gagner la forêt de Fontainebleau et débloquer Paris. Pendant cette marche, le 24e corps en formation à Lyon sous les ordres du général Bressolles aurait fait une diversion dans l'Est de concert avec le corps de Garibaldi et la division Cremer, afin de faire lever le siège de Belfort. Bourbaki obéissait à contre-cœur et exprimait sa crainte de voir son armée arrêtée à Montargis par l'armée d'investissement de Paris et prise en flanc et à revers par l'armée de Frédéric-Charles et par le VIIe corps cantonné autour d'Auxerre. M. de Freycinet, entouré d'ingénieurs, ne rêvant qu'opérations à grande envergure, n'était pas partisan de l'attaque directe sur Paris et envoya son inévitable M. de Serres, l'horripilante mouche du coche, pour conjurer Gambetta d'adopter un projet d'expédition dans l'Est. Pour bien marquer son dédain pour la gent militaire, le stratège infatué ne craignait pas de télégraphier au ministre de la guerre : « C'est avec une grande préoccupation que je verrais le *plan du général* (ce qui était faux) en voie de réalisation. Permettez-moi d'insister patriotiquement. Croyez-moi, votre propre jugement vaut mieux que celui de *vos* généraux ; suivez donc votre impulsion et laissez-les dire... » Gambetta se rendit au désir de son délégué et M. de Serres n'eut pas de peine à convaincre Bourbaki, peu disposé, avons-nous dit, à marcher sur Fontainebleau. Le contre-projet consistait à maintenir le 15e corps à Vierzon pour couvrir Bourges et Nevers ; à porter par le chemin de fer de Beaune le 18e et le 20e à Dijon qu'ils enlèveraient avec le concours de Garibaldi et de Cremer. Ces 90.000 hommes dévaient ensuite se porter rapidement à l'est pour tendre la main au 24e corps, renforcé à Besançon des 15.000 hommes formant la garnison de cette place. Toutes ces forces réunies auraient facilement raison de l'armée d'investissement de Belfort et opéreraient ensuite dans les Vosges et l'Alsace sur les communications mêmes de l'ennemi.

La réussite de ce plan pouvait paraître assurée à deux conditions : il fallait aller vite pour ne pas laisser aux Allemands le temps d'amener des renforts sur les points menacés ; avoir de vrais soldats pour faire une campagne d'hiver et battre l'ennemi sur lequel on était certain d'avoir une incontestable supériorité numérique. Ces soldats manquaient, et avec la fièvre d'action qui dévorait les stratèges de la délégation, jamais on n'avait le temps d'en former. En ce qui concerne la rapidité des mouvements, M. de Freycinet qui travaillait dans un cabinet bien chauffé, ne se rendait pas compte des retards qu'éprouveraient les trains de chemins de fer et les convois des troupes par un froid de frimaire et de nivôse dans des pays de montagne. La précipitation dans les préparatifs allait amener fautes sur fautes jusqu'au désastre final.

La première de ces fautes fut le désordre qui présida, dès le 20 décembre, à l'embarquement des 18e et 20e corps dans les trains de chemin de fer. Ce désordre s'accrut encore quand, le 31, le ministre de la guerre expédia le 15e corps de Bourges à Besançon pour renforcer l'armée de Bourbaki. Les trains du 15e corps dépassèrent ce dernier point et ne s'arrêtèrent qu'à Clerval où manquaient les quais de débarquement ; ils durent rester des journées entières sur la voie et l'encombrement qui en résulta se fit sentir jusqu'à Nevers. Quand ensuite Werder eut évacué Dijon pour concentrer son armée à Vesoul, le commandement en chef eut le tort de vouloir utiliser la ligne de Paris-Lyon pour la réunion des troupes, alors qu'il eût convenu de laisser cette voie libre pour les trains d'approvisionnements. Les 18e et 20e corps auraient eu à peine trois jours de marche pour se rendre de Chagny et de Chalon-sur-Saône à Auxonne et à Dôle ; en revanche, le service de l'intendance eût pu être assuré ; le général Bourbaki n'aurait pas perdu un temps précieux entre Villersexel et Héricourt ; les soldats n'eussent pas enduré les privations qui vinrent s'ajouter aux souffrances produites par un froid excessif. Les lenteurs provenant du désordre avec lequel s'accomplirent les mouvements permirent aux Allemands de prendre en temps utile leurs mesures de défense. Pour saisir en détail les fautes commises, il faut lire le rapport un peu long de M. Perrot (810 pages) et le récit de la bataille de la Lisaine dans le remarquable ouvrages sur *La guerre moderne* du général Derrécagaix.

Le grand quartier général de Versailles avait été informé d'assez bonne heure de la réorganisation de la 1re armée de la Loire ; mais ignorant de quel côté elle aurait mission d'opérer, il s'était contenté, vers le milieu de décembre, de renforcer le VIIe corps de la brigade Dannenberg, composée des 60e et 72e régiments d'infanterie tirés du gouvernement de Lorraine, et d'un régiment de hussards de réserve. Bientôt après, le mouvement du 24e corps de Lyon sur Besançon confirmant les bruits répandus d'une attaque sur Belfort, de Moltke donna l'ordre, le 26, de porter près de cette place 8 bataillons de landwehr, 2 escadrons et 2 batteries qui étaient disponibles dans Strasbourg. Le 30, cette troupe commandée par le général Debschütz était concentrée à Delle, au sud-est de Belfort. A la même date, Werder qui avait pris sans hésiter le parti d'évacuer Dijon, se trouvait à Vesoul avec le gros de ses forces : brigade de Goltz rappelée de son poste de surveillance devant Langres ; division badoise sauf une brigade laissée provisoirement à Gray ; la division Schmeling était poussée en avant vers Villersexel. Quant au VIIe corps destiné à surveiller Bourbaki, son rôle se ressentit pendant plusieurs jours de l'incertitude dans laquelle était le grand état-major sur les projets des trois corps français réunis à Bourges. A la nouvelle d'un mouvement de ces forces vers l'Est, le général de Zastrow reçut le 25 l'ordre de se porter d'Auxerre à Châtillon-sur-Seine ; mais la présence constatée de Bourbaki à Bourges le 29 au milieu de troupes nombreuses (il n'y avait plus que le 15e corps), détermina le quartier général allemand, qui croyait à une marche sur Montargis, à donner contre-ordre. Zastrow eut donc pour instructions, à la date du 29, de ne pas pousser au-delà de Montbard et de se replier au besoin vers Montargis. C'est seulement le 5 janvier, par des prisonniers faits devant Vesoul, que Werder acquit la conviction qu'il avait devant lui les 18e, 20e et 24e corps. Ces détails sommaires ont pour but de faire ressortir combien les lenteurs furent regrettables pour la première et la seule fois dans toute cette guerre qu'on avait réussi à déjouer la vigilance de l'ennemi.

Werder s'attendait en effet à être attaqué à Vesoul, dès le 6 janvier, par les 18e, 20e et 24e corps. Il eût sans doute été écrasé par des forces de beaucoup supérieures aux siennes, numériquement, et la levée du siège de Belfort était la conséquence de sa défaite. Les secours envoyés à travers la Côte-d'Or auraient couru le risque de se trouver isolés et battus en détail. Le général Cremer, dont la division indépendante, partie de Dijon le 3 janvier, devait couvrir la gauche de l'armée, émit en vain dans diverses dépêches un avis pressant sur l'opportunité de cette attaque ; Bourbaki ne jugea pas à propos de précipiter les événements et préféra continuer sa marche sur Belfort. Cependant à Versailles on ne se fit pas illusion sur les dangers de la situation de Werder, et les moyens énergiques pris sur-le-champ par le comte de Moltke pour parer à d'aussi menaçantes éventualités indiquent la vivacité des appréhensions du quartier général.

La 14e division, devenue disponible par suite des capitulations de Mézières et de Rocroi, fut dirigée par chemin de fer sur Châtillon-sur-Seine où Zastrow avait l'ordre de porter tout son corps d'armée. Le général Fransecky, qui était arrivé le 6 à Montargis, devait faire avancer le IIe corps jusqu'à Ravières, entre Tonnerre et Montbard. Enfin, le général Manteuffel était investi du commandement en chef des IIe, VIIe et XIVe corps, réunis sous la dénomination d'*armée du Sud*. Le 10 janvier, Manteuffel, rappelé d'Amiens où il était remplacé par Gœben, reçut à Versailles les instructions verbales de Moltke. Le général Werder gardait jusqu'à nouvel ordre le commandement effectif des troupes employées dans l'Est. Il avait l'ordre de couvrir à tout prix le siège de cette place et de surveiller tout mouvement que Bourbaki prononcerait vers le nord, dans la région occidentale des Vosges. Dans cette hypothèse, il devait se borner à harceler les derrières des Français, pour ralentir leur marche. Quant à Manteuffel, avec les deux corps réunis sous sa main, il avait à se porter soit directement au secours de Werder, soit contre le flanc de Bourbaki, si ce dernier passait dans les Vosges.

Werder voyant qu'on ne l'attaquait pas à Vesoul, profita des hésitations de Bourbaki pour se mettre, le 7 janvier, en marche sur Belfort et l'y devancer. Son but était d'appeler à lui Debschütz, d'emprunter à Treskow de gros canons de siège et d'en armer une bonne position défensive à portée de la place. Pendant ce temps, l'armée française continuait péniblement sa marche entre l'Ognon et le Doubs ; le 9, le gros des troupes était à hauteur de Rougemont et de l'Isle-sur-le-Doubs, avec des détachements à Villersexel. Vers 10 heures du matin, ces détachements furent surpris par une attaque énergique de la division Schmeling et de la brigade de Goltz qui enlevèrent le village. Mais bientôt Bourbaki faisait avancer des renforts et la lutte s'engageait avec une vivacité inouïe autour de Villersexel et dans le bourg de Moimay. Pour dégager les troupes engagées, Werder dut rappeler vers midi les 2e et 3e brigades badoises en marche sur

Belfort entre Vy-lès-Lure et Aillesans ; l'autre brigade, qui avait déjà dépassé Lure, fut laissée en position. Le combat dura jusqu'à 7 heures du soir ; le château de Villersexel et son parc furent le théâtre d'une lutte sanglante ; le lendemain matin, Werder satisfait d'avoir ralenti le mouvement de Bourbaki sur Belfort s'empressa de battre en retraite sur la position qu'il avait choisie sur les bords de la Lisaine. Le 11, l'armée allemande occupait la formidable ligne de défense qui s'étend de Frahier à Montbéliard, protégée sur son front par la Lisaine et adossée à des hauteurs d'un accès difficile.

On s'explique difficilement pourquoi nous considérons ce combat comme une victoire quand il est constaté que Bourbaki a donné dans un piège en s'engageant à fond contre un ennemi très inférieur en nombre et qui devait redouter tout engagement décisif loin de l'appui de Belfort. Bien mieux, il aggrava ses fautes en perdant les journées des 10, 11, 12 et 13 janvier à attendre des vivres quand il aurait fallu poursuivre les Allemands à outrance et profiter de sa supériorité numérique pour déborder la droite de Werder. Les pertes du XIVe corps s'élevaient dans cette journée à 27 officiers et 627 hommes, supportées en entier par les troupes de Schmeling et de de Goltz. Le major Blume ajoute dédaigneusement au récit du combat la réflexion suivante, que feront bien de méditer les admirateurs des stratèges de Tours. « Les nombreux prisonniers faits dans les dernières rencontres étaient si mal nourris, si pauvrement équipés, qu'on n'avait pas à redouter d'un pareil adversaire des mouvements rapides de masses très concentrées, et cela dans cette saison surtout où le froid sévissait avec une grande rigueur. »

Pour justifier les reproches adressés au général Bourbaki, n'ayant du reste jamais passé pour un habile manœuvrier, il suffit d'énumérer les forces en présence, d'après les ouvrages *français* :

Armée française. — 15e corps, général Martineau des

Chenez, 35.000 hommes, 31 escadrons, 144 pièces. — 18e corps, Billot, 30.000 hommes, 16 escadrons, 96 pièces. — 20e corps, Clinchant, 25.000 hommes, 54 pièces. — 24e corps, Bressolles, 24.000 hommes, 6 escadrons, 54 pièces ; — division Cremer, 15.000 hommes, quelques cavaliers et 32 pièces ; — réserve, Pallu de la Barrière, 10.000 hommes, 8 escadrons, 18 pièces. Total : 140.000 hommes, 61 escadrons et 336 pièces.

Armée allemande. — Division badoise, Glümer, 21.000 hommes, 12 escadrons, 54 pièces ; — brigade combinée von der Goltz, 7.200 hommes, 8 escadrons, 18 pièces. — 4e division de réserve, Schmeling, 17.300 hommes, 8 escadrons, 36 pièces. Total : 45.500 hommes, 28 escadrons, 108 pièces.

Notre supériorité numérique était donc écrasante, mais à aucun moment le général Bourbaki ne sut en profiter. Tandis qu'il fit preuve dans toute cette malheureuse campagne d'une absence complète de conceptions tactiques et stratégiques, on ne saurait méconnaître que les généraux allemands y déployèrent une grande habileté. Manteuffel venant de Versailles arriva à Châtillon le 12 et résolut de marcher aussitôt sur Vesoul avec les IIe et VIIe corps. C'était le trajet le moins long pour porter secours à Werder, et dans le cas où ce dernier aurait été battu sous Belfort, c'était encore le plus court chemin pour prendre en flanc Bourbaki victorieux, mais engagé le long des Vosges. Cette marche à travers le plateau de Langres, entre les deux villes de Langres et de Dijon occupées par des troupes françaises, n'était pas sans danger pour les deux corps prussiens ; car en l'absence de voies de communication transversales, leurs colonnes étaient condamnées à marcher parallèlement dans les montagnes sans pouvoir se porter mutuellement secours en cas d'attaque. Mais leur confiance dans leur supériorité morale était telle qu'elles avancèrent à marches forcées sans le moindre à-coup.

Langres était commandé par le général Mayère, officier énergique, qui disposait de quelques milliers d'hommes de troupes médiocres. Cremer, doué d'initiative et souvent bien inspiré, se trouvait encore le 10 dans la région de Gray. Il télégraphia au général Bourbaki pour obtenir l'autorisation de porter ses 15.000 hommes sur Langres où Mayère devait mettre à sa disposition un renfort de 6.000 hommes avec quelques batteries. Avec ces troupes, Cremer se proposait d'inquiéter les forces allemandes échelonnées entre Châtillon et Chaumont. Bourbaki repoussa ce projet et prescrivit à Cremer de rejoindre en toute hâte la gauche de l'armée devant Belfort. Cette aversion instinctive du général en chef pour tout ce qui ressemblait à une combinaison stratégique fit perdre une occasion avantageuse de ralentir la marche de Manteuffel ou du moins de sa colonne de gauche, formée par la 14e division qui passa presque sous le canon de Langres, par la route de Montigny à Longeau, sans rencontrer d'autre obstacle qu'une petite troupes d'un millier d'hommes incapable d'une résistance sérieuse. La 13e division prit au centre la route passant par Recey et Prauthoy. Le IIe corps prit la route de droite par Chanceaux et Selongey, en partant de Montbard. Manteuffel avait tellement hâte d'entrer en ligne qu'il n'attendit pas que le IIe corps fût arrivé en entier et lui donna pour avant-garde la brigade Dannenberg déjà placée sur la route de Montbard à Selongey. Garibaldi avec 25.000 hommes et du canon occupait Dijon ; il aurait dû attaquer le corps de Fransecki défilant par la vallée de la Tille dans laquelle il lui eût été facile de l'arrêter au moins un jour. Cependant les Prussiens ne rencontrèrent personne de ce côté, bien que la vallée de la Tille ne soit pas à plus de 24 kilomètres de Dijon. Il faut attribuer cette négligence à ce que l'état-major garibaldien, aussi incapable que son chef d'une opération sérieuse, se renfermait dans sa mission étroite de défendre la position de Dijon, aucun de nos stratèges n'ayant encore compris que le seul et vrai champ de bataille se trouvait maintenant sur le Doubs. Du reste, le général Bourbaki n'entra jamais en communication avec l'état-major de Garibaldi qui seul, depuis le rappel de la division Cremer, pouvait servir d'appui à sa gauche et à ses derrières menacés. Manteuffel accomplit donc sans encombre à travers la Côte-d'Or une marche de trois jours, et le 17 ses deux corps d'armée sortis des défilés prenaient la direction de Vesoul.

La brigade Kettler du IIe corps avait seule été laissée à Montbard pour garder le pont du chemin de fer de Nuits-sous-Ravières et maintenir par des démonstrations offensives les garibaldiens sous Dijon. Sur ces entrefaites, les événements sur le Doubs avaient pris une tournure décisive. Werder avait mis à profit l'inaction de Bourbaki pendant les quatre jours qui avaient suivi le combat de Villersexel pour gagner la position de la Lisaine et en parachever la mise en défense avec de nombreux ouvrages destinés à abriter les troupes d'infanterie, les batteries de campagne et les 34 canons de siège fournis par le général Treskow.

Enfin, après avoir perdu trois jours pleins et livré deux combats peu importants le 13 et le 14, Bourbaki crut le moment venu de commencer l'attaque. Ses troupes étaient rangées dans l'ordre suivant : à droite, le 15e corps devant Montbéliard, puis de Montbéliard à Héricourt et débordant cette position vers le nord, les 24e et 20e corps ; à gauche, devant Chagey et Chénebier, le 18e corps et la division Cremer. S'inspirant de la manœuvre exécutée par Moltke à Saint-Privat, il comptait faire opérer à son armée une conversion à droite avec le 15e corps pour pivot et déborder l'armée allemande avec le corps Billot et Cremer placé pour la circonstance sous les ordres du premier. Le mouvement était rationnel, mais au lieu d'accumuler les cent mille hommes des 15e, 24e et 20e corps devant les défenses formidables accumulées par Werder entre Montbéliard et Héricourt, il eût fallu étendre nos troupes sur leur gauche et ne pas obliger Billot et Cremer à faire un long trajet par un temps affreux et de mauvais chemins pour se rabattre sur la Lisaine. Bref, le 15 au matin, ces deux corps n'étaient pas en ligne et, au lieu de les attendre, Bourbaki engagea toute sa droite et la fit inutilement décimer par l'artillerie des Allemands. Dans la soirée, Billot et Cremer étant arrivés, le général en chef fit continuer l'attaque, le 16 au matin, sur toute la ligne d'Héricourt à Montbéliard; sans que ces assauts réitérés donnassent le moindre résultat. Cependant, à gauche, la division Penhoat du 18ᵉ corps et Cremer avaient enlevé Chénebier à la brigade badoise Degenfeld qui fut rejetée sur Frahier et se retira jusqu'à Chalon-Villars. Ce fut la seule position enlevée pendant les trois jours de bataille sous Belfort.

Le 17 avant le jour, la division Penhoat qui faisait bonne garde à Chénebier fut attaquée par Keller avec 8 bataillons badois. L'ennemi fut repoussé après un vif combat; l'importance qu'il attachait à la position de Chénebier indiquait assez de quel côté devait se porter notre effort principal. En effet, en se portant de Chénebier sur Frahier, on tournait les lignes allemandes par la grande route de Paris sur laquelle, le 16, le colonel Denfert avait envoyé une reconnaissance qui espérait à chaque instant voir déboucher les soldats de Bourbaki. Mais celui-ci ne semble pas avoir raisonné autrement que s'il eût eu sous la main les vieilles troupes de Crimée et rien ne put le faire démordre de son système d'attaque de front contre des positions dont il avait cependant apprécié la force, et avec des troupes dont il connaissait le peu de solidité. En lisant les écrits qui ont paru sur la campagne de l'Est, on croit reconnaître que la crainte d'être coupé fit adopter l'attaque de front, à l'exclusion de toute manœuvre plus féconde en résultats. Depuis les premiers désastres de la guerre, l'appréhension d'être tournés ou coupés était devenue l'idée fixe de tous les généraux. Penhoat et Cremer, avec leurs 25.000 hommes, avaient l'ordre d'assurer leur gauche contre le millier de cavaliers et de fantassins du colonel Willisen postés sur la route de Lure que nous n'aurions jamais dû abandonner. Enfin, le 17, quand Bourbaki eut compris que l'effort décisif devait être concentré sur la gauche et qu'il en parla à ses généraux dans l'après-midi, ceux-ci lui objectèrent « le danger d'une attaque de Werder dans la direction de Montbéliard sur les communications de l'armée ». Et dire que nos effectifs étaient triples de ceux des Allemands ! autant déclarer que les bandes réunies à grands frais par M. de Freycinet n'étaient bonnes qu'à se faire battre partout et toujours. Le malheureux Bourbaki était bien inspiré quand, le 25 octobre, il écrivait à son ami Fourichon, ministre de la guerre, qui lui offrait un commandement sur la Loire :

C'est peut-être un défaut d'éducation, autant j'ai confiance dans les soldats qui ont le respect et la crainte de leurs chefs, l'amour du drapeau, autant je me défie des ramassis d'hommes qui, sans discipline, sans connaissance de leurs officiers, doivent se battre en rase campagne;

N'ayant sous les yeux que des *ramassis*, il aurait dû décliner l'honneur de commander une armée de 140.000 hommes et engager le gouvernement à cesser des organisations absurdes et à réunir une assemblée pour conclure la paix.

Nos pertes s'élevaient à 8.000 tués ou blessés ; les Allemands avaient eu 60 officiers, 1.586 hommes hors de combat et fait de nombreux prisonniers. « Ces chiffres, dit Derrécagaix, sont une démonstration frappante des avantages qu'une bonne éducation tactique et une solide organisation défensive assurent à une troupe. » Néanmoins, le 14 au soir, Werder en voyant les masses énormes qui convergeaient sur sa position d'Héricourt, avait demandé au comte de Moltke s'il n'aurait pas avantage à battre en retraite et à lever même le siège de Belfort pour se consacrer exclusivement à la protection de l'Alsace. Le chef du grand état-major, fixé sur le peu de valeur de ces masses, lui répondit : « Attendez l'attaque dans la forte position qui couvre Belfort et acceptez la bataille..... L'approche du général de Manteuffel va commencer incessamment à se faire sentir. »

Nos soldats avaient fait tout ce qu'on peut attendre d'hommes mal équipés, mal nourris, mal commandés et qui, pour une première campagne, ont à marcher, à camper, à se battre dans la neige par un froid de 15 à 20 degrés. De plus, les stratèges de Bordeaux, confortablement installés, ne leur laissaient jamais un moment de répit. Le désastre savamment préparé par M. de Freycinet allait se produire dans toute sa sombre horreur.

Le 18 janvier, Bourbaki commençait sa retraite sur Besançon. Le corps Bressolles recevait la mission de garder les défilés du Lomont qui ouvrent au nord l'accès sur les plateaux du Jura. Le 18e corps, le moins désorganisé, formait l'arrière-garde et Cremer escortait les convois.

Il faut admettre que dès le commencement de cette retraite un bien grand désordre régnait dans les colonnes et que l'indiscipline avait dû ajouter son effet dissolvant à toutes les causes de désorganisation déjà indiquées : irrégularité dans les distributions, fatigues, rigueurs de la saison, encombrement des routes, absence d'officiers énergiques et enfin démoralisation résultant de la défaite ; autrement on ne s'expliquerait pas que le général Bourbaki n'ait pas su prendre une résolution capable d'assurer le salut de l'armée, lorsque la retraite sur Lyon par le chemin le plus court lui restait encore ouverte. Bientôt il allait être trop tard ; la concentration de l'armée sous Besançon, et surtout un arrêt de quatre jours autour de cette place alors qu'une défensive sérieuse semble devenue impossible, allaient constituer deux fautes capitales.

Après avoir débouché sur le versant oriental du plateau de Langres, les IIe et VIIe corps prussiens avaient marché sur Vesoul pour appuyer Werder. Mais Manteuffel, aussitôt informé du résultat de la bataille d'Héricourt, jugea que la retraite sur Lyon était le seul parti que pût prendre Bourbaki et conçut le projet de lui couper les communications. Dès le 18, il avait tourné ses avant-gardes vers le sud avec l'ordre d'occuper Dampierre-sur-Salon et Gray. Le lendemain, le mouvement de retraite de Bourbaki lui ayant été confirmé par Werder, il exécuta complètement son changement de front à droite, prenant pour nouvel objectif Auxonne, Dôle, Salins, afin de tourner Besançon par le sud ; il recommandait en même temps à Werder de prendre l'offensive sur les derrières de Bourbaki pour ralentir sa retraite. Le mouvement de Manteuffel pouvait paraître dangereux : le IIe corps qui formait sa droite allait devoir s'engager entre Besançon et Dijon occupé par Garibaldi avec un corps que des renforts successifs allaient porter à 40.000 hommes avec 90 canons. La négligence de la délégation qui avait laissé Auxonne et Dôle sans défense, pouvait être réparée par une offensive énergique contre le flanc droit de Manteuffel. Rien n'empêchait Garibaldi d'abandonner Dijon, devenu désormais sans importance stratégique, pour prononcer cette attaque qui aurait pu se combiner avec un effort vers l'ouest et le long du Doubs de l'armée de Bourbaki déjà arrivée à hauteur de Besançon. Mais Garibaldi, malade en ce moment, se confinait dans son occupation de Dijon ; son *alter ego*, le chef d'état-major Bordone, passait son temps à soulever des conflits avec toutes les autorités militaires et administratives; Manteuffel était donc d'autant plus tranquille à l'égard de ces guerriers qui l'avaient laissé traverser sans encombre le plateau de Langres qu'il venait de donner l'ordre à la brigade Kettler de les occuper par une attaque contre Dijon.

Le 21 janvier, le jour même où la brigade Koblinski occupait Dôle après une courte résistance, la brigade Kettler se présentait devant Dijon. Les fortes positions de Talant et de Fontaine au nord-ouest de la ville furent défendues avec énergie; néanmoins les Allemands s'en emparèrent moyennant une perte de 14 officiers et de 322 hommes. Le général Kettler avait reçu dans la journée un renfort de 2.000 hommes sous les ordres du major Conta; le 22 il se repliait sur Darois et Messigny ; le 23, toujours obéissant à ses instructions qui lui prescrivaient de distraire et de retenir le plus longtemps possible les forces réunies dans Dijon, il renouvela son attaque. Le combat prit cette fois un caractère particulier d'acharnement ; le 61e prussien eut un bataillon très maltraité et laissa son drapeau entre les mains des garibaldiens. A la suite de cet insuccès qui lui coûtait une nouvelle perte de 900 hommes, Kettler se retira dans ses cantonnements au nord de Dijon.

Garibaldi ayant télégraphié la nouvelle de cette grande victoire à M. de Freycinet, celui-ci qui n'avait jamais compris les difficultés de la campagne de l'Est et qui, dans son cabinet de Bordeaux, ne soupçonnait pas dans quelle épouvantable situation se trouvait l'armée après la défaite d'Héricourt, crut la France sauvée. Il s'empressa de télégraphier à Gambetta en tournée d'inspection à Saint-Malo :

Bordeaux, 24 janvier, 10 h. 45 matin.

Garibaldi a encore remporté un très grand succès hier. *C'est décidément notre premier général.* Cela fait un pénible contraste avec l'armée du général Bourbaki qui piétine sur place entre Héricourt et Besançon. Aussi, si vous m'en croyez, quand Bourbaki aura quitté ces parages avec les 15e, 18e et 20e corps, il faudra réunir les corps Cremer et Bressolles en une seule armée sous le commandement de Garibaldi. Je crois que cette combinaison sera acceptée aujourd'hui avec empressement par l'opinion qui se montre très impressionnée des succès de Garibaldi. Je vous demanderai donc, si vous n'êtes pas encore de retour à cette époque, de m'autoriser à prendre cette mesure à laquelle j'attache une grande importance et qui me paraît la seule qui puisse sauvegarder notre situation militaire dans l'Est. L'organisation de ces corps resterait d'ailleurs ce qu'elle est, seulement la direction de Garibaldi remplacerait la direction de Bourbaki.

Je me fais fort avec cette organisation de reprendre les Vosges.

C. DE FREYCINET.

Cette dépêche se passe de commentaire, elle est digne de l'insensé qui confiait la direction supérieure de 600.000 fantassins et artilleurs mobilisés aux frères Lévy, ingénieurs distingués sans doute, mais qui avaient le tort de se mêler de choses qui ne les regardaient pas et qu'ils ne savaient pas. Le *général-pharmacien* Bordone, comme l'appelaient plaisamment les Prussiens, était bien le chef d'état-major qui convenait à tous ces fantoches. Et dire qu'un inspecteur de l'armée française, très sévère pour nos officiers de réserve, a osé, vingt ans plus tard, traiter de grand ministre de la guerre l'expéditeur de cette fabuleuse dépêche !

Pendant que Manteuffel abandonnait insoucieusement au vieux condottière sa cueillette de lauriers, son armée dessinait avec rapidité son mouvement autour de Besançon. Le 23 janvier, la moitié du VIIe corps passant le Doubs entre Saint-Vit et Byans occupait Quingey. Sa 14e division, restée sur la rive droite, était attaquée par Cremer à Dannemarie. Cette pointe de Cremer permit à Bourbaki de constater que la route sud-ouest de Besançon à Lyon était barrée par le gros de l'ennemi. Le IIe corps, plus avancé, poussait déjà ses reconnaissances jusqu'à Arbois et Poligny. En même temps Werder accomplissait son mouvement vers le sud et occupait Rougemont, l'Isle-sur-le-Doubs et Clerval. Le 24e corps, le plus mal organisé de tous, auquel Bourbaki avait confié la garde des défilés importants de Blamont et de Pont-de-Roide qui débouchent sur le plateau du Jura, abandonna ses positions sans combattre. Le cercle enveloppant se rétrécissait de plus en plus.

Le 24, le IIe corps occupait Mouchard, nœud des lignes ferrées entre Besançon, Dôle et Lyon ; le VIIe s'avançait sur la Loue à quelques kilomètres de Besançon ; le XIVe descendit plus au sud, à hauteur de Baume-les-Dames. Le lendemain 25, Werder fit appuyer la majeure partie de son corps sur la rive droite de l'Ognon, afin de relever le VIIe corps retenu devant Besançon et de lui permettre de suivre le IIe dans son mouvement vers l'est. La division Schmeling du XIVe corps restait seule sur la rive gauche du Doubs pour rabattre les Français vers le sud. Le détachement du colonel Willisen protégeait les communications entre Dôle et Gray, appuyé vers Auxonne par la brigade Dannenberg. Le 26 janvier, les trois corps allemands continuèrent à rectifier leur front face à l'est : le XIVe corps à Marnay, sur la gauche ; le VIIe à Quingey, au centre; et le IIe à Salins, sur la droite. Seul, Schmeling faisait face au sud sur le plateau du Jura. Se jugeant assez fort du côté de l'est par l'entrée en ligne de Werder, Manteuffel résolut de terminer la lutte à la fois avec Dijon et avec l'armée de Bourbaki. En conséquence, il donna au général Hann de Weyhern l'ordre d'enlever la capitale de la Bourgogne avec sa division, 4e du IIe corps, secondée par la brigade Kettler et par une brigade de cavalerie fournie par Werder.

Etant données la position enveloppante des trois corps allemands et la valeur éprouvée de leurs troupes, la situation de Bourbaki dans Besançon était désespérée. Deux jours plus tôt, la retraite sur Lyon était encore possible ; elle ne l'était plus le 26 janvier. La retraite par les chemins qui longent la frontière aurait pu s'accomplir peut-être le 25 ; si elle n'eut pas lieu, la faute en est aux instances réitérées de M. de Freycinet auprès de Bourbaki pour le déterminer à prendre l'offensive en vue d'une jonction chimérique avec Garibaldi terré à Dijon. Cependant le 26, Bourbaki, menacé de se voir bloqué dans Besançon, passa outre aux objurgations du grand stratège de Bordeaux et fit commencer la retraite sur Pontarlier. En se résignant à ce parti, le général en chef avait sans doute compris que marcher sur Pontarlier, c'était se résigner à un internement presque inévitable en Suisse. Dans cette situation critique, le brave et excellent général en proie au plus violent désespoir essaya de se brûler la cervelle. Le général Clinchant le remplaça dans son commandement.

Il est inutile d'insister sur cette dernière phase de la campagne, dont le récit ne peut qu'attrister sans fournir aucun renseignement instructif. Des troupes démoralisées, — et qui leur en ferait un crime ? — épuisées par le froid, par la fatigue, par la faim et qui se retirent harcelées par un ennemi aguerri dont l'espoir d'un prochain et brillant triomphe double les forces ; des défections nombreuses ; des hommes qui jettent leurs armes par bandes et qui se constituent prisonniers pour ne pas mourir de faim ; une retraite de Moscou doublée d'un Sedan, tel est le triste tableau devant lequel il faudrait s'arrêter. Pour en faire ressortir toute l'horreur, il suffit de dire que, le 29 dans l'après-midi, le VIIe corps ayant atteint la queue de l'armée française à Sombacourt, à Chaffois et à Frasnes, lui prit 2 drapeaux, 12 canons, 7 mitrailleuses et 7.000 prisonniers dont 2 généraux.

Un fait des plus regrettables vint encore aggraver la situation de l'armée de l'Est : la nouvelle de l'armistice conclu par J. Favre à Versailles, le 28 janvier, ne mentionnait pas l'exception dont l'armée de l'Est était l'objet. L'article 1er de la convention stipulait que « les opérations militaires dans les départements du Doubs, du Jura et de la Côte-d'Or, ainsi que le siège de Belfort se continueraient indépendamment de l'armistice... » L'armée de Clinchant, en apprenant la nouvelle de l'armistice, arrêta sa marche pendant 24 heures dont Manteuffel profita pour achever son mouvement enveloppant.

Les routes du Sud étant toutes occupées par les Allemands dont le IIe corps avait poussé jusqu'au village des Planches-en-Montagne, il ne restait plus à l'armée de l'Est d'autre refuge que le territoire helvétique. Le 31 janvier, Clinchant se hâta de conclure avec le général suisse Herzog un arrangement pour l'entrée de ses troupes dans la Confédération. D'après cette convention, les armes, équipements, matériel et munitions devaient être restitués à la France une fois la paix déclarée. Cette convention fut exécutée par la Suisse avec la plus scrupuleuse loyauté ; en outre, les braves habitants de l'Helvétie entourèrent nos infortunés soldats des soins les plus touchants.

Le 1er février au matin, l'armée française se divisa en trois colonnes qui franchirent la frontière par les routes des Rousses, des Fourgs et des Verrières. Il ne restait plus sur le sol national que des convois, le corps Billot et la réserve générale du vigoureux de la Barrière. Ces deux corps se dévouèrent pour couvrir la retraite qu'entravait Manteuffel par un sentiment de cruauté d'autant plus inexcusable que rien ne le justifiait. Un combat meurtrier s'engagea pour la défense du col de la Cluse; nous y perdîmes 1.300 tués ou blessés, dont beaucoup d'officiers qui trouvèrent la mort en se jetant en avant pour entraîner au feu leurs soldats découragés. Quelques milliers d'hommes réussirent pourtant à s'échapper par les sentiers de la montagne. Le général Cremer sauva ainsi une grande partie de sa division ; Billot également put traverser le cercle de fer des Prussiens.

Le corps de Garibaldi qui occupait Dijon put être informé à temps de l'exception à l'armistice dont était l'objet le département de la Côte-d'Or, et lorsque les troupes du général Hann se présentèrent devant la ville, le train emmenant les derniers soldats du *grand général* s'éloignait de la gare dans la direction du Midi. Mais, pour notre malheur, les chemises rouges restèrent en France et prirent leur part de l'orgie de la Commune.

Pour terminer l'historique des opérations en province, il reste à parler des deux sièges honorables de Belfort et de Bitche, dont les gouverneurs, MM. les colonels Denfert et Tessier, en faisant leur devoir jusqu'au dernier jour et en ne rendant leurs places que sur la demande formelle de leur gouvernement, ont plus fait pour sauver l'honneur de la France que les tristes stratèges de la délégation. Le seul mérite de ceux-ci est d'avoir su exploiter en politiciens émérites la crédulité de la nation française qui tient par-dessus tout à être flattée et qui, sa vanité satisfaite, se donne rarement la peine de s'assurer par une étude attentive des faits de la véracité de ses adulateurs.

Bien que la situation de Belfort entre le Jura et les Vosges, à l'entrée des deux vallées du Rhin et de la Saône, ait toujours assuré à cette place une importance stratégique de premier ordre, elle avait été négligée comme toutes les autres au début de la guerre. Pendant le court séjour du 7e corps dans cette place, l'intelligent et laborieux chef du génie, le général Doutrelaine, avait tracé le plan des ouvrages à construire. Il avait été secondé dans son travail par le commandant Denfert qui, depuis plusieurs années déjà, remplissait les fonctions de chef du génie de la place dont aucun détail de terrain ou de fortification ne lui était inconnu. Le 19 octobre, dix-huit jours avant l'investissement, le ministère de la guerre désigna pour les hautes fonctions de gouverneur, le lieutenant-colonel Denfert-Rochereau, récemment promu à ce grade et dans lequel la direction du génie de la délégation avait une confiance qui a été amplement justifiée par l'événement.

Denfert sut remplir la mission d'honneur dont il était chargé avec une énergie, une abnégation et un dévouement dont la cléricale et maladroite majorité de l'Assemblée de Versailles n'a pas su lui témoigner de reconnaissance. Elle a poussé l'oubli des services rendus jusqu'à laisser insulter à la tribune le défenseur de Belfort par le général Changarnier, ce vaniteux jusqu'à l'immodestie. Le vieil algérien qui avait battu des mains à la déclaration de guerre, ne craignit pas de dire qu'il « n'avait pas eu l'honneur de passer six mois dans une casemate comme le colonel Denfert ». Ne comprenant rien à la magnifique défense de Belfort, pas plus qu'il ne soupçonnait la valeur militaire des Allemands, ce vétéran aurait été fort étonné d'apprendre que dans notre histoire militaire, il serait encore question du modeste colonel à une époque peu reculée où personne ne se souviendrait plus du brillant général.

Pendant quatre mois, Denfert n'a eu qu'une pensée : celle de défendre le dépôt dont il avait la garde sans s'inquiéter des bruits du dehors, des défaillances et des fâcheux exemples de beaucoup de ses collègues, sans se laisser émouvoir par les désastres qui accablaient nos armées. Son habileté d'ingénieur et sa rare ténacité ont permis à la patrie d'assister au consolant spectacle d'une ville qui, semblable au rocher battu par la tempête, résiste au flot toujours croissant de l'ennemi et qui arbore fièrement le drapeau abattu partout autour d'elle. Après tant de faiblesses, de lâchetés, de sottises, on éprouve un véritable soulagement d'avoir à finir ce lamentable récit des fautes et des malheurs de la France par un fait de guerre honorable entre tous.

La nature a beaucoup fait pour Belfort, mais Denfert a doublé la valeur des forces naturelles en s'inspirant des grandes leçons de tactique des sièges données à Sébastopol par le général Todleben, le plus éminent ingénieur militaire du XIXe siècle. Le gouverneur de Belfort, comprenant que toute position négligée par l'assiégeant peut être utile à la défense, se servit des 16.000 hommes de la garnison pour occuper la plupart des villages situés dans un rayon d'environ 3.000 mètres et couvrir d'ouvrages de fortification les mamelons d'où l'artillerie rayée avait des vues sur la place. C'est ainsi que, sur la rive gauche de la Savoureuse qui traverse Belfort du nord au sud, des postes retranchés furent installés dans les villages de Pérouse, Danjoutin, Andermans et que des redoutes imposantes couronnèrent les mamelons des Hautes et Basses-Perches. Sur la rive droite plus menacée, le gouverneur se hâta d'achever le fort des Barres, de construire le fort de Bellevue, d'occuper une série de fermes et de hameaux, de transformer les faubourgs voisins de la station du chemin de fer en une véritable forteresse. On créa sous la direction du capitaine Bornèque, de l'artillerie mobile du Haut-Rhin, une fonderie de projectiles ; des wagons blindés pouvaient appuyer les sorties et des projections électriques éclairer les travaux de l'ennemi.

L'investissement eut lieu le 3 novembre ; le lendemain le général Treskow somma la place de se rendre. Denfert lui fit une réponse à la fois spirituelle, ferme et très digne. Les 6, 7 et 10, de nouveaux parlementaires s'étant présentés sous des prétextes futiles, le gouverneur les fit reconduire sans donner satisfaction à leurs demandes et de plus fit informer le général Treskow que si des officiers se présentaient encore de sa part à une autre porte que celle du Vallon, ils seraient traités en ennemis. Il faut lire dans les ouvrages spéciaux, surtout dans celui du grand état-major de Berlin, la relation de ce siège célèbre, pour se rendre compte de ce qu'a su faire Denfert. Ainsi, après trois mois de siège les positions respectives des deux adversaires se trouvaient être, à la fin de janvier, ce qu'elles eussent été le jour de l'investissement, si le gouverneur avait dès le mois de novembre restreint le cercle de la défense à la ligne des ouvrages permanents.

Le siège a duré exactement 103 jours dont 73 de bombardement. D'après le colonel Prévost, les Allemands ont lancé environ 410.000 projectiles dont 100 à 120.000 sont tombés sur la ville ; la place en a envoyé à peu près 80.000. Un ordre du gouvernement français mit fin à cette belle défense. Aux termes d'une convention signée le 16 février, la garnison sortit librement avec les *honneurs de la guerre*, en emmenant les aigles, drapeaux, armes, chevaux, ainsi que les bagages des officiers et ceux *des soldats*, et enfin les archives de la place. Denfert exigea que les mots « honneurs militaires » devaient s'entendre comme dispense de l'obligation de défiler devant l'armée allemande, dont les chefs sont loin de partager l'opinion du prétentieux Changarnier sur le mérite du gouverneur de Belfort.

La place de Bitche commande le chemin de fer de Strasbourg à Sarreguemines par Haguenau, Reichshoffen et Niederbronn. Elle est divisée en deux portions distinctes, la ville haute ou château et la ville basse entourée d'une enceinte bastionnée dans laquelle se trouvent fort à l'aise une centaine de maisons. L'artillerie de la place consistait en 53 pièces dont 12 seulement étaient rayées. La garnison était de 2.800 hommes dont les trois quarts formaient le 54e de marche composé d'échappés de Wœrth. Le chef de bataillon Tessier venait de prendre le commandement de la place en remplacement du chef d'escadron Huck, appelé à Toul.

La ville fut bombardée le 8 août par les Bavarois dont l'artillerie de campagne dut cesser la lutte après un échange de quelques coups de canon. Le 23, une nouvelle tentative des Allemands eut le même insuccès. La garnison et les habitants travaillaient constamment au blindage des abris. Du 11 au 22 septembre, le bombardement fut continué sans relâche et les incendies se multiplièrent dans le château et dans la ville basse qui n'était plus qu'une ruine. Presque toute la garnison se mit à l'abri dans les souterrains du château, pendant que le reste des troupes et les habitants de la ville basse s'installaient dans les nombreux wagons de chemin de fer que l'on avait eu l'heureuse inspiration de traîner de la gare sur les terrains vagues qui constituent les quatre cinquièmes de Bitche. Ces buts mobiles donnaient peu de prise au bombardement.

Dès le 25 septembre, les assiégeants très fatigués par la vigueur de la défense cessèrent de bloquer rigoureusement la place. Les habitants profitèrent de ce relâchement pour s'enfuir à travers les bois ; sur une population de 2.400 âmes plus de 1.700 personnes partirent de la sorte. Le commandant Tessier ne rendit Bitche qu'à la paix sur un ordre du gouvernement français et traversa les lignes allemandes enseignes déployées, avec armes et bagages. Il reçut les mêmes récompenses que son digne collègue de Phalsbourg, Taillant : le grade de lieutenant-colonel et la croix de commandeur.

CHAPITRE XLIV

La diplomatie, du 16 décembre à la bataille de Buzenval. — M. de Chaudordy prie lord Lyons de s'entremettre pour la réunion d'un congrès européen. — Réponse négative du comte de Bismarck. — Gambetta dissout les conseils généraux. — La question du sauf-conduit de J. Favre se complique. — Circulaire maladroite envoyée par J. Favre le 12 janvier. — 16 janvier, réponse ironique de M. de Bismarck à une demande de sauf-conduit. — Notre ministre décide de rester à Paris à cause du bombardement. — Proclamation de l'Empire allemand. — 1er janvier, toast du grand-duc de Bade. — 18 janvier, l'Empire est proclamé dans la galerie des glaces du palais de Versailles. — Le bombardement du front sud-ouest de Paris commence le 5 janvier. — Description du terrain. — 13 janvier, protestation des représentants étrangers contre le bombardement. — 17, réponse de M. de Bismarck. — 19, bataille de Buzenval. — Faiblesse de la garde nationale. — Conséquences de la bataille. — Le soir de Buzenval, le gouvernement reçoit une lettre insolente de Gambetta. — Opinion du général d'Aurelle sur la dictature civile de Gambetta. — 20 janvier, réunion des maires de Paris. 21, réunion plénière du gouvernement. — Trochu est relevé de ses fonctions de gouverneur, de général en chef et maintenu à la présidence du gouvernement. — Insurrection du 22 janvier. — Vinoy est nommé au commandement en chef dans la nuit du 21 au 22. — Réunion au ministère de l'instruction publique des maires et de plusieurs officiers dans la journée du 22. — 23 janvier, le gouvernement envoie M. J. Favre à Versailles pour négocier un armistice. — Convention du 28 janvier. — J. Favre oublie l'armée de l'Est dans son télégramme notifiant l'armistice à Bordeaux. — Intelligences entretenues aux avant-postes de Rueil et de Nanterre. — Tableau de Bordeaux au moment de l'armistice. — Dernière rodomontade de Gambetta à la nouvelle de l'armistice. — Jugement sur son œuvre politique. — *Conclusion*. — 1er mars, les préliminaires de paix du 26 février sont ratifiés par l'Assemblée nationale. — Passage menaçant de *la Nation armée* du major von der Goltz.

On a vu dans le chapitre XXXVIII que, le 16 décembre, M. de Chaudordy avait prévenu M. J. Favre que le comte de Bismarck ayant péremptoirement repoussé toutes nos propositions, il fallait placer nos dernières espérances dans la réunion d'un congrès. M. Albert Sorel, à qui le ministère des affaires étrangères, plus hospitalier et moins discourtois que celui de la guerre, a largement ouvert ses archives, donne un récit des plus circonstanciés des négociations relatives à ce congrès. Aucun détail n'ayant été laissé dans l'ombre par le savant historien, on ne peut mieux faire que de résumer ce récit dans lequel perce à chaque ligne le dédain ou plutôt la pitié dédaigneuse de M. Sorel pour la douzaine « de politiques de rencontre qui s'étaient donné mandat de gouverner la France et dont, à de trop rares exceptions, des théories fausses, une sensibilité déplacée, des considérations de parti obscurcissaient le jugement ».

A cette même date du 16 décembre, M. de Chaudordy pria lord Lyons de soumettre à son gouvernement l'idée d'un congrès qui déciderait des conditions de la paix. M. de Bismarck fit répondre dès le 19 « qu'il ne pouvait accorder ni l'armistice avec ravitaillement, ni la paix sans cessions, ni la discussion de la paix dans un congrès. Tout gouvernement allemand, ajoutait-il, qui accepterait de pareilles conditions sans y être réduit par la force, serait contraint d'abdiquer. » Cette réponse hautaine faite à lord Granville montrait une fois encore l'inflexible volonté du roi Guillaume de n'accepter l'immixtion d'aucune puissance dans ses rapports avec la France. Le roi entendait que la conférence de Londres se bornât à discuter les modifications apportées par la Russie au traité de Paris de 1856.

Nous croyons que M. de Chaudordy s'illusionnait en espérant que, malgré l'opposition formelle de la Prusse, il serait possible au plénipotentiaire français d'obtenir que les puissances essaieraient d'adoucir les conditions de paix nettement formulées dans les circulaires de M. de Bismarck des

13 et 16 septembre. Quoi qu'il en soit, les illusions du délégué aux affaires étrangères ne devaient pas tarder à se dissiper devant les sottises combinées des gouvernements de Paris et de Bordeaux.

Gambetta confiant dans ses élucubrations stratégiques et voyant déjà quatre cent mille guerriers, conduits par Chanzy, Faidherbe et Bourbaki, à la veille de cerner l'armée d'investissement de Paris, porta le premier coup aux illusions de M. de Chaudordy. Celui-ci, à force d'instances, venait d'obtenir de toutes les puissances la promesse que la France trouverait à Londres la place qui lui était due et l'accueil auquel elle avait droit. Ce fut à ce moment que Gambetta décréta la dissolution des conseils généraux. Cette mesure révolutionnaire était une preuve manifeste que le gouvernement était décidé à continuer la guerre malgré le pays et à ne pas faire les élections. « Les négociations s'en ressentirent, écrit M. Sorel ; la bonne volonté des puissances était bien chancelante : tandis que les diplomates s'efforçaient de les soutenir, le gouvernement de Bordeaux l'ébranlait ; il semblait se faire un point d'honneur de braver les conseils de l'Europe. » M. Sorel oublie de dire que pour les esprits candides et les thuriféraires ces actes d'énergumène sont des plus méritoires sous le prétexte qu'ils étaient inspirés par le plus pur patriotisme. Pauvre pays qui croyait à de pareilles billevesées et s'évertuait à ne pas voir les terribles conséquences de ces actes inqualifiables !

A Paris, la question était plus compliquée ; il y fallait compter avec le cénacle de l'Hôtel de Ville, avec l'opinion publique et avec la garde nationale très méfiante envers les membres importants du gouvernement qui dépassaient les avant-postes. De plus, un sauf-conduit délivré par les *autorités* prussiennes était indispensable pour traverser les lignes d'investissement. On verra que cette question du sauf-conduit permit à M. de Bismarck de soulever coup sur coup une série d'incidents pour empêcher ou au moins retarder le départ de notre plénipotentiaire jusqu'à la chute définitive de Paris. Ces incidents seraient dignes de figurer dans un de ces drames de cape et d'épée dans lesquels Alexandre Dumas père excellait à prêter aux principaux personnages des stratagèmes d'une rare ingéniosité pour contrecarrer une démarche qui leur déplaisait. C'était le cas de M. de Bismarck à l'égard de J. Favre que la délégation de Bordeaux avait, à son insu, désigné pour représenter la France à la conférence de Londres. Cette désignation avait été faite contrairement à l'avis de M. de Chaudordy qui avait proposé successivement M. Thiers et M. Guizot. Gambetta les avait écartés comme trop disposés à des concessions pour mettre fin à la guerre.

Prévoyant que le gouvernement anglais ne tarderait pas à lui adresser une demande de sauf-conduit pour M. J. Favre, M. de Bismarck déclara que les avant-postes français ayant tiré sur des parlementaires allemands, les relations entre les deux armées seraient suspendues tant qu'il n'aurait pas été donné satisfaction à l'état-major prussien. Par ce moyen, le chancelier pouvait promettre le sauf-conduit à l'Angleterre et empêchait M. J. Favre bloqué dans Paris de le demander. C'était du temps gagné pour l'ennemi et perdu pour nous. M. de Chaudordy se voyait déçu dans toutes ses espérances. « Il était impossible, dit son collaborateur Sorel, d'imaginer des milieux moins diplomatiques que Bordeaux et Paris. A Bordeaux c'était une fureur d'illusions à laquelle les meilleurs esprits avaient peine à se soustraire ; à Paris c'était l'obsession de la famine et le cauchemar de la capitulation. Les deux capitales n'échangeaient que des communications incohérentes, qui devenaient chaque jour plus difficiles : le froid suspendait le vol des pigeons, les tempêtes arrêtaient les aéronautes... Redoutant une capitulation suivie de préliminaires de paix, résolu à continuer la guerre « jusqu'à l'extermination », Gambetta soutenait qu'il fallait rationner Paris de nouvelles comme on le rationnait de vivres, afin qu'il tînt plus longtemps. »

Dans ces conditions les fautes ne pouvaient que s'accumuler. Tandis que le roi Guillaume recevait, le 1er janvier, dans la galerie des glaces, les princes et les officiers présents à Versailles, personne à Paris ne paraissait s'intéresser à la conférence ; toute la population, le général Trochu en tête, attendait avec un fatalisme oriental et une étrange inertie le moment où elle en serait arrivée à sa dernière bouchée de pain. Le 5 janvier, quand commença le bombardement de la rive gauche dont ne souffrait qu'une faible partie de la ville, M. J. Favre prit la résolution définitive de ne pas séparer son sort de celui de ses compatriotes. Le 11, le cénacle de l'Hôtel de Ville se réunit pour traiter la question de la conférence et décida que J. Favre serait notre plénipotentiaire ; mais la majorité systématiquement absurde et illogique, déclara que l'on ne pouvait, sans abaisser sa dignité, envoyer un officier au quartier général prussien chercher le sauf-conduit.

Ces résolutions du conseil, dit M. Sorel, résumaient toutes les fautes qu'il était possible de commettre dans cette circonstance... Ce n'était pas assez de nommer à la Conférence un représentant auquel on interdisait de s'y rendre, il fallut encore que d'avance on compromît la situation du plénipotentiaire français à Londres, si plus tard il était possible d'en envoyer un. Ce fut le résultat d'une circulaire que M. J. Favre composa le 12 janvier, à la suite de cette délibération ; en voici le texte :

« L'invitation de l'Angleterre est un commencement tardif de justice, un engagement qui ne pourra être rétracté. Elle consacre avec l'autorité du droit public le changement de règne. Qui ne sent qu'admise en face de l'Europe, la France a le droit incontestable d'élever la voix ? qui pourra l'arrêter lorsque, s'appuyant sur les règles éternelles de la justice, elle défendra les principes qui garantissent son indépendance et sa dignité ? elle n'abandonnera aucun de ceux que nous avons posés, notre programme n'a pas changé, et l'Europe qui convie celui qui l'a tracé, sait fort bien qu'il a le devoir et la volonté de le maintenir. »

Après avoir reproduit ce pathos peu académique, M. Sorel s'empresse de dégager la responsabilité de nos diplomates de carrière en déclarant que les bureaux des affaires étrangères n'avaient participé en rien à sa rédaction ; mais, ajoute-t-il ironiquement, « il était impossible de mieux exprimer les sentiments du Conseil ». Cette étonnante dépêche expédiée, M. J. Favre se mit en mesure de se faire refuser le sauf-conduit, en le demandant, non à l'autorité militaire pour *M. J. Favre*, mais à M. de Bismarck à titre de *représentant de la France* à la conférence de Londres. Cette demande lui attira, le 16 janvier, la réponse suivante dans laquelle le chancelier de l'Allemagne lui faisait cruellement sentir le peu de considération dont jouissaient les membres du gouvernement de Paris :

M. le ministre, en répondant aux deux missives obligeantes du 13 courant, je demande à Votre Excellence la permission de faire disparaître un malentendu. Votre Excellence suppose que, sur la demande du gouvernement britannique, un sauf-conduit est prêt chez moi pour vous permettre de prendre part à la conférence de Londres. Cette supposition est inexacte. Je n'aurais pu entrer dans une négociation officielle qui aurait eu pour base la présomption que le gouvernement de la Défense nationale fût, selon le droit des gens, en état d'agir au nom de la France, tant qu'il ne serait point reconnu au moins par la nation française.

Je suppose que les avant-gardes auraient accordé à Votre Excellence la permission de traverser les lignes allemandes, si Votre Excellence l'avait demandée au quartier général de l'armée assiégeante. Celui-ci n'aurait pas eu à considérer la position politique de Votre Excellence ni le but de votre voyage, et le sauf-conduit accordé par les chefs militaires aurait laissé l'ambassadeur de Sa Majesté à Londres, libre de prendre son parti sur la question de savoir si, d'après le droit des gens, les déclarations de Votre Excellence à Londres pouvaient être considérées comme les déclarations de la France.

Ce chemin, Votre Excellence me l'a coupé en m'adressant une demande officielle où elle indiquait officiellement le but du voyage. Les considérations politiques que je viens d'indiquer et qui sont confirmées par la circulaire officielle de Votre Excellence en date du 12, me défendent de déférer à votre désir. En vous faisant cette communication, je ne puis que vous laisser le soin de réfléchir, pour vous et votre gouvernement, s'il y a un moyen de trouver un autre chemin... Mais quand même ce chemin pourrait être trouvé, je voudrais bien me permettre de demander, et je me le permets tout de même, s'il serait de bon conseil que Votre Excellence quittât maintenant Paris pour aller discuter au sujet de la mer Noire... Je ne puis guère admettre que Votre Excellence, *dans la situation critique à laquelle vous avez si effectivement contribué*, veuille se priver de collaborer à une solution dont la responsabilité vous incombe aussi.

La leçon était sévère, mais ne fut pas comprise de notre emphatique ministre des affaires étrangères qui écrivait le même jour du 16 à Gambetta : « Quitter mes amis menacés, la veille même du jour où ils seront foudroyés, est un acte au-dessus de mes forces. » Cette phrase déclamatoire marchait de pair avec l'admiration de l'Europe que nous valait notre attitude pendant le bombardement qui n'avait rien de terrifiant et qui n'a foudroyé aucun des amis de J. Favre. Nous nous rappelons très bien qu'à cette époque, dans le cercle des officiers attachés au ministère de la guerre où tous étaient exactement renseignés, on ne parlait que des quelques jours de pain dont disposait encore l'administration de la ville et l'on ne s'occupait du bombardement que d'une manière incidente. Ces officiers, la plupart d'un grade élevé, attendaient avec impatience une solution de la crise avant que la famine ne portât le peuple aux pires excès. Ils savaient à quoi s'en tenir sur les rodomontades et les grandes phrases des gouvernants qui n'en céderaient pas moins aux exigences du vainqueur. En attendant, M. de Bismarck avait partie gagnée en empêchant la France d'être représentée au congrès de Londres ; cette abstention plus volontaire que forcée ne doit inspirer aucun regret rétrospectif, car M. de Chaudordy se forgeait des illusions quand il espérait que les puissances s'intéresseraient à un pays aussi mal gouverné que nous l'étions alors.

Aussitôt après les premières victoires, le comte de Bismarck avait entamé avec les gouvernements confédérés des négociations ayant pour but de faire proclamer le roi Guillaume empereur *allemand*. Ces négociations ayant abouti, le grand-duc de Bade se faisant l'interprète des souverains alliés avait porté au dîner de gala du 1er janvier, la santé du roi de Prusse en ces termes :

Le roi Frédéric-Guillaume IV disait, il y a vingt et un ans : « Une couronne d'empereur ne peut être gagnée que sur le champ de bataille. » Aujourd'hui cette parole est brillamment réalisée. Je ne puis mieux faire que de répéter les paroles auxquelles S. M. le roi de Bavière a donné une valeur historique : « Vive Sa Majesté Guillaume le Victorieux ! »

Le 18 janvier eut lieu, dans la galerie des glaces du château de Versailles, la consécration de l'empire d'Allemagne. M. Sorel donne des détails circonstanciés sur les négociations et sur la cérémonie militaire et féodale du 18 janvier. Le roi, placé devant un autel recouvert d'un drap rouge sur lequel se détachait l'image de la croix de fer prussienne, fit lire par le chancelier sa proclamation au peuple allemand. Il y annonçait que, sur la demande des princes et des villes libres d'Allemagne, il avait considéré comme un devoir de restaurer la couronne impériale et de *se la décerner*. En moins de huit jours, toutes les puissances avaient reconnu l'empire allemand et le czar Alexandre II ajoutait à cette reconnaissance des félicitations pour les succès des armées de son oncle Guillaume.

A la fin du chapitre XL, il était question des préparatifs du bombardement contre le front sud-ouest de Paris. Au commencement du mois de janvier, ces préparatifs étaient terminés; le moment est donc venu de décrire succinctement le théâtre de la lutte et d'expliquer pourquoi l'état-major de Versailles avait choisi le front sud-ouest comme point d'attaque.

Le frond sud de Paris, d'Ivry à Issy, est divisé par la vallée inférieure de la Bièvre en deux segments très dissemblables au point de vue topographique. Le segment compris entre la Bièvre et la Seine, avant son entrée dans Paris, affecte la forme d'un long plateau légèrement incliné vers le sud à partir des hauteurs de Villejuif. Ces hauteurs, couvertes par les deux fortes redoutes des Hautes-Bruyères et du Moulin

Saquet, constituaient pour l'armée de Paris une position très solide et soutenue en deuxième ligne par les forts d'Ivry et de Bicêtre.

Sur le segment compris entre la Bièvre et la Seine, à sa sortie de Paris, ou, si l'on veut, entre la Bièvre et le ravin de Sèvres, la position se trouvait modifiée au profit de l'assiégeant, à cause de la perte des hauteurs dominantes dont les Allemands s'étaient emparés le jour de la déroute de Châtillon. Là, en effet, à mesure que l'on s'éloigne de l'enceinte, le terrain s'élève en formant trois larges gradins, jusqu'à la plate-forme du vaste amphithéâtre dont la courbe s'appuie vers l'est à Châtillon, vers l'ouest à Meudon. Les Allemands étaient donc maîtres de ce gradin supérieur ; les forts d'Issy, de Vanves et de Montrouge occupaient le gradin intermédiaire au bas duquel se trouve l'enceinte qui à son tour est plus élevée que la ville.

Depuis le funeste combat du 19 septembre, l'artillerie allemande du plateau de Châtillon plongeait à la fois sur les trois forts, sur le rempart et jusque dans l'intérieur de Paris. Ce plateau constituait donc un point d'attaque nettement indiqué. De plus, les Prussiens occupaient à l'ouest du ravin de Sèvres la chaîne des hauteurs qui ferment la presqu'île de Gennevilliers, suivant la ligne de Saint-Cloud à Bougival. L'escarpement de la rive gauche de la Seine sur lequel s'étend le parc de Saint-Cloud donnait un flanquement à angle droit pour la ligne Meudon-Châtillon.

Dès le mois d'octobre, aussitôt que le quartier général de Versailles eut acquis la conviction que Paris prolongerait sa défense au delà du terme maximum de 6 à 10 semaines fixé primitivement, il résolut de faire venir un matériel de siège. En agissant ainsi, si le blocus menaçait de trop durer, il se réservait la ressource d'un bombardement pour effrayer les habitants et hâter la reddition.

Le parc de siège fut établi à Villacoublay, village situé sur la route de Versailles à Choisy-le-Roi, en arrière de Meudon.

250 pièces au moins étaient jugées nécessaires pour entreprendre utilement l'attaque, avec un premier approvisionnement de 500 coups par bouche à feu. La station la plus rapprochée pour le débarquement de ce matériel était celle de Nanteuil-sur-Marne, éloignée de Villacoublay d'environ 80 kilomètres ; et il ne fallait pas à un convoi moins de huit jours pour un trajet complet, aller et retour, entre ces deux localités. La neige et le verglas rendaient les routes difficiles, et les glaçons charriés obligèrent souvent à replier les ponts de bateaux de Villeneuve-Saint-Georges, ce qui allongeait le circuit. De plus, l'armée allemande était loin de disposer des 5.000 chariots jugés indispensables pour effectuer ce transport. Les réquisitions n'avaient donné que 1.500 chariots à quatre roues. Néanmoins, dans le courant de novembre, 275 pièces de siège étaient rassemblées dans le parc de Villacoublay et le premier approvisionnement de projectiles déchargé en gare de Nanteuil. Le quartier général se décida, à cette époque, à tirer d'Allemagne les moyens de transport qui faisaient défaut. 24 colonnes de munitions à 40 chariots furent formées dans les diverses provinces allemandes. Les 275 pièces destinées à l'attaque du front sud-ouest consistaient en : 144 pièces de 6 et de 12 ; 85 de 24 ; 6 mortiers de 21 centimètres *rayés* ; 20 mortiers de 25 ; plus 50 énormes fusils de rempart à aiguille. 22 compagnies d'artillerie de forteresse étaient attachées au service des batteries. Ces batteries étaient installées dans les conditions suivantes : à gauche, la batterie de Saint-Cloud avec 6 pièces ; sur la terrasse du château de Meudon, 4 batteries avec 24 pièces. Au centre, droit au sud de Clamart, 2 batteries armées de 12 pièces ; sur le plateau de Châtillon, 5 batteries armées de 32 pièces. A droite, dans le village de Fontenay-aux-Roses, 2 batteries avec 16 pièces. Étaient en outre réparties parmi les batteries de canons, 3 batteries à tir parabolique armées chacune de 2 mortiers de 21 centimètres rayés. Total des pièces devant participer à la première attaque contre le front sud-ouest, 96. Pour

établir l'unité dans la conduite du bombardement, le lieutenant général de Kameke reçut le 13 décembre la direction supérieure des travaux du génie sur toute la ligne d'investissement, et le général-major prince de Hohenlohe-Ingelfingen fut placé à la tête de toute l'artillerie.

L'attaque générale eut lieu le 5 janvier au matin. Les forts de Montrouge, de Vanves et d'Issy furent couverts d'une grêle de projectiles, et quelques obus vinrent tomber dans les quartiers populeux de Montrouge et de Vaugirard. Les forts bombardés firent bonne contenance et répondirent vigoureusement; mais les meilleures ripostes vinrent des pièces puissantes établies dans les 18 bastions de l'enceinte et assez rapprochées des batteries ennemies pour prendre part à la lutte. Cependant il était difficile de porter des coups efficaces sur des batteries construites avec une grande perfection, munies pour la plupart de communications et d'abris blindés, et auxquelles leur position dominante assurait déjà un bon défilement. Seule la batterie de Saint-Cloud ouverte dans le flanc du coteau était abîmée par le canon du rempart, du Mont-Valérien et des canonnières embossées sur la Seine. Dans le courant de janvier le magasin à poudre de cette batterie sauta, et pendant deux jours elle fut réduite au silence.

Le bombardement de la ville prit bientôt un caractère plus sérieux par l'entrée en jeu de batteries plus rapprochées de l'enceinte. Le 8 janvier, une nouvelle batterie armée de 6 pièces de 24 fut démasquée entre Bagneux et Châtillon. Cinq autres batteries établies à Fleury, à Clamart et à Châtillon ouvrirent successivement leur feu le 10, le 11, le 13 et le 20 janvier. Le nombre des projectiles du plus fort calibre lancés dans l'intérieur de l'enceinte variait de trois à quatre cents par jour sans dépasser une zone déterminée par une ligne partant de la Muette et passant par le cimetière de Passy, le Trocadéro, le pont d'Iéna, l'esplanade des Invalides, l'église Saint-Sulpice, le jardin des Plantes, pour aboutir aux fortifications en arrière d'Ivry.

Pendant le bombardement du front sud-ouest, un redoublement d'activité se manifestait dans le feu des batteries établies au nord, dans les lignes de la garde prussienne, et les préparatifs pour l'attaque de Saint-Denis étaient vivement poussés. 12 batteries construites dans ce but recevaient leur armement dans les conditions suivantes: au Bourget, 8 pièces; sur la hauteur de Stains, 4 batteries avec 28 pièces ; près de la station du chemin de fer de Pierrefitte, une batterie de 4 pièces ; sur la hauteur de Montmagny, 2 batteries avec 8 pièces et 4 mortiers rayés ; à Montmorency, une batterie de 6 pièces ; à la Chevrette, à la Barre et à Ormesson, trois batteries avec 18 pièces. Ces 80 bouches à feu ouvrirent leur feu contre les défenses de Saint-Denis et sur la ville avec une telle violence que le séjour en devint impossible aux habitants. Au moment de la capitulation, on discutait à Versailles l'opportunité d'une attaque de vive force contre Saint-Denis.

En somme, les effets du bombardement, eu égard à sa durée, ne furent pas ce que l'assiégeant en espérait. Les forts du sud avaient beaucoup souffert, bien que les batteries placées en avant d'eux ou sur les côtés et les pièces des bastions leur eussent été d'un grand secours en détournant sur elles une partie des feux de l'ennemi. Le fort de Vanves eut ses casemates trouées, ses casernes défoncées et en partie incendiées. Le fort d'Issy fut encore plus maltraité ; toutes ses casemates étaient percées à jour ; il ne restait des casernes qu'un monceau de débris calcinés par l'incendie ; ses escarpes étaient fort endommagées et une brèche était ouverte à la courtine du front d'attaque. Bien qu'il fût moins directement battu, le fort de Montrouge avait également beaucoup souffert. Il ne paraît pas douteux que si le bombardement avait duré encore quelques jours, les deux premiers de ces forts n'eussent plus été tenables, sans pour cela pouvoir être occupés avantageusement par les Allemands.

L'effet moral produit sur les habitants fut juste le contraire de ce que cherchait l'assiégeant. Au lieu de se montrer épouvantée ou abattue, la population parisienne fut prise au contraire d'une sorte de colère patriotique dont le gouvernement sut tirer parti. Il entretint ce sentiment par des proclamations dont l'exaltation calculée, en se communiquant à la foule, détournait les esprits de toute pensée de discorde. Les projectiles, du reste, firent moins de victimes dans la population civile qu'on aurait pu le craindre. Il n'y eut pendant les 22 jours de bombardement que 375 personnes atteintes : 97 tués dont 54 femmes et enfants, et 278 blessés dont 126 femmes et enfants. Si faibles que soient ces chiffres, 1 pour 6.000 habitants, ils sont pénibles à enregistrer quand on songe que ces victimes étaient inutiles, l'ennemi sachant bien que la faim allait lui livrer la place à bref délai. Il est certain que le bombardement de Paris fut une satisfaction que le gouvernement allemand ne se sentit pas le courage de refuser aux populations d'outre-Rhin dont la haine augmentait avec la durée inattendue de la résistance. M. de Bismarck lui-même reconnut que le résultat final s'était borné « à un gaspillage inutile et incompréhensible de munitions d'artillerie ». Mais J. Favre ne se rendit pas à la conférence de Londres afin de partager le sort de ses amis à la veille d'être *foudroyés*, ainsi qu'il a été dit plus haut.

Les représentants des puissances qui étaient restés dans Paris adressèrent à M. de Bismarck, le 13 janvier, une note collective invoquant « les principes et les usages reconnus du droit des gens » en faveur de leurs nationaux qui voudraient mettre à l'abri du bombardement leurs propriétés et leurs personnes. Le 17, le chancelier répondit à cette note par une longue lettre dans laquelle il affirmait que les recommandations de quitter la ville assiégée n'avaient pas manqué aux nationaux des puissances neutres, « quoique ces avertissements, ajoutait-il, ne soient pas prescrits par les principes du droit international ». Après des considérations assez étendues sur les nécessités de la situation faite à l'assiégeant par ce fait inouï de la transformation en camp retranché d'une ville de deux millions d'habitants, le comte de Bismarck s'attachait à écarter le reproche fait à ses artilleurs de prendre les établissements hospitaliers de la capitale pour objectif de leur tir. Quant aux nationaux des pays neutres, disait-il, le seul moyen de les mettre à l'abri des inconvénients d'un siège était la reddition de Paris. L'incident fut clos par une réponse assez ferme de M. Kern, ministre de Suisse et doyen du corps diplomatique.

Paris était arrivé à l'extrême limite de la résistance. Le pain des boulangers ne contenait plus que 25 pour cent de farine non blutée; et les boucheries, administrées par les maires d'arrondissement, faisaient alterner depuis longtemps les maigres distributions de cheval, à raison de 100 grammes par tête, avec les harengs, les haricots et autres légumes secs impropres à remplacer la viande. 40.000 chevaux avaient disparu dans la consommation, et ce qui restait de ces animaux ne pouvait être sacrifié sans mettre en danger le service des transports, fonction essentielle de la vie d'une grande capitale ; le bois à brûler et le charbon avaient atteint des prix exorbitants ; la population indigente, poussée par le froid, arrachait les planches des clôtures privées et coupait les arbres des promenades sans que personne pût avoir la pensée de poursuivre les infortunés délinquants. Dans ces circonstances, le gouverneur résolut de faire une suprême tentative contre les lignes de l'ennemi. Tout espoir de réussir était évidemment perdu ; le général Ducrot et la plupart des chefs de l'armée étaient ouvertement opposés à une nouvelle effusion de sang qui leur paraissait inutile ; leur avis était de se renfermer dans la défensive jusqu'à la dernière ration de pain. Mais le général Trochu avait, comme toujours, à compter avec ses collègues civils du gouvernement, avec les municipalités élues, enfin avec les gardes nationaux et la masse des énergumènes et des imbéciles qui réclamaient à grands cris « la sortie *torrentielle* ». La nouvelle de la marche de Bourbaki vers l'Est, annoncée officiellement aux Parisiens le 9 janvier, n'avait pas peu contribué à exciter les dernières et funestes illusions qui rendirent inévitable une suprême et inutile bataille.

Il n'y a pas lieu d'entrer dans de grands développements sur cette triste affaire de Buzenval dont le général en chef et ses lieutenants n'espéraient ni ne cherchaient un résultat. Ce qu'il s'agissait de vaincre, les gens sages le disaient tout haut, c'était moins l'ennemi, la bataille étant d'avance regardée comme perdue, que l'illusion des gardes nationaux obstinés à se croire invincibles et à repousser, au nom de la République, toute idée de capitulation. L'attaque fut fixée au 19 janvier, le lendemain de la proclamation de l'empire allemand dans la galerie des glaces. L'objectif supposé était Versailles et, pour y arriver, il s'agissait d'enlever, sous la protection du Mont-Valérien, la chaîne de hauteurs qui, de Saint-Cloud à Bougival, ferme la gorge de la presqu'île de Gennevilliers. Trois corps d'armée commandés par les généraux Ducrot, de Bellemare et Vinoy, sous les ordres du gouverneur, devaient attaquer simultanément la position par sa droite, son centre et sa gauche.

La colonne de droite, Ducrot, était composée des divisions Faron, Susbielle et Berthaut, en tout 33.500 hommes y compris 9 régiments de la garde nationale mobilisée. Elle avait pour mission d'attaquer de front le château et le parc de Buzenval, de tourner le plateau de Garches à l'ouest et d'en gravir les pentes par la porte de Longboyau et le ravin de Saint-Cucufa. La colonne du centre, Bellemare, d'un effectif de 34.500 hommes, y compris 8 régiments de gardes nationaux, devait aborder en trois colonnes le plateau de Garches par sa pointe nord-ouest et occuper l'endroit dit la Bergerie. Enfin l'aile gauche, Vinoy, forte seulement de 22.000 hommes, y compris 6 régiments de gardes nationaux, devait enlever la redoute de Montretout, puis les villas Pozzo-di-Borgo, Zimmermann et Armengaud.

La concentration de ces troupes sous le Mont-Valérien fut très laborieuse. Dans la journée du 18, la capitale était en proie à une vive émotion ; 23 régiments de garde nationale, soit environ 45.000 Parisiens, allaient enfin voir le feu ; dans toutes les familles les cœurs étaient partagés entre l'appréhension d'un deuil privé et l'espoir du salut public. Les illusions dépassaient toute imagination ; la garde nationale allait montrer « aux lignards et à la mobile comment on perce à la baïonnette les lignes prussiennes ». Beaucoup de ces guerriers s'étaient chargés de lettres pour la province où ils se croyaient sûrs d'arriver après avoir culbuté l'ennemi. Nous avions le cœur serré en regardant défiler ces enthousiastes qui ne se doutaient pas de l'effet que leur produiraient les premiers coups de fusil ni de la débâcle qui suivrait le premier obus éclatant au milieu d'eux.

Le gouvernement profita de cette effervescence un peu désordonnée pour annoncer que le pain serait rationné à 300 grammes par tête ; mesure à coup sûr salutaire, mais trop tardive, et qui eut pour effet d'alarmer vivement la population à laquelle, dans une proclamation du 12 décembre, le gouvernement avait assuré qu'il n'y aurait jamais lieu de recourir au rationnement du pain.

L'attaque devait commencer à 5 heures du matin ; mais, par suite de l'encombrement des routes, elle ne put être entamée qu'à 7 heures et demie, et seulement sur la gauche et au centre. Sur la droite, le général Ducrot, qui avait un plus long circuit à parcourir, n'entra en ligne qu'assez tard. A gauche, les troupes de Vinoy occupèrent la redoute de Montretout, la maison du curé et les villas. Au centre, le général de Bellemare faisait enlever le côté est du parc de Buzenval et lançait ses colonnes contre la Bergerie qui ne put être arrachée aux Prussiens. Bellemare ne pouvait aller de l'avant sans découvrir sa droite, laissée sans appui par suite du retard et de l'insuccès de Ducrot. Celui-ci, en effet, ne réussit pas à franchir la porte de Longboyau, défendue par un mur à deux rangs de créneaux.

En vain, dit Ducrot, les plus intrépides sont foudroyés par la terrible fusillade partant des tranchées, des blockhaus, de la muraille... le gros de la troupe s'arrête, et bientôt recule encore une fois. Les gardes nationaux qui viennent en seconde ligne, affolés, terrifiés, courant à droite et à gauche, tirent dans tous les sens et font de nombreuses victimes dans nos propres rangs.

C'est à peu près tout ce qu'ont pu faire ces guerriers si confiants la veille, quand ils défilaient fièrement à travers les rues de Paris. A l'exception de quelques brillantes individualités, les bataillons de garde nationale n'étaient que des bandes sans cohésion, encombrantes et gênantes pour les vrais combattants. Déjà aux journées de juin 1848, la garde nationale de Pontoise, placée en réserve (!) derrière notre colonne dans le faubourg Saint-Denis, s'était affolée aux premiers coups de fusil et avait fait feu sur nous qui touchions sa tête de colonne. Pour éviter une catastrophe, nous courûmes sus aux insurgés, pendant que les gardes nationaux se sauvaient à toutes jambes après s'être tué ou blessé une quinzaine d'hommes, dont leur médecin-major. Quelques jours après, une pluie de décorations récompensait leur... couardise. En 1871, on a mieux apprécié les mérites de la garde nationale, et sa suppression a été votée d'enthousiasme.

Cependant Vinoy ne parvenait pas à installer dans la redoute de Montretout quelques pièces de 12, dont le feu eût appuyé la marche de ses colonnes ; celles-ci furent ainsi arrêtées tout le jour sur les positions qu'elles avaient rapidement conquises le matin. — Le commandant de Cossigny avait vivement insisté la veille pour que l'on renonçât à atteler nos lourdes pièces de 12 que les chevaux éreintés ne pouvaient plus démarrer par les chemins couverts de neige et de verglas. — Vers 3 heures et demie, l'ennemi prononça une attaque très vigoureuse contre le centre et la gauche des Français, sur la ligne comprise entre la redoute de Montretout et la Bergerie. Les troupes prussiennes rencontrèrent d'abord une vigoureuse résistance ; il était visible toutefois, quand le soir arriva, que les troupes des corps Vinoy et Bellemare étaient fatiguées. Après les nombreuses défaillances de la garde nationale, il eût été imprudent de vouloir se maintenir sur les points avancés. Le gouverneur de Paris donna l'ordre de la retraite qui, malheureusement, ne put être transmis aux troupes les plus avancées ; quelques compagnies parvinrent à se dégager dans la nuit, mais le brave commandant Lareinty des mobiles de la Loire-Inférieure, après avoir résisté jusqu'au lendemain, 20 janvier, aux sommations des Prussiens, se voyant abandonné et entièrement cerné, dut mettre bas les armes avec son bataillon à 9 heures et demie du matin. Les troupes que l'on avait eu à combattre se composaient de deux divisions du Ve corps prussien, renforcées dans la journée par cinq bataillons de la landwehr de la garde appelés de Saclay, par un sixième bataillon du XIe corps venu de Saint-Cyr et par une brigade du 2e corps bavarois. Quatre batteries du Ve corps, envoyées de Sannoy à Carrières-Saint-Denis, avaient pu prendre à revers les bataillons de Ducrot.

Les pertes des Prussiens s'élevaient à 40 officiers et 570 hommes, tous du Ve corps à l'exception de 15 hommes du XIe corps et d'un landwehrien. Les réserves n'ont donc pas été engagées. L'armée de Paris avait laissé sur le champ de bataille 189 officiers et 3.881 hommes, dont 61 officiers et 1.396 soldats de la garde nationale. Le corps de Bellemare avait subi plus de la moitié des pertes. La comparaison des chiffres précités dispense d'insister sur la mollesse de l'attaque que les troupes de ligne et des mobiles faisaient à contre-cœur, et où la garde nationale a montré sa faiblesse irrémédiable.

Pour se rendre compte de l'insignifiance des succès obtenus le matin à la gauche et au centre, il importe de remarquer que ces succès se bornaient au forcement de la première ligne ennemie sur des points où elle n'était couverte par aucun travail défensif, entre la pointe nord-est du plateau de Garches et la redoute de Montretout. Il restait encore à franchir après celà deux lignes de défense formidables. Le génie et l'artillerie s'étaient naturellement ingéniés pour couvrir d'obstacles insurmontables la partie des lignes d'investissement derrière laquelle s'abritait le quartier royal. Jamais nous n'avions vu pareil enchevêtrement de trous de loup, d'abatis, d'épaulements, de treillages en gros fil de fer, de redoutes si admirablement organisées qu'un promeneur aurait mis plusieurs heures à traverser ce terrible labyrinthe. Un simple coup d'œil sur la carte du grand état-major de Berlin permet de constater à quel point les généraux Hohenlohe et Kameke s'étaient préoccupés d'assurer la sécurité de l'empereur et roi. Le Ve corps a pu, grâce à ces travaux, résister à un adversaire disposant d'un effectif quadruple et lui infliger des pertes sérieuses.

L'effet démoralisant qu'on avait attendu de la triste et sanglante sortie théâtrale du 19 janvier était obtenu. Pour en confirmer l'impression déprimante, le général Trochu avait envoyé le soir de la bataille une dépêche disant qu'il était urgent de négocier une suspension d'armes pour relever les morts et qu'il faudrait beaucoup de brancardiers. Il y avait en tout 700 cadavres français sur le champ de bataille, dont 240 de gardes nationaux ; les blessés ne dépassaient pas 2.800 ; mais en lisant la dépêche du gouverneur, la population crut à un horrible désastre.

De leur côté, les membres du gouvernement réunis à l'Hôtel de Ville pour y recevoir des nouvelles qu'ils étaient assez naïfs pour espérer favorables, furent atterrés et se livrèrent aussitôt aux plus invraisemblables divagations. Pour J. Favre, « le remplacement du général Trochu était la nécessité la plus pressante de toutes celles qui accablaient le gouvernement ». Pendant que l'on discutait à tort et à travers, M. J. Favre reçut une dépêche de Gambetta dont le Conseil demanda la lecture immédiate.

Vous voyez, écrivait le dictateur, s'approcher tous les jours de vous, de la France, de la République, l'horrible catastrophe, et vous vous résignez en gémissant. Vous avez laissé passer l'heure et l'occasion favorables pour une victorieuse trouée, et, avec les intentions les plus pures, vous tomberiez comme ceux qui sont tombés à Sedan et à Metz. Si vous étiez sortis le 7 janvier, Chanzy, au lieu d'un échec sur la ligne du Mans, aurait promptement compté un triomphe.

Si vous sortiez, aujourd'hui, demain, après-demain, profitant du moment où les Prussiens ont dégarni leurs lignes pour opposer 200.000 hommes à Chanzy, 100.000 hommes à Bourbaki, vous réussiriez encore...

Puis, après un exposé de la situation et d'un plan stratégique aussi étonnant que celui qui faisait l'objet de la lettre du 5 janvier, dans laquelle il parlait à Chanzy des 400.000 hommes destinés à prendre à revers l'armée allemande d'investissement de Paris, Gambetta ajoutait d'un ton menaçant :

Pendant toutes ces luttes que fait Paris ? Rien. La population supporte stoïquement les obus des Prussiens. Mais on se demande, non seulement en France, mais en Europe, ce que fait la population militaire. Cependant le temps vous presse ; qu'attendez-vous pour agir ?

Autour de vous tout le monde vous en adjure ! Je vous ai envoyé mon vote, je viens vous exposer les nécessités de la situation, je vous ai fait connaître l'opinion générale, unanime dans le sens d'un effort immédiat. Retarder plus longtemps, quel que soit le prétexte d'une pareille faiblesse, serait un acte coupable contre le pays, *contre la République*. Même indirectement, je ne veux pas m'y associer.

En conséquence, si le 23 je n'ai pas reçu une dépêche nous annonçant qu'une sortie *sans esprit de retour* est engagée avec tous vos moyens, je ferai connaître la vérité tout entière.

On sait par tout ce qui précède que cette lettre n'était qu'un tissu d'inexactitudes. A la bataille du Mans, loin d'avoir dégarni l'armée d'investissement pour renforcer celle du prince Frédéric-Charles, le comte de Moltke avait au contraire ramené le 1er corps bavarois à Paris pour y remplacer, entre Marne et Seine, le IIe corps envoyé dans l'Est avec Manteuffel. Quant à l'Europe, elle se demandait pourquoi la population militaire et aussi la population civile toléraient les allures dictatoriales de Gambetta et de sa camarilla. Le général d'Aurelle aurait certainement réussi dans le cas où il se serait débarrassé de l'aréopage de Tours, ainsi qu'il en avait eu l'intention, intention peu déguisée, car on peut lire à la page 357 de son intéressant ouvrage sur la campagne de la Loire :

L'armée pouvait, dès le 10 ou le 11 décembre, être prête à tenir la campagne et à reprendre l'offensive. Le général en chef *était bien résolu à s'affranchir*, désormais, de toute dictature civile et de toute ingérence dans la direction des opérations militaires.

Ces choses-là se font et ne s'écrivent pas après coup ; d'Aurelle savait à quoi s'en tenir sur les sentiments de Gambetta et de son entourage à l'égard des généraux ; il fallait les cueillir comme de vulgaires perturbateurs et tous les braves gens, les militaires en tête, auraient applaudi à cet acte de vigueur et de bon sens.

A Paris comme sur la Loire, on avait l'air de subir l'ascendant du fougueux rhéteur, car après avoir blâmé le ton hautain et menaçant qu'il se permettait dans sa lettre, le conseil de l'Hôtel de Ville décida que l'on ferait une nouvelle hécatombe, sans s'inquiéter de l'épuisement moral et physique des troupes, ni de la déplorable attitude de la garde nationale. Puis le conseil aulique continue à discuter et, de guerre lasse, décide dans la matinée du 20 janvier de convoquer les 20 maires au ministère des affaires étrangères où les attendraient les membres du gouvernement.

M. J. Favre leur annonça qu'il ne restait du blé que jusqu'au 1er février et que Chanzy, battu au Mans, avait perdu 15.000 hommes et comptait 50.000 fuyards. Le général Trochu leur dit ensuite : « J'ai tenté une grande sortie avec la garde nationale contrairement à l'opinion de *tous* mes généraux. Après l'essai fait à Buzenval, je suis bien forcé de reconnaître qu'ils avaient raison de repousser une pareille entreprise et je suis fortement résolu à ne plus la renouveler. »

Les déclarations du président et du vice-président du gouvernement étaient significatives et donnaient la capitulation comme seule issue possible. Mais ce n'était pas l'affaire des citoyens maires qui tenaient à poser en héros. Rejetant toute idée de capitulation, ils déclarèrent fièrement « qu'ils se refusaient à donner d'autre concours que celui du désespoir. Ils étaient prêts à mourir, ils préféraient les horreurs de la famine à l'humiliation d'une soumission, ils parlaient de s'ensevelir tous sous les ruines de la cité... » Bref, pénétrés de l'importance de leur rôle de citoyens prêts à tous les sacrifices, ils vantaient la bravoure de la garde nationale avide de combats! la résignation du peuple décidé à mourir de faim plutôt que de honte. Et la toile tombe sur ces artistes dramatiques, ces parodistes du serment du Rutli dans *Guillaume Tell* et de la bénédiction des poignards dans *les Huguenots*.

Le lendemain 21, nouvelle séance plénière des membres du gouvernement ; on y discute à perte de vue, on y débite de plus en plus d'absurdités, on enlève au général Trochu le commandement en chef de l'armée, on supprime le titre et les fonctions de gouverneur de Paris, on maintient le gouverneur révoqué à la présidence du gouvernement, enfin on s'occupe de donner un nouveau général en chef aux armées de la capitale.

Le président Trochu propose le brave Vinoy qui a conservé le plus de prestige et d'autorité aux yeux des troupes. La triste majorité de cette triste assemblée s'insurge contre cette proposition, elle ne veut pas entendre parler de ce militaire expérimenté dont « le nom est suspect à la République et aux républicains ». Le Conseil dispute, discute, ergote jusqu'à 2 heures du matin où un bon citoyen accourt pour le prévenir que les faubourgs sont en pleine insurrection, viennent de délivrer Flourens détenu à Mazas et marchent sur l'Hôtel de Ville. A cette nouvelle, les discours s'arrêtent, les esprits se calment, les objections tombent et l'on se hâte de nommer Vinoy général en chef sans seulement le consulter. M. J. Favre lui envoie sur-le-champ un exprès pour lui donner avis de sa nomination.

Le vieux général, toujours si dévoué à son pays, accepta,

sur les instances de son ami Le Flô, ministre de la guerre, la tâche ingrate de commander une armée vouée à une capitulation imminente et de tenir tête à l'émeute qui allait succomber, quelques heures plus tard, devant les vaillants mobiles bretons chargés de la défense de l'Hôtel de Ville. Dès son entrée en fonctions, Vinoy se signala par des mesures énergiques qui produisirent un effet salutaire : les clubs furent fermés ; le nombre des conseils de guerre doublé ; deux journaux incendiaires, *le Réveil* et *le Combat*, dirigés par les futurs chefs de la Commune, Delescluze et Félix Pyat, furent supprimés. Ces services rendus à son pays n'ont pas été pardonnés au général Vinoy par la camarilla gambettiste qui, au jour de son triomphe, s'est empressée, comme il a été dit, de le remplacer à la chancellerie de la Légion d'honneur par le général Faidherbe.

Pendant que l'émeute grondait autour de l'Hôtel de Ville, une nouvelle réunion des maires avait lieu au ministère de l'instruction publique, sous la présidence de M. Jules Simon. MM. Tirard et le lieutenant-colonel Vosseur ont tous deux publié un récit de cette réunion à laquelle avaient été également convoqués des officiers supérieurs de l'armée active et deux colonels de la garde nationale, parmi lesquels les administrateurs de la cité espéraient trouver un sauveur. Ils furent unanimes à déclarer l'inutilité absolue de tout effort militaire. Le colonel de la garde nationale de Brancion, ancien capitaine de cavalerie, ajouta cette considération que, dans cette garde, « les hommes au cœur patriote, représentés par quelques personnalités de rang social plus élevé, savaient se faire tuer, mais que la foule composant les bataillons de marche restait en arrière ; que si de nouveaux efforts devaient être tentés, la fraction honorable payerait encore de sa personne, laissant derrière elle, pour l'insurrection et le pillage, la majeure partie composée d'éléments viciés ». Ces paroles n'étaient-elles pas prophétiques ?

Après la répression de l'émeute, les membres du gouvernement se réunirent en permanence à l'Hôtel de Ville ; les vivres manquaient et il fallait entrer en négociation avec le quartier général prussien. Le général Ducrot a eu la patience de rendre compte jour par jour de toutes les sottises débitées par cette réunion de rhéteurs pendant la dernière semaine du siège. Cet échange de propos incohérents n'a aucune valeur historique ; la plupart des historiens ont passé sous silence ces interminables causeries entre membres d'un gouvernement dont l'incapacité a été universellement reconnue. Il leur restait à prendre une dernière résolution, celle du choix d'un négociateur ; naturellement, ce choix ne pouvait être que mauvais, car il s'égara sur M. J. Favre, le malencontreux rédacteur de la pompeuse circulaire du 6 septembre où se lisaient les mots : Pas un pouce de notre territoire, pas une pierre de nos forteresses.

M. de Bismarck, averti dans la journée du 23 de cette désignation d'un négociateur, s'empressa d'envoyer un sauf-conduit à M. J. Favre qui partit aussitôt avec le capitaine d'Irrison. Arrivé à 8 heures du soir à Versailles, il fut aussitôt reçu par le chancelier et la négociation commença. Elle fut laborieuse, puisque tous les jours M. J. Favre était obligé de revenir à Paris pour s'aboucher avec ses collègues. Le général Beaufort d'Hautpoul lui avait été adjoint pour régler avec le comte de Moltke les graves difficultés que soulevaient le règlement d'un armistice et la délimitation des zones occupées par les armées belligérantes. Les prétentions du chef d'état-major prussien l'ayant mis dans un état nerveux qu'il dissimulait avec peine, le général Vinoy le remplaça sur sa demande par le général de Valdan.

Le 27 janvier, le gouvernement publiait une note pour annoncer à la population que les négociations étaient entamées, — elles l'étaient depuis le 23, — et allaient probablement aboutir. Cette nouvelle fut accueillie avec un vif sentiment de tristesse, mais non sans une sorte de soulagement. Les hostilités étaient déjà suspendues sur toute la ligne d'investissement depuis la nuit du 26 au 27 à minuit.

Le 28 janvier, MM. de Bismarck et J. Favre signaient à Versailles la fameuse convention qui mettait fin à la guerre. En résumé, ce document constituait pour Paris une capitulation déguisée, et pour la province un armistice mal défini ; en voici les principaux articles :

Art. 1er. Un armistice général sur toute la ligne des opérations militaires en cours d'exécution entre les armées allemandes et les armées françaises commencera pour Paris aujourd'hui même, pour les départements dans un délai de trois jours..... Les opérations militaires sur le terrain des départements du Doubs, du Jura et de la Côte-d'Or, ainsi que le siège de Belfort se continueront indépendamment de l'armistice jusqu'au...

Art. 2. L'armistice a pour but de permettre au gouvernement de la défense nationale de convoquer une Assemblée librement élue qui se prononcera sur la question de savoir si la guerre doit être continuée ou à quelles conditions la paix doit être faite. L'Assemblée se réunira dans la ville de Bordeaux.

Art. 3. Il sera fait immédiatement remise à l'armée allemande par l'autorité militaire française de tous les forts formant le périmètre de la défense extérieure de Paris, ainsi que de leur matériel de guerre.

Art. 6. Les garnisons des forts et de Paris seront prisonnières de guerre, sauf une division de 12.000 hommes pour le service intérieur de Paris.

Art. 7. La garde nationale conservera ses armes : elle sera chargée de la garde de Paris et du *maintien de l'ordre!!!* Il en sera de même de la gendarmerie et des troupes assimilées employées à un service municipal, telles que la garde républicaine, douaniers et pompiers; la totalité de cette catégorie n'excédera pas 3.500 hommes.

Art. 8. La ville de Paris payera une contribution municipale de guerre de 200 millions.......

Immédiatement après la signature de la convention d'armistice, J. Favre adressa par le télégraphe de campagne des Allemands, la dépêche suivante à Gambetta :

Versailles, 28 janvier, 11 h. du soir.

Nous signons aujourd'hui un traité avec le comte de Bismarck. Un armistice de 21 jours est convenu ; une assemblée est convoquée à Bordeaux pour le 12 février. Faites connaître cette nouvelle à toute la

France. Faites exécuter l'armistice et convoquer les électeurs pour le 8 février. Un membre du gouvernement va partir.

On remarquera que l'exception stipulée dans l'article 1er concernant l'armée de l'Est et Belfort a été oubliée par M. J. Favre et le général de Valdan qui a sa part de responsabilité dans cette regrettable omission. Le comte de Moltke avait eu le soin de la notifier à tous les chefs d'armée et spécialement aux généraux Manteuffel et Werder. L'oubli de notre négociateur a causé certains troubles dans la retraite de l'armée de Bourbaki, mais un écrivain impartial doit reconnaître que la journée perdue n'aurait pas suffi à éviter son internement en Suisse où tous les soins imaginables lui ont été prodigués par les habitants et par les autorités fédérales.

La faute la plus lourde, et dont M. J. Favre doit porter toute la responsabilité, a été commise dans la rédaction de l'article 7 qui laissait ses armes à la garde nationale que MM. de Bismarck et de Moltke tenaient à désarmer. Cette coupable insistance de J. Favre à laisser leurs fusils à cette horde de gens indisciplinés nous a valu la Commune.

M. de Bismarck s'était abstenu pendant la durée de la négociation d'armistice de faire la moindre allusion aux conditions du futur traité de paix. Cette réserve inquiétait J. Favre qui avait perdu de vue les circulaires des 13 et 16 septembre où il était dit clairement que la cession territoriale exigée comprendrait la province d'Alsace-Lorraine constituant le gouvernement du général de Bismarck-Bohlen. Quelques rares conditions imposées par la Prusse auraient pu être atténuées, dans le cas où l'on aurait traité ayant encore pour six ou sept semaines de vivres, après Champigny par exemple. Je me rappelle les propos acerbes qui étaient proférés au ministère de la guerre contre le gouverneur Trochu et ses collègues par les officiers du grade le plus élevé quand, vers la fin de décembre, lorsque nous savions que les vivres manqueraient à bref délai, nous voyions les gens de l'Hôtel de Ville ne pas s'inquiéter d'entrer en négociation. Nous nous rendions compte qu'acculés à notre dernière ration, le quartier général prussien se rirait des menaces de notre négociateur et de ses guerriers de la garde nationale. Aucune atténuation, aucune concession n'était à espérer du comte de Bismarck qui, dit-on, à l'annonce de l'arrivée de M. J. Favre, le 23 janvier au soir, se mit à siffler l'hallali et dit gaîment à son entourage : « Messieurs, la bête est morte. »

M. Albert Sorel fait erreur lorsqu'il semble croire que le chancelier allemand n'était pas au courant de la situation de Paris et ignorait de quoi se composait le pain des derniers jours du blocus. Pendant toute la durée de l'investissement, des communications clandestines avaient lieu aux avant-postes du côté de Nanterre et de Rueil ; il s'y pratiquait un échange quotidien de renseignements et de journaux que nous achetions vraiment au poids de l'or, et les libres-échangistes allemands connaissaient parfaitement bien notre pénurie, puisque leur commerce interlope se pratiquait dans des auberges isolées sous la protection des chefs de postes avancés. Mais le tableau que fait M. Sorel de Bordeaux au moment où Paris se voyait acculé à la capitulation est tellement saisissant que nous croyons devoir le reproduire :

A Bordeaux tout allait de mal en pis. On se précipitait vers une catastrophe militaire et une crise politique. La Délégation était à bout de ressources et d'inventions. Ses armées, battues partout, ne présentaient plus guère que des troupeaux d'hommes décimés par la faim, le froid, la maladie, échappant à leurs officiers, en proie au découragement. Elles venaient se briser contre la masse de fer des armées allemandes. Et cependant la France, depuis Sedan, avait dépassé les efforts légendaires de la Révolution. C'était un admirable effort, mais ce n'était que cela. M. Gambetta et les ingénieurs qui dirigeaient les armées en son nom, avaient construit une prodigieuse machine de guerre ; elle devait produire un grand effet de surprise et d'épouvante ; cet effet avait manqué ; la machine maintenant se détraquait de tous les côtés. Les ressorts avaient été trop tendus. Le pays était las et se sentait vaincu. Le dégoût commençait à lui venir. La soumission lui pesait. C'est que presque partout la propagande républicaine se substituait à la défense nationale. Le Midi était en proie à l'anarchie ; il s'y formait des ligues fédéralistes ; l'unité nationale était menacée. Le parti de la guerre à outrance ne se recrutait plus guère que parmi les gens qui ne se battaient pas. Bordeaux était envahi par des énergumènes accourus de tous les départements du Sud. L'état-major cosmopolite de l'Internationale s'y était réuni ; des Anglais, des Slaves, des Espagnols, des Américains prêchaient la levée en masse des Français et demandaient qu'on fît combattre les prêtres. Chaque soir ces hommes se donnaient rendez-vous dans les clubs et répétaient devant un peuple de badauds leur parade révolutionnaire. Ces mélodrames se jouaient dans des théâtres transformés en Conventions...

Malgré l'effondrement des armées de Faidherbe à Saint-Quentin, de Chanzy au Mans, de Bourbaki à Héricourt, malgré la capitulation de Paris, malgré le spectacle qui se déroulait à Bordeaux sous leurs yeux, le gros Gambetta et son *ad latus* Freycinet qui, bien que dans la force de l'âge, n'eussent pas résisté à trois nuits de bivouac dans la neige, ne rêvaient que campagnes et batailles, à l'exemple des *outranciers* qui ne se battaient pas. Le 31 janvier, le fougueux tribun lançait une proclamation étourdissante appelant tous les Français aux armes et à l'insurrection.

De l'armistice, disait-il, faisons une école d'instruction pour nos jeunes troupes... à la place de la Chambre réactionnaire et lâche que veut l'étranger, nommons une Assemblée vraiment nationale, républicaine, voulant la paix, si la paix assure l'honneur, le rang et l'intégrité de notre pays, mais capable aussi de vouloir la guerre, et prête à tout, plutôt que d'aider à l'assassinat de la France.

Ce devait être la dernière rodomontade de cet étrange généralissime qui, absolument ignorant des choses de la guerre, a gaspillé des centaines de millions et fait périr des milliers de braves gens, dans la poursuite insensée d'un but impossible à atteindre. C'est cependant autour du nom de cet homme que ses partisans, dans un intérêt de jour en jour plus visible, ont créé la légende de l'honneur de la France sauvé grâce à ses efforts incessants, à son activité dévorante, à sa puissante intelligence. Rien n'est moins vrai : l'honneur a été sauvé, disent-ils, parce que la résistance s'est prolongée pendant près de quatre mois après Sedan. L'histoire dégagée de la légende gambettiste leur répondra que la prolongation de la résistance est uniquement le fait du sous-intendant Victor Perrier qui, sans bruit, n'a pas craint d'outrepasser les ordres du gouvernement limitant à soixante jours l'approvisionnement de Paris. Personne ne niera que limitée à deux mois de vivres, la capitale aurait dû se rendre au commencement de novembre et que le dernier jour de Paris était forcément le dernier jour de la guerre. Les discours roulant sur notre héroïsme ne sauraient altérer la vérité ni modifier la triste réalité des faits. De plus, si l'argent est le nerf de la guerre, des juntes provinciales n'auraient pas eu le crédit nécessaire pour alimenter des armées capables de résister au million d'Allemands qui nous avaient envahis.

Les fautes militaires de Gambetta sautent aux yeux. A-t-il mieux réussi en politique ? Son œuvre sous ce rapport se résume dans la création d'une ploutocratie insatiable, gouvernant à l'aide d'hommes politiques qui ont l'air de commis à la solde des grands financiers. La pauvre France n'est plus gouvernée, elle est impudemment exploitée par une société anonyme dont les membres du Conseil d'administration se relayent à tout instant sous le nom de ministres. Le fougueux orateur avait dignement préludé à l'œuvre de démoralisation et d'exploitation poursuivie avec la plus opiniâtre persistance par ses adeptes trop connus sous le nom d'opportunistes. A peine arrivé à Tours, il s'était empressé de signer, à la sollicitation du néfaste Crémieux, le décret du 24 octobre 1870 qui accordait le titre et les droits de citoyens français à tous les juifs algériens. Cette émancipation inopportune a été suivie depuis par la naturalisation d'une quantité innombrable de leurs coreligionnaires accourus de toutes les provinces de l'Allemagne et de la Russie sur cette nouvelle terre de Chanaan ouverte ou plutôt offerte à la satisfaction de leurs convoitises.

Avec leurs amis les opportunistes, ils ont pris la haute direction des affaires dans notre pays de France ; partout ils ont introduit ces mœurs levantines qui désagrègent fatalement les nations qui les adoptent. La corruption règne en souveraine maîtresse dans le Parlement, dans la magistrature, dans le monde administratif. Les honnêtes gens qui réfléchissent envisagent l'avenir avec épouvante, car ils ne voient plus le remède susceptible d'enrayer le mal qui nous ronge et de faire disparaître les stigmates de décadence plus visibles de jour en jour. Tel est l'état politique créé par Gambetta et ses amis, les pèlerins des Jardies. Cette œuvre peu glorieuse ne justifie pas l'érection du monument élevé sur la place du Carrousel où l'on verrait certainement avec plus de fierté nationale la statue de Vercingétorix qui a payé d'une longue captivité et de sa vie l'honneur d'avoir combattu les envahisseurs de sa patrie.

L'armée, la grande silencieuse, assiste attristée à la danse de nos millions, et voit ses chefs soumis aux caprices d'un tas de politiciens sous le prétexte d'appliquer le vieil adage *cedant arma togæ*. En France on ne s'aperçoit pas autant de l'amoindrissement des chefs militaires que dans les colonies où l'on voit les généraux et les amiraux systématiquement écartés de la direction supérieure et condamnés à courber la tête devant des gouverneurs civils qui n'ont de civil que leurs titres. L'Europe, si souvent invoquée par J. Favre, admire et même jalouse le peuple français économe, travailleur, intelligent, mais éprouve pour cet ensemble de braves gens un sentiment de pitié dédaigneuse en le voyant tolérer à sa tête une collection de politiciens aussi rapaces que médiocres. Si l'on a pu comparer sottement nos soldats à des lions conduits par des ânes, il est certainement plus juste de comparer les Français à des moutons conduits par des loups qui ne cessent de leur tondre la laine sur le dos.

CONCLUSION

La reddition de Belfort, effectuée le 16 février 1871, fut le dernier acte militaire de la terrible guerre qui désolait la France depuis le mois d'août 1870. Quelques jours plus tard, le 1er mars, l'Assemblée nationale, élue le 8 février, ratifiait les préliminaires du traité de paix aux termes duquel la France abandonnait à l'empire d'Allemagne deux provinces et devait payer une indemnité de cinq milliards. M. J. Favre, l'auteur de l'imprudente circulaire du 6 septembre 1870, fut, en sa qualité de ministre des affaires étrangères, obligé d'apposer sa signature au bas de ce traité et de s'infliger un nouveau démenti.

Le parti avancé et plusieurs généraux des armées de province votèrent contre ce traité de paix et soutinrent qu'il fallait reprendre les hostilités et continuer la guerre à outrance. Or, la France n'avait plus à cette époque en fait de troupes disponibles que l'armée de la Loire sous Chanzy, celle du Nord sous Faidherbe et le corps d'armée du Havre sous Loysel. Ces 300.000 hommes de nouvelle levée commandés par des généraux pour la plupart improvisés, et mal encadrés, étaient complètement incapables de résister aux armées allemandes qui formaient, en France seulement, l'énorme total de *un million* d'hommes, avec une réserve de 350.000 en Allemagne. Le chiffre des prisonniers français dépassait 500.000, en y comprenant la garnison de Paris qui était gardée à vue dans l'enceinte de la capitale; près de 100.000 hommes étaient passés en Suisse.

Le traité de paix définitif fut signé le 9 mai 1871 à Francfort-sur-le-Mein, après de laborieuses négociations sur lesquelles MM. J. Valfrey et Albert Sorel donnent les renseignements les plus détaillés dans leurs remarquables ouvrages intitulés *Histoire du traité de Francfort* et *Histoire diplomatique de la guerre franco-allemande.* Ces livres très instructifs ne nous paraissent pas avoir été suffisamment médités par nos compatriotes qui leur préfèrent la lecture des innombrables récits imaginés pour la gloire des vaincus.

Un dernier mot dans cet ouvrage qui est mon testament d'écrivain. Les partisans de M. Gambetta ont jadis parlé avec force louanges de la *Nation armée,* l'ouvrage du major von der Goltz paru en 1884 et dans lequel l'auteur adressait un compliment banal à leur idole. En rendant compte de ce livre, les écrivains opportunistes se sont abstenus de faire la remarque que le blâme à l'adresse du dictateur de 1870 dépassait de beaucoup l'éloge ; ils ont même oublié de citer les deux paragraphes suivants qui méritaient pourtant de fixer leur attention :

> Les empires ont leur vie comme les êtres. Comme eux ils naissent, grandissent et meurent. Les Français sont parmi ceux qui meurent.
>
> Les Allemands, au contraire, sont dans la période de croissance. L'étoile du jeune empire vient de se lever à l'horizon ; elle a toute sa carrière à parcourir encore. La course vers le zénith est plus agréable que la course vers le déclin.

Et comme, d'après von der Goltz, la prochaine guerre « sera une guerre de race et d'extermination », nous renvoyons le lecteur à notre préface et prions les Chambres d'organiser un commandement solide et de ne pas laisser l'armée sans chef. Que le ministre de la guerre civil qu'on prétend sottement nous imposer se borne à remplir les fonctions d'intendant en chef, passe encore ; mais si, à l'exemple de M. de Freycinet, il prétend mener à sa guise le personnel et le matériel, visiter nos places fortes, assister aux manœuvres, passer des revues, dispenser félicitations, reproches et récompenses aux corps combattants, en un mot commander l'armée, il serait préférable de désarmer. Plutôt rien, qu'une armée tombée entre les mains d'un politicien.

TABLE DES MATIÈRES

CHAPITRE XXVII

CHAPITRE XXVIII

CHAPITRE XXIX

CHAPITRE XXX

CHAPITRE XXXI

CHAPITRE XXXII

CHAPITRE XXXIII

CHAPITRE XXXIV

CHAPITRE XXXV

CHAPITRE XXXVI

CHAPITRE XXXVII

CHAPITRE XXXVIII

CHAPITRE XXXIX

CHAPITRE XL

CHAPITRE XLI

CHAPITRE XLII

CHAPITRE XLIII

CHAPITRE XLIV

ERRATA

Page 304, ligne 8, lire *Combleux* au lieu de *Combreux*.

Page 319, — 22, lire *des Bouches-du-Rhône* au lieu de *de Bouches-du-Rhône*.

Châteauroux. — Imp. A. MAJESTÉ et L. BOUCHARDEAU.

www.ingramcontent.com/pod-product-compliance
Lightning Source LLC
LaVergne TN
LVHW012326100826
845148LV00017B/107

* 9 7 8 2 0 1 2 6 8 1 6 6 8 *